von Ahsen

Sammelbewertung des Vorratsvermögens

Dr. Helge Bernd von Ahsen

Sammelbewertung des Vorratsvermögens

Betriebswirtschaftlicher Verlag Dr. Th. Gabler · Wiesbaden

Der ursprünglich vorgesehene Titel der Arbeit „Die Sammelbewertung gleichartiger Gegenstände des Vorratsvermögens im aktienrechtlichen Jahresabschluß — Eine Analyse der Bewertungsmethoden unter Einbeziehung der Grundsätze ordnungsmäßiger Buchführung und der aktienrechtlichen Generalnorm" wurde geändert in „Sammelbewertung des Vorratsvermögens".

ISBN 3 409 14011 5

Copyright by Dr. Th. Gabler-Verlag, Wiesbaden 1977

Vorwort

In der deutschsprachigen Literatur werden zahlreiche Aspekte, die sich aus der Anwendung von Sammelbewertungsmethoden für gleichartige Gegenstände des Vorratsvermögens ergeben, in Einzelbeiträgen oder im Rahmen der Kommentierung und sonstiger Werke behandelt. Da eine geschlossene Darstellung des Themenkomplexes bisher fehlt, ist mit der vorliegenden Arbeit versucht worden, diese Lücke zu füllen. Ausgangspunkt für die Untersuchung bildet der Jahresabschluß gemäß Aktienrecht mit den einzubeziehenden Vorschriften des Handelsgesetzbuchs und den Grundsätzen ordnungsmäßiger Buchführung, wobei die angesprochenen Problemkreise aus juristischer und betriebswirtschaftlicher Sicht analysiert werden.

Im Sommersemester 1976 hat diese Arbeit der Wirtschafts- und Sozialwissenschaftlichen Fakultät der Georg-August-Universität in Göttingen unter dem Titel "Die Bewertung gleichartiger Gegenstände des Vorratsvermögens im aktienrechtlichen Jahresabschluß. Eine Analyse der Sammelbewertungsmethoden unter Einbeziehung der Grundsätze ordnungsmäßiger Buchführung und der aktienrechtlichen Generalnorm" als Dissertation vorgelegen. Sie entstand auf Anregung von Herrn Prof. Dr. Günther Bartke, dem ich für seine kritischen Anmerkungen und wohlwollende Förderung an dieser Stelle besonders danken möchte. Für weitere Verbesserungsvorschläge gilt mein Dank Herrn Prof. Dr. Helmut Kurt Weber, der das Korreferat übernahm.

Helge Bernd von Ahsen

Inhaltsverzeichnis

	Seite
Abkürzungsverzeichnis	VII
Einleitung	X

1. DIE BEDEUTUNG DES VORRATSVERMÖGENS FÜR DEN AKTIENRECHTLICHEN JAHRESABSCHLUSS   1

   1.1. Begriff der Vorräte und Abgrenzung des Vorratsvermögens   1

   1.2. Vorratsvermögen und Materialaufwand in Jahresabschlüssen - dargestellt anhand von Vermögens- und Aufwandsstrukturen ausgewählter Aktiengesellschaften   8

   1.3. Elastizität der Vorratsbewertung in Bezug auf den Jahreserfolg und ihre Bedeutung für den aktienrechtlichen Jahresabschluß   13

2. DIE GRUNDSÄTZE ORDNUNGSMÄSSIGER BUCHFÜHRUNG UND DIE AKTIENRECHTLICHE GENERALNORM IN IHRER BEDEUTUNG FÜR DIE ANWENDUNG DER BEWERTUNGSVORSCHRIFTEN FÜR DAS VORRATSVERMÖGEN   18

   2.1. Die Bedeutung der Grundsätze ordnungsmäßiger Buchführung für die Anwendung handels- und aktienrechtlicher Rechnungslegungsvorschriften   18

       2.1.1. Begriff der "Grundsätze ordnungsmäßiger Buchführung"   18

       2.1.2. Rechtsnatur der Grundsätze ordnungsmäßiger Buchführung   22

       2.1.2.1. Begriff und Abgrenzung von Rechtsquelle, Rechtssatz und Rechtsnorm   22

       2.1.2.2. Unbestimmter Rechtsbegriff und Generalklausel   24

       2.1.2.2.1. Begriffe und allgemeine Bedeutung   24

       2.1.2.2.2. Die Grundsätze ordnungsmäßiger Buchführung als Generalklausel und/oder unbestimmter Rechtsbegriff   27

       2.1.2.3. Grundsätze ordnungsmäßiger Buchführung mit Rechtsnormqualität und ohne Rechtsnormqualität (GoB i.e.S.)   32

	Seite
2.1.3. Entstehung und Ermittlung von Grundsätzen ordnungsmäßiger Buchführung i.e.S.	40
2.1.3.1. Methodisches Vorgehen	40
2.1.3.1.1. Grundsätze ordnungsmäßiger Buchführung i.e.S. als Problem der Rechtsfortbildung oder Gesetzesauslegung	40
2.1.3.1.2. Ziele und Methoden der Gesetzesauslegung	42
2.1.3.2. Ermittlung von Grundsätzen ordnungsmäßiger Buchführung i.e.S. aus Handelsbräuchen, aus Verkehrsauffassungen und aus den handelsrechtlichen Bilanzzwecken unter Berücksichtigung der Entstehung der Grundsätze	49
2.1.3.2.1. Handelsbräuche als Grundsätze ordnungsmäßiger Buchführung i.e.S.	49
2.1.3.2.2. Verkehrsauffassungen als Grundsätze ordnungsmäßiger Buchführung i.e.S.	60
2.1.3.2.3. Ableitung der Grundsätze ordnungsmäßiger Buchführung i.e.S. aus den handelsrechtlichen Bilanzzwecken	63
2.1.3.2.3.1. Die Zweckbezogenheit der Grundsätze ordnungsmäßiger Buchführung i.e.S.	63
2.1.3.2.3.2. Die handelsrechtlichen Bilanzzwecke	66
2.2. Die Bedeutung der Generalnorm für die Anwendung der aktienrechtlichen Rechnungslegungsvorschriften	85
2.2.1. Gesetzgeberische Motive zur Reform des Aktiengesetzes von 1965	85
2.2.2. Aktienrechtliche Bilanzzwecke als Ausfluß des Aktionärs- und Gläubigerschutzes	89
2.2.2.1. Konkretisierung des Aktionärsschutzes	89
2.2.2.2. Konkretisierung des Gläubigerschutzes	97
2.2.3. Die rechtliche Bedeutung der Generalnorm	102
2.2.3.1. Inhaltliche Bestimmung	102
2.2.3.1.1. Grundsatz der Klarheit	102
2.2.3.1.2. Grundsatz des möglichst sicheren Einblicks in die Vermögens- und Ertragslage	105
2.2.3.1.2.1. Mengenmäßige Komponenten der Vermögenslage	105
2.2.3.1.2.2. Wertmäßige Komponenten der Vermögenslage	110
2.2.3.1.2.3. Komponenten der Ertragslage	115

- III -

	Seite
2.2.3.2. Einfluß der Generalnorm auf die Anwendung der Bewertungsvorschriften	124
2.2.3.2.1. Problemstellung	124
2.2.3.2.2. Erfüllung des Informationszwecks des Jahresabschlusses im Rahmen der Bewertungsvorschriften	129
2.2.3.2.3. Vergleichbarkeit und Stetigkeit als Ausfluß des Informationszwecks bei Bewertungs- und Abschreibungsmethodenwahlfreiheit	136
3. DARSTELLUNG DER SAMMELBEWERTUNGSMETHODEN UND AUSWIRKUNGEN AUS IHRER ANWENDUNG IM JAHRESABSCHLUSS	150
3.1. Methoden zur Bewertung der Vorräte	150
3.1.1. Unterscheidung von Bewertungsprinzip, -methode oder -verfahren	150
3.1.2. Darstellung ausgewählter Methoden	153
3.1.2.1. Isoliert angewendete Bewertungsmethoden	153
3.1.2.1.1. Durchschnittsbewertungsmethode	153
3.1.2.1.2. Lifo-/Fifo-Bewertungsmethode	158
3.1.2.1.3. Hifo-/Lofo-Bewertungsmethode	160
3.1.2.2. Kombiniert angewendete Bewertungsmethoden	161
3.1.3. Systematische Betrachtung der Bewertungsmethoden	164
3.1.3.1. Bestands- oder Verbrauchsbewertungsmethoden	164
3.1.3.2. Sammel- und Gruppenbewertungsmethoden	166
3.1.3.3. Mit den Bewertungsmethoden verfolgte Zwecke	168
3.1.3.3.1. Vereinfachung der Bewertung	168
3.1.3.3.2. Substanzerhaltung im Rahmen der Gewinnermittlung	171
3.2. Zusammenhänge zwischen den Verbrauchsannahmen, die den Bewertungsmethoden zugrunde liegen, und dem Güterfluß	172
3.2.1. Periodenbezogene Bewertungsmethoden	172
3.2.2. Permanente Bewertungsmethoden	176
3.3. Auswirkungen der Anwendung von Bewertungsmethoden im Jahresabschluß unter Berücksichtigung verschiedener Preistendenzen	180

Seite

3.3.1. Die Aufwands- und Bestandsbewertung bei Anwendung der Bewertungsmethoden auf der Grundlage des Anschaffungswertprinzips 180

3.3.1.1. Allgemeiner Zusammenhang zwischen Aufwands- und Bestandsbewertung 180

3.3.1.2. Periodenbezogene Bewertungsmethoden 181

3.3.1.2.1. Periodenbezogene Bewertungsmethoden in einperiodischer Betrachtungsweise 181

3.3.1.2.2. Periodenbezogene Bewertungsmethoden in mehrperiodischer Betrachtungsweise 185

3.3.1.2.2.1. Gleichbleibende Endbestandsmengen oder Bestandserhöhungen 185

3.3.1.2.2.2. Bestandsminderungen und -auflösungen 188

3.3.1.3. Permanente Bewertungsmethoden 191

3.3.1.4. Wechsel der Bewertungsmethoden 195

3.3.1.5. Bewertungsmethoden im Rahmen der Erzeugnisbewertung 200

3.3.1.5.1. Bewertung der Kostenelemente von Erzeugnissen oder der einzelnen Erzeugnisse 200

3.3.1.5.2. Bewertungsverbund in mehrstufigen Produktionsprozessen 203

3.3.2. Auswirkungen der Anwendung der Bewertungsmethoden im Jahresabschluß unter Berücksichtigung von Wertkorrekturen der Endbestandswerte 207

3.3.2.1. Der Einfluß von Abwertungen der Endbestandswerte 207

3.3.2.1.1. Abwertungspflicht aufgrund der Niederstwertvorschrift 207

3.3.2.1.2. Abwertungswahlrechte durch Einbeziehung zukünftiger Wertschwankungen oder niedrigerer steuerlicher Werte 212

3.3.2.1.3. Beispielhafte Darstellung der Abwertungsauswirkungen im Jahresabschluß 217

3.3.2.2. Der Einfluß von Aufwertungen aufgrund des Aufwertungswahlrechts 222

3.3.2.3. Der Einfluß einer getrennten oder zusammengefaßten Bewertung von Teilmengen auf den Bilanzwert 224

3.3.2.4. Korrekturen der Endbestandswerte unter Berücksichtigung verschiedener Preistendenzen 228

3.3.2.5. Zusammenfassende Betrachtung 232

	Seite
4. DIE ZULÄSSIGKEIT DER BEWERTUNGSMETHODEN FÜR DIE BEWERTUNG DES VORRATSVERMÖGENS IM AKTIENRECHTLICHEN JAHRESABSCHLUSS	236
4.1. Die Zulässigkeit der Lifo- und Fifo-Bewertungsmethoden gemäß § 155 Abs. 1 Satz 3 AktG	236
4.1.1. Die Beschränkung des § 155 Abs. 1 Satz 3 AktG auf die Anwendung der Lifo- und Fifo-Bewertungsmethoden nach Wortlaut und Entstehungsgeschichte der Vorschrift	236
4.1.2. Die Voraussetzungen für die Zulässigkeit der Lifo- und Fifo-Bewertungsmethoden gemäß § 155 Abs. 1 Satz 3 AktG	243
4.1.2.1. Beschränkung der Vorschrift auf den Wertansatz gleichartiger Gegenstände des Vorratsvermögens	243
4.1.2.1.1. Kriterien zur Bestimmung der Gleichartigkeit	243
4.1.2.1.1.1. Annähernde Preisgleichheit und Gattungs- oder Funktionsgleichheit	243
4.1.2.1.1.2. Quantifizierung der annähernden Preisgleichheit	250
4.1.2.1.1.3. Gleichartigkeit von Erzeugnissen	253
4.1.2.1.2. Bewertung von Erzeugnissen durch Bewertung ihrer einzelnen Kostenelemente oder des einzelnen Erzeugnisses	255
4.1.2.2. Vereinbarkeit der Lifo- und Fifo-Bewertungsmethoden mit den Grundsätzen ordnungsmäßiger Buchführung und der Generalnorm	256
4.1.2.2.1. Die Möglichkeiten der Unterstellung von Verbrauchsfolgen nach dem Wortlaut des § 155 Abs. 1 Satz 3 AktG	256
4.1.2.2.2. Literaturansichten über die Zulässigkeit von Verbrauchsfolgeunterstellungen gemäß § 155 Abs. 1 Satz 3 AktG	260
4.1.2.2.3. Mögliche Eingrenzung des Anwendungsbereichs der Bewertungsmethoden durch ihre Zwecksetzung	266
4.1.2.2.3.1. Vereinfachung der Bewertung	266
4.1.2.2.3.2. Substanzerhaltung im Rahmen der Gewinnermittlung	269

Seite

4.1.2.2.4. Auswirkungen der Anwendung der Bewertungsmethoden auf die Darstellung der Vermögens- und Ertragslage   273

4.1.2.2.4.1. Gegenwartsnahe bzw. gegenwartsferne Bewertung der Endbestände oder der Aufwendungen   273

4.1.2.2.4.2. Vergleichbarkeit der Jahresabschlüsse   278

4.1.2.2.5. Einschränkung der Wahl der Bewertungsmethoden durch das Niederstwertprinzip?   283

4.1.2.3. Abschließende Betrachtung über die Zulässigkeit der Bewertungsmethoden für die Bewertung des Vorratsvermögens gemäß § 155 Abs. 1 Satz 3 AktG   284

4.2. Die Zulässigkeit der Durchschnittsbewertungsmethode nach den Grundsätzen ordnungsmäßiger Buchführung und den aktienrechtlichen Bilanzzwecken   294

4.2.1. Aktiengesetz, Handelsgesetzbuch oder Gewohnheitsrecht als Rechtsquelle der Durchschnittsbewertungsmethode?   294

4.2.2. Die Durchschnittsbewertungsmethode als eine dem Handelsbrauch, der Verkehrsauffassung und den Bilanzzwecken entsprechende Methode   302

4.3. Die Nichtzulässigkeit der Hifo- oder Lofo-Bewertungsmethoden nach den Grundsätzen ordnungsmäßiger Buchführung und den aktienrechtlichen Bilanzzwecken   306

Literaturverzeichnis   313

Stichwortverzeichnis   336

Abkürzungsverzeichnis

ADHGB	Allgemeines Deutsches Handelsgesetzbuch
ADS	ADLER/DÜRING/SCHMALTZ
AG	Aktiengesellschaft
AICPA	American Institute of Certified Public Accountants
AktG	Aktiengesetz
ARB	Accounting Research Bulletin des American Institute of Certified Public Accountants
BAG	Bundesarbeitsgericht
BB	Der Betriebs-Berater (Zeitschrift)
Begr. Reg. E.	Begründung des Regierungsentwurfs
BFH	Bundesfinanzhof
BFuP	Betriebswirtschaftliche Forschung und Praxis (Zeitschrift)
BGBl	Bundesgesetzblatt
BGH	Bundesgerichtshof
BGHZ	Entscheidung des Bundesgerichtshofes in Zivilsachen
BStBl	Bundessteuerblatt
BVerfG	Bundesverfassungsgericht
DB	Der Betrieb (Zeitschrift)
DIHT	Deutscher Industrie- und Handelstag
DStZ	Deutsche Steuer-Zeitung
EG	Europäische Gemeinschaft, auch Einführungsgesetz
EStDV	Einkommensteuer-Durchführungsverordnung
EStG	Einkommensteuergesetz
EStR	Einkommensteuer-Richtlinien
FAMA	Fachausschuß für moderne Abrechnungssysteme des Instituts der Wirtschaftsprüfer in Deutschland e.V.
FAZ	Frankfurter Allgemeine, Zeitung für Deutschland

GenG	Genossenschaftsgesetz
GmbH	Gesellschaft mit beschränkter Haftung
GmbHG	Gesetz betreffend die Gesellschaften mit beschränkter Haftung
GoB	Grundsätze ordnungsmäßiger Buchführung
HFA	Hauptfachausschuß des Instituts der Wirtschaftsprüfer in Deutschland e.V.
HGB	Handelsgesetzbuch
HWR	Handwörterbuch des Rechnungswesens
IASC	International Accounting Standards Committee
IdW	Institut der Wirtschaftsprüfer in Deutschland e.V.
JZ	Juristenzeitung
KO	Konkursordnung
LAG	Lastenausgleichsgesetz
NA	Sonderausschuß Neues Aktienrecht des Instituts der Wirtschaftsprüfer in Deutschland e.V.
NB	Neue Betriebswirtschaft (Zeitschrift)
NF	Neue Folge
OFH	Oberster Finanzhof
PublG	Gesetz über die Rechnungslegung von bestimmten Unternehmen und Konzernen (Publizitätsgesetz)
Reg. Begr.	Regierungsbegründung
RFH	Reichsfinanzhof
RG	Reichsgericht
RGBl	Reichsgesetzblatt
RGSt	Entscheidung des Reichsgerichts in Strafsachen

RGZ	Entscheidung des Reichsgerichts in Zivilsachen
ROHG	Reichsoberhandelsgericht
RStBl	Reichssteuerblatt
SEC	Securities and Exchange Commission
StAnpG	Steueranpassungsgesetz
StBp	Die steuerliche Betriebsprüfung (Zeitschrift)
StuW	Steuer und Wirtschaft (Zeitschrift)
WiSt	Wirtschaftswissenschaftliches Studium (Zeitschrift)
WISU	Das Wirtschaftsstudium (Zeitschrift)
WP-Handbuch	Wirtschaftsprüfer-Handbuch
WPg	Die Wirtschaftsprüfung (Zeitschrift)
ZfB	Zeitschrift für Betriebswirtschaft
ZfbF	Zeitschrift für betriebswirtschaftliche Forschung (bis 1963 Zeitschrift für handelswissenschaftliche Forschung - ZfhF)
ZfhF	Zeitschrift für handelswissenschaftliche Forschung (bis 1963, dann Zeitschrift für betriebswirtschaftliche Forschung - ZfbF)

Einleitung

Die Bewertung gleichartiger Gegenstände des Vorratsvermögens mit ihren Anschaffungs- oder Herstellungskosten im aktienrechtlichen Jahresabschluß bereitet Schwierigkeiten, wenn sich bei der Lagerhaltung oder im Verlauf von Produktionsprozessen die zu unterschiedlichen Preisen angeschafften oder hergestellten Gegenstände vermischen. In Fällen dieser Art lassen sich in der Regel den Vorratsgegenständen die individuellen Anschaffungswerte nicht zuordnen, da der Identitätsnachweis von der Unternehmung nicht geführt werden kann. Um dennoch eine Bewertung gleichartiger Vorratsgegenstände zu Anschaffungs- oder Herstellungskosten vornehmen zu können, finden die Sammelbewertungsmethoden Anwendung. Hierbei handelt es sich um die Durchschnitts-, Lifo- und Fifo-Bewertungsmethoden. Diese Methoden gehen von bestimmten Verbrauchsannahmen aus und führen somit zur Bewertung der Endbestandsmengen entsprechend der jeweiligen Verbrauchsannahme. Von den Sammelbewertungsmethoden wird in der Praxis vorwiegend die Durchschnittsbewertungsmethode angewendet, obwohl diese Methode weder im Handelsgesetzbuch noch im Aktienrecht kodifiziert ist.

Mit der Novellierung des Aktienrechts von 1965 fanden von den Sammelbewertungsmethoden die Lifo- und Fifo-Bewertungsmethoden ihren Niederschlag im § 155 Abs. 1 Satz 3. Strittig ist in der Literatur, unter welchen Voraussetzungen die Anwendung dieser Methoden zulässig ist. Im Zusammenhang mit der vorstehend genannten Vorschrift bestehen ferner gegensätzliche Meinungen darüber, ob die ebenfalls als Sammelbewertungsmethoden anzusehenden Hifo- und Lofo-Bewertungsmethoden zur Bewertung gleichartiger Gegenstände im aktienrechtlichen Jahresabschluß herangezogen werden können. Ziel der Arbeit ist es daher, die Zulässigkeit der einzelnen Sammelbewertungsmethoden zu untersuchen und die Voraussetzungen zu klären, unter denen sie gegebenenfalls zur Anschaffungswertermittlung herangezogen werden können.

Die Untersuchung zeigt im ersten Abschnitt nach einer begrifflichen Abgrenzung der Gegenstände des Vorratsvermögens die Bedeutung der Vorratsbewertung für den Jahresabschluß der Unternehmen. Anhand eines typischen Beispiels aus dem Bereich der Maschinenbauindustrie wird demonstriert, welche Tragweite die Bewertung des Vorratsvermögens für den Einblick in die Ertragslage eines Unternehmens besitzen kann.

Um das Ziel der Untersuchung erreichen zu können, wird im zweiten Abschnitt ein grundlegendes Instrumentarium erarbeitet, das zur Klärung des Anwendungsbereichs der Bewertungsmethoden unerläßlich ist. Sowohl die Vorschrift des § 155 Abs. 1 Satz 3 AktG als auch die Generalklausel des § 149 Abs. 1 Satz 1 AktG verweisen auf die Grundsätze ordnungsmäßiger Buchführung, so daß zunächst ihre Bedeutung für die Auslegung der Rechnungslegungsvorschriften einer Untersuchung bedarf. In diese Untersuchung werden die rechtlichen Aspekte der Grundsätze ordnungsmäßiger Buchführung und die Ziele und Methoden der Gesetzesauslegung einbezogen, damit die spätere Analyse der Zulässigkeit der Bewertungsmethoden auf der Grundlage eines methodisch gesicherten Weges beschritten werden kann. Zur Auslegung aktienrechtlicher Rechnungslegungsvorschriften ist auch die Generalnorm des § 149 Abs. 1 Satz 2 AktG heranzuziehen, deren Bedeutung sich aus dem Zusammenhang dieser Vorschrift mit den übrigen Rechnungslegungsvorschriften ergibt. Die Grundsätze ordnungsmäßiger Buchführung und die aktienrechtliche Generalnorm werden in ihrer Bedeutung für die Anwendung der Bewertungsvorschriften für das Vorratsvermögen untersucht, jedoch lassen sich die grundlegenden Ergebnisse der Untersuchung auch zur Lösung gleichgelagerter Problemkreise im Rahmen des handels- und aktienrechtlichen Jahresabschlusses heranziehen.

Der dritte Gliederungsabschnitt zeigt den Aufbau der einzelnen Bewertungsmethoden und ihre systematische Stellung innerhalb der Bewertungskonzeption des aktienrechtlichen Jahresabschlusses. Untersucht werden ebenfalls die Verbrauchsannahmen der Bewertungsmethoden, weil sich die Diskussion in der Literatur insbesondere damit befaßt, unter welchen Bedingungen die Unterstellung bestimmter Verbrauchsfolgen zulässig ist. Zur Beantwortung dieser Fragestellung bedarf es einer Klärung, inwieweit sich die einzelnen Verbrauchsannahmen der Bewertungsmethoden mit dem tatsächlichen Güterfluß des Betriebes decken oder decken können. Konsequenzen in Bezug auf die Anwendung und Zulässigkeit einzelner Bewertungsmethoden werden in der Literatur auch aufgrund bilanzieller und erfolgsrechnerischer Auswirkungen gezogen, die aus der Anwendung der Methoden resultieren. Um die Auswirkungen auf die Darstellung der Vermögens- und Ertragslage im Jahresabschluß aufzuzeigen, werden die Methoden daher einer mehrperiodischen Betrachtungsweise unterzogen. Alternative Preistendenzen finden in dieser Analyse ihre Berücksichtigung, damit die Auswirkungen bei Anwendung der Methoden ersichtlich werden und zugleich gezeigt werden kann, in welchen Situationen die aufgrund der Bewertungsmethoden ermittelten Endbestandswerte zu Wertansätzen in der Bilanz führen.

Im letzten Abschnitt der Arbeit folgt die Untersuchung über die Zulässigkeit bzw. Nichtzulässigkeit der einzelnen Bewertungsmethoden. Dabei werden auch die Voraussetzungen für die Anwendung der Methoden dargelegt. Für diese Untersuchung werden die Ergebnisse der zweiten und dritten Gliederungsabschnitte unter Berücksichtigung der in der Literatur vertretenen Ansichten herangezogen.

1. Die Bedeutung des Vorratsvermögens für den aktienrechtlichen Jahresabschluß

1.1. Begriff der Vorräte und Abgrenzung des Vorratsvermögens

Nach dem Gliederungsschema des § 151 Abs. 1 AktG ist die Aktivseite der aktienrechtlichen Jahresbilanz in folgende Gruppen gegliedert:[1]

- I. Ausstehende Einlagen auf das Grundkapital
- II. Anlagevermögen
  - A. Sachanlagen und immaterielle Anlagewerte
  - B. Finanzanlagen
- III. Umlaufvermögen
  - A. Vorräte
  - B. Andere Gegenstände des Umlaufvermögens
- IV. Rechnungsabgrenzungsposten
- V. Bilanzverlust

Von Bedeutung für die Themenstellung dieser Arbeit sind die Vorräte,[2] die folgende Untergliederung aufweisen:

"1. Roh-, Hilfs- und Betriebsstoffe;
2. unfertige Erzeugnisse;
3. fertige Erzeugnisse, Waren"
    (§ 151 Abs. 1, Aktivseite, III. A. 1. - 3. AktG).

Gegenüber dem AktG 1937[3] ist die Gliederung der Aktivseite u.a. dadurch verändert worden, daß eine Unterteilung des Umlaufvermögens in die Gruppen "Vorräte" und "Andere

---

[1] Vgl. zum Gliederungsschema im einzelnen S. 103 f. der Arbeit.
[2] Die Begriffe "Vorräte", "Vorratsgüter", "Vorratsvermögen" werden, wie in der betriebswirtschaftlichen Literatur üblich, synonym gebraucht.
[3] Zur Gliederung der Bilanz nach dem Aktienrecht von 1937 vgl. § 131 Abs. 1 AktG 1937.

Gegenstände des Umlaufvermögens" eingeführt wurde.[1] Im wesentlichen verdeutlicht die Gruppenbildung beim Umlaufvermögen die Zusammensetzung nach Realgütern und Nominal- bzw. Finanzgütern. Unter Realgütern versteht KOSIOL[2] "Sachgüter, immaterielle Güter und abgeleitete Realgüter = Realforderungen, z.B. Anzahlungen an Lieferer". Dem Realgütervermögen sind die Vorräte im Sinne des § 151 AktG zuzuordnen, denn hierbei handelt es sich stets um Sachgüter oder immaterielle Güter. Als Nominalgüter betrachtet KOSIOL[3] das Bar- und Kreditvermögen einer Unternehmung einschließlich der Wertpapiere.

Die Untergliederung des Umlaufvermögens in Real- und Nominalvermögen wird allerdings bei den Anzahlungen nicht konsequent eingehalten. Unter Anzahlungen sind "Vorleistungen eines Vertragspartners auf schwebende Geschäfte"[4] zu verstehen. Handelt es sich um Anzahlungen an Lieferanten des Unternehmens, so rechnet KOSIOL[5] sie dem Realvermögen der Unternehmung zu. Aktienrechtlich werden Anzahlungen für die Beschaffung betrieblicher Vorräte unter den anderen Gegenständen des Umlaufvermögens ausgewiesen als "geleistete Anzahlungen" (§ 151 Abs. 1, Aktivseite, III. B. 1. AktG). Diese Zuordnung der Anzahlungen zum Bereich des Nominalvermögens steht nicht in Übereinstimmung mit ihrer Klassifizierung als Realvermögen. Eine zutreffendere Gliederung sieht der geänderte Vorschlag einer vierten Richtlinie der EG[6] vor, nach dem geleistete Anzahlungen für den Kauf von Vor-

---

1) Vgl. § 151 Abs. 1, Aktivseite, III. A. und B. AktG.
   Diese Zusammenfassung beruht auf einem Vorschlag des IdW (vgl. ADS: Rechnungslegung, 4. Aufl., § 151 Tz. 115). "Dadurch werden die Vorräte als Umlaufvermögen im engeren Sinne besonders hervorgehoben" (ebenda).

2) KOSIOL, E.: Pagatorische Bilanztheorie, in: HWR, Sp. 300.

3) Vgl. ebenda.

4) ADS: Rechnungslegung, 4. Aufl., § 151 Tz. 133.

5) Vgl. KOSIOL, E.: Pagatorische Bilanztheorie, in: HWR, Sp. 300.

6) Vgl. Geänderter Vorschlag einer vierten Richtlinie der EG, Artikel 8, Aktiva, D. I. 4. oder Artikel 9, D. I. 4.

räten gesondert innerhalb der Gruppe der Vorräte ausgewiesen werden sollen.

Die aktienrechtliche Gliederung des Vorratsvermögens entspricht den besonderen Gegebenheiten von Produktionsbetrieben,[1] denn sie ist dem Produktionsablauf und der abnehmenden zeitlichen Bindung der Vermögensgüter an den Betrieb angepaßt mit den Gruppen:
1. Roh-, Hilfs- und Betriebsstoffe;
2. unfertige Erzeugnisse;
3. fertige Erzeugnisse.
Dem dritten Bereich werden auch die Waren zugeordnet, die von entscheidender Bedeutung für Handelsunternehmen sind.

Unter R o h s t o f f e sind Stoffe zu verstehen, die wesentlichen Bestandteile der Erzeugnisse werden.[2] Sie gehen unmittelbar in die Produkte ein und können im Rahmen des Produktionsprozesses erhebliche Veränderungen erfahren, sei es durch mechanische oder chemische Technologie.[3] Der Grad ihrer Veränderung wird von Betrieb zu Betrieb und innerhalb des Betriebes unterschiedlich sein; entscheidend für die Charakterisierung als Rohstoff ist, daß diese Stoffe den wesentlichen, mengen- oder wertmäßigen Bestandteil am späteren Erzeugnis ausmachen. Dieses Kriterium unterscheidet die Rohstoffe von den H i l f s s t o f f e n , die für die Erzeugnisse von untergeordneter mengen- oder wertmäßiger Bedeutung sind.[4] Zwar gehen die Hilfsstoffe ebenso wie die Rohstoffe in das Produkt ein und erfahren innerhalb des Produktionsprozesses gegebenenfalls mit den Rohstoffen Umformungen, jedoch ist ihr Anteil am späteren Endprodukt von untergeordneter Bedeutung. Bei chemischen Produktionsprozessen können diese aus Katalysatoren, Zusätzen u.a. bestehen, bei

---
1) Vgl. KROPFF, B.: in Aktiengesetz, Kommentar, § 151 Anm. 43.
2) Vgl. ADS: Rechnungslegung, 4. Aufl., § 151 Tz. 118.
3) Vgl. hierzu SCHÄFER, E.: Der Industriebetrieb, S. 45 - 59 m.w.Lit.
4) Vgl. WÖHE, G.: Einführung, S. 107.

mechanischen Produktionsprozessen der Möbelherstellung[1] z.B. aus Nägeln, Schrauben, Heftklammern, Leim, Lacken, Beize, Beschlägen und Schlössern. Zu den Hilfsstoffen gehört grundsätzlich auch das Verpackungsmaterial.[2] Bei kleineren Erzeugnissen kann es in Form der umfangreichen Selbstbedienungsverpackungen einen wesentlichen Bestandteil des Produktes ausmachen und somit bereits den Charakter eines Rohstoffes tragen. Die Abgrenzung zwischen Roh- und Hilfsstoffen ist für den bilanziellen Ausweis ohne Bedeutung, da beide Stoffe gemeinsam mit den Betriebsstoffen zu einem Bilanzposten zusammengefaßt werden. Während die erstgenannten Vorräte Bestandteile der Erzeugnisse werden, verbrauchen sich die im Produktionsprozeß eingesetzten B e t r i e b s s t o f f e und gehen nicht in das Erzeugnis ein. Es handelt sich hierbei beispielsweise um Energiestoffe (Heizöl, Kohle, Koks, Gas), Schmierstoffe, Verpackungsmaterial (Bindfäden, Klebestreifen, Kartons für den Versand), Reinigungsmittel.[3] Zu den Betriebsmitteln gehören auch Bestände an Büromaterial und Kantinenbestände, die eine weitere Be- oder Verarbeitung erfahren. Für den Ausweis der Betriebsstoffe in der Bilanz ist es unerheblich, ob sie für die Produktion oder den Vertriebs- bzw. Verwaltungsbereich bestimmt sind. Erst mit der Verrechnung

---

1) Vgl. MELLEROWICZ, K.: in Großkommentar AktG, 3. Aufl., § 151 Anm. 45.

2) Vgl. ADS: Rechnungslegung, 4. Aufl., § 151 Tz. 119.
Verpackungsmaterialien können dem Bereich der Hilfsstoffe nur zugeordnet werden, wenn sie zur Herstellung eines verkaufsfähigen Gutes notwendig sind, z.B. Flaschen beim Bierverkauf, Dosen für Sprays, Säcke für Düngemittel, Kartons zur Zusammenfassung von Packeinheiten (vgl. HARRMANN, A.: Betriebswirtschaftliche Probleme, S. 637 - 640). Handelt es sich bei dem Verpackungsmaterial um Gegenstände, die einer mehrfachen Verwendung zugeführt werden sollen und nur leihweise ausgegeben werden, gehören sie zur Geschäfts- und Betriebsausstattung (vgl. ebenda, S. 640 f.; ferner MELLEROWICZ, K.: in Großkommentar AktG, 3. Aufl., § 151 Anm. 49).

3) Vgl. MELLEROWICZ, K.: in Großkommentar AktG, 3. Aufl., § 151 Anm. 44.

des Verbrauchs an Betriebsstoffen als "Aufwendungen für Roh-, Hilfs- und Betriebsstoffe sowie für bezogene Waren" (§ 157 Abs. 1 Nr. 5 AktG) oder als "sonstige Aufwendungen" (§ 157 Abs. 1 Nr. 26 AktG) im Rahmen der aktienrechtlichen Gewinn- und Verlustrechnung gewinnt diese Trennung an Bedeutung.[1]

Zu den u n f e r t i g e n   E r z e u g n i s s e n gehören alle Bestände, für die bereits durch Be- oder Verarbeitung im Unternehmen Aufwendungen angefallen sind und die noch nicht als fertige Erzeugnisse anzusehen sind.[2] Sie wurden im AktG 1937 weniger zutreffend als "halbfertige Erzeugnisse" bezeichnet.[3] Gehen die Roh- oder Hilfsstoffe aus dem Lagerbereich in die Fertigung ein, so bilden die hierfür zu verrechnenden Aufwendungen gemeinsam mit den Aufwendungen für die verbrauchten Betriebsstoffe und die sonstigen Produktionsfaktoren die Herstellungskosten der unfertigen Erzeugnisse. Am Bilanzstichtag befinden sich die unfertigen Erzeugnisse in der Regel in den verschiedensten Produktionsstufen, jedoch kommt die hiermit verbundene unterschiedliche Marktnähe durch den einheitlichen Bilanzausweis nicht zum Ausdruck.

Bei den unfertigen Erzeugnissen fallen u.U. noch erhebliche Aufwendungen bis zur Fertigstellung der Produkte an, während es sich bei den f e r t i g e n   E r z e u g - n i s s e n um verkaufsfähige Produkte handelt, die sich bereits in Verkaufs- bzw. Verpackungseinheiten befinden, sofern sie in entsprechender Form angeboten werden.[4] Glie-

---

1) Vgl. ADS: Rechnungslegung, 4. Aufl., § 157 Tz. 66 - 69; kritisch hierzu WEBER, H.K.: Form und Inhalt, S. 2316 f.
2) Vgl. ADS: Rechnungslegung, 4. Aufl., § 151 Tz. 121 f.; KROPFF, B.: in Aktiengesetz, Kommentar, § 151 Anm. 47.
3) Vgl. hierzu Begr. Reg. E. zit. nach KROPFF, B.: Aktiengesetz, Textausgabe, S. 227.
4) Vgl. MELLEROWICZ, K.: in Großkommentar AktG, 3. Aufl., § 151 Anm. 46.

derungsmäßig werden die unfertigen Erzeugnisse in einem gesonderten Posten ausgewiesen und die fertigen Erzeugnisse mit den Waren zu einer Bilanzgruppe zusammengefaßt.[1]
Dieser Bilanzausweis soll die jeweiligen "Liquiditätsgrade" zum Ausdruck bringen,[2] denn die unfertigen Erzeugnisse durchlaufen bis zu ihrer Verkaufsfähigkeit noch einzelne Produktionsstufen des Unternehmens, während die fertigen Erzeugnisse und Waren unmittelbar veräußert werden können. Von den Erzeugnissen unterscheiden sich die W a r e n dadurch, daß sie ohne Be- oder Verarbeitung das Unternehmen durchlaufen, also den Produktionsprozeß nicht berühren.[3] Bei Handelsbetrieben bilden Waren den entscheidenden Bestandteil des Vorratsvermögens neben geringen Beständen an Hilfs- und Betriebsstoffen. Von Produktionsunternehmen werden sie häufig zur Komplettierung des Absatzprogramms und zur besseren Auslastung der Vertriebsabteilungen mit aufgenommen. Die Bezeichnung Waren ist in dieser allgemeinen Form zu umfassend, da hierunter alle Bestandteile des betrieblichen Vorratsvermögens verstanden werden könnten;[4] zutreffender wäre vielmehr die Bezeichnung "Handelswaren",[5] die deutlich den reinen Handelscharakter der Vorräte erkennen läßt.

---

1) Vgl. § 151 Abs. 1, Aktivseite, III. A. 3. AktG.

2) Vgl. hierzu CLAUSSEN, C.P.: in Kölner Kommentar, § 151 Anm. 21.

3) Vgl. KROPFF, B.: in Aktiengesetz, Kommentar, § 151 Anm. 48. Wenig befriedigt die Ansicht, wonach Waren über den Handel verkauft und fertige Erzeugnisse auf Bestellung geliefert werden (vgl. MELLEROWICZ, K.: in Großkommentar AktG, 3. Aufl., § 151 Anm. 46; CLAUSSEN, C.P.: in Kölner Kommentar, § 151 Anm. 24).

4) "Unter Waren sind sowohl Handelswaren als auch Eigenerzeugnisse (fertige und halbfertige) zu verstehen. Es fallen darunter auch die sogenannten Hilfs-, Roh- und Betriebsstoffe" (LITTMANN, E.: Das Einkommensteuerrecht, § 6 RdNr. 338).

5) Diese Bezeichnung liegt auch dem geänderten Vorschlag einer vierten Richtlinie der EG zugrunde (vgl. ebenda, Artikel 8, Aktiva D. I. 3. oder Artikel 9, D. I. 3.).

Die Abgrenzung zwischen einzelnen Vorratsgütern ist nicht immer unproblematisch, insbesondere bei Unternehmen mit mehrstufigen Produktionsprozessen,[1] wie z.B. im Bereich der Eisen- und Stahlindustrie. An die Eisenerzaufbereitung schließt sich hier die Roheisenherstellung mit anschließender Roheisenverarbeitung an. Das Roheisen, das vom Unternehmen bereits in dieser Form verkauft wird, stellt ein fertiges Erzeugnis dar und ist als solches zu bilanzieren. Verarbeitet das Unternehmen hingegen Teile des erzeugten Roheisens mittels Eisenguß weiter, liegen bei diesen Roheisenbeständen unfertige Erzeugnisse vor. Werden die Roheisenbestände durch Zukauf ergänzt, handelt es sich bei diesen Vorräten um Rohstoffe, soweit sie zum Eisenguß bestimmt sind, und um Handelswaren, wenn sie unverarbeitet weiter verkauft werden. Innerhalb eines Unternehmens kann das Roheisen somit unterschiedlich ausgewiesen werden, wobei die bestimmungsgemäße Verwendung des Roheisens maßgebend für den Bilanzausweis sein sollte. Es wird jedoch auch ein gesonderter Bilanzausweis als "Roheisen, einschließlich gekaufter und zum Verkauf bestimmter Bestände" befürwortet.[2] Durch einen einheitlichen Ausweis des gesamten Roheisenbestandes umgeht die Unternehmensleitung zwar die Schwierigkeiten bei der Gliederung des Vorratsvermögens, dies geht jedoch zu Lasten des Einblicks in die Vermögenslage, weil in diesem Fall die bestimmungsgemäße Verwendung des Roheisens und damit der "Liquiditätsgrad" der Vorräte in der Bilanz nicht ersichtlich gemacht wird.[3]

---

1) Vgl. KROPFF, B.: in Aktiengesetz, Kommentar, § 151 Anm. 43.
2) Vgl. hierzu MELLEROWICZ, K.: in Großkommentar AktG, 3. Aufl., § 151 Anm. 43 m.w.Lit.
3) Vgl. KROPFF, B.: in Aktiengesetz, Kommentar, § 151 Anm. 43.

1.2. Vorratsvermögen und Materialaufwand in Jahresabschlüssen — dargestellt anhand von Vermögens- und Aufwandsstrukturen ausgewählter Aktiengesellschaften

Die Bedeutung des Vorratsvermögens im Rahmen des Jahresabschlusses hängt von seinem bilanziellen und erfolgsrechnerischen Gewicht ab. Für die bilanzielle Analyse ist die Vermögensstruktur der Gesellschaften von Bedeutung, während die erfolgsrechnerischen Einflüsse im Zusammenhang mit der Aufwandsstruktur zu sehen sind. Beide Komponenten wurden von HOFMANN anhand veröffentlichter Jahresabschlüsse analysiert, wobei er folgende signifikante Bilanzstrukturen[1] einzelner Industriezweige feststellte:

Tabelle Nr. 1:

Vermögensstruktur ausgewählter aktienrechtlicher Obergesellschaften nach Industriezweigen im Jahr 1971
(Werte in % von der Bilanzsumme)[2]

Bilanzposten (in Gruppen)	Eisen/Stahl	Chemie	Gummi/Asbest	Maschinenbau	Fahrzeugbau	Elektro	Durchschnitt
1. Sachanlagen	40	37	42	18	49	16	34
2. Finanzanlagen	20	26	6	8	9	13	14
3. Vorräte	13	12	24	34	22	27	22
4. Flüssige Mittel	4	6	11	4	6	8	6
5. Sonstiges Umlaufvermögen	23	19	17	36	14	36	24

---

1) Vom Einfluß betrieblicher Faktoren auf die Bilanzstruktur, wie z.B. "Erzeugnisprogramm, Fertigungstechnik, Mechanisierungs- bzw. Automatisierungsniveau und Produktionstiefe" (HOFMANN, R.: Bilanzkennzahlen, Möglichkeiten und Grenzen, S. 536), soll hier abgesehen werden (vgl. diese Zusammenhänge bei SCHÄFER, E.: Der Industriebetrieb, S. 117 - 123).

2) Vgl. HOFMANN, R.: Bilanzkennzahlen, Möglichkeiten und Grenzen, S. 536.

Zum Aufbau der Untersuchung vgl. ebenda, S. 533 - 535.

Als besonders "vorratsintensive"[1] Industriezweige heben sich der Maschinenbau und die Elektroindustrie heraus, während die Eisen- und Stahlindustrie und die chemische Industrie den geringsten Anteil des Vorratsvermögens an der Bilanzsumme ausweisen.[2] Der durchschnittliche Anteil des Vorratsvermögens an der Bilanzsumme liegt bei 22 %. Da HOFMANN[3] in diese Untersuchung nur die Jahresabschlüsse der Konzernobergesellschaften einbezogen hat, verliert der Anteil des Vorratsvermögens durch die oft erheblichen Beteiligungen im Finanzanlagevermögen dieser Gesellschaften an Gewicht. Bei nicht konzerngebundenen Unternehmungen könnte sich deshalb eine andere Bilanzstruktur ergeben. Stellt man, wie es der wirtschaftlichen Einheit des Konzernverbundes entspricht, auf die Strukturverhältnisse der Konzern- bzw. Weltbilanz ab, bei der die Beteiligungsbuchwerte durch die entsprechenden Aktiva und Passiva (mit Ausnahme der Eigenkapitalposten) der Untergesellschaften ersetzt werden, weist

---

[1] Der Begriff "Vorratsintensität" drückt, wie die sinngemäßen Begriffe der "Anlagenintensität" oder "Umlaufintensität", die Beziehung zwischen den jeweiligen Gruppen von Bilanzposten (Vorräte oder Anlagevermögen oder Umlaufvermögen) zur Bilanzsumme aus (vgl. SCHÄFER, E.: Der Industriebetrieb, S. 117 f.; COENENBERG, A.G.: Jahresabschluß, S. 317 f.; WEBER, H.K.: Betriebswirtschaftliches Rechnungswesen, S. 127).

Innerhalb der hier betrachteten Industriezweige weisen die "vorratsintensiven" Branchen den höchsten Anteil des Vorratsvermögens an der Bilanzsumme aus. Diese Werte übersteigen noch den Anteil des gesamten Anlagevermögens an der Bilanzsumme oder nähern sich ihm.

[2] HOFMANN unterteilt in seiner Bilanzauswertung die Vorräte nicht weiter. Allgemein wäre jedoch die Trennung nach "materialbedingter" oder "lohnbedingter Umlaufintensität" (SCHÄFER, E.: Der Industriebetrieb, S. 118) interessant, um den Bestand der aktivierten Lohnaufwendungen, insbesondere bei den Erzeugnissen, zu zeigen. Aus dem Jahresabschluß läßt sich im Hinblick auf diese Größen kein direkter Schluß ziehen.

[3] Vgl. HOFMANN, R.: Bilanzkennzahlen, Möglichkeiten und Grenzen, S. 533 - 535.

der bilanzielle Anteil der Vorräte eine zunehmende Tendenz auf.[1]

Durch den bilanziellen Wertansatz der Roh-, Hilfs- und Betriebsstoffe sowie der Waren wird gleichzeitig ihr periodenbezogener wertmäßiger Verbrauch[2] für die Gewinn- und Verlustrechnung bestimmt. Letztere ist als Produktionsrechnung (d.h. nach dem Gesamtkostenverfahren)[3] aufgebaut. Die gesamten Aufwendungen für alle produzierten Erzeugnisse (einschließlich der selbst erstellten Anlagegegenstände) der Periode werden in der Gewinn- und Verlustrechnung ausgewiesen und den Erlösen für die abgesetzten Erzeugnisse (Umsatzerlöse), der Bestandsveränderung der fertigen und unfertigen Erzeugnisse[4] sowie den anderen aktivierten Eigenleistungen gegenübergestellt. Vernachlässigt man die Bestandsveränderungen der Erzeugnisse und die anderen aktivierten Eigenleistungen und bezieht man die einzelnen Aufwandsarten (nach Gruppen zusammengefaßt) auf den Umsatzer-

---

1) Vgl. HOFMANN, R.: Bilanzkennzahlen, S. 354 - 356. HOFMANN vergleicht den strukturellen Aufbau der Einzelbilanz mit der entsprechenden Konzern- und Weltbilanz des Jahres 1971 der Firmen: Hoechst, BASF, Bayer, VW und Siemens.

2) Anfangsbestand + Zugang ·/. Abgang = Endbestand.
   Abgang (Verbrauch) = Anfangsbestand + Zugang ·/. Endbestand.

3) Zur Unterscheidung von Produktions- und Umsatzrechnung vgl. ADS: Rechnungslegung, 4. Aufl., § 157 Tz. 17 - 20. Die Umsatzrechnung verrechnet als "Periodenaufwand" für die Erzeugnisse nur die Aufwendungen der abgesetzten Erzeugnisse.

4) Bestandserhöhungen (Absatz < Produktion) stellen Erträge für auf Lager produzierte Erzeugnisse dar. Sie kompensieren erfolgsmäßig den periodenbezogenen ausgewiesenen Aufwand für die nicht abgesetzten Erzeugnisse der Periode. Im Falle der Bestandsminderung (Absatz > Produktion) steht den Umsatzerlösen einerseits der Aufwand für die produzierten Erzeugnisse der laufenden Periode gegenüber. Der Aufwand für die darüberhinaus in den Vorperioden produzierten Erzeugnisse wird dem Umsatzerlös in Form der Bestandsminderung gegenübergestellt. Dieser in den Vorperioden kompensierte Aufwand wirkt jetzt erfolgswirksam.

erlös, ergibt sich folgendes Bild:[1]

Tabelle Nr. 2:

Aufwandsstruktur ausgewählter aktienrechtlicher Obergesellschaften nach Industriezweigen im Jahr 1971
(Werte in % vom Umsatzerlös)[2]

Industriezweig Posten der GuV (z.T. in Gruppen)	Eisen/Stahl	Chemie	Gummi/Asbest	Maschinenbau	Fahrzeugbau	Elektro	Durchschnitt
1. Sachaufwand und übrige Aufwands- und Ertragsposten	57	55	47	58	62	50	55
2. Personalaufwand	27	26	40	33	26	39	32
3. Abschreibungen	8	9	6	4	6	4	6
4. Zinsen	4	3	2	3	1	3	3
5. Steuern	2	4	3	1	3	2	2
6. Jahresüberschuß	2	3	2	1	2	2	2

---

1) Dieses Vorgehen ist gerechtfertigt bei Industriebetrieben, die über geringfügige Bestandsveränderungen der Erzeugnisse und einen geringen Anteil von anderen aktivierten Eigenleistungen verfügen. Nur bei Unternehmen ohne kurzfristige Fertigung gewinnt die Gesamtleistung an Bedeutung (vgl. HOFMANN, R.: Bilanzkennzahlen, S. 148 f.).

2) Vgl. HOFMANN, R.: Bilanzkennzahlen, Möglichkeiten und Grenzen, S. 587.

Die Aufwandsgruppe "Sachaufwand und übrige Aufwands- und Ertragsposten" erweist sich als wenig transparentes Konglomerat einzelner Aufwands- u. Ertragsposten. Sie enthält jedoch im wesentlichen den hier zu betrachtenden Sachaufwand (Verbrauch an Roh-, Hilfs- und Betriebsstoffen sowie Waren).

Als Industriezweige mit besonders hohem Sachaufwand (d.h. materialkostenintensive[1] bzw. materialintensive[2] Industriezweige) zeichnen sich der Fahrzeugbau, der Maschinenbau und die Eisen- und Stahlindustrie ab. Dabei weist die Maschinenbauindustrie sowohl eine hohe Materialkostenintensität als auch eine entsprechende Vorratsintensität auf. Zwischen der Materialkostenintensität und der Vorratsintensität besteht jedoch kein tendenzieller Zusammenhang,[3] wie das Beispiel der Eisen- und Stahlindustrie zeigt. Trotz geringer Vorratsintensität weist dieser Industriezweig eine hohe Materialkostenintensität auf, da der relativ hohe Materialeinsatz mittels verstärktem Umschlag der Vorräte bewältigt wird; bei gegebenem Materialeinsatz kann dadurch der Lagerbestand relativ niedrig sein.[4]

---

[1] COENENBERG spricht von "Materialkostenintensität" als dem Verhältnis von Materialaufwand (Posten Nr. 5 der Gewinn- und Verlustrechnung) zur Gesamtleistung (Posten Nr. 4 der Gewinn- und Verlustrechnung; vgl. COENENBERG, A.G.: Jahresabschluß, S. 379).

[2] Vgl. SCHÄFER, E.: Der Industriebetrieb, S. 120 - 122; WEBER, H.K.: Betriebswirtschaftliches Rechnungswesen, S. 129.

SCHÄFER weist darauf hin, daß die "Materialintensität", d.h. ein hoher Anteil der Materialkosten an den Gesamtkosten, durch den Verbrauch wertvoller Materialien (Materialwertintensität) oder umfangreicher Materialmengen (Materialmengenintensität) verursacht sein kann (vgl. SCHÄFER, E.: Der Industriebetrieb, S. 121).

[3] Vgl. SCHÄFER, E.: Der Industriebetrieb, S. 118. SCHÄFER weist darauf hin, "daß eine bestimmte Vermögensintensität nicht automatisch auf eine hohe Kostenintensität entsprechender Art schließen läßt" (ebenda).

[4] HOFMANN errechnet die Umschlagshäufigkeit der Vorräte aus: Umsatz dividiert durch Vorräte (vgl. HOFMANN, R.: Bilanzkennzahlen, S. 211). Genauer wäre die Form: Einsatz der Vorräte in der Periode zu Anschaffungs- oder Herstellungskosten dividiert durch den durchschnittlichen Lagerbestand in der Periode, jedoch sind diese Daten aus dem Jahresabschluß nicht ersichtlich. Beispielhaft seien folgende Umschlagshäufigkeiten des Vorratsvermögens genannt (vgl. HOFMANN, R.: Bilanzkennzahlen, Möglichkeiten und Grenzen, S. 585): Eisen- und Stahl- (7,0), Chemie- (7,3), Gummi- und Asbest- (5,0), Maschinenbau- (2,7), Fahrzeugbau- (8,9), Elektroindustrie (3,8).

1.3. Elastizität der Vorratsbewertung in bezug auf den Jahreserfolg und ihre Bedeutung für den aktienrechtlichen Jahresabschluß

Das Vorratsvermögen ist in zweifacher Hinsicht bedeutungsvoll für den Jahresabschluß der Unternehmung,[1] einerseits als Bestandsgröße am Jahresende für den Vermögensaufbau der Bilanz und andererseits aus der hieraus resultierenden Aufwandsgröße in der periodenbezogenen Gewinn- und Verlustrechnung. Die Aufwandsverrechnung wiederum wirkt auf den Jahreserfolg (Jahresüberschuß oder Jahresfehlbetrag) ein, so daß unterschiedliche Wertansätze im Bereich des Vorratsvermögens indirekte Auswirkungen auf den Jahreserfolg haben. Dieser Zusammenhang zwischen der Vorratsbewertung und dem ausgewiesenen Jahreserfolg kann von erheblicher Bedeutung sein, wie das folgende Beispiel, dessen Ausgangszahlen dem Jahresabschluß einer Unternehmung aus dem Bereich der Maschinenbauindustrie entnommen wurden, zeigt:

Ausschnitte aus dem Jahresabschluß der Klöckner-Humboldt-Deutz AG:[2]

Aktiva per 31.12.1974	TDM	%
Anlagevermögen:		
Sachanlagen und immaterielle Anlagewerte	542.706	19,0
Finanzanlagen	110.473	3,8
Umlaufvermögen:		
Vorräte[3]	1.216.397	42,7
Andere Gegenstände des Umlaufvermögens	974.066	34,2
Rechnungsabgrenzungsposten	7.720	0,3
	2.851.362	100,0

---

1) Vgl. S. 8 - 12 der Arbeit.
2) Vgl. KHD, Klöckner-Humboldt-Deutz AG, Bericht über das Geschäftsjahr 1974.
   Die angegebenen Prozentsätze beziehen sich auf die Bilanzsumme. Passivische Wertberichtigungsposten liegen nur vor als "Pauschalwertberichtigung zu Forderungen".
3) Siehe nächste Seite.

Gewinn- und Verlustrechnung 1974 (in TDM)

Umsatzerlöse	2.802.590
Bestandsveränderung bei Erzeugnissen	+ 225.874
Andere aktivierte Eigenleistungen	23.636
Gesamtleistung	3.052.100
Aufwendungen für Roh-, Hilfs- und Betriebsstoffe sowie für bezogene Waren	1.594.675
Rohertrag	1.457.425
...	
Jahresüberschuß/Bilanzgewinn	10.920

Wird der Wertansatz des Vorratsvermögens durch Wahl anderer Bewertungsmethoden um TDM 12.164 erhöht, d.h. um einen Betrag, der zu einem um 1 % höheren Bilanzwert der Vorräte führt, so berührt der veränderte Bilanzwert von TDM 1.228.561 den Vermögensaufbau nur geringfügig. Der höhere Bestandswert führt jedoch, soweit er sich nicht auf die Erzeugnisse bezieht, zu einer Verminderung des Verbrauchsaufwandes ("Aufwendungen für Roh-, Hilfs- und Betriebsstoffe sowie für bezogene Waren") und, soweit er sich auf die Erzeugnisse bezieht, zu einer Erhöhung der Bestandsveränderung und damit zu einem Anstieg der Gesamtleistung. Beide Fälle führen als direkte Folge des höheren Bilanzwertes zu einer Zunahme des Rohertrags um den entsprechenden Betrag von

---

Fußnote von S. 13)

3) Im Geschäftsbericht wird die Bewertung der Vorräte u.a. wie folgt erläutert: "Die erworbenen **R o h -, H i l f s - u n d B e t r i e b s s t o f f e, K a u f t e i l e** wurden grundsätzlich zu durchschnittlichen Anschaffungskosten oder zu den niedrigeren Tagespreisen am Bilanzstichtag bewertet. **E r z e u g n i s s e** wurden zu Herstellungskosten, bereinigt um nicht aktivierungspflichtige Kostenbestandteile, angesetzt. Die zum 1. Januar 1975 im Zuge der mit Fiat vereinbarten Kooperation auf die Magirus-Deutz AG, Ulm, zu übertragenden Erzeugnisse wurden mit ihren vollen Herstellungskosten unter Einrechnung angemessener Betriebs- und Verwaltungskosten bewertet. ... Bei der Bewertung der Vorräte wurde den Risiken aus mangelnder Verwendbarkeit, langer Lagerdauer und aus Auftragsverlusten sowie aus künftigen Wertschwankungen durch angemessene Abwertungen Rechnung getragen" (KHD, Klöckner-Humboldt-Deutz AG, Bericht über das Geschäftsjahr 1974, S. 54; Hervorhebung im Original).

TDM 12.164. Die Erhöhung des Rohertrages würde sich in voller Höhe auf den Jahresüberschuß auswirken, wenn nicht einzelne Aufwendungen vom Jahresüberschuß abhängig wären. Infolge des erhöhten Jahresüberschusses steigen jedoch auch die von diesem abhängigen Aufwendungen. Die Folgewirkungen[1] verhindern, daß die Veränderung des Rohertrages in voller Höhe den Jahresüberschuß beeinflußt. In dem hier vorliegenden Beispiel beträgt die Ergebnisverbesserung unter Berücksichtigung der Folgewirkungen etwa TDM 8.089,[2] wodurch sich der ausgewiesene Jahresüberschuß um 75 % auf TDM 19.009 erhöht.

Bei Ausnutzung eines bestehenden Bewertungsspielraumes in umgekehrter Richtung, durch die der Bilanzansatz um 1 % (TDM 12.164) vermindert wird, fällt der Rohertrag um den gleichen Betrag von TDM 12.164. Der Jahresüberschuß sinkt unter Berücksichtigung der Folgewirkungen um ca. TDM 8.089 auf TDM 2.831. Auch in diesem Fall bleibt der Einfluß auf

---

[1] Wesentliche Folgewirkungen ergeben sich bei der Gewerbeertrag- und der Körperschaftsteuer sowie bei den Vorstands- und Aufsichtsratsbezügen (vgl. ADS: Rechnungslegung, 4. Aufl., § 160 Tz. 57 f.).

[2] Die Ergebnisveränderung wurde unter Einbeziehung der Gewerbeertrag- und der Körperschaftsteuer berechnet, wobei die Körperschaftsteuer entsprechend den vorliegenden Daten auf der Grundlage einer vollen Ausschüttung des Jahresüberschusses ermittelt worden ist. Der gewerbesteuerliche Hebesatz beträgt 300 %. Die Rechnung kann nur näherungsweise die Folgewirkungen berücksichtigen, weil weitere Informationen fehlen. Andere als ertragsteuerliche Folgewirkungen bleiben unberücksichtigt, da sie letztlich auch ohne Bedeutung sind.

U = absolute Ergebnisveränderung (absolute Veränderung des Jahresergebnisses) mit Folgewirkungen
S = absolute Ergebnisveränderung ohne Folgewirkungen (absolute Rohertragsveränderung)
K_{15} = Körperschaftsteuer auf den Ausschüttungsbetrag (ohne Ergänzungsabgabe)
K_{51} = Körperschaftsteuer auf den übrigen steuerpflichtigen Gewinn (ohne Ergänzungsabgabe)
G = Gewerbeertragsteuer

Als Ausgangsgleichung gilt:
(1) $U = S ./. K_{15} ./. K_{51} ./. G$

die Vermögenslage unerheblich, während der Jahresüberschuß auf ein Viertel seines ursprünglichen Betrages gemindert wird.

Das vorstehende Beispiel läßt die Bedeutung des Vorratsvermögens im Rahmen des Jahresabschlusses erkennen, die im ergebnisbeeinflussenden Effekt seiner Bewertung besteht. Abhängig ist die Ergebnisbeeinflussung von der Höhe des bilanziellen Wertansatzes, der Ausnutzung bestehender Bewertungswahlrechte, den kompensatorischen Folgewirkungen und der Höhe des Jahresergebnisses (Jahreserfolgs). Aus dem Jahresabschluß läßt sich die Bewertung des Vorratsvermögens nicht erkennen; der Jahresabschluß gibt auch keinen Einblick in die tendenzielle Ausnutzung bestehender Bewertungswahlrechte. Gewisse Rückschlüsse hierüber läßt nur der Geschäftsbericht mit seinen Erläuterungen über die im Jahresabschluß angewandten Bewertungsmethoden zu (vgl. § 160 Abs. 2 AktG). Dennoch ist es von Interesse, aufgrund der jeweils vorliegenden Zahlen des Jahresabschlusses die mögliche, relative Verbesserung (Verschlechterung) des Jahresergebnisses zu der sie

---

Fortsetzung der Fußnote von S. 15

Die einzelnen Unbekannten der Gleichung sind:

(2) $K_{15} = \frac{15}{100} U$

(3) $K_{51} = \frac{51}{100} (S \cdot/\cdot U \cdot/\cdot G)$

(4) $G = \frac{300 \times 0,05}{100} (S \cdot/\cdot G) = \frac{15}{115} S$

Nach Einsetzen von (2), (3) und (4) in (1) ergibt sich:

(5) $U = S \cdot/\cdot \frac{15}{100} U \cdot/\cdot \frac{51}{100} (S \cdot/\cdot U \cdot/\cdot \frac{15}{115} S) \cdot/\cdot \frac{15}{115} S$

Der errechnete Wert für U beträgt:
$U = 0,665 S$

Für das vorliegende Beispiel gilt die Berechnung:
$S = 12.164$
$U = 0,665 \times 12.164$
$U = 8.089$

bewirkenden relativen Erhöhung (Herabsetzung) des bilanziellen Vorratswertes zu betrachten. Quotienten aus zwei relativen Veränderungswerten werden als Elastizitäten bezeichnet.[1] In dem vorliegenden Fall könnte von einer "Elastizität der Vorratsbewertung in Bezug auf den Jahreserfolg" gesprochen werden. Sie ist im elastischen Bereich durch eine stärkere relative Veränderung des Jahresergebnisses gegenüber der relativen Veränderung des Vorratswertes gekennzeichnet. Für diese Unternehmungen ist die Vorratsbewertung von besonderer Bedeutung. Bei einem vorgegebenen Grad an Bewertungswahlrechten und gegebenen Folgewirkungen hängt die "Elastizität der Vorratsbewertung in Bezug auf den Jahreserfolg" von der Höhe des Wertansatzes der Vorräte und der Höhe des Jahresergebnisses ab. Sie steigt allgemein mit zunehmenden Werten des Vorratsvermögens bei gegebenen Jahresergebnissen oder mit abnehmenden Jahresergebnissen (Jahresüberschuß, Jahresfehlbetrag) bei gegebenem Vorratsvermögen.[2] Diese Arbeit befaßt sich mit den Bewertungsmethoden des Vorratsvermögens. Die Untersuchungen und Ergebnisse haben deshalb besonders für diejenigen Unternehmen Bedeutung, die sich im elastischen Bereich befinden.

---

1) Vgl. hierzu im einzelnen ALLEN, R.G.D.: Mathematik, S. 260 - 264.

$\xi_{JE,V}$ = Elastizität der Vorratsbewertung in Bezug auf den Jahreserfolg

$\xi_{JE,V}$ = $\dfrac{\text{relative Veränderung des Jahreserfolgs}}{\text{relative Veränderung des bilanziellen Vorratswertes}}$

$\xi_{JE,V} > 1$ = elastischer Bereich

$\xi_{JE,V} = 1$ = konstanter Bereich

$\xi_{JE,V} < 1$ = unelastischer Bereich

Weist der Jahreserfolg (das Vorratsvermögen) vor der ergebnisbeeinflussenden Maßnahme den Wert Null auf, strebt die Elastizität gegen unendlich (Null).

2) Im Jahresabschluß der Klöckner-Humboldt-Deutz AG von 1974 erhöht sich der Jahresüberschuß um 75 % bei einer 1 %igen Werterhöhung des Vorratsvermögens. Es gilt somit:

$$\xi_{JE,V} = \frac{75}{1} = 75$$

Dieser Wert liegt sehr hoch und zeigt gleichzeitig die Bedeutung des Vorratsvermögens in diesem Jahresabschluß.

2. Die Grundsätze ordnungsmäßiger Buchführung und die aktienrechtliche Generalnorm in ihrer Bedeutung für die Anwendung der Bewertungsvorschriften für das Vorratsvermögen

2.1. Die Bedeutung der Grundsätze ordnungsmäßiger Buchführung für die Anwendung handels- und aktienrechtlicher Rechnungslegungsvorschriften

2.1.1. Begriff der "Grundsätze ordnungsmäßiger Buchführung"

Jeder Kaufmann ist nach § 38 Abs. 1 HGB verpflichtet, "Bücher zu führen und in diesen seine Handelsgeschäfte und die Lage seines Vermögens nach den Grundsätzen mäßiger Buchführung ersichtlich zu machen". Die Pflicht aller Kaufleute zur Führung von Büchern nach den Grundsätzen ordnungsmäßiger Buchführung (GoB) sieht DÖLLERER[1] als das Band an, welches "das Bilanzrecht aller Kaufleute, der Einzelkaufleute, der Personengesellschaften und der Kapitalgesellschaften, umschließt". Das HGB stellt mit seinen Normen generell die Rechtsgrundlage für alle Kaufleute dar und enthält in § 38 Abs. 1 für die Führung der Bücher den allgemeinverbindlichen Hinweis auf die Grundsätze ordnungsmäßiger Buchführung. Weitere Hinweise finden sich in den Vorschriften des HGB,[2] die spezielle Sachverhalte regeln, und in anderen Gesetzen, in denen sich die Hinweise entweder auf den Jahresabschluß[3] oder auf spezielle Sachverhalte[4] beziehen.

---

1) DÖLLERER, G.: Grundsätze, S. 1217.

2) Z.B. § 39 Abs. 3 und 4 HGB für Inventur und Inventar, § 40 Abs. 4 HGB für die Gruppen- und Festbewertung.

3) Z.B. § 149 Abs. 1 Satz 1 AktG; § 33b Abs. 1 GenG enthält den Hinweis auf die "Grundsätze ordnungsmäßiger Buchführung und Bilanzierung"; § 41 Abs. 1 GmbHG spricht nur die "ordnungsmäßige Buchführung" an; § 5 Abs. 2 Satz 1 PublG; § 5 Abs. 1 EStG.

4) Z.B. §§ 154 Abs. 1 Satz 2, 155 Abs. 1 Satz 3 AktG; § 6 Abs. 1 Ziffer 2 Satz 4 EStG.

Während in den Gesetzen fast einheitlich von den GoB gesprochen wird, hat dieser Begriff in der juristischen und betriebswirtschaftlichen Fachliteratur die unterschiedlichsten Interpretationen erfahren. Als Verfasser der wohl umfassendsten betriebswirtschaftlichen Monographie unterteilt LEFFSON[1] die Grundsätze in Obergrundsätze und daraus abzuleitende Einzelgrundsätze. Den Zweck seiner Monographie sieht er darin, "jene oberen Grundsätze zu entwickeln, die im Schrifttum häufig als d i e GoB bezeichnet werden" (Hervorhebung im Original).[2] Im Rahmen

---

1) Vgl. LEFFSON, U.: Die GoB, S. 43.
2) Ebenda, S. 45.

Die oberen Grundsätze gewinnt er durch teleologische Deduktion aus den Zwecken von Buchführung und Jahresabschluß (vgl. ebenda, S. 48), als deren Hauptzwecke nach LEFFSON zu betrachten sind: "(1) die Dokumentation der Geschäftsvorfälle und (2) die Rechenschaft des Unternehmers oder der Unternehmensleitung vor sich selbst, vor Mitgesellschaftern und Gläubigern und unter Umständen auch vor der Öffentlichkeit" (ebenda, S. 49).

Die Dokumentationsgrundsätze sichern nach LEFFSON, "daß die Aufzeichnungen zuverlässig festgehalten und in geeigneter Weise dargestellt werden" (ebenda, S. 88), während die Grundsätze der Rechenschaft, soweit sie nicht der Dokumentation dienen, den Rechenschaftsberechtigten Informationen zur Unterstützung ihrer Entscheidungen liefern sollen (vgl. ebenda, S. 92).

Gegen die Unterscheidung von Obergrundsätzen und Einzelgrundsätzen, wie sie LEFFSON trifft, wendet KÖRNER (KÖRNER, W.: Wesen und Funktion, S. 310) ein, daß die Wortbildung "Obergrundsatz bzw. oberster Grundsatz ein Widerspruch" sei, denn Grundsätze sind "das Unterste, auf dem alles andere aufbaut", sie sind die "Grundlage für alle übrigen Sätze". Auf den Grundsätzen Wahrheit, Klarheit, Wirtschaftlichkeit und Vorsicht beruhen KÖRNERs abgeleitete Sätze ordnungsmäßiger Buchführung (vgl. ebenda, S. 310 - 312). Ähnlich unterscheidet STEINBACH zwischen Grundsätzen i.S.v. Obergrundsätzen nach LEFFSON und Postulaten - Einzelgrundsätze nach LEFFSON - (vgl. STEINBACH, A.: Gedanken, S. 6 f.).

dieser Arbeit wird nur von Grundsätzen ordnungsmäßiger Buchführung gesprochen, denn die Betriebswirtschaftslehre verfügt noch nicht über ein einheitliches, allgemein anerkanntes System von Obergrundsätzen, das für die Auslegung gesetzlicher Vorschriften herangezogen werden kann. Für die vorliegende Arbeit erübrigt sich auch diese Unterteilung durch den hier eingeschlagenen Weg zur Ermittlung von GoB.

Der Ausdruck "ordnungsmäßig" in den GoB soll nicht durch "ordnungsgemäß"[1] ersetzt werden, weil der Eindruck entstehen könnte, daß die hier behandelten GoB sich nicht mit den handelsrechtlichen GoB decken.[2]

Notwendig ist die Präzisierung des Begriffes "Buchführung" in den GoB, denn er verweist auf den Anwendungsbereich der Grundsätze, nämlich die Buchführung. Da im § 33b Abs. 1 GenG von "Grundsätzen ordnungsmäßiger Buchführung und Bilanzierung" gesprochen wird und das Handelsgesetzbuch im Vierten Abschnitt des Ersten Buches unter der Überschrift "Handelsbücher" sowohl die "Buchführungspflicht" (§ 38 HGB) als auch die Verpflichtung zur Erstellung von "Inventar und Bilanz" (§ 39 HGB) normiert, könnte es nahe liegen, die GoB nur auf die Buchführung im engen Sinne (GoB im formellen Sinne) und nicht auf die anderen gesetzlich geregelten Bestandteile des kaufmännischen Rechnungswesens (Inventar und Bilanz) zu beziehen. Es entspricht aber der herrschenden betriebswirtschaftlichen und juristischen Meinung, die Grundsätze ordnungsmäßiger Buch-

---

1) So z.B. ANDERSON, V.: Grundsätze, S. 10 f.; CHRISTOFFERS, R.: Die aktienrechtlichen, S. 5.
2) So LEFFSON, U.: Die GoB., S. 4 f.

führung als Oberbegriff zu sehen für:[1]

1. GoB im formellen Sinne,
2. Grundsätze ordnungsmäßiger Inventur und
3. Grundsätze ordnungsmäßiger Bilanzierung
   (GoB im materiellen Sinne).

Die materiellen GoB beziehen sich dabei allgemein auf den Jahresabschluß (Jahresbilanz und Gewinn- und Verlustrechnung; vgl. § 148 AktG) und können bei der Erstellung der Jahresbilanz für die Gliederung, Bilanzierung und Bewertung Anwendung finden. Für den Ausweis der Aktivwerte in der Bilanz ist nach einer gliederungsmäßigen Zuordnung derselben über die Bilanzierung bzw. Nichtbilanzierung zu entscheiden. Erst nachdem über die Bilanzierung positiv entschieden ist, gilt es, die bilanziellen Wertansätze zu ermitteln.[2] Die bilanzielle Bewertung erfolgt somit nach der Bilanzierungsentscheidung und ist nicht Bestandteil derselben. Deshalb ist der Begriff "Grundsätze ordnungsmäßiger Bilanzierung" in dieser Form irreführend, weil damit nur ein Teilbereich der Jahresabschlußerstellung erwähnt wird. Zutreffender wäre es, von "Grundsätzen ordnungsmäßiger Jahresabschlußerstellung" zu sprechen, jedoch wird nach h. M. durch die Grundsätze ordnungsmäßiger Bilanzierung jener Bereich der GoB angesprochen, der sich auf den gesamten Jahresabschluß bezieht.[3] In diesen Bereich der GoB fallen auch die Grundsätze, welche sich auf die Bewertungsmethoden des Vorratsvermögens beziehen.

---

1) Vgl. KRUSE, H.W.: GoB, S. 3 f. m.w.Lit.; ähnlich Arbeitskreis LUDEWIG: Die Vorratsinventur, S. 12; CHRISTOFFERS, R.: Die aktienrechtlichen, S. 4 f.; STEINBACH, A.: Die Rechnungslegungsvorschriften, S. 30 f.
2) Vgl. BARTKE, G.: Rechnungslegung, S. 196 - 202.
3) Vgl. ANDERSON, V.: Grundsätze, S. 9 f. m.w.Lit.; CHRISTOFFERS, R.: Die aktienrechtlichen, S. 4 f.; STEINBACH, A.: Rechnungslegungsvorschriften, S. 30 f.

2.1.2. Rechtsnatur der Grundsätze ordnungsmäßiger Buchführung

2.1.2.1. Begriff und Abgrenzung von Rechtsquelle, Rechtssatz und Rechtsnorm

Nachdem über Jahrzehnte hinweg die unterschiedlichsten Ansichten über Rechtsnatur, Wesen, Funktion, Entstehung und Ermittlung von GoB geäußert wurden, scheint sich nach der umfassenden Monographie von KRUSE[1] und der rechtswissenschaftlichen Dissertation von SPANNHORST[2] eine gesichertere Basis über die GoB aus juristischer Sicht zu bilden. Ausgehend von diesem sich nunmehr abzeichnenden Meinungsstand gilt es nach Darlegung der Rechtsnatur die Entstehung und Ermittlung von GoB aufzuzeigen.

Notwendig für das Verständnis der Rechtsnatur der GoB ist zunächst die Klärung der juristischen Begriffe Rechtsquelle, Rechtssatz und Rechtsnorm, da z.B. DÖLLERER[3] davon ausgeht, daß es sich bei den GoB um Rechtsnormen handelt, die zu den "Rechtsquellen mit abgeleiteter Rechtssatzwirkung" i.S. von Walter JELLINEK[4] gehören. Für die Erläuterung dieser Begriffe bietet sich die Stufenfolge Rechtsquelle, Rechtssatz und Rechtsnorm an.

Als R e c h t s q u e l l e n sind gemäß der herrschenden Rechtsquellendoktrin nach Alf ROSS[5] "Gesetz, Verordnung, autonome Satzung, Gewohnheitsrecht und Observanzen"[6] aufzu-

---

1) Vgl. KRUSE, H.W.: GoB.
2) Vgl. SPANNHORST, B.: Die GoB.
3) DÖLLERER, G.: Grundsätze, S. 1217.
4) Vgl. JELLINEK, W. zit. nach DÖLLERER, G.: Grundsätze, S. 1217.
5) Vgl. ROSS, A. zit. nach KRUSE, H.W.: GoB, S. 16.
6) KRUSE, H.W.: GoB, S. 16 m.w.Lit.; vgl. ferner ENNECCERUS-NIPPERDEY: Allgemeiner Teil des Bürgerlichen Rechts, S. 240 - 288 m.w.Lit.; WOLFF, H.J./BACHOF, O.: Verwaltungsrecht I, S. 112 - 139 m.w.Lit.

fassen, wobei Gewohnheitsrechte und Observanzen dem ungeschriebenen Recht im Gegensatz zum geschriebenen Recht zugeordnet werden. Rechtsquellen stellen den "erfahrungsmäßigen Erkenntnisgrund für etwas als Recht"[1] dar. Dabei werden Gesetze von den gesetzgebenden Körperschaften des Staates,[2] Rechtsverordnungen von Behörden aufgrund gesetzlicher Ermächtigung[3] und autonome Satzungen durch juristische Personen des öffentlichen Rechts (z.B. Gemeinden, Handwerkskammern)[4] im Rahmen des staatlich verliehenen Selbstverwaltungsrechts erlassen. Schwieriger sind die ungeschriebenen Normen des Gewohnheitsrechts zu ermitteln, denn zur Entstehung von Gewohnheitsrechten bedarf es neben der regelmäßigen und allgemeinen Verhaltensweise nach h.M. des Willens der Rechtssubjekte, durch ihr Verhalten "Recht" zu verwirklichen.[5] Dabei kann sich das Gewohnheitsrecht gegen den Wortlaut des Gesetzes durchsetzen. Als Beispiel eines derogierenden Gewohnheitsrechtes führt KRUSE[6] die Verpflichtung zur Führung von Handelsbüchern in d e u t - s c h e r Sprache an, obwohl im § 43 Abs. 1 HGB nur eine lebende Sprache gefordert wird. Gewohnheitsrechte mit örtlichem Geltungsbereich (i.d.R. auf Gemeinden begrenzt) gelten als Observanzen.[7]

---

1) KRUSE, H.W.: GoB, S. 16.
2) Vgl. ULLSTEIN, Lexikon des Rechts, Stichwort: Gesetz.
3) Vgl. ebenda, Stichwort: Verordnung.
4) Vgl. ENNECCERUS-NIPPERDEY: Allgemeiner Teil des Bürgerlichen Rechts, S. 277 - 281; ULLSTEIN, Lexikon des Rechts, Stichwort: Autonome Satzung.
5) Vgl. LARENZ, K.: Methodenlehre, S. 345 - 349 m.w.Lit.
6) Vgl. KRUSE, H.W.: GoB, S. 48 - 51.
7) Vgl. WOLFF, H.J./BACHOF, O.: Verwaltungsrecht I, S. 126.
   Neben den bisher aufgeführten Rechtsquellen kann auch das Richterrecht eine Rechtsquelle sein oder einen den Rechtsquellen ähnlichen Charakter haben (vgl. ENNECCERUS-NIPPERDEY: Allgemeiner Teil des Bürgerlichen Rechts, S. 273 - 277; WOLFF, H.J./BACHOF, O.: Verwaltungsrecht I, S. 127 f.). Im Rahmen des hier behandelten Themas wäre die Rechtsprechung nur als Rechtsquelle anzusehen, wenn den Entscheidungen der Gerichte gewohnheitsrechtliche Kraft beizulegen ist.

R e c h t s s ä t z e bilden die inhaltliche Seite der Rechtsquellen, sie sind der geschriebene oder ungeschriebene Ausdruck für die auf das äußere Verhalten von Menschen sich beziehenden Anordnungen.[1] Vollständige Rechtssätze im juristischen Sinne enthalten neben einem bestimmten Tatbestand die hiermit verknüpften Rechtsfolgen.[2] Fehlt eines dieser Elemente im Rechtssatz, so ist er unvollständig, auch wenn sprachlich vollständige Sätze vorliegen.[3] Rechtssatz und R e c h t s n o r m werden in der Literatur z.T. unterschiedlich verwendet. "'Norm' ist dann der imperativistische Gehalt (Sinn), der in einem 'Rechtssatz' ausgedrückt und also in diesem Wort stets mitgemeint wird".[4] Diese Differenzierung wird von einigen Autoren zwar hervorgehoben, jedoch setzen sie - wie es auch in dieser Arbeit geschieht - in ihren Ausführungen in der Regel Rechtssatz und Rechtsnorm gleich.[5]

2.1.2.2. Unbestimmter Rechtsbegriff und Generalklausel

2.1.2.2.1. Begriffe und allgemeine Bedeutung

In der Literatur wird der Begriff "Grundsätze ordnungsmäßiger Buchführung" von einigen Autoren als unbestimmter Rechtsbegriff[6] bezeichnet; andere Autoren sehen in den GoB

---

1) Vgl. WOLFF, H.J./BACHOF, O.: Verwaltungsrecht I, S. 115 f. m.w.Lit.

2) Vgl. ENNECCERUS-NIPPERDEY: Allgemeiner Teil des Bürgerlichen Rechts, S. 243; LARENZ, K.: Methodenlehre, S. 232 - 235.

3) Vgl. LARENZ, K.: Methodenlehre, S. 239 f.

4) WOLFF, H.J./BACHOF, O.: Verwaltungsrecht I, S. 115; vgl. ferner KRUSE, H.W.: GoB, S. 17 m.w.Lit.

5) Vgl. KRUSE, H.W.: GoB, S. 17, 27; LARENZ, K.: Methodenlehre, S. 232.

6) Insbesondere seit einem Urteil des Bundesverfassungsgerichts (vgl. BVerfG vom 10.10.1961, BStBl 1961 I, S. 717; ferner GLADE, A.: Strapazierte, S. 318 m.w.Lit.; BFH vom 12.5.1966, BStBl 1966 III, S. 372; BFH vom 12.12.1972, BStBl 1973 II, S. 556).

KRUSE spricht in diesem Zusammenhang vom "unbestimmten" Gesetzesbegriff" (vgl. KRUSE, H.W.: GoB, S. 104 m.w.Lit.).

eine Generalklausel.[1] Diese Begriffe bedürfen der Erläuterung.

U n b e s t i m m t e   R e c h t s b e g r i f f e finden sich in zahlreichen Rechtsvorschriften, z.B. durch Hinweis auf: öffentliches Interesse, dienstliches Bedürfnis, Interesse des Verkehrs, geordneter Gang der Verwaltung, lebenswichtiger Bedarf, Zumutbarkeit, unbillige Härte.[2] Sie können zum bestimmten Rechtsbegriff dadurch abgegrenzt werden, daß letztere einen klaren Begriffskern mit kleinem Bedeutungshof aufweisen, "während unbestimmte Rechtsbegriffe durch einen ungewöhnlich großen Begriffshof und einen sehr kleinen Begriffskern gekennzeichnet sind".[3] Sie lassen zwar wegen ihres weiten Begriffshofes keinen eindeutigen Inhalt der Rechtsnorm vermuten, dennoch wird in der juristischen Literatur betont, daß aufgrund eines unbestimmten Rechtsbegriffes nur e i n e Entscheidung möglich ist, im Gegensatz zur Ermessensentscheidung.[4] Bei einer Ermessensentscheidung sind grundsätzlich mehrere Entscheidungen denkbar und zulässig, wenn sie sich innerhalb der vorgegebenen Ermessensgrenzen bewegen.

Als typische G e n e r a l k l a u s e l werden im allgemeinen die folgenden Begriffe angesehen:[5] allgemeines Wohl, gute Sitten, Treu und Glauben. Sie stellen jene allgemeingültigen Verhaltensregeln dar, die auch ohne ausdrückliche

---

1) Vgl. CHRISTOFFERS, R.: Die aktienrechtlichen, S. 15 - 20; KRUSE, H.W.: GoB, S. 104 - 107; KÖRNER, W.: Wesen und Funktion, S. 312 - 315; ADS: Rechnungslegung, 4.Aufl., § 149 Tz.18.
2) Vgl. WOLFF, H.J./BACHOF, O.: Verwaltungsrecht I, S. 188.
3) ENNECCERUS-NIPPERDEY: Allgemeiner Teil des Bürgerlichen Rechts, S. 308 f.
4) Vgl. ebenda, S. 307 - 310 m.w.Lit.; WOLFF, H.J./BACHOF, O.: Verwaltungsrecht I, S. 188 - 191 m.w.Lit.; ULLSTEIN, Lexikon des Rechts, Stichwort: Unbestimmter Rechtsbegriff.
5) Vgl. BARTHOLOMEYCZIK, H.: Die Kunst, S. 69; WERNER, F.: Zum Verhältnis, S. 6 - 19.

Vereinbarung wesensmäßiger Inhalt rechtlicher Beziehungen sind.[1] In den verschiedensten Rechtsvorschriften finden Generalklauseln ihre Anwendung, die nach WERNER[2] folgende Bedeutung haben:

1. Das Recht soll einerseits beständig sein und andererseits nicht erstarren. Die Generalklausel trägt dieser Doppelaufgabe Rechnung; auch kann ihre Handhabung zu einem Interessenausgleich verschiedener Parteien führen.[3]

2. Sie ermöglichen kurze Gesetzestexte. Dieser scheinbare Vorteil geht jedoch verloren, wenn an die Stelle der Gesetzesnormen die Leitsätze der Revisionsgerichte treten und der normative Inhalt von Generalklauseln erst anhand von Rechtsprechungskarteien und Kommentaren zu ermitteln ist.

3. Unter dem Druck verschiedenster Interessengruppen sieht sich der Gesetzgeber in der Demokratie einem ständigen Zwang zur Schaffung neuer Gesetze ausgesetzt. Er kann sich der Generalklausel bedienen, um diesem Zwang zu entsprechen und gleichzeitig die Anpassung an sich später verändernde Verhältnisse zu gewährleisten.

---

1) Vgl. ULLSTEIN, Lexikon des Rechts, Stichwort: Generalklausel.

2) Vgl. WERNER, F.: Zum Verhältnis, S. 19 - 26.

3) Als Beispiel eines Interessenausgleichs zugunsten des "Kleinkapitals" ist die Rechtsprechung des Reichsgerichts aufgrund des § 242 BGB (Treu und Glauben) in Zeiten der Inflation anzusehen. Sie fand später Eingang in die Aufwertungsgesetzgebung (vgl. WERNER, F.: Zum Verhältnis, S. 20 m.w.Lit.).

Ein ähnliches Beispiel lieferte in jüngerer Zeit das BAG in einer Grundsatzentscheidung zur Anpassung der betrieblichen Ruhegeldverpflichtungen (vgl. BAG vom 30.3.1973, in: DB, Jg. 26 (1973), S. 773). Es betonte, daß der Grundsatz des Nominalismus ("Mark = Mark") keine unbegrenzte Geltung hat, sondern vom Gebot des "Treu und Glaubens" beherrscht wird. Deshalb ist bei stark veränderten wirtschaftlichen Verhältnissen eine Anpassung der Ruhegeldverpflichtung erforderlich, wenn der Lebenshaltungskostenindex seit der letzten Ruhegeldabsprache um 40 % gestiegen ist (vgl. hierzu HÖFER, R./KEMPER, K.: Einzelfragen, S. 1573 - 1576 m.w.Lit.).

Generalklauseln ermöglichen also dem Gesetzgeber einerseits auf die Normierung detaillierter Sachverhalte zu verzichten, d.h. er verlagert einen Teil der "legislatorischen Verantwortung" auf die Gerichte.[1] Ferner kann mittels der Generalklausel ein Interessenausgleich verschiedener Gruppen herbeigeführt und den sich im Zeitablauf verändernden Verhältnissen Rechnung getragen werden.

Aus den unterschiedlichen Anwendungsbereichen der Generalklauseln kann ihre Funktion wie folgt herauskristallisiert werden:[2]

1. Gesetzesauslegung in Zweifelsfällen.
2. Rechtsfindung bei fehlender gesetzlicher Regelung.
3. Rechtsanpassung an veränderte wirtschaftliche Verhältnisse.

2.1.2.2.2. Die Grundsätze ordnungsmäßiger Buchführung als Generalklausel und/oder unbestimmter Rechtsbegriff

Im Bereich der Rechnungslegungsvorschriften können die GoB als Generalklausel oder als unbestimmter Rechtsbegriff vorkommen. Als Generalklausel sind sie für alle Kaufleute im § 38 Abs. 1 Satz 1 HGB[3] verankert. Dieser allgemeinverbindlichen Norm folgen im HGB Vorschriften, die Buchführung und Bilanzaufstellung, wenn auch nur unvollständig, regeln (§§ 39 - 47a HGB).

Im Aufbau der gesetzlichen Vorschriften für Unternehmen

---

1) Vgl. BARTHOLOMEYCZIK, H.: Die Kunst, S. 69 f.; WERNER, F.: Zum Verhältnis, S. 25.
2) Vgl. KÖRNER, W.: Wesen und Funktion, S. 314 m.w.Lit. Diese Funktionen ermittelt KÖRNER aus der Generalklausel des § 242 BGB (Treu und Glauben).
3) Vgl. CHRISTOFFERS, R.: Die aktienrechtlichen, S. 13 f.; KRUSE, H.W.: GoB, S. 106; LOY, A.: Grundsätze, S. 1211; KÖRNER, W.: Wesen und Funktion, S. 312.

bestimmter Rechtsformen zeigt sich ein ähnliches Bild. Sie beginnen mit der Bezugnahme auf die GoB in Form einer Generalklausel[1] und dem Hinweis auf die ergänzende Anwendung der allgemeinen handelsrechtlichen Buchführungsvorschriften, soweit in den speziellen Rechnungslegungsvorschriften nichts anderes bestimmt ist. Erst dann folgen die rechtsformspezifischen Rechnungslegungsvorschriften.

Bei der Erstellung des Jahresabschlusses von Aktiengesellschaften sind zuerst die besonderen Rechnungslegungsbestimmungen des Aktiengesetzes heranzuziehen und dann die handelsrechtlichen Buchführungsvorschriften ergänzend einzubeziehen, soweit in den aktienrechtlichen Vorschriften nichts anderes bestimmt wird (§ 149 Abs. 2 AktG). Diesen beiden Bereichen ist die aktienrechtliche "Generalnorm"[2] des § 149 Abs. 1 Satz 2 AktG vorangestellt: nach ihr ist der Jahresabschluß "klar und übersichtlich aufzustellen und muß im Rahmen der Bewertungsvorschriften einen möglichst sicheren Einblick in die Vermögens- und Ertragslage der Gesellschaft geben" (§ 149 Abs. 1 Satz 2 AktG). Ermöglichen die aktien- und handelsrechtlichen Vorschriften in Verbindung mit der Generalnorm keine Klärung der anstehenden

---

1) § 149 Abs. 1 Satz 1 AktG (vgl. CHRISTOFFERS, R.: Die aktienrechtlichen, S. 13 f.; KRUSE, H.W.: GoB, S. 106; KÖRNER, W.: Wesen und Funktion, S. 312; ADS: Rechnungslegung, 4. Aufl., § 149 Tz. 18).

§ 41 Abs. 1 GmbHG (vgl. BAUMBACH-HUECK: GmbH-Gesetz, § 41 Anm. 2 A, § 42 Anm. 1 A. Die GoB werden in dem Kommentar zwar nicht als Generalklausel bezeichnet, jedoch wird auf die Geltung der GoB auch für Gesellschaften mit beschränkter Haftung hingewiesen).

§ 33b Abs. 1 GenG (vgl. CHRISTOFFERS, R.: Die aktienrechtlichen, S. 13 f.).

§ 5 Abs. 1 EStG (vgl. LOY, A.: Grundsätze, S. 1211).

2) BARTKE, G.: Das neue Bewertungsrecht, S. 303 - 308.

Im folgenden wird nur von "Generalnorm" i.S. der aktienrechtlichen Generalnorm gesprochen.

Auf den Inhalt und die rechtliche Bedeutung der Generalnorm wird im Gliederungspunkt 2.2.3. eingegangen.

Rechnungslegungsprobleme, verbleiben nur noch die GoB. Mit der "GoB-Generalklausel": "Der Jahresabschluß hat den Grundsätzen ordnungsmäßiger Buchführung zu entsprechen" (§ 149 Abs. 1 Satz 1 AktG) leitet der Gesetzgeber die aktienrechtlichen Rechnungslegungsvorschriften ein; erst anschließend folgt die Generalnorm. Der Generalnorm gebührt, da es sich hierbei um die speziellere Gesetzesnormierung handelt, der Vorrang vor der allgemeineren, nämlich der "GoB-Generalklausel".[1] Die aktienrechtliche Regelung zeigt also folgende Stufen der Gesetzesanwendung:[2]

1. Anwendung der speziellen aktienrechtlichen Rechnungslegungsvorschriften
   (§§ 151 - 159, 161 i.Verb.m. § 149 Abs. 1 AktG).

2. Ergänzung der aktienrechtlichen Bestimmungen durch handelsrechtliche Buchführungsvorschriften
   (§§ 38 - 47a HGB i.Verb.m. § 149 Abs. 1 AktG).

3. Rechtsfindung bei fehlender gesetzlicher Regelung im aktien- und handelsrechtlichen Bereich durch die GoB
   (§ 149 Abs. 1 Satz 1 AktG).

---

1) Entsprechend dem Grundsatz "lex specialis derogat legi generali ... geht das besondere Gesetz dem allgemeinen vor" (ULLSTEIN, Lexikon des Rechts, Stichwort: Lex specialis...; Hervorhebung im Original weggelassen).

Dieser Grundsatz gilt nicht uneingeschränkt, wie LARENZ ausführt, denn bestimmte Prinzipien im Verfassungsrang haben als ranghöhere Normen den Vorrang vor dem einfachen Gesetzesrecht (vgl. LARENZ, K.: Methodenlehre, S. 251).

Generalnorm und "GoB-Generalklausel" stehen jedoch nicht im Verfassungsrang, so daß eine Umkehrung des vorstehenden Grundsatzes "lex specialis derogat legi generali" nicht gegeben sein kann.

2) Ähnlich BARTKE, G.: Rechnungslegung, S. 70 m.w.Lit.; vgl. ferner BAUMBACH-HUECK: Aktiengesetz, § 149 Rn. 3; CLAUSSEN, C.P.: in Kölner Kommentar, § 149 Anm. 2; KROPFF, B.: in Aktiengesetz, Kommentar, § 149 Anm. 1 - 3.

Aufgrund der vorliegenden Gesetzessystematik wird die Funktion der GoB als Generalklausel im § 149 Abs. 1 Satz 1 AktG deutlich. Sollte den GoB die Funktion der Generalklausel in diesem Zusammenhang nicht innewohnen, hätte es der Bezugnahme auf dieselben in dieser Form nicht bedurft, denn über § 149 Abs. 2 AktG sind auch die handelsrechtlichen Buchführungsvorschriften und damit ergänzend die GoB (§ 38 Abs. 1 HGB) heranzuziehen.[1] Auch CHRISTOFFERS[2] sieht im § 149 Abs. 1 Satz 1 AktG eine Generalklausel, wobei den GoB i.e.S. die Funktion der Gesetzesauslegung und der Rechtsfindung bei fehlender gesetzlicher und gerichtlicher Regelung zukommt.

Eine generelle Klassifizierung der GoB als Generalklausel, wie sie beispielsweise KÖRNER[3] vertritt, muß als zu weitgehend abgelehnt werden, denn in den verschiedensten Rechtsquellen wird auf die GoB bezug genommen, ohne daß den GoB jeweils die Funktion einer Generalklausel beizulegen ist. So fordert § 154 Abs. 1 AktG eine planmäßige Verteilung der Anschaffungs- oder Herstellungskosten von abnutzbaren Anlagegegenständen, wobei die Abschreibungsmethode den GoB zu entsprechen hat. Zur Bewertung gleichartiger Gegenstände des Vorratsvermögens können bestimmte Bewertungsmethoden unterstellt werden, "soweit es den Grundsätzen ordnungsmäßiger Buchführung entspricht" (§ 155 Abs. 1 Satz 3 AktG). In den beiden vorstehenden Fällen des aktienrechtlichen Bereichs ist die Anwendung verschiedener Abschreibungs- und Bewertungsmethoden ausdrücklich an die GoB gebunden, d.h. die GoB bilden in diesen Vorschriften ein Tatbestandsmerkmal bzw. "sie sind eine tatbestandliche Voraussetzung".[4] Somit kön-

---

[1] Vgl. ADS: Rechnungslegung, 4. Aufl., § 149 Tz. 18.
[2] Vgl. CHRISTOFFERS, R.: Die aktienrechtlichen, S. 13 - 20, insbes. S. 17 m.w.Lit.
[3] Vgl. KÖRNER, W.: Wesen und Funktion, S. 312 f.
[4] So KRUSE für die Bewertungsmethoden des § 155 Abs. 1 Satz 3 AktG (vgl. KRUSE, H.W.: GoB, S. 218). Weitere Beispiele von Generalklauseln und unbestimmten Rechtsbegriffen in Verbindung mit den GoB können der vorstehenden Monographie entnommen werden (vgl. ebenda, S. 105 f.).

nen die Bewertungs- und Abschreibungsmethoden nur insoweit angewandt werden, wie ihre Handhabung den GoB entspricht. Hierin unterscheiden sich die §§ 154 Abs. 1, 155 Abs. 1 Satz 3 AktG von anderen aktienrechtlichen Rechnungslegungsvorschriften, die nicht immer mit den GoB übereinstimmen,[1] denn das Aktienrecht enthält Rechnungslegungsbestimmungen, die sich aus der besonderen Rechtsform (AG) ergeben oder die auf bilanzfremden Gründen beruhen. Dem steht die Generalklausel des § 149 Abs. 1 Satz 1 AktG nicht entgegen, nach welcher der Jahresabschluß den GoB zu entsprechen hat, denn diese allgemeine Norm weicht grundsätzlich den speziellen Normen.

In den bisherigen Ausführungen wurden die GoB als unbestimmte Rechtsbegriffe oder als Generalklausel bezeichnet, bzw. ihre Eigenschaft als Generalklausel mußte verneint werden, deshalb bedarf das Verhältnis dieser Begriffe einer abschließenden Klärung. Während NIPPERDEY[2] beide Begriffe gleichsetzt, geht das Bundesverfassungsgericht[3] offensichtlich von einer Unterscheidung derselben aus. Die Synthese beider Auffassungen ist in der Ansicht von WOLFF/BACHOF[4] zu finden, nach der Generalklauseln meist in unbestimmten Rechtsbegriffen ausgedrückt sind. Die meisten Generalklauseln stellen somit gleichzeitig unbestimmte Rechtsbegriffe dar, aber nicht alle unbestimmten Rechtsbegriffe sind als Generalklausel anzusehen. Bezogen auf den hier zu behandelnden Problemkreis ist der Verweisung auf die GoB in den § 38 Abs. 1 HGB, § 149 Abs. 1 Satz 1 AktG u.a.[5] die Eigenschaft einer Generalklausel in Form eines unbestimmten Rechtsbegriffes beizumessen, während beispielsweise im § 155 Abs. 1 Satz 3 AktG die Eigenschaft als Generalklausel fehlt und

---

1) Vgl. hierzu CHRISTOFFERS, R.: Die aktienrechtlichen, S. 90 - 212 m.w.Lit.
2) Vgl. ENNECCERUS-NIPPERDEY: Allgemeiner Teil des Bürgerlichen Rechts, S. 308.
3) Vgl. BVerfG vom 10.10.1961, BStBl 1961 I, S. 717.
4) Vgl. WOLFF, H.J./BACHOF, O.: Verwaltungsrecht I, S. 188.
5) Vgl. hierzu S. 28 der Arbeit.

nur von den GoB als Tatbestandsmerkmal in Form eines unbestimmten Rechtsbegriffes gesprochen werden kann.

2.1.2.3. Grundsätze ordnungsmäßiger Buchführung mit Rechtsnormqualität und ohne Rechtsnormqualität (GoB i.e.S.)

In den vorstehenden Ausführungen wurden die GoB als unbestimmter Rechtsbegriff bzw. Generalklausel bezeichnet, wodurch jedoch die GoB noch nicht inhaltlich konkretisiert sind. Durch die Verweisung auf die GoB in den handelsrechtlichen Buchführungsvorschriften könnte der Eindruck entstehen, daß es sich bei den GoB und den handelsrechtlichen Normen um zwei verschiedene Rechtsbereiche handelt und ein Unterschied zwischen beiden besteht. So hält LEFFSON[1] die GoB aufgrund der Verweisung im § 38 HGB für eine außerhalb des Gesetzes stehende Rechtsquelle, weil eine Rückverweisung auf Gesetzesinhalte als überflüssig erscheint. LEFFSON erkennt aber selbst, daß GoB in den verschiedensten Rechtsvorschriften kodifiziert sind. SPANNHORST[2] löst diesen (vermeintlichen) Widerspruch auf, indem er von den GoB im eigentlichen oder engeren Sinne - es handelt sich um die nicht kodifizierten Regeln, auf die sich der gesetzliche Hinweis bezieht - und den GoB im weiteren Sinne spricht - "wozu auch die in Rechtsnormen transponierten allgemeinen GoB zählen".

Die h a n d e l s r e c h t l i c h e n Buchführungsvorschriften (§§ 38 - 47a HGB) konnten als maßgebend für alle Kaufleute angesehen werden, wodurch ihnen gleichzeitig die allgemeinverbindliche Kraft von kodifizierten GoB i.w.S. beizu-

---

1) Vgl. LEFFSON, U.: Die GoB, S. 12 - 14.
2) SPANNHORST, B.: Die GoB, S. 20.

messen ist.[1] Im Rahmen dieser Arbeit sind aber im wesentlichen nicht die kodifizierten GoB zu untersuchen, sondern jene nicht kodifizierten GoB, die als GoB im engeren Sinne (i.e.S.) bezeichnet werden. Es liegt deshalb nahe, die Gesetzesverweisung auf ungeschriebene Rechtsquellen zu beziehen, nämlich die nicht kodifizierten GoB auf der Stufe von Gewohnheitsrechten. Damit wäre die Ergänzung der kodifizierten Buchführungsvorschriften durch gewohnheitsrechtliche GoB möglich.

Auch in der Literatur wird auf die Entstehung von GoB aus G e w o h n h e i t s r e c h t e n hingewiesen, die sich durch lang anhaltende kaufmännische Übung, verbunden mit dem allgemeinen Rechtsgeltungswillen, entwickeln. Durch Verweisung auf die GoB in den handelsrechtlichen Vorschriften ist nach KRUSE[2] "gerade hier der geeignete Boden für eine gewohnheitsmäßige Rechtsbildung". Eine Klassifizierung der GoB als Gewohnheitsrecht bestreiten hingegen einige Autoren;[3] ihr gemeinsamer Grund des Widerspruchs ist in der unterschiedlichen Ausgangssituation zur Ermittlung der GoB zu suchen (dies werden die späteren Ausführungen noch verdeutli-

---

[1] Vgl. DÖLLERER, G.: Grundsätze, S. 1217; SPANNHORST, B.: Die GoB, S. 79 f.

Auch steuerliche Normen sind für alle Kaufleute im Rahmen der Ertragsteuerbilanz gleichermaßen verbindlich, jedoch liegen ihnen fiskalpolitische Zielsetzungen zugrunde, die von den handelsrechtlichen Buchführungszwecken abweichen; damit ist die Gleichsetzung von GoB und steuerlichen Normen nicht möglich.

In wieweit aktienrechtliche Vorschriften auch Grundsätze ordnungsmäßiger Buchführung enthalten, wird an späterer Stelle deutlich (vgl. hierzu SPANNHORST, B.: Die GoB, S. 79 f.; LEFFSON, U.: Zur Gemeinsamkeit, S. 582).

[2] KRUSE, H.W.: GoB, S. 33.

[3] Vgl. DÖLLERER, G.: Grundsätze, S. 1217 f.

Eine entsprechende Auffassung wurde in der Kommentierung auch von DUDEN vertreten (vgl. BAUMBACH-DUDEN: Handelsgesetzbuch, 19. Aufl., § 38 5A), jedoch in der neueren Auflage nicht beibehalten (vgl. ebenda, 21. Aufl., § 38 5A).

chen) und in dem "Ausschließlichkeitsdenken" dieser Autoren.[1]

Gewohnheitsrechtliche GoB haben sich insbesondere zur äußeren Form der Buchhaltung herausgebildet. Bereits zu Beginn des 19. Jahrhunderts galt der Grundsatz, in den Handelsbüchern nicht unleserlich durchzustreichen, zu rasieren oder vorgenommene Eintragungen in anderer Weise unkenntlich zu machen.[2] Eine Transformation der gewohnheitsrechtlichen Handhabung in Gesetzesrecht erfolgte durch Art. 32 Abs. 3 Satz 2 ADHGB und später durch § 43 Abs. 3 Satz 2 HGB.[3] Ebenfalls Anfang des vorigen Jahrhunderts hatte sich der Grundsatz einer fortlaufenden Verbuchung der Geschäftsvorfälle herauskristallisiert, obwohl er handelsrechtlich niemals kodifiziert wurde.[4] Abschließend sei noch die Entwicklung von gebundenen Büchern hin zur Loseblatt-Buchführung angeführt. Nach Art. 32 Abs. 3 ADHGB m u ß t e n die Bücher in gebundener Form geführt werden, während das HGB dieser Vorschrift den Sollcharakter gab ("Die Bücher sollen gebunden ... sein"; § 43 Abs. 2 HGB).[5] Damit stand die Durch-

---

1) Vgl. KRUSE, H.W.: GoB, S. 34.
2) Vgl. ebenda, S. 37 f. m.w.Lit.
3) Vgl. ebenda, S. 38 f. m.w.Lit.
4) Vgl. ebenda, S. 40 f.
   In die geplante Änderung des HGB wird dieser Grundsatz jedoch aufgenommen. "Die Eintragungen in Büchern und die sonst erforderlichen Aufzeichnungen müssen vollständig, richtig, zeitgerecht und geordnet vorgenommen werden". (Entwurf eines Einführungsgesetzes zur Abgabenordnung, S. 24, § 43 Abs. 2; vgl. Reg. Begr. zum Entwurf eines Einführungsgesetzes zur Abgabenordnung, S. 52).
5) Vgl. im folgenden MUTZE, O.: Die Wandlung, S. 56 f.; ADS: Rechnungslegung, 3. Aufl., § 129 Tz. 91 - 94.
   Mit der geplanten Änderung des HGB wird die geltende Fassung des § 43 Abs. 2 HGB fallen gelassen, weil diese Art der Buchführung nur noch selten vorzufinden ist (vgl. Reg. Begr. zum Entwurf eines Einführungsgesetzes zur Abgabenordnung, S. 52).

schreibebuchführung nicht mit den gesetzlichen Anforderungen in Einklang, wie aus einem Gutachten der Industrie- und Handelskammer Berlin des Jahres 1906 zu entnehmen ist. Erst die späteren Gutachten der Jahre 1927 und 1928 und die sich anschließende steuerliche Anerkennung durch einen Erlaß des Reichsministers der Finanzen halfen der Anerkennung der Lose-Blatt-Buchführung zum Durchbruch. Sie steht nunmehr aufgrund gewohnheitsrechtlicher Handhabung mit den GoB in Einklang.

Bereits diese unvollständigen Aufzählungen von GoB verdeutlichen, daß sich allgemeinverbindliche Regeln der Buchführung im Bereich des Gewohnheitsrechtes bilden können.[1] Sie ergänzen das unvollständig normierte Handelsrecht, können sich sogar gegen den Wortlaut des Gesetzes durchsetzen[2]

---

[1] Als GoB mit gewohnheitsrechtlicher Kraft sind beispielsweise nach h.M. folgende Bilanzierungs- und Bewertungsprinzipien der Jahresabschlußerstellung zu qualifizieren:

Anschaffungswertprinzip (vgl. SEICHT, G.: Die kapitaltheoretische Bilanz, S. 33 - 41, insbes. S. 38 m.w.Lit.; KRUSE, H.W.: GoB, S. 216; a.A. FORSTER, K.-H.: Ausgewählte Fragen, S. 473; BRÜGGEMANN, D.: in Großkommentar zum HGB, § 40 Anm. 3).

Niederstwertprinzip (vgl. KRUSE, H.W.: GoB, S. 43 - 48, 208 f., 216 m.w.Lit.).

Abschreibungen, Wertberichtigungen und Rückstellungen sind bereits in der aufgestellten Jahresbilanz vorzunehmen (vgl. KRUSE, H.W.: GoB, S. 210 m.w.Lit.).

Saldierungsverbot zwischen: Forderungen und Verbindlichkeiten, nicht abgerechneten Leistungen und Anzahlungen oder Grundstücksrechten mit Grundstückslasten (vgl. KRUSE, H.W.: GoB, S. 210 m.w.Lit.).

Pflicht des Kaufmanns zur Passivierung von Rückstellungen für ungewisse Verbindlichkeiten und drohende Verluste aus schwebenden Geschäften (vgl. KRUSE, H.W.: GoB, S. 216 m.w.Lit.).

Planmäßige Verteilung von Anschaffungswerten (Abschreibung) abnutzbarer Gegenstände des Anlagevermögens (vgl. KRUSE, H.W.: GoB, S. 216 f.).

[2] Vgl. SPITALER, A.: Die Bedeutung, Sp. 640; ferner S. 23 der Arbeit.

oder werden nach langjähriger allgemeiner Übung in den Gesetzesbereich übernommen.[1]

Zur Entstehung von Gewohnheitsrechten bedarf es einer dauernden Übung der Kaufmannschaft in Verbindung mit dem Rechtsgeltungswillen; allein diese Restriktionen verhindern oder erschweren das Entstehen von Gewohnheitsrechten und mindern damit die Bedeutung desselben als Rechtsquelle der GoB. Darüberhinaus entzieht der Gesetzgeber diesem Bereich durch seine fortlaufende Gesetzgebung weiteren Boden, indem entstandene oder im Entstehungsprozeß befindliche Gewohnheitsrechte als handelsrechtliche Vorschriften normiert werden.[2]

Durch die gesetzliche Verweisung auf die GoB wird jedoch kaum der Bereich des Gewohnheitsrechtes angesprochen, da sich hier nur vereinzelte Grundsätze zur Ergänzung des Handelsrechts gebildet haben. Wegen ihrer Unvollständigkeit können gewohnheitsrechtliche GoB nicht immer der Rechtsfindung bei fehlenden Gesetzesvorschriften dienen, wodurch sie die Funktion der Generalklausel - Rechtsfindung bei fehlender gesetzlicher Regelung -[3] nicht erfüllen können. Ferner sollen Generalklauseln die Anpassung der Rechtsverhältnisse an veränderte wirtschaftliche Situationen ermöglichen, denen der Gesetzgeber im Zeitpunkt der Normierung einzelner Rechtsvor-

---

1) Vgl. S. 34 der Arbeit zur Leserlichkeit der Bücher.
   Auch die Übernahme der sog. permanenten Inventur (§ 39 Abs. 3 HGB) in das Handelsgesetzbuch gilt als entsprechendes Beispiel, wie der Begründung zum Regierungsentwurf zu entnehmen ist: "Dieses Verfahren (Anm. d. Verf.: sog. permanente Inventur), dessen Vereinbarkeit mit dem Gesetzesrecht bezweifelt werden kann, gewohnheitsrechtlich aber anerkannt ist, bedarf gesetzlicher Regelung, um Gesetzesrecht und gewohnheitsrechtliche Handhabung wieder in Einklang zu bringen" (Reg. Begr. zum Entwurf eines Gesetzes zur Änderung des Handelsgesetzbuches und der Reichsabgabenordnung, S. 4).

2) Vgl. SPANNHORST, B.: Die GoB, S. 95.

3) Vgl. S. 27 der Arbeit.

schriften naturgemäß nicht nachkommen kann. Auch dieser Anforderung entspricht das Gewohnheitsrecht nicht, da bei neu auftretenden Fragen der Rechnungslegung keine dauernde Übung existiert.[1] Letztlich spricht noch gegen die Ausgangshypothese - die Verweisung auf die GoB bezieht sich auf das Gewohnheitsrecht aller Kaufleute -, daß Gewohnheitsrechte auch ohne besonderen Hinweis gleichrangig neben dem Gesetzesrecht gelten.[2] Gewohnheitsrechte sind stets neben dem geschriebenen Recht ein Bestandteil unserer Rechtsordnung.[3]

Als weitere Rechtsquellen der GoB kämen noch Observanzen, Verordnungen und autonome Satzungen in Betracht. O b s e r v a n z e n stellen lokal begrenzte Gewohnheitsrechte dar.[4] Sie scheiden wegen ihres räumlichen Wirkungsbereiches und der somit fehlenden Allgemeinverbindlichkeit zur Ermittlung von GoB für a l l e Kaufleute aus. Sollten die GoB dem Bereich der R e c h t s v e r o r d n u n g angehören, so hätte der Gesetzgeber die Kompetenz zum Erlaß von Rechtsverordnungen nebst Zweck und Ausmaß expressis verbis normieren müssen. Eine diesbezügliche Regelung liegt nicht vor, ebensowenig wie der Gesetzgeber die Befugnis zur Setzung von GoB im Wege der a u t o n o m e n S a t z u n g an bestimmte juristische Personen delegiert hat.[5] DUDEN[6] klassifizierte die GoB u.a. als "objektive Satzung". Diese Bezeichnung lehnt sich zu eng an den juristischen Begriff der autonomen Satzung an und erweckt den Anschein einer bestimmten Rechtsnormqualität, die in dieser Weise aber nicht

---

1) Vgl. SPANNHORST, B.: Die GoB, S. 99 f.
2) Vgl. ebenda, S. 167.
3) Vgl. KRUSE, H.W.: GoB, S. 114 m.w.Lit. in Fußnote Nr. 1.
4) Vgl. S. 23 der Arbeit.
5) Vgl. SPANNHORST, B.: Die GoB, S. 92 - 95.
6) BAUMBACH-DUDEN: Handelsgesetzbuch, 19. Aufl., § 38 5A.

vorhanden ist.[1] In seiner neueren handelsrechtlichen Kommentierung verwendet DUDEN[2] diese Bezeichnung nicht mehr.

In der Literatur hat es nicht an Versuchen gefehlt, die GoB mehr oder weniger dem Bereich der Rechtsquellen zuzuordnen;[3] so führt DÖLLERER[4] aus, die Grundsätze ordnungsmäßiger Bilanzierung seien aufgrund der gesetzlichen Verweisung "in den Rang von R e c h t s n o r m e n erhoben. Sie gehören zu den Rechtsquellen mit abgeleiteter Rechtssatzwirkung, um mit Walter Jellinek zu sprechen" (Hervorhebung im Original). LEFFSON[5] sieht in den GoB "vom Gesetz abgeleitete Rechtssätze und damit zwingendes Recht". Die Standpunkte von DÖLLERER und LEFFSON haben ihren gemeinsamen Ursprung in der Lehre von JELLINEKs Rechtsquellen mit abgeleiteter Rechtssatzwirkung, die - wie KRUSE[6] nachweist - in keiner Darstellung zum Deutschen Verwaltungsrecht erwähnt wird, bzw. in dem einzigen Fall der Einbeziehung eine Ablehnung erfährt. Der heutige juristische Sprachgebrauch verwendet den Terminus "abgeleitete Rechtsquellen" nur zur Bezeichnung von Rechtsverordnungen oder autonomen

---

1) SPANNHORST lehnt die Auffassung von BAUMBACH-DUDEN aus obigen Gründen grundsätzlich ab (vgl. SPANNHORST, B.: Die GoB, S. 92 - 95). Den mitschwingenden Gedanken - nämlich Übertragung der Rechtssetzungsbefugnis an bestimmte Adressaten - nimmt er zur Lösung der bestehenden Situation jedoch auf, indem er die Kompetenz zur Erarbeitung von GoB einer gemeinsamen Institution aus Vertretern der Betriebswirtschaftslehre, Rechtswissenschaft, kaufmännischer Praxis, Wirtschaftsprüfer und Steuerfachleute übertragen will (vgl. ebenda, S. 186 f.). Der Gesetzgeber sollte von diesem Gremium erarbeitete Regeln der Rechnungslegung als GoB zwingend vorschreiben, um die notwendige Rechtssicherheit zu gewährleisten (vgl. ebenda, S. 188 - 190).
2) Vgl. BAUMBACH-DUDEN: Handelsgesetzbuch, 21. Aufl., § 38 5A.
3) Vgl. KRUSE, H.W.: GoB, S. 18 - 20.
4) DÖLLERER, G.: Grundsätze, S. 1217.
5) LEFFSON, U.: Die GoB, S. 2.
6) Vgl. KRUSE, H.W.: GoB, S. 21 f.

Satzungen, denn beide Quellen lassen sich aus den Gesetzen, den ursprünglichen Rechtsquellen, ableiten.[1] Da Verordnungen und autonome Satzungen als Rechtsquellen der GoB ausscheiden, können die GoB auch nicht mehr als "abgeleitete Rechtsnormen" oder ähnlich qualifiziert werden. So warnt auch SPANNHORST[2] vor dieser Formulierung, da sie den GoB grundsätzlich den Anschein von Rechtsquellen beilegt, obwohl sie nur teilweise den Rechtsquellen entnommen werden können.

Es bleibt als Ergebnis festzuhalten, daß die GoB i.w.S. teilweise den Rechtsquellen zugeordnet werden können und zwar dem Handelsgesetzbuch und dem Gewohnheitsrecht. Die verbleibenden Rechtsquellen - Observanzen, Rechtsverordnungen und autonome Satzungen - enthalten grundsätzlich keine GoB. Handels- und gewohnheitsrechtliche Normen stellen jedoch stets ohne besonderen Hinweis Rechtsquellen zur Gewinnung von GoB dar, so daß sich die Bezugnahme auf die GoB nur auf andere Bereiche erstrecken kann, die keine Rechtsquellen im Sinne der Rechtsquellendoktrin darstellen.[3] Dabei handelt es sich um die nachfolgend zu erörternden Grundsätze aus dem Bereich der Handelsbräuche und der Verkehrsauf-

---

1) Vgl. KRUSE, H.W.: GoB, S. 19.
2) Vgl. SPANNHORST, B.: Die GoB, S. 84 - 88, hier S. 88.
   Im Ergebnis ebenso KLEIN, W.: Das Aktiengesetz, S. 89 f. KLEIN leitet sein Ergebnis in Analogie zu den "anerkannten Regeln der Technik" ab, auf die in zahlreichen neueren Gesetzen Bezug genommen wird. "Das Bundesverwaltungsgericht hat solche Regeln der Technik nicht als Rechtsnormen angesehen, obwohl sie in dem Blatt eines Berufsverbandes veröffentlicht und auf Grund des § 1 der 4. Durchführungs-Verordnung zum Energiewirtschaftsgesetz vom Bundesminister für Wirtschaft genehmigt waren. Es hat ausgesprochen, der Richter habe diese Regeln u.a. auf ihre Sachgemäßheit und auf ihre Vereinbarkeit mit neueren technischen Entwicklungen nachzuprüfen, während sich die richterliche Prüfung bei Rechtsnormen auf das formgerechte Zustandekommen und auf die Vereinbarkeit mit höherrangigem Recht zu beschränken habe" (ebenda).
   Ferner MUTZE, O.: Die Wandlung, S. 62 f.; KÖRNER, W.: Wesen und Funktion, S. 316.
3) Vgl. SPANNHORST, B.: Die GoB, S. 20, 167.

fassungen sowie der Grundsätze, die aus der Natur der Sache
bzw. den handelsrechtlichen Bilanzzwecken abgeleitet werden
können. In diesen Bereichen, die nicht als Rechtsquellen im
Sinne der Rechtsquellendoktrin angesehen werden, wurzelt der
wesentliche Teil der GoB, die hier als GoB i.e.S. bezeichnet
werden.

2.1.3. Entstehung und Ermittlung von Grundsätzen ordnungsmäßiger Buchführung i.e.S.

2.1.3.1. Methodisches Vorgehen

2.1.3.1.1. Grundsätze ordnungsmäßiger Buchführung i.e.S. als Problem
der Rechtsfortbildung oder Gesetzesauslegung

Nachdem die Rechtsnatur der GoB hinreichend geklärt ist,
gilt es, den Weg zur Ermittlung von GoB aufzuzeigen. Zu diesem Zweck ist auch die Kenntnis über die Entstehung von GoB
notwendig, denn andernfalls können die jeweiligen Grundsätze nicht zuverlässig ermittelt werden. Beide Vorgänge greifen somit ineinander, wobei der Gesichtspunkt der Ermittlung
von GoB im Rahmen dieser Arbeit im Vordergrund steht.

Aus juristischer Sicht können die GoB als unbestimmter
Rechtsbegriff bzw. als Generalklausel bezeichnet werden.
Damit eröffnet sich die Frage, ob unbestimmte Rechtsbegriffe
und Generalklauseln eine Gesetzeslücke darstellen, oder ob
nicht gerade durch die Aufnahme derselben in das Gesetz eine
Lücke geschlossen wird. Während KRUSE[1] mit detaillierten
Untersuchungen nachzuweisen versucht, daß unbestimmte
Rechtsbegriffe und Generalklauseln als "Lücken im Gesetz"
anzusehen sind und somit der Rechtsfortbildung unterliegen,
weist SPANNHORST[2] darauf hin, daß die h.M. nicht von einer

---
1) Vgl. KRUSE, H.W.: GoB, S. 107 - 111 m.w.Lit.
2) Vgl. SPANNHORST, K.: Die GoB, S. 7 m.w.Lit.; ferner LOY,
A.: Grundsätze, S. 1213 m.w.Lit.; ENGISCH, K.: Einführung,
S. 137 m.w.Lit.; GIERKE, von, J.: Handelsrecht, S. 119;
KÖRNER, W.: Wesen und Funktion, S. 313 f.; BFH vom 24.1.
1963, BStBl 1963 III, S. 213; BRÜGGEMANN, D.: in Großkommentar zum HGB, § 38 Anm. 2.

Gesetzeslücke ausgehe; unbestimmte Rechtsbegriffe und Generalklauseln füllen vielmehr das Gesetz aus und bedürfen somit der Gesetzesauslegung.[1] Eine Gesetzeslücke schließt LARENZ[2] dann aus, wenn "ein im Gesetz gebrauchter Ausdruck oder ein Wertungsmaßstab konkretisierungsbedürftig ist, da es hier an einer Norm nicht fehlt, auch wenn diese in sich weiter bestimmungsbedürftig ist". Eine konkretisierungsbedürftige Norm stellen nach überwiegender Ansicht auch die GoB dar, sie bedürfen somit der Gesetzesauslegung.[3]

Die Frage, ob Generalklauseln oder unbestimmte Rechtsbegriffe als eine Gesetzeslücke anzusehen sind, wäre im Rahmen dieser Arbeit im übrigen nur von Bedeutung, wenn zwischen den Auslegungs- oder Fortbildungsmethoden wesentliche Unterschiede beständen und sich deshalb Auswirkungen auf die Ermittlung von GoB ergeben würden. KRUSE[4] hat diese methodische Frage nicht abschließend geklärt. Interessant ist in

---

1) Als Gesetzesauslegung ist die Ermittlung des Sinngehaltes von Rechtssätzen zu verstehen (vgl. VOIGT, L.: Entscheidungen, S. 23 m.w.Lit.), während die Rechtsfortbildung einer Ausfüllung von Gesetzeslücken durch die Gerichte dient (vgl. LARENZ, K.: Methodenlehre, S. 350 - 354). Auslegung und Fortbildung lassen sich in dieser gedanklichen Schärfe jedoch nicht immer trennen, denn die Grenze zwischen vollständigen oder unvollständigen Rechtsnormen ist häufig fließend (vgl. ebenda, S. 351 f.).
2) LARENZ, K.: Methodenlehre, S. 356, Fußnote Nr. 12.
3) Von einer A u s l e g u n g der GoB sprechen: VELDE, van der, K.: Zur Kritik, S. 804 f.; MUTZE, O.: Die Wandlung, S. 63; LOY, A.: Grundsätze, S. 1213; MASSEN, K.: Weiterentwicklung, S. 854; SÖFFING, G.: GoB, S. 289; IdW (Hrsg.): FAMA, Zur Auslegung, S. 441; dasselbe (Hrsg.): Stellungnahme FAMA 1/75, S. 555; GLADE, A.: Strapazierte, S. 319, 321; PETER, K./BORNHAUPT, von, J.: Ordnungsmäßigkeit, Z. 374, 376; KÖRNER, W.: Wesen und Funktion, S. 313 - 315; SPANNHORST, B.: Die GoB, S. 35, 43 - 74; BFH vom 12.12.1972, BStBl 1973 II, S. 556; MELLEROWICZ, K.: in Großkommentar AktG, 3. Aufl., § 149 Anm. 3; SCHLEGELBERGER: Kommentar zum HGB, 5. Aufl., 4. Abschn., Einl. V.
A.A. STEINBACH, A.: Entscheidungstheoretische Aspekte, S. 58 - 60 m.w.Lit.
4) Vgl. KRUSE, H.W.: GoB, S. 184.

diesem Zusammenhang jedoch sein Hinweis auf A. ROSS und
H. MERZ, die beide den Eindruck hatten, "daß die Auslegungs- und Rechtsfortbildungsmethoden wesensgleich sind und
deshalb miteinander 'verschmolzen' werden können".[1] Auch
LARENZ[2] sieht "hinsichtlich der Denkmethoden nur graduelle Unterschiede". Nach MERZ[3] führen Rechtsauslegung oder
Rechtsfortbildung zur Anwendung gleichartiger Methoden,
"weil Auslegung und Lückenfüllung wesensgleiche Tätigkeiten
sind".

2.1.3.1.2. Ziele und Methoden der Gesetzesauslegung

Ausgehend vom Ziel der Gesetzesauslegung gilt es, die
vorherrschenden Methoden zur Realisierung der Zielsetzung
kurz darzustellen. Unter Heranziehung der Auslegungsmethoden können dann die Wege zur Ermittlung der GoB und - in den
späteren Ausführungen - zur Interpretation der aktienrechtlichen Rechnungslegungsvorschriften beschritten werden. Ziel
der Gesetzesauslegung ist allgemein die Ermittlung des Sinngehaltes von Rechtsnormen, wobei der Sinn in unterschiedlicher Weise das Erkenntnisziel der Auslegung darstellt, wie
die einzelnen Theorien[4] zeigen, und zwar die:

1. subjektive Theorie,
2. Andeutungstheorie,
3. objektive Theorie,
4. gemischte Theorie.

Zu 1.: Nach der subjektiven Theorie kann nur der tatsächlich gemeinte und gewollte Sinn des Gesetzes, wie er dem

---

1) KRUSE, H.W.: GoB, S. 184 m.w.Lit.
2) LARENZ, K.: Über die Unentbehrlichkeit, S. 17 f.; vgl.
   ferner derselbe: Methodenlehre, S. 350 - 352.
3) MERZ, H.: Auslegung, S. 335, Fußnote Nr. 96.
4) Vgl. VOIGT, L.: Entscheidungen, S. 23 - 30 m.w.Lit.

Gesetzgeber im Zeitpunkt der Normsetzung vorschwebte, maßgebend sein.[1] Diese ältere Theorie will dem "Willen des Gesetzgebers" - wie er beispielsweise aus Äußerungen der am Gesetzgebungsverfahren beteiligten Personen und Organe hervorgeht - Geltung verschaffen. Eine wertvolle Quelle für die Interpretation nach der subjektiven Theorie bilden die vorhandenen Gesetzesmaterialien, jedoch nur insoweit, als der Gesetzgeber hierin seine letztlich verbindliche Normsetzungsabsicht kundtut.

Zu 2.: Vertreter der Andeutungstheorie messen dem Willen des Gesetzgebers nur insoweit Bedeutung zu, als er im Gesetzeswortlaut eine Andeutung erfahren hat.[2] Der Wille des Gesetzgebers findet demnach, auch wenn er aus den Gesetzesmaterialien feststellbar ist, keine Berücksichtigung, falls er im Gesetzeswortlaut keinen Ausdruck gefunden hat. Andeutungstheorie und subjektive Theorie zeigen eine starke Verwandtschaft, denn beiden Theorien dient der ursprüngliche Wille des Gesetzgebers als Richtschnur der Gesetzesauslegung, wobei er jedoch nach der Andeutungstheorie, anders als nach der subjektiven Theorie, im Gesetzeswortlaut mindestens andeutungsweise Ausdruck gefunden haben muß.

Zu 3.: Während die vorstehend genannten Theorien nur den gesellschaftspolitischen Zustand und die Rechtsverhältnisse berücksichtigen, welche den Gesetzgeber im Zeitpunkt der Normsetzung berührten, will die objektive Theorie den zur Zeit der Norminterpretation vorliegenden Werturteilen zum

---

1) Vgl. zur subjektiven Theorie ENNECCERUS-NIPPERDEY: Allgemeiner Teil des Bürgerlichen Rechts, S. 324, Fußnote Nr. 2 m.w.Lit.; OELLRICH, C.: Der Beitrag, S. 119 - 125 m.w.Lit.; VOIGT, L.: Entscheidungen, S. 23 - 25 m.w.Lit.; LARENZ, K.: Methodenlehre, S. 302 - 307 m.w.Lit.; BARTHOLOMEYCZIK, H.: Die Kunst, S. 42 f.

2) Vgl. zur Andeutungstheorie WEINSHEIMER, W.: Die Zulässigkeit, S. 295 m.w.Lit.; ENNECCERUS-NIPPERDEY: Allgemeiner Teil des Bürgerlichen Rechts, S. 325; VOIGT, L.: Entscheidungen, S. 26; ENGISCH, K.: Einführung, S. 83.

Durchbruch verhelfen.[1] Nur die gegenwärtigen Verhältnisse sollen den Wertmaßstab der Interpretation bilden; sie ermöglichen eine laufende Verjüngung der Gesetze, eine Aktualisierung der Rechtsfindung. Nicht der "Wille des Gesetzgebers", sondern der "normative Gesetzessinn", der einem Gesetz "innewohnende, vernünftige Sinn", der wandelbare "Wille des Gesetzes", bildet das Ziel der Auslegung.

RADBRUCH[2] sieht in der juristischen Interpretation "nicht Nachdenken eines Vorgedachten, sondern Zuendedenken eines Gedachten". Die juristische Interpretation "bleibt nicht bei der Feststellung des vom Gesetzesverfasser gemeinten Sinnes stehen",[3] sondern "richtet sich auf den objektiv gültigen Sinn des Rechtssatzes".[4] Nicht der ursprüngliche Wille der Gesetzesverfasser bildet nach seiner Ansicht letztlich das Ziel der juristischen Auslegung, sondern der Wille des Gesetzes.[5]

Aus der Berücksichtigung der veränderten Umstände kann aber in der Regel nicht ein bestehender Wortlaut des Gesetzes beiseite geschoben werden, sondern der mögliche Wortsinn ist entsprechend den neuen Anschauungen und Gegebenheiten auszulegen. Damit trägt die objektive Theorie dem besonderen Bedürfnis einer fortwährenden Anpassung des Rechts an sich wandelnde Zeitverhältnisse Rechnung, und es verwundert nicht, "daß die moderne Richtung der Rechtswis-

---

1) Vgl. zur objektiven Theorie ZWEIGERT, K.: Juristische Interpretation, S. 381 - 383 m.w.Lit.; ENNECCERUS-NIPPERDEY: Allgemeiner Teil des Bürgerlichen Rechts, S. 325 - 329 m.w.Lit.; VOIGT, L.: Entscheidungen, S. 26 f. m.w. Lit.; LARENZ, K.: Methodenlehre, S. 302 - 307 m.w.Lit.
2) RADBRUCH, G.: Rechtsphilosophie, S. 207.
3) Ebenda, S. 206.
4) Ebenda.
5) Vgl. ebenda, S. 207 f.

senschaft ... der aktualen Methode der Interpretation zuneigt".[1]

"Wille des Gesetzgebers" und "Wille des Gesetzes" entsprechen sich naturgemäß bei neugefaßten Gesetzen; erst mit zunehmendem Alter einer Vorschrift kann die objektive Auslegung - je nachdem, wie sich die wirtschaftlichen und gesellschaftlichen Verhältnisse geändert haben - ihre eigenständige Bedeutung gewinnen.

Zu 4.: Die bisher dargestellten Theorien beziehen sich entweder auf den "Willen des Gesetzgebers" oder auf den "Willen des Gesetzes" und schließen dadurch die damit verbundenen Vor- und Nachteile ein.[2] Der "Wille des Gesetzgebers" trägt dem sozialen Wandel keine Rechnung, während die objektive Theorie die historische Entwicklung des Rechts vernachlässigt und nur auf den Zustand im Zeitpunkt der Gesetzesinterpretation abstellt.[3] Durch eine unverrückbare, feste Grundlage fördert die Interpretation gemäß dem Willen des Gesetzgebers die Rechtssicherheit, während die objektive Theorie der Rechtsanpassung an veränderte Verhältnisse dient.[4] Da beide Auslegungsziele gewichtige Argumente für sich beanspruchen, hat es nicht an Versuchen gefehlt, sie zu einem gemeinsamen Auslegungsziel zu verknüpfen. So sieht LARENZ[5] das Ziel der Gesetzesauslegung als Ergebnis eines gedanklichen Prozesses an, in den sowohl "subjektive" wie "objektive" Momente einzubeziehen sind. Ebenso muß nach

---
1) ZWEIGERT, K.: Juristische Interpretation, S. 381 m.w.Lit. in Fußnote Nr. 7. Folgende Autoren weisen ebenfalls auf diesen Trend, z.T. unter Berufung auf die Rechtsprechung, hin: ENNECCERUS-NIPPERDEY: Allgemeiner Teil des Bürgerlichen Rechts, S. 325 m.w.Lit.; SIEBERT, W.: Die Methode, S. 10, 40 f.; KRUSE, H.W.: GoB, S. 117 f.; ENGISCH, K.: Einführung, S. 89.
2) Vgl. zur gemischten Theorie VOIGT, L.: Entscheidungen, S. 28 - 30 m.w.Lit.; BARTHOLOMEYCZIK, H.: Die Kunst, S. 44 - 46.
3) Vgl. BARTHOLOMEYCZIK, H.: Die Kunst, S. 44.
4) Vgl. ebenda, S. 44 f.
5) Vgl. LARENZ, K.: Methodenlehre, S. 305.

BATHOLOMEYCZIK[1] die "ausgewogene Spannung beider Theorien" für das Erkenntnisziel der Auslegung berücksichtigt werden, "wobei die Vorzüge der objektiven Theorie ihren besonderen, überwiegenden Wert erhalten".

Die Untersuchung läßt eine zunehmende Bedeutung des Gesetzeswillens als Ziel der Auslegung erkennen. Bei jüngeren Gesetzen erscheint es aber zweifelhaft, ob eine Auslegung nach der objektiven Theorie den Willen des Gesetzgebers vollständig vernachlässigen kann, denn historische und aktuelle Elemente der Rechtsbildung greifen verstärkt ineinander und erschweren oder verhindern eine Trennung der Auslegung nach der subjektiven oder objektiven Auslegungstheorie. Darüberhinaus berücksichtigt jenes einseitige Vorgehen nicht das breite Spektrum der Meinungen und die organische Rechtsentwicklung. Deshalb wird im Rahmen dieser Arbeit der gemischten Theorie der Vorzug gegeben, jedoch unter besonderer Dominanz der objektiven Gesetzesauslegung, um dem Wandel der Verhältnisse und hieraus resultierenden neueren juristischen und betriebswirtschaftlichen Erkenntnissen Rechnung zu tragen

Neben den Theorien und deren Zielen für die Gesetzesauslegung sind für die Auslegung die Methoden der Gesetzesauslegung[2] von Bedeutung. Die g r a m m a t i s c h e Interpretation (Wortauslegung, sprachliche Auslegung, philologische Interpretation) sucht den Wortsinn nach allgemeinem und ju-

---

1) BARTHOLOMEYCZIK, H.: Die Kunst, S. 45 f.
2) Vgl. zu den juristischen Auslegungsmethoden COING, H.: Die juristischen Auslegungsmethoden, S. 6 - 12. COING weist die Verbindung zwischen der juristischen Auslegung und den Methoden der allgemeinen Hermeneutik nach (vgl. ebenda, S. 13 - 21). SIEBERT, W.: Die Methode, S. 8 f.; BARTHOLOMEYCZIK, H.: Die Kunst, S. 18 - 36, 52 - 66; ENNECCERUS-NIPPERDEY: Allgemeiner Teil des Bürgerlichen Rechts, S. 331 - 335; OELLRICH, C.: Der Beitrag, S. 21 - 156; ENGISCH, K.: Einführung, S. 77 - 82; ULLSTEIN, Lexikon des Rechts, Stichwort: Gesetzesauslegung; LARENZ, K.: Methodenlehre, S. 307 - 335.

ristischem Sprachgebrauch zu ermitteln.[1] Den denkgesetzlichen Zusammenhang der sinnhaft aufeinander bezogenen Rechtsbegriffe und Rechtssätze innerhalb einer Rechtsvorschrift mit anderen Rechtsvorschriften und der gesamten Rechtsordnung will die s y s t e m a t i s c h e Auslegung (logische Interpretation, logisch-systematische Interpretation) berücksichtigen.[2]

Ermöglichen grammatische und systematische Auslegung noch keine Rückschlüsse auf das Erkenntnisziel oder bedürfen die gewonnenen Ergebnisse einer weiteren Bestätigung bzw. Überprüfung, kann dieses Ziel unter Umständen mittels der h i s t o r i s c h e n (geschichtlichen) Interpretation erreicht werden.[3] Sie versucht, aus der Entwicklung der wirtschaftlichen und sozialen Verhältnisse das Auslegungsziel zu beleuchten. Zur objektiven Theorie vermag sie nur einen geringen Beitrag zu leisten, denn aus der Rechtsentwicklung kann nur bedingt auf den maßgebenden aktuellen Zustand geschlossen werden; dagegen wird der historischen Interpretation verstärkte Bedeutung zur Ermittlung des gesetzgeberischen Willens beigemessen. Aus einem Vergleich der Rechtszustände vor und nach dem Normsetzungsakt, auf die durch diesen eingewirkt wurde, und besonders aus den Gesetzesmaterialien,[4] läßt sich der Wille des Gesetzgebers mehr oder

---

1) Vgl. zur grammatischen Auslegungsmethode LARENZ, K.: Methodenlehre, S. 307 - 311 m.w.Lit.; OELLRICH, C.: Der Beitrag, S. 21 - 61 m.w.Lit.

2) Vgl. zur systematischen Auslegungsmethode LARENZ, K.: Methodenlehre, S. 311 - 315 m.w.Lit.; OELLRICH, C.: Der Beitrag, S. 62 - 79 m.w.Lit.

3) Vgl. zur historischen Auslegung LARENZ, K.: Methodenlehre, S. 315 - 322 m.w.Lit.; OELLRICH, C.: Der Beitrag, S. 117 - 156 m.w.Lit.

4) Als direkte Quellen - Gesetzesmaterialien - zur Ermittlung der Normvorstellungen der Gesetzesverfasser und der Absichten des eigentlichen Gesetzgebers kommen nach LARENZ im wesentlichen die verschiedenen Entwürfe mit ihren Begründungen und die Beratungsprotokolle der entsprechenden Ausschüsse und des Parlaments in Betracht (vgl. LARENZ, K.: Methodenlehre, S. 319).

weniger deutlich erkennen. Dieser Wille ist geprägt durch
die Äußerung der beteiligten Personen und Personengruppen
während des Gesetzgebungsverfahrens, sie alle schlagen
sich in den Gesetzesmaterialien nieder. Zur Auslegung dürfen aber nur die Äußerungen herangezogen werden, welchen
der Gesetzgeber im Verlauf der Beratungen Geltung verschaffen wollte. Genauere Vorstellungen zu einzelnen Bestimmungen der späteren Gesetzesfassung werden nicht immer in den
Gesetzesmaterialien enthalten sein. Aus der Gesamtheit der
vorhandenen Willensäußerungen lassen sich aber meist die
grundlegenden Regelungsabsichten und Wertentscheidungen der
Gesetzesvorhaben entnehmen, die für die Auslegung bedeutungsvoll sind.[1]

Der Zweck des Gesetzes oder der auszulegenden Einzelvorschriften kann aus den Gesetzesmaterialien, dem Wortlaut
einer Vorschrift oder aus dem Normenzusammenhang hervorgehen. Als letztes Glied der Auslegungskette garantiert die
Auslegung nach dem Zweck des Gesetzes, die t e l e o l o g i s c h e Auslegung,[2] eine sinnvolle Verwirklichung der
Rechtsgedanken. Ein Gesetz teleologisch auslegen bedeutet,
den verfolgten Gesetzeszweck oder das System der Gesetzeszwecke unter Berücksichtigung einer normierten Rangfolge des
Zwecksystems zu interpretieren, d.h. aus den Zwecken diejenigen Mittel abzuleiten, welche zur Verwirklichung der Ziele
geeignet sind. Die teleologische Denkweise hebt damit auf eine
"Zweck-Mittel-Relation"[3] ab. Sinnvolle Auslegung von Gesetzen und zielgerichtete Interpretation decken sich geradezu,[4]

---

1) Vgl. LARENZ, K.: Methodenlehre, S. 315.
2) Vgl. zur teleologischen Auslegung LARENZ, K.: Methodenlehre, S. 315 - 328 m.w.Lit.; OELLRICH, C.: Der Beitrag, S. 80 - 116 m.w.Lit.

   Teleologisch bedeutet zielgerichtet und entstammt dem griechischen "telos", d.h. Ziel (vgl. BROCKHAUS ENZYKLOPÄDIE, Stichwort: Teleologie).
3) KRUSE, H.W.: GoB, S. 94.
4) Vgl. ebenda, S. 98 m.w.Lit.; OELLRICH, C.: Der Beitrag, S. 84 f., 186.

deshalb genießen die Ergebnisse der teleologischen Auslegung im allgemeinen den Vorrang vor Ergebnissen anderer Auslegungsmethoden.[1] Auch die teleologische Interpretation orientiert sich an der jeweils zugrundegelegten Auslegungstheorie. Damit wäre der Kreis der Auslegungsmethoden unter Rückkehr zum Auslegungsziel geschlossen und gleichzeitig das Konzept zur Ermittlung von GoB erarbeitet.

2.1.3.2. Ermittlung von Grundsätzen ordnungsmäßiger Buchführung i.e.S. aus Handelsbräuchen, aus Verkehrsauffassungen und aus den handelsrechtlichen Bilanzzwecken unter Berücksichtigung der Entstehung der Grundsätze

2.1.3.2.1. Handelsbräuche als Grundsätze ordnungsmäßiger Buchführung i.e.S.

Von den GoB werden im Rahmen dieser Arbeit im wesentlichen jene materiellen Grundsätze behandelt, die zur Erstellung des Jahresabschlusses dienen. Die Bestimmungen des Handelsgesetzbuches, die Rechnungslegungsvorschriften für Unternehmen bestimmter Rechtsformen oder Unternehmensgrößen (des AktG, GmbHG, GenG, PublG) und die einkommensteuerlichen Vorschriften weisen zwar auf die GoB hin und beziehen sie ergänzend in die Normen ein, aus den Vorschriften ist aber nicht zu entnehmen, was als GoB anzusehen ist, wie die GoB entstehen und wie sie zu ermitteln sind.

---

1) Vgl. LARENZ, K.: Methodenlehre, S. 334; OELLRICH, C.: Der Beitrag, S. 84 f., 186; SPANNHORST, B.: Die GoB, S. 61.

A.A. ENNECCERUS-NIPPERDEY: Allgemeiner Teil des Bürgerlichen Rechts, S. 335 ("Die wahre Kunst der Auslegung beruht auf einer richtigen Abwägung a l l e r (Hervorhebung im Original) Auslegungsgesichtspunkte"); SIEBERT, W.: Die Methode, S. 10 (Es ist "von Fall zu Fall diejenige Auslegungsmethode zu wählen, die zum 'befriedigenden' Ergebnis führt"); KRUSE, H.W.: GoB, S. 186 (Das richterliche Werturteil und die richterliche Willensentscheidung bestimmen von Fall zu Fall).

Um den Willen des Gesetzgebers in seinem historischen Ursprung zu erforschen, muß auf die Entstehungsgeschichte des HGB von 1897 zurückgegriffen werden, denn hier fanden die GoB expressis verbis Eingang in das Handelsrecht. Ein vom Reichsjustizamt erarbeiteter Entwurf eines Handelsgesetzbuches nebst Denkschrift und die Ergebnisse aus Beratungen mit Kaufleuten und Juristen mündeten letztlich in eine Vorlage des Bundesrates an den Reichstag.[1] In der Vorlage zum "Entwurf eines Handelsgesetzbuchs" wird im Ersten Buch unter "Vierter Abschnitt. Handelsbücher" einleitend ausgeführt:[2]

"Jeder Kaufmann ist verpflichtet, Bücher zu führen und in diesen seine Handelsgeschäfte und die Lage seines Vermögens nach den Grundsätzen ordnungsmäßiger Buchführung ersichtlich zu machen". Damit wurden die Weichen zur heute noch gültigen, gleichlautenden Fassung des § 38 Abs. 1 HGB gestellt. Das seinerzeit vorausgegangene ADHGB von 1861 enthielt im entsprechenden Art. 28 Abs. 1 nur die Verpflichtung des Kaufmanns "Bücher zu führen, aus welchen seine Handelsgeschäfte und die Lage seines Vermögens vollständig zu ersehen sind"; "ordnungsmäßig geführte Handelsbücher" (Art. 34 Abs. 1 ADHGB) sollten bei Streitigkeiten unter Kaufleuten als Beweismittel herangezogen werden können. Von GoB wurde im ADHGB an keiner Stelle gesprochen und auch die Materialien geben keinen Aufschluß, unter welchen Bedingungen ordnungsmäßige Bücher vorlagen.[3] Dagegen vermittelt die "Denkschrift zu dem Entwurf eines Handelsgesetzbuchs"[4] einen genauen Einblick in die gesetzgeberische Absicht, indem sie ausführt: "Durch den in dem bisherigen Art. 28 (Anm.

---

1) Vgl. DÜRINGER-HACHENBURG: Das HGB, 3. Aufl., Allg. Einleitung, Anm. 1.
2) Entwurf eines Handelsgesetzbuchs, S. 9, § 37 Abs. 1.
3) Vgl. KRUSE, H.W.: GoB, S. 53, Fußnote Nr. 11.
4) Denkschrift zu dem Entwurf eines Handelsgesetzbuchs, S. 12.

d. Verf.: ADHGB) nicht enthaltenen Hinweis auf die Grundsätze ordnungsmäßiger Buchführung wird der wesentliche Punkt hervorgehoben; nach den Gepflogenheiten sorgfältiger Kaufleute ist zu beurtheilen, wie die Bücher geführt werden müssen". Damit hatte der Gesetzgeber zweifelsfrei den nach seiner Ansicht "w e s e n t l i c h e n P u n k t" zur Ermittlung der GoB angesprochen, nämlich die "Gepflogenheiten sorgfältiger Kaufleute".[1]

Nach diesen Gepflogenheiten richten sich auch Zahl, Gattung, System und Form der geführten Bücher, denn im Entwurf des HGB waren keine detaillierten Vorschriften hierüber enthalten, da auch hier die GoB eingreifen sollten.[2] Der Gesetzgeber konnte und wollte die gesamten Techniken des Rechnungswesens nicht bis ins einzelne regeln, um den wirtschaftlichen Fortschritt nicht zu hemmen;[3] er "beschränkt sich vielmehr auf die Vorschrift, daß der Kaufmann in den Büchern seine Handelsgeschäfte und die Lage seines Vermögens n a c h d e n G r u n d s ä t z e n o r d n u n g s m ä ß i g e r B u c h f ü h r u n g ersichtlich zu machen hat" (Hervorhebung im Original).[4] Als ein Mittel hierfür sah er "einen das Verhältnis des Vermögens- und der Schulden darstellenden Ab-

---

1) Die Berücksichtigung der kaufmännischen Gebräuche weist KRUSE erstmalig in zwei deutschen Stadtrechten nach. Nach der Nürnberger Reformation von 1564 kam den Handelsbüchern Beweiskraft zu, wenn "dieselben ordentlich nach ehrbarer Kaufleutt geprauch geschrieben sein" (KRUSE, H.W.: GoB, S. 52) und die Hamburger Statuten von 1603 verlangten die Führung der Handelsbücher nach "ehrbarer kauffleute Gebrauch" (ebenda). Auch im "Entwurf eines Handelsgesetzbuches für die Preußischen Staaten" aus dem Jahre 1857 - einem der Vorläufer des ADHGB - wurde einleitend ausgeführt, "das Handelsrecht sei ein mittelbares Erzeugnis des praktischen Verkehrs, seine Grundlagen bildeten Gewohnheit und Gebrauch" (Entwurf eines Handelsgesetzbuches für die Preußischen Staaten, Berlin 1857, S. 3 zit. nach SAAGE, G.: GoB, S. 1).

2) Vgl. Denkschrift zu dem Entwurf eines Handelsgesetzbuchs, S. 43 f.

3) Vgl. SAAGE, G.: GoB, S. 1.

4) Denkschrift zu dem Entwurf eines Handelsgesetzbuchs, S. 44.

schluß"[1] an, nämlich die jährlich zu erstellende Bilanz
(§ 39 Abs. 2 HGB). Diese beruhte wiederum auf den Daten der
Buchführung und dem vollständigen mengen- und wertmäßigen
Verzeichnis der einzelnen Vermögensgegenstände und Schulden
(Inventarverzeichnis).[2] Die Bewertung der einzelnen Positionen des Inventars und der Bilanz war zum "beizulegenden Wert"
des Bilanzstichtages vorzunehmen.[3] Hinsichtlich der Abschreibungen von Anlagen und sonstigen Betriebsgegenständen
erkannte er eine "weit verbreitete Handelssitte" zur überhöhten Abschreibung ausdrücklich an, weil er in dieser "Übung"
eine Stärkung des Geschäftsbetriebes sah.[4] Mit dieser letztgenannten Einbeziehung der Handelssitte erschöpfen sich die
Gesetzesmaterialien von 1897 im Bereich der Rechnungslegung,
die Aufschluß zur Ermittlung der GoB geben können.

Nach langer gesetzgeberischer Pause wurde das HGB im Bereich der Buchführungsvorschriften im Jahre 1959 novelliert.
Durch die Novelle sind die handelsrechtlichen und steuerlichen Aufbewahrungsfristen für Handelsbriefe auf sieben Jahre
gesenkt worden.[5] Rückschlüsse zur Gewinnung der GoB lassen
die Begründung des Regierungsentwurfs[6] und der schriftliche
Bericht des Rechtsausschusses[7] zu dieser Gesetzesänderung

---

1) Entwurf eines Handelsgesetzbuchs, S. 9, § 38 Abs. 1; vgl. ferner die entsprechende Fassung des § 39 Abs. 1 HGB.

2) Vgl. Entwurf eines Handelsgesetzbuchs, S. 9, §§ 38 Abs. 1 und 2, 39 Abs. 2; ferner die entsprechende Fassung der §§ 39 Abs. 1 und 2, 40 Abs. 2 HGB.

3) Vgl. Entwurf eines Handelsgesetzbuchs, S. 9, § 39 Abs. 2; ferner § 40 Abs. 2 HGB.

   Zur Interpretation des beizulegenden Wertes vgl. BARTH, K.: Die Entwicklung, S. 114 - 146 m.w.Lit.; ferner S. 298 f. der Arbeit.

4) Vgl. Denkschrift zu dem Entwurf eines Handelsgesetzbuchs, S. 46.

5) Vgl. Gesetz zur Abkürzung handelsrechtlicher und steuerrechtlicher Aufbewahrungsfristen vom 2.März 1959, BGBl 1959 I, S. 77.

6) Vgl. Reg. Begr. zum Entwurf eines Gesetzes zur Abkürzung handelsrechtlicher und steuerrechtlicher Aufbewahrungsfristen.

7) Vgl. Ausschußbericht zum Entwurf eines Gesetzes zur Abkürzung handelsrechtlicher und steuerrechtlicher Aufbewahrungsfristen.

nicht zu. Aufschlußreicher erweisen sich die Materialien zur Änderung des HGB vom 2.8.1965.[1] Durch das Änderungsgesetz wurden einige Vorschriften neugefaßt bzw. neueingefügt, und dabei fanden die GoB an vier Stellen unmittelbaren Eingang in den Gesetzestext. Hier soll nur auf die Änderungen bzw. Ergänzungen derjenigen Vorschriften eingegangen werden, die wegen der Enwicklung des kaufmännischen Rechnungswesens notwendig geworden waren.

Bei der Erstellung des Inventars braucht die körperliche Bestandsaufnahme der Vermögensgegenstände nicht mehr am Ende des Geschäftsjahres zu erfolgen, "soweit durch Anwendung eines den Grundsätzen ordnungsmäßiger Buchführung entsprechenden anderen Verfahrens gesichert ist, daß der Bestand der Vermögensgegenstände nach Art, Menge und Wert auch ohne die körperliche Bestandsaufnahme für diesen Zeitpunkt festgestellt werden kann" (§ 39 Abs. 3 HGB). Eine detaillierte Regelung der sog. permanenten Inventur erfolgte nicht, weil sich in der "Praxis" bereits einzelne Grundsätze gebildet hatten.[2] Zugleich sollten die Verfahren "auch künftigen Änderungen der Verhältnisse und der Erkenntnisse von Praxis und Wissenschaft durch eine Fortentwicklung der Grundsätze ordnungsmäßiger Buchführung"[3] ohne ausdrückliche Gesetzesänderung Rechnung tragen können.

Zur Aufstellung von Inventar und Bilanz wurden die Gruppenbewertung i.e.S. (§ 40 Abs. 4 Nr. 1 HGB) und die Festbewertung (§ 40 Abs. 4 Nr. 2 HGB) für bestimmte Vermögensge-

---

1) Vgl. Gesetz zur Änderung des Handelsgesetzbuches und der Reichsabgabenordnung vom 2. August 1965, BGBl 1965 I, S. 665.

2) Vgl. Reg. Begr. zum Entwurf eines Gesetzes zur Änderung des Handelsgesetzbuches und der Reichsabgabenordnung, S. 4 - 6; ferner ADS: Rechnungslegung, 4. Aufl., § 149 Tz. 160 - 162.

3) Reg. Begr. zum Entwurf eines Gesetzes zur Änderung des Handelsgesetzbuches und der Reichsabgabenordnung, S. 6.

genstände zugelassen, "soweit dies den Grundsätzen ordnungsmäßiger Buchführung entspricht" (§ 40 Abs. 4 1. Halbsatz HGB). Beide Bewertungsmethoden wurden nach der Begründung des Regierungsentwurfs[1] auch bereits im Rahmen der GoB "für zulässig erachtet". Zur Festbewertung, die schon bisher nach den GoB einer "Vereinfachung der Inventur" diente und "nicht auch zum Ausgleich von Preisschwankungen", erkannte der Entwurf die "bisherige Praxis" und "Handhabung" in Übereinstimmung mit den GoB ausdrücklich an.[2] Bei der Anerkennung von GoB zur Gruppenbewertung wirkten auch "Wissenschaft und Rechtsprechung" mit, wie der Ausschußbericht in Übereinstimmung zur Regierungsbegründung betont.[3]

In einem weiteren Reformabschnitt des HGB - Aufbewahrung von Unterlagen auf verkleinerten Bildträgern -, der zu einer Einbeziehung der GoB führte, wurde u.a. die Speicherung von Buchungsbelegen auf Mikrofilmen gestattet. Die Grundsätze für die Aufbewahrung von Handelsbriefen (§ 44a Abs. 1 HGB) gelten dabei sinngemäß für Buchungsbelege "auch soweit ihre geordnete Ablage in einem den Grundsätzen ordnungsmäßiger Buchführung entsprechenden Verfahren die Führung von Büchern und Konten ersetzt" (§ 44a Abs. 2 HGB), z.B. Offene-Posten-Buchhaltung.[4] Anhaltspunkte zur Ermittlung der GoB

---

1) Reg. Begr. zum Entwurf eines Gesetzes zur Änderung des Handelsgesetzbuches und der Reichsabgabenordnung, S. 7.

2) Ebenda.

3) Vgl. Ausschußbericht zum Entwurf eines Gesetzes zur Änderung des Handelsgesetzbuches und der Reichsabgabenordnung, S. 2.

4) Die geltende Vorschrift des § 44a HGB wird mit der geplanten Änderung des HGB aufgehoben und in einen größeren Zusammenhang gestellt (vgl. Entwurf eines Einführungsgesetzes zur Abgabenordnung, S. 25, Artikel 41, Nr. 5; Reg. Begr. zum Entwurf eines Einführungsgesetzes zur Abgabenordnung, S. 54).

Nach der Begründung zum Regierungsentwurf bezweckt die geplante Änderung des HGB die Anpassung handelsrechtlicher Vorschriften an den Entwurf der neuen Abgabenordnung (vgl. ebenda, S. 52). Im handelsrechtlichen Bereich bestehen die Änderungen "im wesentlichen darin, den Einsatz automatischer Datenverarbeitungsanlagen, des Mikrofilms und son-

liefern die Materialien in diesem Teil nicht. Die Gesetzesformulierungen sind jedoch so gewählt worden, daß eine Anpassung der Verfahren an die "weitere Entwicklung" möglich ist.[1]

Fortsetzung der Fußnote 4 von S. 54

stiger Datenträger in der Buchführung und bei der Aufbewahrung von Buchführungsunterlagen in größerem Umfang als bisher zuzulassen" (ebenda).

Im Regierungsentwurf zur Neufassung des HGB werden die GoB an zwei Stellen in das Gesetz aufgenommen. Unter Fortentwicklung des derzeit gültigen § 44a Abs. 2 HGB wird die sog. Offene-Posten-Buchhaltung neu geregelt (vgl. ebenda, S. 53). Dabei trägt der entsprechende § 43 Abs. 4 Satz 1 HGB den folgenden Wortlaut: "Die Handelsbücher und die sonst erforderlichen Aufzeichnungen können auch in der geordneten Ablage von Belegen bestehen oder auf Datenträgern geführt werden, soweit diese Formen der Buchführung einschließlich des dabei angewandten Verfahrens den Grundsätzen ordnungsmäßiger Buchführung entsprechen" (Entwurf eines Einführungsgesetzes zur Abgabenordnung, S. 25, § 43 Abs. 4 Satz 1). Im Interesse einer weiteren Rationalisierung wird auch die Aufbewahrung handelsrechtlicher Unterlagen novelliert (vgl. Reg. Begr. zum Entwurf eines Einführungsgesetzes zur Abgabenordnung, S. 53 f.). Zukünftig können die vom Kaufmann aufzubewahrenden Unterlagen, mit Ausnahme der Bilanz, "auch als Wiedergabe auf einem Bildträger oder auf anderen Datenträgern aufbewahrt werden, wenn dies den Grundsätzen ordnungsmäßiger Buchführung entspricht" (Entwurf eines Einführungsgesetzes zur Abgabenordnung, S. 25, § 44 Abs. 3 Satz 1). Dabei ist sicherzustellen, "daß die Wiedergaben und die Daten mit den aufzubewahrenden Unterlagen übereinstimmen, sobald sie lesbar gemacht werden" (Reg. Begr. zum Entwurf eines Einführungsgesetzes zur Abgabenordnung, S. 53).

Durch Bezugnahme auf die GoB konnte im HGB auf eine detaillierte Regelung der Buchführungsverfahren verzichtet werden (vgl. ebenda, S. 52 f.). Diese Verweisung hat sich bewährt und stellt nach der Begründung zum Regierungsentwurf sicher, "daß eine mit modernen technischen Geräten und Mitteln geführte Buchführung hinsichtlich ihrer Aussage- und Beweiskraft nicht hinter den Buchführungsmethoden zurückbleibt, die heute anerkannt und üblich sind" (ebenda, S. 52).

1) Vgl. Reg. Begr. zum Entwurf eines Gesetzes zur Änderung des Handelsgesetzbuches und der Reichsabgabenordnung, S. 9.

Historische Entwicklung und Materialien zum HGB verdeutlichen, daß der Gesetzgeber Handelsbräuche als GoB anerkannt hat; dabei hat auch deren Anpassungsfähigkeit an veränderte wirtschaftliche und technische Verhältnisse eine Rolle gespielt. Rechtsprechung, betriebswirtschaftliche und juristische Fachliteratur sowie andere Institutionen folgten dieser Ansicht mehr oder weniger überzeugend.[1]

Zur Bildung von Handelsbräuchen, die auch als kaufmännische Verkehrssitte oder Verkehrssitte des Handels bezeichnet werden können,[2] "bedarf es eines gewissen Zeitraumes, der Zustimmung der Beteiligten und der t a t s ä c h l i c h e n Ü b u n g" (Hervorhebung im Original).[3] Je nach Art, Umfang und Gegenstand des Geschäftes kann die tatsächliche Übung variieren und den Besonderheiten einzelner Geschäftszweige Rechnung tragen;[4] in diesen Fällen verlieren die GoB zwar ihre allgemeingültige Kraft, jedoch zugunsten einer individuellen, meist sachgerechten Regelung. Die allgemeine Übung muß von der Überzeugung, also Zustimmung der beteiligten Kreise getragen werden; dem stehen vereinzelte Widersprüche nicht entgegen.[5] Grundsätzlich ist ein längerer Zeitraum zur Bildung eines Handelsbrauches notwendig, anders dagegen

---

1) Vgl. hierzu CHRISTOFFERS, R.: Die aktienrechtlichen, S. 9 m.w.Lit.; KRUSE, H.W.: GoB, S. 53 f. m.w.Lit.; SPANNHORST, B.: Die GoB, S. 108 m.w.Lit.

2) Vgl. KRUSE, H.W.: GoB, S. 55 m.w.Lit.; SCHLEGELBERGER: Kommentar zum HGB, 4. Aufl., § 346 Anm. 1.

3) SCHLEGELBERGER: Kommentar zum HGB, 4. Aufl., § 346 Anm. 1; vgl. DIHT (Hrsg.): Merkblatt zit. nach SCHLEGELBERGER: Kommentar zum HGB, 4. Aufl., § 346 Anm. 18.

4) Vgl. Denkschrift zu dem Entwurf eines Handelsgesetzbuchs, S. 44; GREIFENHAGEN, H.: Zur Bedeutung, S. 142; SAAGE, G.: GoB, S. 2.

   Handelsbräuche können auch örtlich Unterschiede aufweisen (vgl. SCHLEGELBERGER: Kommentar zum HGB, 4. Aufl., § 346 Anm. 8); ähnlich den Observanzen als regional begrenztes Gewohnheitsrecht, scheiden sie zur sachgerechten Ermittlung der GoB aus (a.A. VELDE, van der, K.: Zur Kritik, S. 804).

5) Vgl. SCHLEGELBERGER: Kommentar zum HGB, 4. Aufl., § 346 Anm. 9 m.w.Lit.

in Zeiten wirtschaftlicher Umwälzungen.[1] Verbunden mit dem Rechtsgeltungswillen - opinio necessitatis - und der entsprechenden zeitlichen Dauer werden die Handelsbräuche zu normativen Gewohnheitsrechten, als deren Vorform sie anzusehen sind.[2]

Nachfolgend sollen die Möglichkeiten und Grenzen zur Ermittlung von GoB aus Handelsbräuchen kurz aufgezeigt werden. Zur Entstehung von Handelsbräuchen bedarf es insbesondere in Zeiten des wirtschaftlichen Wandels nicht eines so langen Zeitraumes, so daß Handelsbräuche in verstärktem Umfang eine elastische Fortentwicklung der GoB ermöglichen.[3] "Zögernde und widerstrebende"[4] Kaufleute könnten zwar die Entwicklung eines Handelsbrauches beeinträchtigen, wenn diese Verhaltensweise als typisch für breite Schichten der Kaufmannschaft angesehen wird, jedoch hebt WALDNER[5] hervor, daß gerade die Kaufleute zu der am wenigsten fortschrittsfeindlichen Bevölkerungsschicht gehören.

Bedenken gegen eine Ermittlung von GoB aus Handelsbräuchen bestehen dort, wo mißbräuchliches Handeln der Kaufleute sich zu einem Handelsbrauch verdichtet hat. Hierbei muß berücksichtigt werden, daß Grundsätze o r d n u n g s m ä ß i g e r Buchführung nur aus den "Gepflogenheiten s o r g f ä l t i g e r Kaufleute" (Hervorhebung vom Verf.),[6] den "Gewohnheiten eines ehrbaren Kaufmannes",[7] den "Gepflogenheiten ordentlicher Kaufleute"[8] bzw. den "allgemein aner-

---

1) Vgl. SCHLEGELBERGER: Kommentar zum HGB, 4. Aufl., § 346 Anm. 9 m.w.Lit.
2) Vgl. KRUSE, H.W.: GoB, S. 58 f.
3) Vgl. SPANNHORST, B.: Die GoB, S. 109; ferner S. 52 - 56 der Arbeit.
4) DÖLLERER, G.: Grundsätze, S. 1221.
5) Vgl. WALDNER, W.: Der BGH, S. 1111.
6) Denkschrift zu dem Entwurf eines Handelsgesetzbuchs, S. 44.
7) VELDE, van der, K.: Zur Kritik, S. 804.
8) SPITALER, A.: Die Bedeutung, Sp. 633.

kannten Gepflogenheiten eines ordentlichen, sorgfältig abwägenden Kaufmanns"[1] zu ermitteln sind. Mit diesem kaufmännischen Leitbild sind Mißbräuche und Unsitten nicht vereinbar, diesbezügliche Handelsbräuche scheiden zur Ermittlung von GoB aus.[2] Dieses Problem verliert nach WALDNERs[3] Ansicht an Bedeutung, wenn man berücksichtigt, "daß bisher kaum allgemein anerkannte Bilanzierungsgewohnheiten bekannt geworden sind, die Anlaß zu Zweifeln gegeben hätten, ob sie mit den Grundsätzen eines ordentlichen und ehrenwerten Kaufmanns übereinstimmen". Handelsbräuche sind also - mit gewissem Vorbehalt - grundsätzlich geeignet zur Ermittlung von GoB; dies wird auch durch die höchstrichterliche Rechtsprechung[4] anerkannt. Sie stellen eine "wichtige Erkenntnisquelle"[5] zur Ermittlung von GoB dar.

Offen ist noch die Frage geblieben, nach welchen Kriterien der Kaufmann seine ordnungsmäßige Handlungsweise im Bereich der Jahresabschlußerstellung auszurichten hat. Naturgemäß scheiden seine subjektiven Zielvorstellungen und hieraus resultierende Handlungsweisen aus, soweit sie nicht mit den gesetzlichen Zwecken der Rechnungslegung vereinbar sind.

Allein maßgebendes Entscheidungskriterium für anstehende Bilanzierungs- und Bewertungsfragen stellen die Normzwecke des Gesetzes dar. Tatsächliche Praxis und hieraus resultie-

---

1) KLEIN, W.: Das Aktiengesetz, S. 89.
2) Vgl. SCHMALENBACH, E.: Grundsätze, S. 232; SPITALER, A.: Die Bedeutung, Sp. 633 f.; TIEFENBACHER, E.: Der BGH, S. 1112; WALDNER, W.: Der BGH, S. 1111; MASSEN, K.: Weiterentwicklung, S. 849; Bundesminister der Finanzen im Urteil des BFH vom 26.3.1968, BStBl 1968 II, S. 529; LEHMANN-RING: Das HGB, § 38 Nr. 7; BRÜGGEMANN, D.: in Großkommentar zum HGB, § 38 Anm. 7.
3) WALDNER, W.: Der BGH, S. 1109.
4) Vgl. BGH vom 27.2.1961, Bd. 34, S. 324 - 337; BFH vom 12.5.1966, BStBl 1966 III, S. 372; BFH vom 31.5.1967, BStBl 1967 III, S. 609; VELDE, van der, K.: Zur Kritik, S. 804 m.w.Lit.
5) BFH vom 12.5.1966, BStBl 1966 III, S. 372; BFH vom 31.5. 1967, BStBl 1967 III, S. 609; vgl. ferner BRÜGGEMANN, D.: in Großkommentar zum HGB, § 38 Anm. 2.

rende Handelsbräuche finden deshalb nur als GoB Anerkennung, wenn sie nicht gegen das Gesetz verstoßen[1] und geeignet sind, "zu einer dem gesetzlichen Zweck entsprechenden Bilanz zu gelangen".[2] Mit fortschreitendem Erkenntnisstand können sich auch die Ansichten über die Zweckentsprechung bestehender Handelsbräuche ändern, wie das Beispiel der stillen Reserven zeigt. In seiner Denkschrift zum HGB von 1897[3] sah der Gesetzgeber noch keinen Anlaß, der weit verbreiteten Handelssitte zur überhöhten Abschreibung entgegenzuwirken, denn "diese Uebung dient nur zur Stärkung der wirthschaftlichen Grundlagen des Geschäftsbetriebes". Ähnlich betonte das RG vom 11.2.1927,[4] daß die Bildung stiller Reserven "in Handel und Verkehr allgemein üblich" ist und "den Anschauungen und Gepflogenheiten des ordentlichen Kaufmanns und berechtigten wirtschaftlichen Bedürfnissen" entspricht. Erst in späterer Zeit wandten sich Autoren in verstärktem Umfang gegen die "Politik stiller Reserven", weil sie nicht mit den Interessen der Gläubiger und anderer Bilanzadressaten nach zutreffender Information über die Vermögens- und Ertragslage des Kaufmanns übereinstimmte.[5]

---

1) Vgl. KRUSE, H.W.: GoB, S. 70 f.
2) BFH vom 31.5.1967, BStBl 1967 III, S. 609; BFH vom 3.2.1969, BStBl 1969 II, S. 292; vgl. BFH vom 12.5.1966, BStBl 1966 III, S. 372; DÖLLERER, G.: Grundsätze, S. 1217; CHRISTOFFERS, R.: Die aktienrechtlichen, S. 23 f.; GLADE, A.: Strapazierte, S. 319; SPANNHORST, B.: Die GoB, S. 112; SCHLEGELBERGER: Kommentar zum HGB, 5. Aufl., § 38 Anm. 18 (SCHLEGELBERGER erwähnt nicht ausdrücklich die Bilanzzwecke, sondern spricht von "Erfüllung der Grundaufgaben des kaufmännischen Rechnungswesens").
3) Denkschrift zu dem Entwurf eines Handelsgesetzbuchs, S. 46.
4) RGZ vom 11.2.1927, Bd. 116, S. 133.
5) Vgl. SEICHT, G.: Ausschüttbarer Gewinn, S. 59 - 68 m.w.Lit.

2.1.3.2.2. Verkehrsauffassungen als Grundsätze ordnungs-
           mäßiger Buchführung i.e.S.

Unter dem technischen Einfluß verändern sich auch die wirtschaftlichen Verhältnisse fortlaufend und bringen neue Bilanzierungs- und Bewertungsfragen hervor, wie beispielsweise das Aufkommen der Leasingverhältnisse zeigt. Handelsbräuche existieren zu neuen Fragen der Rechnungslegung nicht,[1] denn eine tatsächliche Übung über einen gewissen Zeitraum kann nicht vorliegen. Deshalb kommt es insbesondere bei neu auftretenden Problemen der Rechnungslegung auf die Anschauungen und Auffassungen der sorgfältigen Kaufleute an. Auch der BFH geht bei der Ermittlung von GoB von dem "allgemeinen Bewußtsein der anständigen und ordentlichen Kaufmannschaft"[2] aus und bezieht die "Verkehrsauffassung" verstärkt zur Lösung von in der Entwicklung befindlichen technischen Methoden ein, welche die Buchführungsarbeiten erleichtern sollen, z.B. Lochkartensysteme und elektronische Datenverarbeitung.[3] Ebenso weist KRUSE[4] auf die Bedeutung der Verkehrsauffassung hin, die sich insbesondere beim Einsatz von elektronischen Datenverarbeitungsanlagen für Buchführungszwecke entwickelt hat.

Unter Verkehrsauffassung bzw. -anschauung wird - allgemein gesprochen - die Durchschnittsmeinung verständiger Menschen in der Beurteilung bestimmter Angelegenheiten verstanden, wobei alle beteiligten Kreise des betreffenden Zweiges heranzuziehen sind.[5] Liegt keine e i n h e i t l i c h e An-

---

1) Vgl. CHRISTOFFERS, R.: Die aktienrechtlichen, S. 22 f.; LEFFSON, U.: Die GoB, S. 37 f.
2) BFH vom 12.5.1966, BStBl 1966 III, S. 372; vgl. ferner SCHMALENBACH, E.: Grundsätze, S. 232; SPANNHORST, B.: Die GoB, S. 119 - 121 m.w.Lit.
3) Vgl. BFH vom 26.3.1968, BStBl 1966 II, S. 532.
4) Vgl. KRUSE, H.W.: GoB, S. 64 - 67 m.w.Lit.
5) Vgl. ebenda, S. 60 f.

schauung innerhalb des betreffenden Verkehrszweiges (hier: Kaufleute) vor, so entfällt difinitionsgemäß das Vorhandensein einer Verkehrsauffassung.[1] Zur Ermittlung fehlender GoB kann die Verkehrsanschauung deshalb nur insoweit beitragen, als sich bei der Kaufmannschaft eine einheitliche Auffassung zur Lösung der offenen Rechnungslegungsfragen herausgebildet hat.[2] Zwar bleibt die Verkehrsauffassung auf den Kreis der Kaufleute selbst beschränkt, jedoch darf der Einfluß ihrer eigenen Organisationen[3] und anderer sachverständiger Gruppen[4] im Meinungsbildungsprozeß nicht übersehen werden. Hat sich innerhalb der kaufmännischen Praxis eine einheitliche Auffassung zu bestimmten Fragen der Rechnungslegung herauskristallisiert, so kann sich aus der Verkehrsauffassung ein Handelsbrauch entwickeln, welcher sich unter Umständen zu einem Gewohnheitsrecht (GoB i.w.Sinne) verdichtet.[5] Der Übergang von einer Stufe zur anderen erweist sich als fließend und vollzieht sich nicht zwingend von der Verkehrsanschauung bis hin zum Gewohnheitsrecht, weil beispielsweise der Grundsatz in das geschriebene Recht übernommen wird. Auch kann sich ein Handelsbrauch zu einer Verkehrsanschauung zurückentwickeln und diese sich zur Ansicht einzelner Kaufleute verflüchtigen.

---

1) Vgl. RGZ vom 29.5.1908, Bd. 69, S. 153; KRUSE, H.W.: GoB, S. 61.

2) KRUSE zeigt die Bedeutung der Verkehrsanschauung zur Auslegung bestehender Gesetze beispielhaft auf (vgl.KRUSE,H.W.: GoB, S. 111 - 113) und ordnet ihre Heranziehung bei der Gesetzesinterpretation der grammatischen Auslegungsmethode zu (vgl. ebenda, S. 185 f.).

3) Beispielsweise wirken der Deutsche Industrie- und Handelstag und die Industrie- und Handelskammern auf den Meinungsbildungsprozeß ein und nicht selten bitten die zuständigen Gerichte diese Standesorganisationen um Stellungnahmen zu kaufmännischen Gepflogenheiten und Auffassungen (vgl. SPANNHORST, B.: Die GoB, S. 169; BGH vom 27.1.1961, Bd. 34, S. 324 - 337; BFH vom 12.5.1966, BStBl 1966 III, S. 372; BFH vom 26.1.1970, BStBl 1970 II, S. 264 - 273).

4) So das Institut der Wirtschaftsprüfer, die Gerichte, die Finanzverwaltung und Vertreter der zuständigen Fachwissenschaften.

5) Vgl. im folgenden KRUSE, H.W.: GoB, S. 61 - 63.

Verkehrsauffassung und Handelsbrauch tragen - wie vorstehend gezeigt - zur Ermittlung von GoB bei,[1] wobei sich die Ordnungsmäßigkeit im Bereich der Verkehrsauffassung ebenfalls an den gesetzlichen Zwecken der Buchführung zu orientieren hat.[2] Verkehrsanschauung und Handelsbrauch entsprechen somit nur den Grundsätzen ordnungsmäßiger Rechnungslegung, wenn eine Übereinstimmung mit gesetzlichen Normen vorliegt, d.h. sie müssen aus den gesetzlichen Bilanzzwecken ableitbar sein. Man könnte deshalb geneigt sein, die GoB von vornherein bzw. ausschließlich aus den Bilanzzwecken abzuleiten, ohne die Ansichten und Gepflogenheiten der kaufmännischen Praxis zu berücksichtigen. Dieses Vorgehen erweist sich als unbefriedigend, weil die gesetzlichen Bilanzzwecke nicht mit absoluter Sicherheit bestimmbar sind.[3] Läge hingegen eine sichere Basis zur Ableitung von GoB vor, so wäre nicht auszuschließen, daß verschiedene Ansichten über die zweckmäßigste Lösung des Problems bestehen. Dieser Umstand wird durch die Vielzahl der verschiedenen Ansichten in der Literatur zu ein und demselben Problem erhärtet. Deshalb bedürfen teleologisch ermittelte Grundsätze der allgemeinen Anerkennung der beteiligten Kreise,[4] wobei eine Regel allgemein anerkannt ist, wenn die Durchschnittsmeinung der Fachwelt von der Richtigkeit überzeugt ist.[5] Auch LEFFSON[6]

---

1) Die Gewinnung von GoB aus Handelsbräuchen und Verkehrsauffassungen entspricht der induktiven Denkmethode (vgl. SPANNHORST, B.: Die GoB, S. 170 - 173 m.w.Lit.). Unter Induktion ist ein Schlußverfahren zu verstehen, daß, ausgehend von einigen Einzelerfahrungen, zu weiterführenden Aussagen über die Gesamterfahrungen führt (vgl. SEIFFERT, H.: Einführung, S. 160 - 186; BOCHENSKI, J.M.: Die zeitgenössischen Denkmethoden, S. 117 - 124). Soweit GoB auf Handelsbräuchen und Verkehrsauffassungen beruhen, müssen die Einzelerfahrungen durch statistische Erhebungen in der Praxis gewonnen werden (vgl. SPANNHORST, B.: Die GoB, S. 170 m.w.Lit.).
2) Vgl. BFH vom 12.5.1966, BStBl 1966 III, S. 372.
3) Vgl. WALDNER, W.: Der BGH, S. 1110.
4) Vgl. SPANNHORST, B.: Die GoB, S. 154 - 161 m.w.Lit.
5) Vgl. ebenda, S. 160 m.w.Lit.
6) Vgl. LEFFSON, U.: Die GoB, S. 46.

betont, daß die GoB neben ihrer Zweckbezogenheit der allgemeinen Zustimmung bedürfen. Eine entsprechende Handhabung zeigt der in Amerika verwendete Begriff "generally accepted accounting principles".[1] Weil die vorherrschenden zweckgerichteten Grundsätze nicht immer eindeutig feststellbar sind, müssen zur Überprüfung der deduktiv ermittelten GoB Verkehrsanschauungen und Handelsbräuche herangezogen werden, wobei letztere dem Bedürfnis nach Rechtssicherheit[2] besonders entsprechen.[3]

2.1.3.2.3. Ableitung der Grundsätze ordnungsmäßiger Buchführung i.e.S. aus den handelsrechtlichen Bilanzzwecken

2.1.3.2.3.1. Die Zweckbezogenheit der Grundsätze ordnungsmäßiger Buchführung i.e.S.

Wenn in den bisherigen Ausführungen wiederholt auf die Zweckbindung der GoB hingewiesen wurde, so konnte diese For-

---

1) Vgl. hierzu LEFFSON, U.: Die GoB, S. 46; SPANNHORST, B.: Die GoB, S. 155.
2) Vgl. WALDNER, W.: Der BGH, S. 1110 f.
3) Da Verkehrsanschauungen und Handelsbräuche ausschließlich von Kaufleuten getragen werden, könnte eingewandt werden, daß ihre einseitige Interessengebundenheit eine am gesetzlichen Zweck orientierte Rechnungslegung verhindert (vgl. SAAGE, G.: GoB, S. 2; LEFFSON, U.: Die GoB, S. 28 f.). Diese Ansicht berücksichtigt jedoch nicht die heterogene Zusammensetzung der Gruppe, denn Kaufleute befinden sich in den Positionen als Alleininhaber, Gesellschafter oder Gläubiger von Unternehmen. Ihre unterschiedliche Stellung als Insider- oder Outsider-Gruppe bewirkt einen gerechten Interessenausgleich der Ansichten und Gebräuche (vgl. SPANNHORST, B.: Die GoB, S. 111 f.).

derung nicht im Sinne einer ausschließlich deduktiven Ermittlung von Rechnungslegungsgrundsätzen[1] und einer Vernachlässigung bestehender Verkehrsauffassungen und Handelsbräuche gesehen werden. In der Fachliteratur und der Rechtsprechung hat die vorstehend geäußerte Skepsis an der Ordnungsmäßigkeit kaufmännischer Auffassungen und Gepflogenheiten verstärkt zur Gewinnung von GoB aus den Zwecken der Rechnungslegung geführt.[2] Einerseits dienen die gesetzlichen Normzwecke somit als Maßstab der Ordnungsmäßigkeit bestehender Verkehrsauffassungen und Handelsbräuche, und an-

---

1) Deduktive Schlußverfahren leiten aus einem Vordersatz einen Nachsatz ab, es handelt sich um die Ableitung des zweiten Satzes aus dem ersten (vgl. SEIFFERT, H.: Einführung, S. 105 - 118; BOCHEŃSKI, J.M.: Die zeitgenössischen Denkmethoden, S. 73 - 78). Der lateinische Wortursprung "deducere" ist gleichbedeutend mit der Denkrichtung, nämlich "ableiten", "hinunterführen" bzw. "wegführen" (SEIFFERT, H.: Einführung, S. 111). Um zu einem Denksystem zu gelangen, müssen entweder elementare Sätze (Axiome) vorausgesetzt werden, aus denen unter Heranziehung der deduktiven Denkmethode abgeleitete Aussagen erschlossen werden (vgl. BOCHEŃSKI, J.M.: Die zeitgenössischen Denkmethoden, S. 78 - 83). Innerhalb dieses axiomatischen Denksystems können aus den abgeleiteten Aussagen unter Heranziehung derselben Regeln wiederum neue Aussagen abgeleitet werden (vgl. ebenda, S. 79). Ausgangspunkt von Deduktionen kann jedoch auch ein Hypothese oder ein Hypothesensystem sein (vgl. DIEDERICH, H.: Allgemeine Betriebswirtschaftslehre I, S. 25 - 33 m.w.Lit.).

   Deduktive Gewinnung von GoB soll bedeuten, daß aus den handelsrechtlichen Bilanzzwecken die einzelnen Grundsätze (abgeleitete Aussagen) abgeleitet (deduziert) werden (vgl. SPANNHORST, B.: Die GoB, S. 170 - 174 m.w.Lit.). In diesem Sinne spricht LEFFSON beispielsweise von teleologisch und deduktiver Ermittlung der GoB (vgl. LEFFSON, U.: Die GoB, S. 48 f.; kritisch hierzu STEINBACH, A.: Gedanken, S. 5 - 7; derselbe: Die Rechnungslegungsvorschriften, S. 34 - 37).

2) Vgl. CHRISTOFFERS, R.: Die aktienrechtlichen, S. 25 - 29 m.w.Lit.; BOELKE, W.: Die Bewertungsvorschriften, S.53 f. m.w.Lit.; KRUSE, H.W.: GoB, S. 99 m.w.Lit.; BUCHNER, R.: Zur Bewertung, S. 191; LEFFSON, U.: Die GoB, S. 48; BFH vom 12.5.1966, BStBl 1966 III, S. 372; BFH vom 31.5.1967, BStBl 1967 III, S. 609; BFH vom 3.2.1969, BStBl 1969 II, S. 292; ADS: Rechnungslegung, 4. Aufl., § 149 Tz. 20 m.w.Lit.; KROPFF, B.: in Aktiengesetz, Kommentar, § 149 Anm. 10 f.

dererseits ermöglichen sie überhaupt erst die Ermittlung und damit das Entstehen von GoB, falls einheitliche Bräuche und Auffassungen noch fehlen. Damit erweist sich die Ableitung von GoB aus den gesetzlichen Bilanzzwecken zugleich als Vorform der Verkehrsauffassung und des Handelsbrauchs.[1]

Die Ableitung von GoB aus den Bilanzzwecken - KRUSE[2] spricht vom Argument aus der Natur der Sache - beruht auf einer Zweck-Mittel-Beziehung,[3] wobei die verschiedenen Grundsätze als Mittel einer zweckorientierten Rechnungslegung anzusehen sind. Damit entspricht eine deduktive Gewinnung von GoB zugleich der bedeutenden teleologischen Methode zur Gesetzesauslegung, die ebenfalls auf eine Zweck-Mittel-Beziehung abstellt.[4]

Unter Zweck und Ziel[5] wird allgemein die Absicht und der

---

1) Vgl. KRUSE, H.W.: GoB, S. 91 f.
2) Vgl. ebenda, S. 90 - 99; LEFFSON, U.: Zur Gemeinsamkeit, S. 584 f.
3) Vgl. KRUSE, H.W.: GoB, S. 94 - 98.
4) Vgl. LEFFSON, U.: Zur Gemeinsamkeit, S. 582; ferner S. 48 f. der Arbeit.

   Aus der bestehenden Zweck-Mittel-Beziehung ergibt sich, daß die GoB stets einer Veränderung unterliegen, wenn sich die gesetzlichen Bilanzzwecke verändern oder neuere Erkenntnisse und Mittel zu einer verbesserten Zweckwahrung der Rechnungslegung führen (vgl. CHRISTOFFERS, R.: Die aktienrechtlichen, S. 24 f.).

5) Die Worte Zweck und Ziel werden heute meist synonym verwendet, obwohl ein unterschiedlicher Wortursprung vorliegt. Ziel bedeutete räumlicher oder zeitlicher Endpunkt (vgl. Deutsches Wörterbuch, Bd. 15, Stichwort: Ziel; Der Große Duden, Bd. 7, Stichwort: Ziel) und Zweck bezeichnete kleine Nägel und Zweige, Äste (vgl. Deutsches Wörterbuch, Bd. 16, Stichwort: Zweck; Der Große Duden, Bd. 7, Stichwort: Zweck). Im 15. und 16. Jahrhundert - zur Zeit des Armbrust- und Büchsenschießens - bezeichnete Zweck den Nagel, an dem die Zielscheibe aufgehängt war oder mit dem die Zielscheibe in ihrem Mittelpunkt befestigt wurde (vgl. Der Große Duden, Bd. 7, Stichwort: Zweck). Später betrachtete man den Zweck ganz allgemein als das Ziel (vgl. Deutsches Wörterbuch, Bd. 16, Stichwort: Zweck).

Sinn von Handlungen verstanden bzw. das Ergebnis, das hinter einer Handlung als Endpunkt steht.[1] Vom Zweck und Ziel des Handelns gilt es, das Motiv, die Ursache, den Beweggrund zu trennen, der jemanden zu einer bestimmten Handlungsweise veranlaßt.[2] Handelsrechtliche Bilanzzwecke und die gesetzgeberischen Motive, welche zur (allerdings unvollständigen) Normierung der Bilanzzwecke führten, sollen nachfolgend betrachtet werden, um die notwendige Basis zur Gewinnung der GoB zu erhalten.

2.1.3.2.3.2. Die handelsrechtlichen Bilanzzwecke

Gemäß § 39 Abs. 1 HGB hat jeder Kaufmann (Vollkaufmann) am Beginn seines Handelsgewerbes seine einzelnen Vermögensgegenstände und Schulden unter Angabe des Wertes im Inventar (§ 39 Abs. 2 Satz 1 HGB) zu verzeichnen. Grundlage eines jeden Inventars bildet grundsätzlich die körperliche Bestandsaufnahme (Inventur) der Vermögensgegenstände. Aus dem Inventar wird durch gruppenweise Zusammenfassung ein "das Verhältnis des Vermögens und der Schulden darstellender Abschluß" (§ 39 Abs. 1 HGB) erstellt, die (Eröffnungs-) "Bilanz" (§ 39 Abs. 2 Satz 1 HGB).[3] Zum Schluß eines jeden

---

1) Vgl. Deutsches Wörterbuch, Bd. 16, Stichwort: Zweck; Der Große Duden, Bd. 7, Stichwort: Zweck.

2) Vgl. Der Große Duden, Bd. 2, Stichwort: Grund; ebenda, Bd. 8, Stichwort: Beweggrund.

3) Etymologisch wird das Wort "Bilanz" überwiegend von den lateinischen Wörtern "bi" und "lanx", vom französischen "bilan" oder vom italienischen "bilancio" hergeleitet (vgl. SEICHT, G.: Die kapitaltheoretische Bilanz, S. 17 m.w.Lit.). Es bedeutet "zweischalig" und versinnbildlicht die beiden Schalen einer sich im Gleichgewicht befindlichen Waage (vgl. ebenda).

Im Dictionaire Universel de Commerce, der aus nachgelassenen Schriften SAVARYs herausgegeben wurde, wird statt "bilan" ausdrücklich das "korrektere" Wort "balance" erwähnt und zwar im Sinne von: "Waage mit den beiden Waagschalen, die sich auszubalancieren hatten. Dann heißt Balance noch der Abschluß (l'état final) bei der doppelten Buchführung und schließlich der Abschluß des Inventars beim Kaufmann (die Inventarbilanz)" (Dictionaire Universel de Commerce zit. nach BARTH, K.: Die Entwicklung, S. 124).

nachfolgenden Geschäftsjahres, welches die Dauer von zwölf Monaten nicht überschreiten darf, ist ebenfalls ein Inventar und eine Bilanz zu erstellen (§ 39 Abs. 2 Satz 1 HGB). Während des Geschäftsjahres ist jeder Kaufmann verpflichtet, "Bücher zu führen und in diesen seine Handelsgeschäfte und die Lage seines Vermögens nach den Grundsätzen ordnungsmäßiger Buchführung ersichtlich zu machen" (§ 38 Abs. 1 HGB). Den Abschluß der Buchführung eines jeden Geschäftsjahres bildet die Bilanz, welche unter Berücksichtigung des Inventarverzeichnisses zu erstellen ist.[1] Aus dieser Verbindung zwischen Buchführung, Inventar und Bilanz wird ersichtlich, daß die Bilanz nicht losgelöst von der Buchführung und vom Inventar gesehen werden kann und somit zur Ermittlung der Bilanzzwecke gegebenenfalls auch die Zwecke der Buchführung heranzuziehen sind.[2]

In den vorstehenden Ausführungen wurde von der Bilanz des Vollkaufmanns gesprochen, welche am Beginn des Handelsgewerbes und am Schluß der folgenden Geschäftsjahre zu erstellen ist. Es handelt sich hierbei - um die Stellung der jährlichen Bilanz im System der Bilanzarten von WÖHE[3] kurz

---

1) Vgl. BANDASCH: Kommentar zum HGB, § 39 Anm. 3.

2) Die Verpflichtung zur Führung von Handelsbüchern ist öffentlich-rechtlicher Natur. Die Erfüllung dieser Pflicht wird nicht unmittelbar durch Strafen sichergestellt, indem der Kaufmann beispielsweise durch Ordnungsstrafen zur Führung von Handelsbüchern angehalten wird (vgl. BRÜGGEMANN, D.: in Großkommentar zum HGB, § 38 Anm. 1; SCHLEGELBERGER: Kommentar zum HGB, 5. Aufl., § 38 Anm.8). Erst im Fall der Zahlungseinstellung oder der Eröffnung des Konkursverfahrens wird die unterlassene oder ungenügende Führung von Handelsbüchern bzw. ihre Vernichtung oder Verheimlichung unter Strafe gestellt (vgl. §§ 239, 240 KO). Zu den Handelsbüchern zählt auch im Sinne der Konkursordnung die Bilanz (vgl. BRÜGGEMANN, D.: in Großkommentar zum HGB, § 38 Anm. 1).

3) Vgl. WÖHE, G.: Bilanzierung, S. 27 - 33; ferner PASSOW, R.: Die Bilanzen, S. 13 f.; COENENBERG, A.G.: Jahresabschluß, S. 23 - 25; HEINEN, E.: Handelsbilanzen, S. 22 - 28; WEBER, H.K.: Betriebswirtschaftliches Rechnungswesen, S. 58 - 62; BRÜGGEMANN, D.: in Großkommentar zum HGB, Vierter Abschnitt, Vorbem. 5.

zu verdeutlichen - um eine ordentliche, aufgrund gesetzlicher Vorschriften erstellte, externe Jahresbilanz, wobei hier zunächst die Handelsbilanz gem. §§ 38 ff. HGB im Gegensatz zur Steuerbilanz gem. §§ 5 ff. EStG gemeint ist. Eine Differenzierung nach den einzelnen Bilanzarten ist deshalb bedeutungsvoll, weil unterschiedliche Anlässe der Bilanzerstellung auch unterschiedliche Bilanzzwecke und -ziele bedingen. Zur Ableitung von allgemein verbindlichen GoB aus den gesetzlichen Bilanzzwecken kann aber nur die ordentliche Handelsbilanz des Einzelkaufmanns dienen.[1]

Die Entwicklung des deutschen Handelsrechts stand erheblich unter dem Einfluß der "Ordonnance de Commerce" vom Jahre 1673, die für Frankreich erstmalig gesetzliche Bestimmungen zur regelmäßigen Errichtung eines Inventars, jedoch noch keine Normen zur Bewertung und Bilanzerstellung enthielt.[2] Anlaß der gesetzgeberischen Maßnahme waren die unhaltbaren Zustände im Kreditwesen und die steigende Zahl der Konkurse, welche sich infolge einer zurückgehenden Konjunktur ergaben.[3]

Die Vorschriften im kaufmännischen Teil dieser bedeutenden handelsrechtlichen Kodifizierung stammen nachweislich von J. SAVARY, in dessen späterem Werk "Le Parfait Negóciant" für das Rechnungswesen auch eine Bilanz empfohlen wird.[4] Seine "Balance du présent inventaire" zeigte auf der Aktiv-

---

1) Vgl. hierzu MAUL, K.-H.: Offene Probleme, S. 726 - 745 m.w.Lit.; KRUSE, H.W.: GoB, S. 196 - 199 m.w.Lit.
2) Vgl. PASSOW, R.: Die Bilanzen, S. 15; PENNDORF, B.: Die historische Enwicklung, S. 143; BARTH, K.: Die Entwicklung, S. 65 f.
   Zur historischen Entwicklung des Buchführungs- und Bilanzwesens sei verwiesen auf LION, M.: Geschichtliche Betrachtungen, S. 401 - 418; PENNDORF, B.: Die historische Entwicklung, S. 125 - 147; SEICHT, G.: Die kapitaltheoretische Bilanz, S. 17 - 28.
3) Vgl. BARTH, K.: Die Entwicklung, S. 65.
4) Vgl. PENNDORF, B.: Die historische Entwicklung, S. 143; BARTH, K.: Die Entwicklung, S. 65 f., 124 f.

seite in einem einzigen Posten die Aktiven des Inventarverzeichnisses.[1] Dem standen auf der Passivseite die Kreditoren in einem Posten, das Eigenkapital vom Beginn des Geschäftsjahres und im Ausgleich zur Aktivseite der Jahresgewinn gegenüber.[2] Während PENNDORF[3] und LION[4] hier bereits vom Bilanzweck der Vermögens- und Erfolgsrechnung sprechen, meint BARTH,[5] daß SAVARYs Bilanz noch nicht der Bilanz nach heutiger Auffassung nahe kommt. Der ermittelte "Jahreserfolg" stellt nur eine Art Rohgewinn dar, denn Abschreibungen auf Forderungen und Absetzungen für Abnutzung wurden nicht vorgenommen.[6]

Aus der Denkschrift zum Entwurf des HGB von 1897 lassen sich über die Buchführungs- und Bilanzzwecke nur mittelbare Anhaltspunkte gewinnen. Im relevanten Bereich wird ausgeführt, "daß der Kaufmann in den Büchern seine Handelsgeschäfte und die Lage seines Vermögens" ersichtlich zu machen hat, wobei die Handelsbücher nicht "die Geschäftsabschlüsse als solche, sondern nur die in Folge der Geschäfte eintretenden Vermögensveränderungen"[7] aufzeigen. Unter Ver-

---

1) Vgl. BARTH, K.: Die Entwicklung, S. 124.
2) Vgl. ebenda, S. 124 f.
3) Vgl. PENNDORF, B.: Die historische Entwicklung, S. 143.
4) Vgl. LION, M.: Geschichtliche Betrachtungen, S. 413, 417 f.
5) Vgl. BARTH, K.: Die Entwicklung, S. 125.
6) Vgl. ebenda.
7) Denkschrift zu dem Entwurf eines Handelsgesetzbuchs, S. 44.
   Art. 28 Abs. 1 ADHGB trug folgenden Wortlaut: "Jeder Kaufmann ist verpflichtet, Bücher zu führen, aus welchen seine Handelsgeschäfte und die Lage seines Vermögens vollständig zu ersehen sind". Diese ungenaue Ausdrucksweise sollte zugleich mit der neuen Fassung beseitigt werden, "denn in den Handelsbüchern werden nicht, wie die Fassung des Art. 28 anscheinend forderte, die Geschäftsabschlüsse als solche, sondern nur die in Folge der Geschäfte eintretenden Vermögensveränderungen ersichtlich gemacht; die Bezugnahme auf die Grundsätze der ordnungsmäßigen Buchführung wahrt den richtigen Sinn der Vorschrift" (ebenda). Entsprechend führt die Kommentierung hierzu aus, daß nicht die einzelnen Handelsgeschäfte im Zeitpunkt des

mögensveränderungen sind die erfolgswirksamen oder erfolgsneutralen Veränderungen der Aktiven und/oder Passiven (Vermögenslage) des Kaufmanns zu verstehen.

Die Materialien zum HGB von 1897 und die Materialien zu den nachfolgenden Änderungen des Handelsrechts[1] führten in

---

Fortsetzung der Fußnote 7 von S. 69

Vertragsabschlusses zu verbuchen sind, sondern ihre Verbuchung erst erfolgt, wenn aufgrund der getätigten Geschäfte Vermögensveränderungen im wirtschaftlichen Sinne eintreten (vgl. STAUB: Kommentar zum HGB, 11. Aufl., § 38 Anm. 5; BRÜGGEMANN, D.: in Großkommentar zum HGB, § 38 Anm. 12; SCHLEGELBERGER: Kommentar zum HGB, 5. Aufl., § 38 Anm. 14).

1) In der Begründung zum Regierungsentwurf vom 8.5.1958, welche eine Verkürzung der Aufbewahrungsfrist für Handelsbriefe bezweckte, wurde nur das öffentliche Interesse an der Aufbewahrung der Geschäftsbücher und Unterlagen betont, "handelsrechtlich zum Schutze der mit dem Kaufmann in Rechtsbeziehungen tretenden Personen, steuerrechtlich, um der Finanzverwaltung eine Nachprüfung der Richtigkeit der Steuererklärungen zu ermöglichen" (Reg. Begr. zum Entwurf eines Gesetzes zur Abkürzung handelsrechtlicher und steuerrechtlicher Aufbewahrungsfristen, S. 3).

Im Verlauf der Beratungen zur Änderung des HGB vom 2.8.1965 haben weitere Verkürzungen der Aufbewahrungsfristen eine Rolle gespielt, jedoch bedurfte diese Frage nach Meinung des Wirtschaftsausschusses "wegen der Bedeutung der Aufbewahrungsfristen für den handelsrechtlich wesentlichen Gläubigerschutz und für die Bedürfnisse der Finanzverwaltung, insbesondere im Zusammenhang mit den Betriebsprüfungen, noch näherer Untersuchung" (Ausschußbericht zum Entwurf eines Gesetzes zur Änderung des Handelsgesetzbuches und der Reichsabgabenordnung, S. 3). Die Regierungsbegründung zu dem Änderungsentwurf hebt im Zusammenhang mit der Inventur durch Wertfortschreibung oder -rückrechnung (§ 39 Abs. 4 Nr. 1 HGB) die Möglichkeit einer beschleunigten Bilanzaufstellung hervor, "was im Interesse des Kaufmanns selbst wie seiner Gläubiger höchst erwünscht ist" (Reg. Begr. zum Entwurf eines Gesetzes zur Änderung des Handelsgesetzbuches und der Reichsabgabenordnung, S. 6).

Im Zusammenhang mit der geplanten Reform der Abgabenordnung sollen auch handelsrechtliche Vorschriften erneut an die technische Entwicklung angepaßt werden (vgl. Reg. Begr. zum Entwurf eines Einführungsgesetzes zur Abgabenordnung, S. 51 f.). Die Begründung zum Regierungsentwurf

Verbindung mit dem kodifizierten Recht in der Kommentierung des HGB, der Rechtsprechung und der Literatur zu verschiedenen Ansichten über die Bilanzziele. Hier sollen zuerst die Auffassungen der bedeutendsten handelsrechtlichen Kommentare wiedergegeben werden, und zwar in chronologischer Folge.

Fortsetzung der Fußnote 1 von S. 70

vom 26.2.1973 hebt in diesem Zusammenhang hervor, daß es als Zweck der Buchführung anzusehen ist, "die Vermögenslage darzustellen und zu belegen" (Reg. Begr. zum Entwurf eines Einführungsgesetzes zur Abgabenordnung, S.51). Dabei entspricht eine Buchführung nur dann den GoB, "wenn sie so beschaffen ist, daß sie einem sachverständigen Dritten innerhalb angemessener Zeit einen Überblick über die Vermögenslage und die Geschäftsvorfälle vermitteln kann und sich die Geschäftsvorfälle in ihrer Entstehung und sachlichen Zuordnung verfolgen lassen" (ebenda, S. 52).

Weitere Änderungen des HGB sieht der im Bundestag vorliegende Regierungsentwurf eines Ersten Gesetzes zur Bekämpfung der Wirtschaftskriminalität vor (vgl. Entwurf eines Ersten Gesetzes zur Bekämpfung der Wirtschaftskriminalität, S. 8 f., Artikel 4). Dabei werden u.a. die Fristen für die Aufstellung von Jahresbilanzen auf spätestens neun Monate nach Ende des Geschäftsjahres festgelegt (vgl. ebenda, § 39 Abs. 2 Satz 3). Der Kaufmann soll sich innerhalb kurzer Frist einen Überblick über die Vermögenslage verschaffen, damit er "rechtzeitig Anhaltspunkte für eine eventuelle Überschuldung gewinnt und ... die Bilanzen im Falle des Konkurses seltener nachträglich aufgestellt werden müssen" (Reg. Begr. zum Entwurf eines Ersten Gesetzes zur Bekämpfung der Wirtschaftskriminalität, S. 46). Des weiteren sieht die Neufassung des § 41 HGB die Unterzeichnung von Inventar und Bilanz durch den Kaufmann unter Angabe des Datums vor (vgl. Entwurf eines Ersten Gesetzes zur Bekämpfung der Wirtschaftskriminalität, S. 9, § 41 Satz 1). Nach der Begründung zum Entwurf soll die Vorschrift erreichen, "daß der Tag der Unterzeichnung des Inventars und der Bilanz noch nachträglich festgestellt und dadurch geprüft werden kann, wann die Aufstellung dieser Unterlagen erfolgt ist" (Reg. Begr. zum Entwurf eines Ersten Gesetzes zur Bekämpfung der Wirtschaftskriminalität, S. 46). Letztlich ist die Buchführungspflicht für sog. Sollkaufleute nach Handelsrecht bereits von dem Zeitpunkt an vorgesehen, ab welchem die Verpflichtung zur Eintragung in das Handelsregister gem. § 2 HGB besteht (vgl. Entwurf eines Ersten Gesetzes zur Bekämpfung der Wirtschaftskriminalität, S. 9, § 47b). Die Buchführungspflicht soll damit nicht mehr von der Stellung des handelsgerichtlichen Eintragungsantrages abhängig sein, wenn die Art und der Umfang des Geschäftsbe-

STAUBs Kommentar zum HGB[1] führt in einer der ersten Auflagen, die sich auf das HGB von 1897 beziehen, aus: "Die

---

Fortsetzung der Fußnote 1 von S. 70
 triebes die Führung von Handelsbüchern erfordern (vgl.
 Reg. Begr. zum Entwurf eines Ersten Gesetzes zur Bekämpfung der Wirtschaftskriminalität, S. 46 f.).

 Vorstehende Änderungen im HGB, die Erweiterung der Konkursgründe (vgl. hierzu ebenda, S. 47 f.), die Neugestaltung der Konkursstraftatbestände und deren Übernahme in das Strafgesetzbuch (vgl. hierzu ebenda, S. 19 f., 33 - 39) bezwecken nach der Begründung zum Regierungsentwurf "eine Verbesserung des Gläubigerschutzes" (ebenda, S. 21).

1) Die ersten Kommentare STAUBs beziehen sich noch auf das ADHGB und weisen einleitend auf die öffentlich-rechtliche Verpflichtung zum Führen von Handelsbüchern hin, welche "dem Kaufmann nicht sowohl um seiner selbst willen, als im Interesse derjenigen Personen, die mit ihm in rechtliche Beziehungen treten, auferlegt" ist (STAUB: Kommentar zum ADHGB, Einleitung zu Art. 28; ebenda, 2. Aufl., Einleitung zu Art. 28; ebenda, 3. und 4. Aufl., Einleitung zu Art. 28).
Ein direkter Zwang zur Erfüllung der Buchführungspflicht ist nicht gegeben, "weil der Kaufmann in seinem eigenen wohlverstandenen Interesse Veranlassung genug hat, ordnungsmäßige Handelsbücher zu führen. Denn ohne geordnete Buchführung ist der Zweck eines einigermaßen erheblichen Handelsbetriebes unerreichbar" (STAUB: Kommentar zum ADHGB, Einleitung zu Art. 28; ebenda, 2. Aufl., Einleitung zu Art. 28; ebenda, 3. und 4. Aufl., Einleitung zu Art. 28).
Indirekt liegt ein starker Zwang in den Strafvorschriften der Konkursordnung begründet, die bei eintretendem Vermögensverfall des Kaufmanns eingreifen (vgl. STAUB: Kommentar zum ADHGB, Einleitung zu Art. 28; ebenda, 2. Aufl., Einleitung zu Art. 28; ebenda, 3. und 4. Aufl., Einleitung zu Art. 28).
"Die Bilanz stellt den Stand des Vermögens in einem bestimmten Zeitpunkt dar und läßt damit zugleich auch das Resultat der Geschäftsführung während der abgelaufenen Periode erkennen, letzteres durch Vergleichung mit den früheren Bilanzen" (STAUB: Kommentar zum ADHGB, § 1 zu Art. 29; ebenda, 2. Aufl., § 1 zu Art. 29; ebenda, 3. und 4. Aufl., § 1 zu Art. 29).

In der Entscheidung des Reichsoberhandelsgerichts vom 3.12.1873, beruhend auf den Vorschriften des ADHGB, wird ausgeführt: "Die kaufmännische Bilanz hat den Zweck, die Übersicht und Feststellung des V e r m ö g e n s b e s t a n d e s in einem bestimmten Zeitpunkte und damit zugleich, vermittelst der Vergleichung der für v e r s c h i e d e n e Zeiten aufgenommenen Bilanzen, auch des R e s u l t a t e s d e r G e s c h ä f t s f ü h r u n g während der dazwischen liegenden Perioden zu bewirken" (ROHG vom 3.12.1873, Bd. 12, S. 17; Hervorhebung im Original).

Bilanz stellt den Stand des Vermögens in einem bestimmten
Zeitpunkt dar und läßt damit zugleich auch das Ergebnis der
Geschäftsführung während der abgelaufenen Periode erkennen,
letztere durch Vergleichung mit den früheren Bilanzen".[1]
Spätere Auflagen betonen: "Die Bilanz dient außer ihrem
Hauptzwecke, die Vermögenslage des Kaufmanns ersichtlich zu
machen, auch anderen Zwecken, insbesondere wird auf ihrer
Grundlage der Gewinnanteil Dritter oder der Gesellschafter
berechnet, ferner findet die Auseinandersetzung der Gesellschafter auf ihrer Grundlage statt".[2] Ein unmittelbarer
Zwang zur Führung von Handelsbüchern besteht nicht, jedoch
ergibt sich ein mittelbarer Zwang über die Strafvorschriften der Konkursordnung bei eintretendem Vermögensverfall.[3]
Das Eigeninteresse des Kaufmanns an der Führung von Handelsbüchern wird auch durch ihre Beweiskraft in den Prozessen des Kaufmanns gestärkt.[4] Aus der geschichtlichen Entwicklung heraus soll die Bilanz auch die Lage des Vermögens klarstellen.[5] Von der 14. Auflage ab wurde dieses
bedeutende Werk von Mitgliedern des Reichsgerichts als
REICHSGERICHTSKOMMENTAR zum HGB und danach als GROSSKOMMENTAR zum HGB fortgeführt. Sämtliche Bearbeiter weisen darauf
hin, daß die Bücher "ein anschauliches Bild von der Geschäfts- und Vermögenslage des Kaufmanns gewähren (RGSt 4,
121)"[6] müssen. Die Jahresbilanz des Kaufmanns soll den

---

1) STAUB, Kommentar zum HGB, 8. Aufl., § 39 Anm. 1.
2) Ebenda, 11. Aufl., § 40 Anm. 2; ebenda, 12. und 13. Aufl.,
 § 40 Anm. 2.
 Die im Zitat aufgeführten "anderen Zwecke" (Gewinnanteilsermittlung oder Auseinandersetzung) beziehen sich
 nicht auf die Zwecke der ordentlichen Jahresbilanz des
 Einzelkaufmanns.
3) Vgl. ebenda, 11. Aufl., § 38 Einleitung.
4) Vgl. ebenda.
5) Vgl. ebenda, § 40 Anm. 8; ebenda, 12. und 13. Aufl.,
 § 40 Anm. 8.
6) Reichsgerichtskommentar zum HGB, § 38 Anm. 9; WÜRDINGER,
 H.: in Reichsgerichtskommentar zum HGB, 2. Aufl., § 38
 Anm. 9; BRÜGGEMANN, D.: in Großkommentar zum HGB, § 38
 Anm. 12.

Vermögensquerschnitt am Bilanzstichtag zeigen und durch einen Vergleich mit der vorhergehenden Bilanz den Niederschlag der Gewinne oder Verluste ausweisen.[1] Rechtlich bedeutsam ist auch der Anlaß der Bilanzerstellung, denn die gesetzlich vorgeschriebenen Jahresbilanzen (§§ 39, 40 HGB) "dienen der Rechenschaftslegung des Kaufmannes vor sich selbst und gegenüber Dritten".[2] Rechenschaft vor sich selbst ist notwendig, um sachgemäße Unterlagen zur Kreditinanspruchnahme zu haben, denn ein "ehrlicher Kaufmann" nimmt nur Kredit in Anspruch, wenn er sich über die Erfüllung der eingegangenen Verpflichtung im klaren ist.[3] "Insofern ist die Buchführung eine Verpflichtung, welche dem Kaufmann gegen sich selbst obliegt, wie auch den Personen gegenüber, zu denen er in geschäftliche Beziehungen tritt (RGrspr. in Strafs. 7, 731)".[4] Eine Darstellung der Lage des Betriebsvermögens, als der im § 38 HGB vorgeschriebene Buchführungszweck, hat im Interesse der Unternehmung selbst und im öffentlichen Interesse zu erfolgen, wobei das öffentliche Interesse - auch an der Bilanz - im Schutz der Allgemeinheit vor unsolider Geschäftsgebahrung und in den Belangen des Fiskus zu sehen ist.[5] Eingebettet sind die Rechnungslegungsvorschriften seit ihrer Schaffung in das Gläubigerschutzprinzip, das bei der Auslegung gesetzlicher Vorschriften stets ergänzend heranzuziehen ist.[6]

---

1) Vgl. WÜRDINGER, H.: in Reichsgerichtskommentar zum HGB, 2. Aufl., Vierter Abschnitt, Vorbem. 7; BRÜGGEMANN, D.: in Großkommentar zum HGB, Vierter Abschnitt, Vorbem. 3.

2) WÜRDINGER, H.: in Reichsgerichtskommentar zum HGB, 2. Aufl., Vierter Abschnitt, Vorbem. 7.

3) Vgl. Reichsgerichtskommentar zum HGB, § 38 Vorbemerkungen; WÜRDINGER, H.: in Reichsgerichtskommentar zum HGB, 2. Aufl., Vierter Abschnitt, Vorbem. 1; BRÜGGEMANN, D.: in Großkommentar zum HGB, Vierter Abschnitt, Vorbem. 1.

4) Reichsgerichtskommentar zum HGB, § 38 Vorbemerkungen; WÜRDINGER, H.: in Reichsgerichtskommentar zum HGB, 2. Aufl., Vierter Abschnitt, Vorbem. 1; BRÜGGEMANN, D.: in Großkommentar zum HGB, Vierter Abschnitt, Vorbem. 1.

5) Vgl. BRÜGGEMANN, D.: in Großkommentar zum HGB, Vierter Abschnitt, Vorbem. 4.

6) Vgl. ebenda.

Zusammenfassend wird in den von STAUB begründeten Kommentaren der Bilanzzweck in einer Darstellung der Vermögenslage zum Bilanzstichtag und einer Gewinnermittlung durch Vermögensvergleich zweier Bilanzen gesehen. Die Information über die Vermögens- und damit auch Ertragslage des Kaufmanns soll in seinem eigenen Interesse und muß zum Schutz der Gläubiger und anderer Gruppen erfolgen.

Auch im Kommentar DÜRINGER-HACHENBURG wird es in erster Linie als Zweck der öffentlich-rechtlichen Jahresbilanz angesehen, "e i n e   p e r i o d i s c h e   Ü b e r s i c h t   ü b e r   d e n   V e r m ö g e n s t a n d   d e s   K a u f m a n n s   z u   g e w ä h r e n" (Hervorhebung im Original).[1] Daneben erfüllt die Jahresbilanz den besonderen Zweck, "durch Vergleich mit der vorhergehenden Jahresbilanz oder der Eröffnungsbilanz den Gewinn des Kaufmanns auszuweisen".[2]

Zum Abschluß der Kommentarmeinungen[3] soll die Auffas-

---

1) DÜRINGER-HACHENBURG: Das HGB, 2. Aufl., § 39 Anm. 8; ebenda, 3. Aufl., § 39 Anm. 8.

2) Ebenda, 3. Aufl., § 39 Anm. 8.
   Zivilrechtliche Bilanzen können nach DÜRINGER-HACHENBURG Gesellschaftern oder Dritten Aufschluß vermitteln über: Gewinnanteil, Auseinandersetzungsguthaben, Gesamtwert oder Rentabilität des Unternehmens (vgl. ebenda). Abgesehen von ihren öffentlich-rechtlichen oder zivilrechtlichen Aufgaben kann die Bilanz "dem Kaufmann selber darüber Aufschluß geben, ob er sein Geschäft fortführen oder verkaufen oder liquidieren oder umstellen soll. Das ist d i e   b e t r i e b s w i r t s c h a f t l i c h e   F u n k t i o n   d e r   B i l a n z" (ebenda; Hervorhebung im Original).

3) Nachfolgende Kommentare äußern sich zum Bilanzzweck wie folgt:

   "Die Bestimmungen des § 40 dienen dem Zweck der Bilanz, eine der Wahrheit entsprechende Übersicht über das Verhältnis des Vermögens und der Schulden zu geben (§ 39 Abs. 1)" (LEHMANN-RING: Das HGB, § 40 Nr. 1).

   "Bei den sog. Handelsbilanzen ... steht der Zweck im Vordergrund, im eigenen Interesse des Kaufmanns und seiner Gläubiger die Vermögens- und Ertragslage des arbeitenden Unternehmens ohne Schönfärberei ersichtlich werden zu lassen" (HEYMANN-KÖTTER: HGB, Anm. 6 zu § 40).

   "Die Handelsbilanz dient der Gewinnberechnung" (BANDASCH:

sung von SCHLEGELBERGERs Kommentar zum HGB wiedergegeben werden, der es als Zweck der Buchführung ansieht, "jederzeit einen klaren Überblick über die Lage des Geschäftes zu geben",[1] dabei soll die Buchführung die Handelsgeschäfte und die Lage des Vermögens ersichtlich machen.[2] Form und Inhalt der Bilanz sollen in Anlehnung an § 129 AktG 1937[3] bzw. § 149 Abs. 1 AktG 1965[4] einen möglichst sicheren Einblick in die Lage des Unternehmens gewähren. Insgesamt ist die fachgerechte Bilanz unter dem Gesichtspunkt einer wirklichen Erfolgsrechnung[5] aufzustellen, die den Kaufmann "nicht reicher erscheinen läßt, als er ist, aber auch seinen Gläubigern, insbesondere der Steuerbehörde, nicht ein ungünstigeres Bild seiner Vermögenslage zeigt, als es die Sachlage rechtfertigt".[6]

Dem Kaufmann und weiteren Personenkreisen obliegt die Buchführungspflicht auch aufgrund steuerlicher Vorschriften

---

Fortsetzung der Fußnote 3 von S. 75

Kommentar zum HGB, § 40 Anm. 3), sie ist "in erster Linie Gewinnermittlungsbilanz" (ebenda, § 40 Anm. 6).

Die gewöhnliche Jahresbilanz dient zur Verteilung von Aufwendungen und Erträgen auf die einzelnen Geschäftsjahre, m.a.W. zur Ermittlung des Gewinns oder Verlustes einzelner Geschäftsjahre, sie ist als Gewinnermittlungs-, Erfolgs- oder dynamische Bilanz anzusehen (vgl. BAUMBACH-DUDEN: Handelsgesetzbuch, 21. Aufl., § 38 2C).

1) SCHLEGELBERGER: Kommentar zum HGB, 4. Abschn., Einl.; ebenda, 2. Aufl., 4. Abschn., Einl.; ebenda, 5. Aufl., 4. Abschn., Einl. V.

2) Vgl. SCHLEGELBERGER: Kommentar zum HGB, § 38 Anm. 14; ebenda, 2. Aufl., § 38 Anm. 14; ebenda, 5. Aufl., § 38 Anm. 14.

3) Vgl. SCHLEGELBERGER: Kommentar zum HGB, § 39 Anm. 5; ebenda, 2. Aufl., § 39 Anm. 5.

4) Vgl. SCHLEGELBERGER: Kommentar zum HGB, 5. Aufl., § 39 Anm. 6.

5) Vgl. SCHLEGELBERGER: Kommentar zum HGB, § 39 Anm. 3; ebenda, 2. Aufl., § 39 Anm. 3; ebenda, 5. Aufl., § 39 Anm. 3.

6) SCHLEGELBERGER: Kommentar zum HGB, § 40 Anm. 1; ebenda, 2. Aufl., § 40 Anm. 1; ebenda, 5. Aufl., § 40 Anm. 1.

(§§ 160, 161 AO); der Kaufmann hat seine Handelsbücher auch im Interesse der Besteuerung zu führen. Als Bestandteil der Buchführung wird die Bilanz angesehen, "so daß zur ordnungsmäßigen Buchführung auch die ordnungsmäßige Aufstellung der Bilanz gehört".[1] In seinem Urteil vom 12.12.1972 sieht es der BFH[2] expressis verbis als Zweck der jährlich aufzustellenden Bilanz gem. § 39 Abs. 2 HGB an, "die Handelsgeschäfte und die Lage des Vermögens nach den Grundsätzen ordnungsmäßiger Buchführung ersichtlich zu machen (§ 38 Abs. 1 HGB)". Ähnlich hebt der BFH vom 26.1.1970[3] hervor, daß die Bilanz handelsrechtlich wie auch steuerrechtlich sowohl dem Ausweis der wirtschaftlich richtigen Vermögenslage als auch der richtigen Erfolgsabgrenzung dient. Dabei hat die Bilanzerstellung im Interesse des Kaufmanns, seiner Mitgesellschafter und seiner Gläubiger zu geschehen.[4] Für einkommensteuerliche Zwecke erfolgt die Gewinnermittlung ausgehend von der Handelsbilanz unter Berücksichtigung steuerlicher Vorschriften mittels Vergleich des Betriebsvermögens (§ 5 i.Verb.m. § 4 Abs. 1 EStG).

Neben STAUB gilt SIMON als einer der "Begründer der klassischen Bilanzdiskussion".[5] Dieser nennt vier Bilanzzwecke:[6]

"Den ersten Zweck, die periodische Gewährung einer Übersicht über die Vermögenslage, hat die Bilanz des Aktienvereins mit der eines jeden Kaufmanns gemein".[7]

---

1) BFH vom 12.12.1972, BStBl 1973 II, S. 556 m.w.Lit.
2) BFH vom 12.12.1972, BStBl 1973 II, S. 557.
3) Vgl. BFH vom 26.1.1970, BStBl 1970 II, S. 271.
4) Vgl. BFH vom 12.12.1972, BStBl 1973 II, S. 556 f.
5) SCHNEIDER, D.: Die vernachlässigten Begründer, I, S. 288, vgl. ferner S. 288 - 292.
6) Vgl. hierzu SIMON, H.V.: Die Bilanzen, S. 1 f. Die wörtliche Quellenübernahme ist auch ersichtlich bei SCHNEIDER, D.: Die vernachlässigten Begründer, I, S. 288.
7) SIMON, H.V.: Die Bilanzen, S. 2, vgl. ferner S. 2 - 5.

"Die zweite Bedeutung der Bilanz liegt darin, daß sie Gewinn und Verlust klarstellt".[1] Während sich für den Einzelkaufmann der "unmittelbare Zweck der Bilanz" in einer Darstellung der Vermögenslage erschöpft, ist für Aktienvereine und Handelsgesellschaften auch die Feststellung des Gewinns, welcher verteilt werden kann, von unmittelbarer Bedeutung.[2]

SIMON betrachtet somit die Vermögensdarstellung als unmittelbaren Bilanzzweck aller Kaufleute und die Erfolgsermittlung als mittelbaren Zweck der Bilanz des Einzelkaufmanns, während PASSOW[3] beide Komponenten der Zwecksetzung in einem gleichgeordneten Verhältnis sieht, indem er ausführt: "Bei den periodisch wiederkehrenden Bilanzen wird dagegen regelmäßig der Zweck verfolgt, neben der Darstellung des Vermögensstandes auch **den in der letzten Bilanzperiode erzielten Geschäftserfolg (Gewinn oder Verlust) zu ermitteln**" (Hervorhebung im Original).

---

1) SIMON, H.V.: Die Bilanzen, S. 5, vgl. ferner S. 5 - 12.
2) Vgl. ebenda, S. 5.
   "Die dritte Bedeutung der Bilanz liegt darin, daß sie in Gemeinschaft mit der Gewinn- und Verlustrechnung und dem Geschäftsbericht die Grundlage der Rechnungslegung an die Aktionäre bildet" (ebenda, S. 2, vgl. ferner S. 12 - 27). Letztlich hat die Bilanz eine öffentlich-rechtliche Aufgabe, denn wissentlich unrichtige Aufstellung von Bilanzen macht strafbar (vgl. ebenda, S. 2).
3) PASSOW, R.: Die Bilanzen, S. 14.
   Nach PASSOWs Ansicht ist es falsch, die Jahresbilanz überhaupt nicht als Vermögensbilanz anzusehen, sondern in ihr nur eine Gewinnermittlungs-, Gewinnverteilungsbilanz oder dergleichen zu sehen (vgl. ebenda). Denn in beiden Fällen ist die Bilanz ein das Vermögen aufführender - die Vermögensverhältnisse darstellender - Abschluß, also eine Vermögensbilanz, lediglich die Bewertung des Vermögens erfolgt nach verschiedenen Gesichtspunkten (vgl. ebenda). Ganz falsch ist es ferner, von der "Gewinnverteilungsbilanz" zu sprechen, denn eine Verteilung des erzielten Gewinns kommt beim Einzelkaufmann nicht in Betracht (vgl. ebenda).

In der neueren juristischen und betriebswirtschaftlichen Literatur wird eine Vielzahl (teilweise nur scheinbar) unterschiedlicher Standpunkte über die handelsrechtlichen Bilanzzwecke vertreten. KRUSE[1] sieht aus der historischen Entwicklung der Buchführung heraus in der Beweisfunktion einen ihrer Zwecke, der besonders in den §§ 45 - 47 HGB zum Ausdruck gelangt; dabei unterliegen die Handelsbücher im Prozeß der freien richterlichen Beweiswürdigung. "Beweisfunktion der Handelsbücher" und "Dokumentation der Geschäftsvorfälle" sind nach KRUSE[2] identische Bilanzzwecke. Als weiterer Bilanzzweck ergibt sich unter Berücksichtigung des Sinnzusammenhangs der Buchführungsvorschriften und dem von dem HGB verfolgten Ziel der Gläubigerschutz (Gläubigerschutzprinzip).[3] Den Schutz der Gläubiger bezweckten bereits die Bestimmungen der "Ordonnance de Commerce", die erstmals den Zusammenhang von Handels- und Konkursrecht deutlich sichtbar werden ließen. In Deutschland begann diese Entwicklung etwas später und mündete in die heute noch gültige Konkursordnung von 1877. Sie stellt im Interesse des Gläubigerschutzes den einfachen oder betrügerischen Bankrott des Kaufmanns unter Strafe, wenn beispielsweise keine geordneten Handelsbücher vorliegen (§§ 239 f. KO).[4]

LEFFSON[5] geht von zwei Hauptzwecken der Buchführung und des kaufmännischen Jahresabschlusses aus, nämlich der Doku-

---

1) Vgl. KRUSE, H.W.: GoB, S. 199 - 201.
2) Vgl. ebenda, S. 200 f.
3) Vgl. ebenda, S. 201 - 204.
4) Vgl. hierzu JAEGER: Konkursordnung, § 239 Anm. 5 - 7, § 240 Anm. 5 - 7.

Im Zusammenhang mit dem Entwurf eines Ersten Gesetzes zur Bekämpfung der Wirtschaftskriminalität wird die Neugestaltung der Konkursstraftatbestände erwogen und deren Übernahme aus dem Dritten Buch der Konkursordnung in das Strafgesetzbuch vorgeschlagen (vgl. Entwurf eines Ersten Gesetzes zur Bekämpfung der Wirtschaftskriminalität, S. 5 f., Artikel 1, Nr. 5; Reg. Begr. zum Entwurf eines Ersten Gesetzes zur Bekämpfung der Wirtschaftskriminalität, S. 19 f., 33 - 39).

5) Vgl. LEFFSON, U.: Die GoB, S. 49 - 58.

mentation der Geschäftsvorfälle und der Rechenschaft des Unternehmers oder der Unternehmensleitung vor sich selbst, Mitgesellschaftern, Gläubigern und evtl. auch der Öffentlichkeit. Untergeordnet werden diesen Hauptzwecken verschiedene Nebenzwecke (Grundlage weiterer Lenkungsinstrumente, Errechnung des verteilbaren Jahresgewinns, Erhaltung des Eigenkapitals, Besteuerungsgrundlage, Gläubigerschutzfunktion).[1]

MAUL[2] weist den Buchführungs- und Bilanzzwecken im wesentlichen die Funktionen der Dokumentation, Information und Gewinnverteilungsregelung zu. Die Erfüllung der Informationsfunktion gewährt dem Bilanzleser Anhaltspunkte zur Beurteilung der wirtschaftlichen Lage, die in der Fähigkeit einer zukünftigen Erzielung von Überschüssen liegt.[3] Die Informationsvermittlung soll sich auf die Ertragskraft und das Ausmaß einer potentiellen Bestandsgefährdung durch Zahlungsunfähigkeit oder - bei juristischen Personen - auch durch Überschuldung beziehen.[4]

---

1) Vgl. LEFFSON, U.: Die GoB, S. 61 - 74.
2) Vgl. MAUL, K.-H.: Offene Probleme, S. 728.
3) Vgl. ebenda.
4) Vgl. ebenda, S. 728 f.
   Nach geltendem Recht führt das Vorliegen der Zahlungsunfähigkeit zum Konkurs des Schuldners und bei Kapitalgesellschaften auch das Vorliegen der Überschuldung (AG nach § 207 Abs. 1 KO; KGaA nach § 209 Abs. 1 Satz 2 KO; GmbH nach § 63 Abs. 1 GmbHG). Der Entwurf eines Ersten Gesetzes zur Bekämpfung der Wirtschaftskriminalität sieht auch die Einführung des Konkursgrundes der Überschuldung für offene Handelsgesellschaften oder Kommanditgesellschaften vor, wenn keine natürliche Person für die Gesellschaftsverbindlichkeiten haftet (vgl. Entwurf eines Ersten Gesetzes zur Bekämpfung der Wirtschaftskriminalität, S. 9 f., Artikel 5). Nach der Begründung zu dem Entwurf "steht den Gläubigern der Gesellschaft ähnlich wie bei Kapitalgesellschaften letztlich auch nur ein beschränktes Haftungsvermögen gegenüber" (Reg. Begr. zum Entwurf eines Ersten Gesetzes zur Bekämpfung der Wirtschaftskriminalität, S. 48). Zur Verbesserung des Gläubigerschutzes erscheint es deshalb geboten, den Konkurs dieser Gesellschaften "wie bei den Kapitalgesellschaften nicht nur bei Zahlungsunfähigkeit, sondern auch bei Überschuldung eintreten zu lassen" (ebenda).

MOXTER sieht in den §§ 38 - 47a HGB zwei Rechnungslegungsziele konkretisiert, den Dokumentationszweck[1] (insbesondere die Verhinderung von betrügerischen Manipulationen der Konkursmasse und ergänzend die Beweiskraft der Bücher im Rechtsstreit) und den Selbstinformationszweck[2] (Selbstinformation des Kaufmanns über seine Schuldendeckungsmöglichkeiten zur Verhinderung von Zahlungsschwierigkeiten). Dokumentation und Selbstinformation sind konkursorientierte Blickrichtungen, denn "Dritte sollen durch die Rechnungslegung im Hinblick auf den möglichen Konkursfall geschützt werden".[3]

Zur Ermittlung der Bilanzzwecke gingen die bisher genannten Autoren vom sog. juristischen Ansatz aus.[4] Sie lei-

---

1) Vgl. MOXTER, A.: Bilanzlehre, S. 27, ferner S. 26 - 32.
2) Vgl. ebenda.
3) Ebenda, S. 27.
4) Vgl. COENENBERG, A.G.: Jahresabschluß, S. 416 f.
   COENENBERG teilt die Ermittlung von Jahresabschlußzielen auf drei schwerpunktmäßige Ansätze (juristischer, gesamtwirtschaftlicher oder einzelwirtschaftlicher Ansatz) auf. Nach dem j u r i s t i s c h e n   A n s a t z wird der Jahresabschluß von COENENBERG als Instrument zur Lösung privatrechtlicher und gesellschaftsrechtlicher Gestaltungsaufgaben angesehen (vgl. ebenda, S. 416; die juristischen Aspekte werden dabei jedoch unzureichend beschrieben); deshalb sind Bilanzzwecke aus den betreffenden Rechtsvorschriften abzuleiten. Der g e s a m t w i r t s c h a f t l i c h e   Ansatz beruht auf der Annahme, daß bestimmte Informationen der Rechnungslegung die Entscheidungsparameter der Jahresabschlußadressaten beeinflussen (vgl. ebenda, S. 417 - 419). Das Jahresabschlußziel soll daher so formuliert sein, daß hieraus entsprechende Informationen resultieren, die zu einem erwünschten gesamtwirtschaftlichen Verhalten der Informationsempfänger führen. Für den e i n z e l w i r t s c h a f t l i c h e n   Ansatz bilden die Zielvorstellungen der Bilanzadressaten die Ableitungsbasis, jedoch kommen, wegen der Eigenschaft des Jahresabschlusses als Instrument der finanziellen Rechnungslegung, auch nur finanzielle Zielvorstellungen der Rechnungslegungsadressaten in Betracht (vgl. ebenda, S. 419). Um eine zieloptimale Bilanzgestaltung zu erreichen, gilt es, den Adressatenkreis der Rechnungslegung und ihre finanziellen Zielvorstellungen im Hinblick auf ihre Beziehung zur Unternehmung zu ermitteln. Einem Teil der neueren Bilanz-

ten die Zwecke unter Berücksichtigung der Rechtsentwicklung aus den Gesetzesvorschriften ab, wobei zur Ermittlung allgemeingültiger Bilanzzwecke das Handelsgesetzbuch und ergänzend die Konkursordnung in Betracht kommen. Dabei müssen die Bilanzzwecke grundsätzlich aus der Sicht des Gesetzgebers und des bilanzerstellenden Kaufmanns gesehen werden.[1] Vom bilanzerstellenden Kaufmann muß beachtet werden, daß die Bilanz ihn möglichst zutreffend über seine Vermögens- und Ertragslage informieren soll.[2] Die Informationspflicht muß der Kaufmann in seinem eigenen Interesse und vor allem dem seiner Gläubiger wahrnehmen.[3] Mittels bilanzieller Gegenüberstellung des Vermögens und der Schulden soll er sich auch einen globalen Überblick über seine Schuldendeckungsmöglichkeiten verschaffen, um zu verhindern, daß er durch unzureichende Informationen in Zahlungsschwierigkeiten gerät.[4] Ferner soll der Periodengewinn ihm den Erfolg wirtschaftli-

---

Fortsetzung der Fußnote 4 von S. 81

diskussion liegt dieser Ansatz zugrunde (vgl. hierzu auch BOELKE, W.: Die Bewertungsvorschriften, S. 57 - 61; SIEBEN, G./HAASE, K.D.: Die Jahresabschlußrechnung, S. 53 - 57; EGNER, H.: Bilanzen, S. 24 - 84; SCHILDBACH, Th.: Ist der traditionelle Jahresabschluß, S. 606 - 608).

1) Vgl. im folgenden BARTKE, G.: Rechnungslegung, S. 53 - 59 m.w.Lit.

2) Vgl. die Quellenangaben auf S. 69 - 81 der Arbeit.

Diesen Bilanzzweck, z.T. ausschließlich oder neben anderen, sehen auch GNAM, A.: Die handelsrechtlichen Grundlagen, S. 582; GLADE, A.: Strapazierte, S. 321 - 323; WÖHE, G.: Bilanzierung, S. 28; STEINBACH, A.: Die Rechnungslegungsvorschriften, S. 175 - 178; SELCHERT, F.W.: Bindung, S. 2314.

3) Vgl. LEFFSON, U.: Die GoB, S. 52 f.; MOXTER, A.: Bilanzlehre, S. 26 f.

4) Vgl. MOXTER, A.: Bilanzlehre, S. 26 f.; MAUL, K.-H.: Offene Probleme, S. 728.

Die Bilanz kann jedoch nur bedingt Informationen über die Zahlungsfähigkeit der Unternehmung vermitteln und stellt allenfalls ein Hilfsmittel zur Beurteilung der finanziellen Lage dar, wo andere Informationsquellen, z.B. Finanzpläne, fehlen (vgl. MOXTER, A.: Bilanzlehre, S. 223 - 226).

chen Handelns indizieren.[1] In ähnlicher Weise wird der Informationszweck des Jahresabschlusses auch durch die Generalnorm kodifiziert, denn nach § 149 Abs. 1 Satz 2 AktG muß der Jahresabschluß - im Rahmen der Bewertungsvorschriften - einen möglichst sicheren Einblick in die Vermögens- und Ertragslage geben. Die Allgemeingültigkeit dieser Forderung wird auch in der Literatur betont.[2]

Der Gesetzgeber kodifizierte in den §§ 38 - 47a HGB im Interesse des Gläubigerschutzes die Pflicht zur Führung von Handelsbüchern, denen auch die Bilanzen zugerechnet werden.[3] Die formale Seite der Bilanzziehung ist für den Gläubigerschutz insofern bedeutungsvoll, weil das Zahlenwerk der Buchführung und des Inventars in der Bilanz gespeichert und gegen nachträgliche Manipulationen abgesichert wird. Diese Dokumentationsfunktion der Bilanz dient zugleich der Sicherung des Rechtsverkehrs und dem Gläubigerschutz. Seit den Anfängen des Handelsrechts wurde die Pflicht des Kaufmanns zur Information über seine Vermögenslage im Interesse des Gläubigerschutzes gesehen, denn ein ehrbarer Kaufmann geht keine Kreditverpflichtungen ein, wenn er sich über seine Schuldendeckungsmöglichkeiten nicht im klaren ist. Kommt der Kaufmann seiner Pflicht zur Selbstinformation über seine Lage nicht nach, wird er bei Zahlungseinstellung oder Konkurseröffnung bereits im Fall des einfachen Bankrotts bestraft (§ 240 Abs. 1 Nr. 3 und 4 KO). Ferner dienen die Han-

---

[1] Vgl. MOXTER, A.: Bilanzlehre, S. 245 - 248.
[2] Vgl. SELCHERT, F.W.: Bindung, S. 2314; SCHLEGELBERGER: Kommentar zum HGB, 5. Aufl., § 39 Anm. 6.
[3] Vgl. die Quellenangaben auf S. 70 - 81 der Arbeit; ferner GNAM, A.: Die handelsrechtlichen Grundlagen, S. 581 - 584 m.w.Lit.

Eine grundlegende Untersuchung zum Gläubigerschutz bei unterschiedlichen Rechtsformen ist zu finden bei CHRISTOFFERS, R.: Die aktienrechtlichen, S. 32 - 52 m.w.Lit.

delsbücher und Bilanzen im Konkursfall zur Aufdeckung gläubigerschädigenden Verhaltens (§§ 239 - 242 KO)[1] und zur Wahrnehmung von Anfechtungsrechten (§§ 29 - 32 KO), um bestimmte Dispositionen des Gemeinschuldners wieder rückgängig zu machen.[2] Die konkursrechtlichen Vorschriften mit ihren Sanktionen stärken in eindeutiger Weise den Gläubigerschutz und sollen bewirken, daß der Kaufmann seiner Informationspflicht in seinem Interesse und dem seiner Gläubiger nachkommt.

Zusammenfassend lassen sich zwei handelsrechtliche Bilanzzwecke feststellen, nämlich der Dokumentationszweck und der Informationszweck, d.h. die Pflicht des Kaufmanns, sich über seine Vermögens- und Ertragslage zu informieren. Beide Zwecke resultieren aus dem Gläubigerschutzgedanken, der den handelsrechtlichen Vorschriften zugrunde liegt. Der Dokumentationszweck liegt, wegen der Beweisfunktion der Handelsbücher in einem Rechtsstreit,[3] auch im eigenen Interesse des Kaufmanns. Soweit die GoB aus der Natur der Sache, d.h. aus den Bilanzzwecken des HGB abgeleitet werden, basiert ihre teleologische Ermittlung stets auf diesen beiden gesetzlichen Bilanzzwecken, die Ausfluß des Gläubigerschutzgedankens sind. Ferner dienen die handelsrechtlichen Bilanzzwecke als Maßstab, an dem die Ordnungsmäßigkeit bestehender Handelsbräuche oder Verkehrsauffassungen zu überprüfen ist. Denn als GoB können nur Handelsbräuche und Verkehrsauffassungen angesehen werden, die zur Verwirklichung der Bilanzzwecke beitragen.

---

1) Vgl. ESCHRICH, A.: Bilanzierung, S. 27 f.
2) Vgl. ebenda, S. 5 - 18.
3) Vgl. KRUSE, H.W.: GoB, S. 199 - 201.

2.2. Die Bedeutung der Generalnorm für die Anwendung der aktienrechtlichen Rechnungslegungsvorschriften

2.2.1. Gesetzgeberische Motive zur Reform des Aktiengesetzes von 1965

Seit dem preußischen Gesetz über Aktiengesellschaften vom 9.11.1843 durchzieht der Gläubigerschutzgedanke das Aktienrecht.[1] Das verstärkte öffentliche Interesse an der Information über die Vermögens- und Ertragslage der Aktiengesellschaften ist in der beschränkten Haftung und volkswirtschaftlichen Bedeutung dieser Unternehmensform zu sehen. Während bei Einzelunternehmungen und Personenhandelsgesellschaften nicht nur das betriebliche Vermögen zur Befriedigung der Gläubiger zur Verfügung steht, sondern auch das Privatvermögen des Einzelunternehmers und der persönlich haftenden Gesellschafter, ist die Haftung bei Aktiengesellschaften auf das Vermögen der juristischen Person beschränkt (§ 1 Abs. 1 Satz 2 AktG).

Wegen dieser besonderen Stellung der AG fanden zahlreiche Rechnungslegungsvorschriften bereits sehr früh Eingang in das Aktienrecht, um eine gläubigerschädigende Verminderung des Haftungspotentials zu unterbinden. Am eigentlichen Beginn des heutigen Bilanzrechts stand die Aktienrechtsnovelle vom 18.7.1884, welche insbesondere darauf ausgerichtet war, das Grundkapital zu erhalten. Dazu diente u.a., daß die Bewertung der Vermögensgegenstände über die Anschaffungs- oder Herstellungskosten hinaus ausgeschlossen wurde, um die Ausschüttung nicht realisierter Gewinne zu verhindern.[2] Spätere Gesetzesänderungen und die Reform des Aktienrechts von 1965 änderten diese grundlegenden Züge des Gläubigerschutzes nicht.[3]

---

1) Vgl. GESSLER, E.: Der Bedeutungswandel, S. 131 - 154; CHRISTOFFERS, R.: Die aktienrechtlichen, S. 32 - 52.
2) Vgl. GESSLER, E.: Der Bedeutungswandel, S. 131 - 154.
3) Vgl. ebenda, S. 154.

Das 1884 für Aktiengesellschaften eingeführte Anschaffungswertprinzip war als Höchstwertprinzip ausgestaltet worden, d.h. die Vermögensgegenstände durften höchstens zu den Anschaffungs- oder Herstellungskosten angesetzt werden. Nicht kodifiziert war bis zum Aktienrecht 1965, mit welchem Wert die Vermögensgegenstände mindestens anzusetzen sind, so daß sich im Laufe der Zeit - als Folge eines falschen Gläubigerschutzverständnisses - der Brauch entwickelte, den Gewinn durch Bildung stiller Reserven möglichst vorsichtig zu ermitteln.[1] Das Reichsgericht[2] hielt in seiner Entscheidung vom 11.2.1927 die Legung stiller Reserven durch Unterbewertung insoweit für zulässig, "als sie nach gewissenhafter, sorgfältiger kaufmännischer Abwägung aller Verhältnisse notwendig sind, um das Unternehmen für die nächste Zukunft, d.h. etwa für die nächsten 2 Jahre, lebens- und widerstandsfähig zu erhalten". Unberücksichtigt blieb die Tatsache, daß die Bildung und spätere Auflösung von stillen Reserven die Vermögens- und Ertragslage einer Gesellschaft verschleiert und somit zu einer erheblichen Schädigung der Gläubiger und Aktionäre führen kann.

Unvereinbar sind stille Reserven auch mit dem Interesse der Aktionäre an einer möglichst umfassenden Unterrichtung über die wirtschaftliche Lage der Unternehmung, als deren "wirtschaftliche Eigentümer" sie nach der Begründung zum

---

1) Vgl. Begr. Reg. E. zit. nach KROPFF, B.: Aktiengesetz, Textausgabe, S. 237 f.; Ausschußbericht, ebenda, S. 239 f.; BARTKE, G.: Das neue Bewertungsrecht, S. 301 m.w.Lit.; GESSLER, E.: Der Bedeutungswandel, S. 133 - 156; FORSTER, K.-H.: Vom Gläubigerschutz, S. 424.

2) RGZ vom 11.2.1927, Bd. 116, S. 133; vgl. SAAGE, G.: GOB, S. 3 m.w.Lit.; ADS: Rechnungslegung, 3. Aufl., § 133 Tz. 9 - 13 m.w.Lit.

Regierungsentwurf[1] anzusehen sind. Ihnen gegenüber haben Vorstand und Aufsichtsrat Rechenschaft abzulegen, da sie fremdes Vermögen verwalten.[2] Zur Erfüllung der Rechenschaftslegung hat der Vorstand für jedes Geschäftsjahr einen Jahresabschluß sowie einen Geschäftsbericht aufzustellen (§ 148 AktG). Die Beeinflussung des Gewinnausweises durch Legung stiller Reserven ist mit der Natur des aktienrechtlichen Jahresabschlusses, Instrument der Rechnungslegung zu sein, unvereinbar.[3] Sie erschwert den Aktionären den Einblick in die Lage der Gesellschaft und damit die Beurteilung der Verwaltung. Dadurch wird aber das gute Funktionieren des Aktienrechts eingeschränkt und der Fortbestand der sich selbst verwaltenden AG gefährdet.[4]

Deshalb stellte die Verbesserung der Rechnungslegung durch weitgehende Einschränkung der stillen Reserven "das wichtigste Anliegen der Aktienrechtsreform"[5] und "das Hauptproblem des Gesetzes dar".[6] Die wesentliche Verbesserung der Rechnungslegung bildet ferner die Voraussetzung

---

1) Vgl. Begr. Reg. E. zit. nach KROPFF, B.: Aktiengesetz, Textausgabe, S. 216.

Im Verlauf der parlamentarischen Beratungen wurde die Verwendung des Begriffs "wirtschaftliche Eigentümer" in diesem Zusammenhang ausdrücklich abgelehnt, denn die Aktionäre haben "weder ein formales Eigentumsrecht noch irgendein Verfügungsrecht" über die Sachen der AG (Abgeordneter DEIST, in: Stenographische Berichte über die 17. Sitzung des Deutschen Bundestages, Bd. 50, S. 589; vgl. ferner S. 106 der Arbeit zum Begriff des wirtschaftlichen Eigentums).

2) Vgl. Begr. Reg. E. zit. nach KROPFF, B.: Aktiengesetz, Textausgabe, S. 216.

3) Vgl. Ausschußbericht zit. nach KROPFF, B.: Aktiengesetz, Textausgabe, S. 239.

4) Vgl. ebenda.

5) So die ausdrückliche Ansicht vieler Ausschußmitglieder zit. nach KROPFF, B.: Aktiengesetz, Textausgabe, S. 239.

6) Abgeordneter WILHELMI, in: Stenographische Berichte über die 187. Sitzung des Deutschen Bundestages, Bd. 59, S. 9404.

zur Verwirklichung der gesellschafts- und wirtschaftspolitischen Zielsetzungen des Reformwerkes, nämlich Wiederbelebung der Aktie als Finanzierungsmittel[1] und Erlangung einer breiten Streuung des Aktienbesitzes.[2]

Zentrales Anliegen der Reform des Aktienrechts von 1965 bildete somit die Verbesserung der Rechenschaftslegung durch die Verwaltung. Hierfür bedurfte es einer grundlegenden Veränderung des bisherigen Bewertungsrechts. Durch die neue Bewertungskonzeption sollte der Jahresabschluß in Verbindung mit dem Geschäftsbericht den Aktionären, den Gläubigern und der sonstigen Öffentlichkeit einen möglichst sicheren Einblick in die Vermögens- und Ertragslage der Gesellschaft gewähren.[3] Die Verbesserung der Rechnungslegungsvorschriften sollte erstmals auch die Interessen der Aktionäre gebührend berücksichtigen, so daß nunmehr Aktionärsschutz und Gläubigerschutz als gleichwertige Prinzipien für die Aktiengesellschaft anzusehen sind.[4]

---

1) Vgl. Bundesminister SCHMÜCKER, in: Stenographische Berichte über die 187. Sitzung des Deutschen Bundestages, Bd. 59, S. 9414.

2) Vgl. ebenda; ferner Ausschußbericht zit. nach KROPFF, B.: Aktiengesetz, Textausgabe, S. 234.

3) Vgl. Ausschußbericht zit. nach KROPFF, B.: Aktiengesetz, Textausgabe, S. 239 f.; GESSLER, E.: Der Bedeutungswandel, S. 153 - 155.

4) Vgl. FORSTER, K.-H.: Vom Gläubigerschutz, S. 426 f.; GESSLER, E.: Der Bedeutungswandel, S. 159; BARTKE, G.: Das neue Bewertungsrecht, S. 302; DÖLLERER, G.: Gläubigerschutz, S. 630 - 633.

2.2.2. Aktienrechtliche Bilanzzwecke als Ausfluß des Aktionärs- und Gläubigerschutzes

2.2.2.1. Konkretisierung des Aktionärsschutzes

Als einer der Zwecke der einzelkaufmännischen Bilanz wurde die Pflicht des Kaufmanns zur Selbstinformation über seine Vermögens- und Ertragslage ermittelt. Die Informationspflicht richtet sich an den Einzelkaufmann selbst, denn er ist den Gläubigern gegenüber nicht zur Rechnungslegung verpflichtet. Erst im Konkursverfahren hat der Konkursverwalter das Recht zur Einsichtnahme in die Handelsbücher, aus denen er ein Inventar und die Bilanz zur Einsichtnahme für die beteiligten Gläubiger erstellt (§§ 122 bis 124 KO). Demgegenüber wird der aktienrechtliche Jahresabschluß in den Gesellschaftsblättern veröffentlicht (§ 177 Abs. 2 i.Verb.m. § 178 Abs. 1 Nr. 1 und 2 AktG) und zum Handelsregister eingereicht (§ 177 Abs. 1 AktG). Er richtet sich an die verschiedenen Adressatengruppen, z.B. Anteilseigner, Gläubiger, Betriebsangehörige und die sonstige Öffentlichkeit.[1] Die Informationsfunktion des Jahresabschlusses soll jedoch - neben der Berücksichtigung der öffentlichen Interessen - insbesondere dem Schutz der Aktionäre und Gläubiger dienen.[2] Die Selbstinformationspflicht der Verwaltung gilt daneben als allgemeiner handelsrechtlicher Bilanzzweck auch für Aktiengesellschaften.

Für den Aktionär verbinden sich mit dem Aktienerwerb bestimmte mitgliedschaftliche Rechte und Pflichten. Zu den Pflichten gehört im wesentlichen die Leistung der Kapitaleinlage.[3] Die Mitgliedschaftsrechte lassen sich nach ihrem

---

1) Vgl. BARTKE, G.: Rechnungslegung, S. 71 - 73 m.w.Lit.
2) Vgl. ebenda, S. 73 - 90 m.w.Lit.
3) Vgl. HUECK, A.: Gesellschaftsrecht, S. 188 - 191; WÜRDINGER, H.: Aktien- und Konzernrecht, S. 42 f., 59 - 63.

Inhalt einteilen in M i t v e r w a l t u n g s r e c h t e :[1]

1. Teilnahme an der Hauptversammlung (§ 118 AktG),
2. Auskunftsrecht (§ 131 AktG),
3. Antrags- und Vorschlagsrechte (§§ 126 f., 137 AktG),
4. Stimmrecht (§§ 12, 133 - 137 AktG),
5. Anfechtungsrecht (§ 245 AktG);

und V e r m ö g e n s r e c h t e :[2]

1. Recht auf Gewinn, Dividende (§ 58 Abs. 4 AktG),
2. Recht auf Liquidationserlös (§ 271 AktG),
3. Bezugsrecht des Aktionärs (§§ 186, 221 Abs. 3 AktG).

Das Recht der Aktionäre auf ihren Gewinnanteil - Anspruch auf Bilanzgewinn - stellt das bedeutendste Vermögensrecht dar und ist nicht zuletzt deshalb in gesetzlicher und ggf. statutarischer Weise geregelt.[3] Ausgangsgrundlage zur Gewinnverwendung bildet der ermittelte Jahresüberschuß oder -fehlbetrag, der als Differenz von Erträgen und Aufwendungen innerhalb der Gewinn- und Verlustrechnung ermittelt wird

---

1) Vgl. BUSSERT, R.: Handels- und Gesellschaftsrecht, S. 214 f.; HUECK, A.: Gesellschaftsrecht, S. 185; WÜRDINGER, H.: Aktien- und Konzernrecht, S. 44 f.

2) Vgl. BUSSERT, R.: Handels- und Gesellschaftsrecht, S. 214 f.; HUECK, A.: Gesellschaftsrecht, S. 185 - 188; WÜRDINGER, H.: Aktien- und Konzernrecht, S. 43 f.

   HUECK und BUSSERT erwähnen das Bezugsrecht des Aktionärs nicht, während es von WÜRDINGER (vgl. ebenda) und GUTENBERG (vgl. GUTENBERG, E.: Die Finanzen, S. 149) als Mitgliedschaftsrecht angesehen wird.

3) Normung und Entindividualisierung sämtlicher Mitgliedschaftsrechte betrachtet GUTENBERG als Ursache für den unvergleichlich hohen Anteil der großen Aktiengesellschaften am organisierten, gesamtwirtschaftlichen Kapitalangebot (vgl. GUTENBERG, E.: Die Finanzen, S. 147 m.w.Lit.).

(§ 157 Abs. 1 Nr. 28 AktG).[1] Unabhängig davon, ob die Verwaltung oder die Hauptversammlung den Jahresabschluß feststellt, muß zunächst die gesetzliche Rücklage aus dem Jahresüberschuß dotiert werden, soweit Gesetz und Satzung es erfordern (§ 150 Abs. 2 Nr. 1 AktG). Für den Fall, daß die Hauptversammlung den Jahresabschluß feststellt, kann die Satzung bestimmen, "daß Beträge aus dem Jahresüberschuß in freie Rücklagen einzustellen sind" (§ 58 Abs. 1 Satz 1 AktG). Dieser Betrag darf die Hälfte des Jahresüberschusses, vermindert um die Einstellung in die gesetzliche Rücklage und einen vorhandenen Verlustvortrag, nicht überschreiten (§ 58 Abs. 1 Satz 2 und 3 AktG). Der verbleibende Teil des Jahresüberschusses unterliegt dem Hauptversammlungsbeschluß über die Verwendung des Bilanzgewinns.

In der Regel stellen Vorstand und Aufsichtsrat den Jahresabschluß fest, wobei sie höchstens die Hälfte des Jahresüberschusses den freien Rücklagen zuführen können (§ 58 Abs. 2 Satz 1 AktG). Aufgrund einer entsprechenden Satzungsbestimmung können sie die Einbehaltung von über 50 % des Jahresüberschusses vornehmen, falls die freien Rücklagen nicht die Hälfte des Grundkapitals überschreiten (§ 58 Abs. 2 Satz 2 und 3 AktG). Zur Ermittlung der Berechnungsgrundlage haben Vorstand und Aufsichtsrat stets vom Jahresüberschuß die Einstellung in die gesetzliche Rücklage und einen Verlustvortrag vorweg abzusetzen (§ 58 Abs. 2 Satz 4 AktG). Der restliche Teil des Jahresüberschusses wird Bestandteil des Bilanzgewinns. Im Rahmen der Feststellung des

---

1) Vom Jahresergebnis wird gem. § 157 Abs. 1 Nr. 28 - 32 AktG wie folgt zum Bilanzgewinn bzw. Bilanzverlust übergeleitet:

Jahresüberschuß / Jahresfehlbetrag

+ Gewinnvortrag / ./. Verlustvortrag aus dem Vorjahr

+ Entnahmen aus offenen Rücklagen

./. Einstellungen aus dem Jahresüberschuß in offene Rücklagen

Bilanzgewinn / Bilanzverlust

Jahresabschlusses können die jeweiligen Organe (Hauptversammlung oder Verwaltung) den Bilanzgewinn gegebenenfalls durch Entnahme aus den offenen Rücklagen erhöhen, um beispielsweise eine konstante Dividende in Zeiten schlechter Ertragslage zu sichern.

Nachdem der Jahresabschluß festgestellt ist, beschließt die Hauptversammlung über die Verwendung des Bilanzgewinns (§§ 58 Abs. 3, 174 AktG). Die Aktionäre haben Anspruch auf den Bilanzgewinn, soweit er nicht gesetzlich, satzungsmäßig u.a. von der Verteilung an sie ausgeschlossen ist (§ 58 Abs. 4 AktG). Die Hauptversammlung darf den Bilanzgewinn in Form einer Dividende ausschütten oder im Unternehmen belassen (Erhöhung der offenen Rücklagen, Gewinnvortrag). Falls nicht eine Mindestdividende von 4 % an die Aktionäre ausgeschüttet wird, kann der Beschluß über die Bilanzgewinnverwendung in den Grenzen des § 254 AktG von Minderheitsaktionären angefochten werden.

Normalerweise unterliegt somit die eine Hälfte des Jahresüberschusses der Verfügungsgewalt von Vorstand und Aufsichtsrat und der verbleibende Teil fällt in die Kompetenz der Hauptversammlung, in der über die Verwendung des Bilanzgewinns beschlossen wird.[1] Nach Ansicht der Ausschüsse[2] soll die Verwaltung autonom über einen Teil des Jahresüberschusses entscheiden, damit sie im Interesse der Sicherung

---

[1] Gem. § 131 Abs. 2 AktG 1937 hatte die Verwaltung bereits mit der Aufstellung und Feststellung des Jahresabschlusses die Einstellungen in die offenen Rücklagen vorzunehmen. Die notwendige Höhe der Beträge bestimmte sie nach freiem Ermessen, und die Hauptversammlung entschied über den noch verbleibenden "Reingewinn". Damit konnte die Verwaltung das Gewinnrecht der Aktionäre ohne Befragen der Hauptversammlung stark beschneiden. Die Beseitigung dieser unbefriedigenden Regelung führte zur Aufteilung der Kompetenz über die Verwendung des Jahresüberschusses (vgl. Ausschußbericht zit. nach KROPFF, B.: Aktiengesetz, Textausgabe, S. 76 f.).

[2] Vgl. Ausschußbericht zit. nach KROPFF, B.: Aktiengesetz, Textausgabe, S. 76 f.

des Unternehmens und seiner Gläubiger die notwendige Rücklagendotierung vornehmen kann. Der verbleibende Teil des Jahresüberschusses steht der Hauptversammlung zur Verfügung und kann von ihr, je nach Interessenlage, ausgeschüttet oder thesauriert werden.

Aus der Sicht der Aktionäre wird ihr Dividendenrecht - MOXTER[1] spricht von der Mindestausschüttungsregel - durch die aktienrechtlichen Vorschriften zur Verhinderung von Unterbewertungen, die Vorschriften zur Gewinnverwendung und das Anfechtungsrecht des Gewinnverwendungsbeschlusses der Hauptversammlung gesichert.[2] Nach altem Aktienrecht wurde die Legung stiller Reserven für zulässig gehalten, "sofern derartige Unterbewertungen nicht willkürlich und böswillig, ohne Rücksicht auf das Recht der Aktionäre auf eine angemessene Dividende, erfolgten".[3] Unterbewertungen durften nach reichsgerichtlicher Rechtsprechung stets vorgenommen werden, um die wirtschaftlichen Grundlagen des Unternehmens für die nächste Zukunft zu stärken.[4] Damit konnte der Vorstand einer Aktiengesellschaft das Dividendenrecht der Aktionäre in erheblicher Weise aushöhlen, weil den Aktionären die notwendige Beurteilungsmöglichkeit für die stille und wirtschaftlich gerechtfertigte Rücklagenbildung fehlte. Die Aufhebung der bisher geübten Unterbewertungspraxis durch das neue Bewertungssystem des Aktienrechts[5] und die Verlagerung der bestandserhaltenden Maßnahmen aus dem Gewinnermittlungs- in den Gewinnverwendungsbereich stärken eindeutig das Recht der Aktionäre auf ihren Gewinnanteil. Auch die Strafvorschriften über unrichtige oder verschleierte Darstellungen des Vermögensstandes

---

1) Vgl. MOXTER, A.: Bilanzlehre, S. 56.
2) Vgl. ebenda.
3) ADS: Rechnungslegung, 3. Aufl., § 133 Tz. 10.
4) Vgl. RGZ vom 11.2.1927, Bd. 116, S. 133.
5) Vgl. Ausschußbericht zit. nach KROPFF, B.: Aktiengesetz, Textausgabe, S. 239 f.

durch Mitglieder der Verwaltung (§ 400 Nr. 1 AktG), das
Recht der Aktionäre bei Annahme wesentlicher Unterbewertung
eine Sonderprüfung zu beantragen (§ 258 AktG) und die Vorschriften über die Nichtigkeit des Jahresabschlusses bei
Verstößen gegen die Bewertungsvorschriften sind in diesen
Zusammenhang zu stellen. Nichtig ist der Jahresabschluß
u.a., wenn "Posten unterbewertet sind und dadurch die Vermögens- und Ertragslage der Gesellschaft vorsätzlich unrichtig wiedergegeben oder verschleiert wird" (§ 256 Abs. 5
Satz 1 Nr. 2 AktG).

Die Gewinnverwendungskompetenz von Vorstand und Aufsichtsrat erstreckt sich grundsätzlich auf eine Hälfte des
Jahresüberschusses, jedoch kann mit entsprechender Satzungsermächtigung der vollständige Jahresüberschuß im Unternehmen thesauriert werden, wenn die freien Rücklagen nicht die
Hälfte des Grundkapitals erreichen (§ 58 Abs. 2 Satz 2 und
3 AktG). Über die entsprechende Satzungsänderung beschließt
die Hauptversammlung mit qualifizierter Mehrheit (§ 179
Abs. 1 und 2 AktG). Soweit bestimmte Aktionärsgruppen, z.B.
die Anlageaktionäre, an der Ausschüttung von Dividenden besonders interessiert sind, würde die vollständige Gewinnthesaurierung ihren Dividendeninteressen zuwiderlaufen. Nach
den gesetzgeberischen Intensionen soll die satzungsmäßige
Ermächtigung zur erhöhten Gewinneinbehaltung es insbesondere neu gegründeten Gesellschaften ermöglichen, "der Rücklagenbildung zunächst den Vorrang vor der Gewinnausschüttung
einzuräumen".[1] Es ist aber nicht auszuschließen, daß eine
bestehende Satzungsermächtigung in Verbindung mit späteren
Kapitalerhöhungen aus Gesellschaftsmitteln den Zeitraum der
erhöhten Gewinnthesaurierung über die vom Gesetzgeber beabsichtigte Gründungsphase hinaus verlängert.

Enthält die Satzung keine besonderen Vorschriften zur Ge-

---

1) Ausschußbericht zit. nach KROPFF, B.: Aktiengesetz, Textausgabe, S. 77.

winnverwendung, beschließt die Hauptversammlung mit einfacher Stimmenmehrheit (§ 133 Abs. 1 AktG) über einen Bilanzgewinn, der in der Regel die Hälfte des Jahresüberschusses beträgt. Um den Minderheitenschutz der Aktionäre vor einer "Aushungerung" durch vollständige Einstellung des Bilanzgewinns in die offenen Rücklagen zu erreichen, sieht das AktG unter bestimmten Bedingungen die "Anfechtung des Beschlusses über die Verwendung des Bilanzgewinns" (§ 254 AktG) vor, wenn keine Dividende von mindestens 4 % ausgeschüttet wird.[1] Das durch § 254 AktG geregelte Anfechtungsrecht sichert dem Aktionär nur eine geringe Mindestdividende und ermöglicht dem Großaktionär durch Ausschüttung der Mindestdividende eine seinen Interessen entsprechende Rücklagenpolitik.[2]

Das Interesse der Anlageaktionäre an einer angemessenen Dividende ist auch nach dem AktG von 1965 bei entsprechender Aktionärsstruktur nur unzureichend gesichert. Nicht zuletzt deshalb gewinnt die willkürfreie Rechnungslegung durch die Verwaltung an besonderer Bedeutung für die Aktionäre, denn die Information über die den Tatsachen entsprechende Vermögens- und Ertragslage der Gesellschaft stellt den wesentlichen Anhaltspunkt zur Beurteilung des Wertes ihrer Aktien dar.[3] Wäre die Information über die tatsächliche Lage des Unternehmens nicht gegeben, müßten die Aktionäre befürchten, "daß besser unterrichtete 'Insider' ihre besonderen Kenntnisse zu Lasten der Kleinaktionäre ausnutzen".[4] Der Jahresabschluß kann naturgemäß Informationen über die Vermögens- und Ertragslage nur insoweit vermitteln, wie die aktienrechtlichen Rechnungslegungsbestimmungen dies zulassen.

---

1) Vgl. Begr. Reg. E. zit. nach KROPFF, B.: Aktiengesetz, Textausgabe, S. 340.
2) Vgl. ebenda.
3) Vgl. Ausschußbericht zit. nach KROPFF, B.: Aktiengesetz, Textausgabe, S. 239.
4) Ebenda.

Der Informationszweck der aktienrechtlichen Bilanz, im Rahmen der Bewertungsvorschriften einen möglichst sicheren Einblick in die Vermögens- und Ertragslage der Gesellschaft zu geben, wird in der Generalnorm des § 149 Abs. 1 Satz 2 AktG ausdrücklich hervorgehoben.[1] Dieser Bilanzzweck ist Ausfluß des Aktionärsschutzprinzips. Ihm kommt daher für die Anwendung der Rechnungslegungsvorschriften erhebliche Bedeutung zu.

Neben dem Recht des Aktionärs auf seinen Gewinnanteil gilt es, das Stimmrecht zu betrachten. Es stellt, bemerkt WÜRDINGER,[2] das wichtigste Verwaltungsrecht des Aktionärs dar. Um eine sachgemäße Urteilsbildung zu den einzelnen Tagesordnungspunkten einer Hauptversammlung zu ermöglichen,[3] werden dem Aktionär gemäß Aktienrecht bestimmte Informationen vermittelt, z.B. durch Jahresabschluß, Geschäftsbericht, Bericht des Aufsichtsrats, Vorschlag des Vorstands zur Verwendung des Bilanzgewinns und durch Ausübung des Auskunfts-

---

1) Vgl. MOXTER, A.: Bilanzlehre, S. 57; SELCHERT, F.W.: Bindung, S. 2314; LEFFSON, U.: Erkenntniswert, S. 5 f.; MELLEROWICZ, K.: in Großkommentar AktG, 3. Aufl., § 149 Anm. 65.
2) Vgl. WÜRDINGER, H.: Aktien- und Konzernrecht, S. 44.
3) Die Zuständigkeit der Hauptversammlung erstreckt sich gem. § 119 AktG vor allem auf:
   1. Bestellung des Aufsichtsrats (§ 101 AktG),
   2. Verwendung des Bilanzgewinns (§ 174 AktG),
   3. Entlastung der Vorstands- und Aufsichtsratsmitglieder (§ 120 AktG),
   4. Bestellung der Abschlußprüfer (§ 163 AktG),
   5. Satzungsänderungen (§ 179 AktG),
   6. Maßnahmen der Kapitalerhöhung und -herabsetzungen (§§ 182, 192, 202 Abs. 2, 207, 222, 229 AktG),
   7. Bestellung von Sonderprüfern zur Prüfung von Vorgängen bei der Gründung und Geschäftsführung (§ 142 AktG),
   8. Auflösung der Gesellschaft (§ 262 AktG),
   9. Fragen der Geschäftsführung, wenn der Vorstand es verlangt.

   (Vgl. hierzu HUECK, A.: Gesellschaftsrecht, S. 164 f.; WÜRDINGER, H.: Aktien- und Konzernrecht, S. 124 - 126).

rechts in der Hauptversammlung. Der hier betrachtete Jahresabschluß liefert mit seiner Information über die Vermögens- und Ertragslage insbesondere Kriterien, die für die Stimmrechtsausübung in Fragen der Verwendung des Bilanzgewinns, Maßnahmen der Kapitalerhöhung oder Entlastung der Verwaltung von Bedeutung sind. Mit dem Entlastungsbeschluß bezeugt die Hauptversammlung den einzelnen Mitgliedern ihr Vertrauen und ihre Billigung über die geleistete Arbeit, die sich u.a. im erwirtschafteten Periodenerfolg manifestiert. Fragen der Bilanzgewinnverwendung und Kapitalerhöhung müssen im Zusammenhang mit den finanziellen Interessen[1] des jeweiligen Aktionärs gesehen werden. Sie lassen sich hier auf die Entscheidung reduzieren, ob dem Unternehmen weiteres Kapital im Wege der Innen- oder Außenfinanzierung zugeführt werden soll, oder ob der Aktionär die ausgeschütteten Dividenden zu Konsumzwecken verwendet oder in unternehmensexterne Bereiche investiert.[2] Auch die Entscheidung über Erwerb oder Veräußerung von Aktien kann wesentlich von den Informationen über die Vermögens- und Ertragsverhältnisse beeinflußt werden.[3]

2.2.2.2. Konkretisierung des Gläubigerschutzes

Die Ausgestaltung des Gläubigerschutzes bei Aktiengesellschaften beginnt - ebenso wie beim Einzelkaufmann - mit der

---

1) Als finanzielle Zielvorstellung betrachtet MOXTER die Optimierung eines zur Deckung von Konsumausgaben zufließenden Zahlungsstromes und zwar in zeitlicher, betragsmäßiger und risikoentsprechender Weise (vgl. MOXTER, A.: Die Grundsätze, S. 38).

Ähnlich sieht COENENBERG die finanziellen Zielvorstellungen aktueller und potentieller Anteilseigner auf Erzielung eines ihren Präferenzen entsprechenden Einkommensstromes ausgerichtet, der aus Ausschüttungen und Vermögensmehrungen resultiert (vgl. COENENBERG, A.G.: Jahresabschluß, S. 425).

2) Kritisch hierzu MOXTER, A.: Die Grundsätze, S. 37 - 51.

3) Vgl. Ausschußbericht zit. nach KROPFF, B.: Aktiengesetz, Textausgabe, S. 239.

Pflicht des Vorstands zur Führung von Handelsbüchern (§ 91 AktG i.Verb.m. §§ 38 - 47a HGB) und der Erstellung des Jahresabschlusses (§ 148 AktG); zusätzlich muß der Vorstand noch einen Geschäftsbericht aufstellen (§ 148). Während beim Einzelkaufmann die Verletzung der Buchführungspflicht erst im Konkursfall zu Sanktionen führt, werden die Mitglieder des Vorstands einer Aktiengesellschaft darüber hinaus vom Registergericht durch Ordnungsstrafen zur Erstellung des Jahresabschlusses und Geschäftsberichts angehalten (§ 407 Abs. 1 AktG).

Die Selbstinformationspflicht des Vorstands bezweckt - ebenso wie beim Einzelkaufmann - die Information über die Vermögens- und Ertragslage der Gesellschaft. Dazu gehört u.a. eine Globalinformation über die Schuldendeckungsmöglichkeiten der Gesellschaft, um den Eintritt eines Konkursverfahrens nach Möglichkeit zu verhindern. Wird die Gesellschaft dennoch zahlungsunfähig oder deckt das Vermögen nicht mehr die Schulden (Überschuldung),[1] so hat der Vorstand die Eröffnung des Konkursverfahrens oder des gerichtlichen Vergleichsverfahrens zu beantragen (§ 92 Abs. 2 AktG). Stellt er den entsprechenden Eröffnungsantrag nicht, wird er bestraft (§ 401 AktG). Diese Vorschriften und die Selbstinformationspflicht des Vorstandes, die unter anderem die Schuldendeckungsmöglichkeiten betrifft, weisen darauf hin, daß der aktienrechtliche Jahresabschluß - wie auch die Handelsbilanz des Einzelkaufmanns -, eine gewisse Konkursorientierung zeigen. Auch die Dokumentationsfunktion der gesamten Handelsbücher ist für die Konkursabwicklung von Bedeutung und liegt daher im Interesse der Gläubiger.

Hierin liegt aber nicht die einzige gläubigerschützende Wirkung der aktienrechtlichen Rechnungslegung, denn die Ver-

---

[1] Im AktG befinden sich keine Vorschriften zur Feststellung einer Überschuldung. Nach überwiegender Ansicht gelten für diesen Fall jedoch nicht die Bewertungsvorschriften der §§ 153 - 156 AktG (vgl. WP-HANDBUCH 1973, S. 1496 - 1498 m.w.Lit.).

öffentlichung des Jahresabschlusses bietet dem Gläubiger auch Anhaltspunkte zur Beurteilung der Kreditwürdigkeit des Unternehmens. Allgemein hängt die Kredithingabe von der Besicherung des Kredites und den Rentabilitätschancen, der Kapitalstruktur und der Geschäftsentwicklung des Unternehmens ab.[1] Gute Sicherheiten können die übrigen Faktoren einer Kreditwürdigkeitsbeurteilung stark in den Hintergrund drängen, sie bleiben aber als Beurteilungskriterien grundsätzlich erhalten. Insofern gewinnt die Information über die Lage des Unternehmens ihre mehr oder weniger große Bedeutung. Dabei darf nicht übersehen werden, daß der Jahresabschluß nicht die zukünftige Unternehmensentwicklung zeigt, jedoch vermitteln seine Informationen im Vergleich mit vorhergehenden Jahresabschlüssen und im Vergleich mit branchenverwandten Gesellschaften wertvolle Kennziffern zur globalen Beurteilung der Kreditwürdigkeit. Zusätzliche Informationen liefert der Geschäftsbericht.

Für den Gläubigerschutz ist von erheblicher Bedeutung, daß der Gesetzgeber die "Erhaltung eines Mindesthaftungsvermögens" sicherstellen will, weil die Haftung der Aktiengesellschaften auf das Vermögen der Gesellschaft beschränkt ist und das Vermögen der Aktionäre dem Gläubigerzugriff versperrt bleibt.[2] Erreicht wird die Vermögensbindung der AG namentlich durch Vorschriften über die Aufbringung und Erhaltung des Grundkapitals und das Anschaffungswertprinzip. Der Mindestnennbetrag des Grundkapitals beträgt DM 100.000,-- (§ 7 AktG), wobei die Aktionäre zur Leistung der Einlage oder des höheren Ausgabebetrages verpflichtet sind (§§ 54, 66 AktG). Die Vermögensbindung in Höhe des Grundkapitals er-

---

1) Vgl. GUTENBERG, E.: Die Finanzen, S. 193 - 208, insbesondere S. 198 f.
2) Vgl. im folgenden BARTKE, G.: Rechnungslegung, S. 77 - 81 m.w.Lit.; WÜRDINGER, H.: Aktien- und Konzernrecht, S. 24 - 33; MOXTER, A.: Bilanzlehre, S. 51 - 55.

folgt durch Einstellung eines entsprechenden Passivpostens in die Bilanz (§§ 151 Abs. 1, Passivseite, I., 156 Abs. 1 AktG) und Begrenzung der Gewinnausschüttung auf den Bilanzgewinn (§ 58 Abs. 5 AktG). Vor Auflösung der Gesellschaft darf an die Aktionäre nur der Bilanzgewinn verteilt werden (§ 58 Abs. 6 AktG), welcher als "Überschuß der Aktivposten über die Passivposten" (§ 151 Abs. 4 Satz 3 AktG) definiert ist. Die Aktivposten umfassen hier ausstehende Einlagen auf das Grundkapital, Anlagevermögen, Umlaufvermögen und Rechnungsabgrenzungsposten der AG, und die Passivposten setzen sich zusammen aus Grundkapital, offenen Rücklagen, Wertberichtigungen, Rückstellungen, Verbindlichkeiten und Rechnungsabgrenzungsposten. Neben der Aufbringung des Grundkapitals ist die Gesellschaft zur Bildung einer gesetzlichen Rücklage verpflichtet, die nicht ausgeschüttet werden darf (§ 150 AktG). Aus den vorstehenden Regelungen folgt, daß Ausschüttungen an die Aktionäre nur vorgenommen werden können, wenn die Aktiven die Passiven der Gesellschaft übersteigen. Unterschreiten die Aktiven die Passiven, wird ein Bilanzverlust ausgewiesen, der Ausschüttungen an die Aktionäre verhindert.[1]

Um die Vermögensbindung wirksam zu gestalten, hat der Gesetzgeber Vorschriften zur Bilanzierung und Bewertung der Aktiven und Passiven erlassen. Insbesondere die Bewertung des Bilanzvermögens mit den Anschaffungs- oder Herstellungskosten (§§ 153 Abs. 1, 155 Abs. 1 AktG) verhindert den Ausweis unrealisierter Gewinne. Dabei besteht zwischen dem Anschaffungswertprinzip und dem Realisationsprinzip eine enge Verbindung, denn das Realisationsprinzip regelt den Zeitpunkt der Gewinnverwirklichung.[2] Bis zum Zeitpunkt der Ge-

---

1) Im Zusammenhang mit der Sicherung des Haftungsvermögens der AG stehen auch das Verbot der Unterpariemission (§ 9 AktG), die verbotene Rückzahlung von Einlagen (§ 57 Abs. 1 AktG), das Verbot der Zusage bzw. Auszahlung von Zinsen (§ 57 Abs. 2 AktG), außer bei sog. Bauzinsen (§ 57 Abs. 3 AktG), und die "Haftung der Aktionäre beim Empfang verbotener Leistungen" (§ 62 AktG).

2) Vgl. S. 117 f. der Arbeit.

winnrealisierung - nach den GoB bei Lieferung oder Leistung durch das Unternehmen - sind die einzelnen Vermögensgegenstände grundsätzlich mit ihren Anschaffungskosten zu bewerten.[1] Über die Anschaffungswerte hinausgehende Wertsteigerungen des Bilanzvermögens dürfen nicht ausgewiesen werden, denn andernfalls würde der Jahresabschluß unrealisierte Gewinne enthalten. Eine Ausschüttung unrealisierter Gewinne an die Aktionäre würde eine Minderung des Haftungsvermögens der Aktiengesellschaft bewirken. Die Ausschüttungssperrfunktion des Anschaffungswertprinzips trägt somit zur Erhaltung der aktienrechtlichen Vermögensbindung bei. Werden bei Feststellung des Jahresabschlusses die Ausschüttungssperrvorschriften durch Überbewertung der Bilanzposten verletzt, greifen die Nichtigkeitsvorschriften zum Jahresabschluß ein (§ 256 Abs. 5 Satz 1 Nr. 1 AktG).[2]

Die vorstehenden Ausführungen verdeutlichen den gesetzgeberischen Willen zur Verwirklichung des A k t i o n ä r s - und G l ä u b i g e r s c h u t z e s im Aktienrecht, wobei der Jahresabschluß ein Mittel zur Verwirklichung des Schutzes dieser Gruppen darstellt. Insbesondere im Interesse der Aktionäre und Gläubiger muß der Jahresabschluß "im Rahmen der Bewertungsvorschriften einen möglichst sicheren Einblick in die Vermögens- und Ertragslage der Gesellschaft geben" (§ 149 Abs. 1 Satz 2 AktG). Damit kodifiziert die Generalnorm in eindrucksvoller Weise den I n f o r m a t i o n s - z w e c k des Jahresabschlusses.[3] Der Jahresabschluß dient

---

1) Auf Abschreibungen und Abwertungen der Vermögensgegenstände soll hier nicht eingegangen werden.
2) "Überbewertet sind Aktivposten, wenn sie mit einem höheren Wert, Passivposten, wenn sie mit einem niedrigeren Betrag angesetzt sind, als nach §§ 153 bis 156 zulässig ist" (§ 256 Abs. 5 Satz 2 AktG).
3) Vgl. MOXTER, A.: Bilanzlehre, S. 57; SELCHERT, F.W.: Bindung, S. 2314; LEFFSON, U.: Erkenntniswert, S. 5 f.; MELLEROWICZ, K.: in Großkommentar AktG, 3. Aufl., § 149 Anm. 65.

ferner als Grundlage der aktienrechtlichen "Ausschüttungsregel".[1] Sie umfaßt nach MOXTER[2] die Mindestausschüttung im Aktionärsinteresse und die Ausschüttungssperre im Gläubigerinteresse.

2.2.3. Die rechtliche Bedeutung der Generalnorm

2.2.3.1. Inhaltliche Bestimmung

2.2.3.1.1. Grundsatz der Klarheit

Hinsichtlich des rechtlichen Gehalts der Generalnorm müssen zwei Halbsätze unterschieden werden:[3]

1. Halbsatz: Der Jahresabschluß ist klar und übersichtlich aufzustellen.

2. Halbsatz: Der Jahresabschluß muß im Rahmen der Bewertungsvorschriften einen möglichst sicheren Einblick in die Vermögens- und Ertragslage der Gesellschaft geben.

Diese Kodifizierung weicht erheblich von der alten Ge-

---

[1] MOXTER, A.: Bilanzlehre, S. 57.

Sinngemäße Zwecke legen u.a. folgende Autoren dem Jahresabschluß bei:

"Ausschüttungssperrfunktion" (STÜTZEL, W.: Bemerkungen, S. 323 f.) und "Instrument zur Kompetenzverteilung innerhalb von Körperschaften mit mehreren Organen, insbesondere der Aktiengesellschaft" (ebenda, S. 326 - 331).

"Funktion der Gewinnverteilungsregelung" (MAUL, K.-H.: Offene Probleme, S. 728 f.).

"Errechnung des verteilbaren Jahresgewinns" (LEFFSON, U.: Die GoB, S. 63 - 69).

"Feststellung dessen, was ohne Gefährdung der Gläubiger und des Weiterbestehens der AG als Reingewinn an die Aktionäre verteilt werden kann" (MELLEROWICZ, K.: in Großkommentar AktG, 3. Aufl., § 149 Anm. 1).

[2] Vgl. MOXTER, A.: Bilanzlehre, S. 57.

[3] Vgl. BARTKE, G.: Rechnungslegung, S. 121 - 131.

setzesfassung ab, denn danach war der Jahresabschluß "so
klar und übersichtlich aufzustellen, daß er einen möglichst
sicheren Einblick in die Lage der Gesellschaft gewährt"
(§ 129 Abs. 1 Satz 2 AktG 1937). Die Begründung zum Aktiengesetz von 1937[1] sah in der Vorschrift den Grundsatz der
Bilanzklarheit normiert, "nach dem Aktionären und Gläubigern ein möglichst klarer und sicherer Einblick in die Lage
der Gesellschaft gewährt werden soll". Ausdrücklich wurde
in der Begründung[2] die bisherige Praxis der Bildung und
Auflösung stiller Rücklagen für zulässig erachtet. Insofern
erscheint es verständlich, daß dieser einleitenden Vorschrift des Aktienrechts von 1937 in der Kommentierung und
Praxis keinerlei materielle Auswirkung im Hinblick auf eine
zielgerichtete Auslegung der Bilanzierungs- und Bewertungsvorschriften beigemessen wurde.[3] Vielmehr betrachtete man
sie als Ausfluß der formellen Klarheit des Jahresabschlusses.[4] Damit entsprach die damalige Interpretation dem
rechtlichen Gehalt des heutigen 1. Halbsatzes, der unmittelbar den Grundsatz der Klarheit des Jahresabschlusses ausdrückt.[5]

Seine Konkretisierung findet der Grundsatz in den Gliederungsvorschriften der Bilanz (§ 151 i.Verb.m. § 152 AktG)
und der Gewinn- und Verlustrechnung (§ 157 i.Verb.m. § 158

---

1) Begr. zum AktG 1937, Erste Beilage zu Nr. 28, S. 3.
2) Vgl. ebenda.
3) Vgl. BARTKE, G.: Das neue Bewertungsrecht, S. 303 - 305 m.w.Lit.
4) Vgl. ebenda.
5) Vgl. im folgenden LEFFSON, U.: Die GoB, S. 112 - 127 m.w.Lit.; BARTKE, G.: Das neue Bewertungsrecht, S. 305; derselbe: Rechnungslegung, S. 122 - 125, 154 - 159, 298 - 301 m.w.Lit.; KROPFF, B.: Grundsätze, S. 58 f.; ADS: Rechnungslegung, 4. Aufl., § 149 Tz. 21 - 24; MELLEROWICZ, K.: in Großkommentar AktG, 3. Aufl., § 149 Anm. 75 - 77.

AktG),[1] denen im wesentlichen folgende Kriterien zugrunde liegen:[2] Aufführung der einzelnen Posten, die gesondert im Jahresabschluß auszuweisen sind; Bezeichnung der Posten, unter denen die Gegenstände in der Bilanz und die Aufwendungen und Erträge in der Gewinn- und Verlustrechnung auszuweisen sind; und letztlich Festlegung der Reihenfolge des Ausweises der jeweiligen Posten. Die Gliederung der Bilanz zeigt dabei folgende Grundzüge: unsaldierter Ausweis der einzelnen Aktiven und Passiven (Bruttoprinzip), Gliederung der Aktivposten nach deren Verwendungszweck durch Unterteilung nach Gegenständen des Anlage- und des Umlaufvermögens, Transparenz der Investitionsentwicklung des Anlagevermögens mittels Anlagenspiegel, Sichtbarmachung der ursprünglichen und z.T. restlichen Bindungsdauer der Aktiven und der Fälligkeit und rechtlichen Struktur der Passiven, Kenntlichmachung der Beziehungen zu verbundenen Unternehmung und der Forderungen aus Krediten an Verwaltungsmitglieder. Im Bereich der Gewinn- und Verlustrechnung ist der Grundsatz konkretisiert durch staffelförmige Gliederung und unsaldierten Ausweis der Aufwands- und Ertragsarten unter Berücksichtigung des gesonderten Ausweises bestimmter außerordentlicher Posten. Soweit die Gliederungsbestimmungen des Jahresabschlusses einer Interpretation bedürfen, ist der Grundsatz der Klarheit und Übersichtlichkeit (1. Halbsatz der Generalnorm) zur teleologischen Gesetzesauslegung heranzuziehen.

---

1) Vgl. hierzu WEBER, H.K.: Betriebswirtschaftliches Rechnungswesen, S. 81 - 86, 119 - 123 m.w.Lit.; derselbe: Der aktienrechtliche Jahresabschluß, S. 1397 - 1401; DÖLLERER, G.: Rechnungslegung, S. 1406 f.; COENENBERG, A.G.: Jahresabschluß, S. 53 - 56, 197 - 204; MOXTER, A.: Bilanzlehre, S. 98 - 110.
2) Vgl. KROPFF, B.: in Aktiengesetz, Kommentar, § 151 Anm. 3.

2.2.3.1.2. Grundsatz des möglichst sicheren Einblicks in die Vermögens- und Ertragslage

2.2.3.1.2.1. Mengenmäßige Komponenten der Vermögenslage

Neben dem Grundsatz der formellen Klarheit des Jahresabschlusses enthält die Generalnorm im 2. Halbsatz die Forderung nach einem möglichst sicheren Einblick in die Vermögens- und Ertragslage. Materiell weicht diese Vorschrift erheblich vom bisherigen Recht ab. Ihr Gehalt erschließt sich erst, indem ihre jeweiligen Begriffe analysiert werden und die Verbindung zum gesamten Bilanzierungs- und Bewertungskonzept unter Heranziehung der gesetzgeberischen Intensionen hergestellt wird.

Der Ausdruck "Vermögenslage" wird im Aktiengesetz und im Handelsgesetzbuch nicht weiter definiert, jedoch erscheint das Wort Vermögen an bedeutenden Stellen zur aktienrechtlichen Bilanz, z.B. in der Kombination "Anlagevermögen" bzw. "Umlaufvermögen" (§ 151 Abs. 1, Aktivseite, II. bzw. III. AktG) oder als "Wertansätze der Gegenstände des Anlagevermögens" (§ 153 AktG) bzw. "Wertansätze der Gegenstände des Umlaufvermögens" (§ 155 AktG).[1] Nach den ergänzend heranzuziehenden allgemeinen Buchführungsvorschriften ist der Kaufmann verpflichtet, die L a g e   s e i n e s   V e r m ö g e n s nach den GoB ersichtlich zu machen (§ 149 Abs. 2 AktG i.Verb.m. § 38 Abs. 1 HGB). Die Vermögensdarstellung in der Bilanz erfolgt dabei mittels Gegenüberstellung des Vermögens (Bruttovermögen) und der Schulden zum Bilanzstichtag, wobei der Kaufmann s e i n e   V e r m ö g e n s g e g e n s t ä n d e   u n d   S c h u l d e n auszuweisen hat (§§ 39 Abs. 1 und 2, 40 Abs. 2 HGB).[2] Nach vorherrschender

---

1) Vgl. BARTKE, G.: Das neue Bewertungsrecht, S. 306 m.w.Lit.
2) Vgl. ebenda, S. 306.
   Rechtlich ist der deutsch-rechtliche Vermögensbegriff (Bruttovermögen ohne Einbeziehung der Verbindlichkeiten) vom römisch-rechtlichen Vermögensbegriff (Nettovermögen, Reinvermögen, d.h. Vermögen abzüglich Schulden) zu unterscheiden (vgl. ebenda, S. 308, Fußnote Nr. 20; derselbe: Vermögensbegriffe, S. 266 m.w.Lit.).

Auffassung ist als **Vermögensgegenstand** anzusehen, was Gegenstand des Rechtsverkehrs sein kann, d.h. für sich allein übertragbar (verkehrsfähig) und selbständig bewertbar ist.[1] Die Frage, welche Gegenstände der Kaufmann als **seine** Vermögensgegenstände auszuweisen hat, richtet sich nicht nach dem bürgerlich-rechtlichen Eigentumsbegriff, sondern nach der wirtschaftlichen Zugehörigkeit der Gegenstände zum Vermögen des Kaufmanns.[2] Dem Vermögen des Kaufmanns stehen seine Schulden gegenüber, so daß als Differenzgröße das bilanzielle Eigenkapital (Reinvermögen) ersichtlich wird.

Zu den Bedingungen jeder Informationsvermittlung gehört, abgesehen von den Grundsätzen der Klarheit und Richtigkeit, auch die Vollständigkeit.[3] Für die Bilanz läßt sich der Vollständigkeitsgrundsatz aus § 40 Abs. 2 i.Verb.m. § 39

---

[1] Vgl. hierzu BARTKE, G.: Das neue Bewertungsrecht, S. 307, Fußnote Nr. 27 m.w.Lit.; KNAPP, L.: Was darf der Kaufmann, S. 1122 f. m.w.Lit.; MAUL, K.-H.: Bilanzlehre, S. 160 - 162 m.w.Lit.; KROPFF, B.: in Aktiengesetz, Kommentar, § 149 Anm. 46 f. m.w.Lit.

[2] Vgl. KNAPP, L.: Was darf der Kaufmann, S. 1123 - 1125 m.w.Lit.; ADS: Rechnungslegung, 4. Aufl., § 149 Tz. 30 - 34 m.w.Lit.; MELLEROWICZ, K.: in Großkommentar AktG, 3. Aufl., § 149 Anm. 67 - 72.

KROPFF u.a. rechnen demjenigen die Vermögensgegenstände zu, der die Verfügungsgewalt über sie hat (vgl. KROPFF, B.: in Aktiengesetz, Kommentar, § 149 Anm. 70 - 72 m.w. Lit.; MELLEROWICZ, K.: in Großkommentar AktG, 3. Aufl., § 149 Anm. 68; Abgeordneter DEIST, in: Stenographische Berichte über die 17. Sitzung des Deutschen Bundestages, Bd. 50, S. 589).

[3] Vgl. LEFFSON, U.: Die GoB, S. 93, 95.

LEFFSON ersetzt den allgemein gebräuchlichen Begriff der Wahrheit durch Richtigkeit und Willkürfreiheit (vgl. im folgenden ebenda, S. 98 - 112). Jahresabschlußaussagen sind als richtig zu bezeichnen, wenn eine Übereinstimmung zwischen der Aussage und dem zugrunde liegenden Tatbestand objektiv besteht, d.h. intersubjektiv nachprüfbar durch Dritte (z.B. Wirtschaftsprüfer) ist. Die personenbezogene Komponente der Bilanzwahrheit findet in der Wahrhaftigkeit bzw. Willkürfreiheit ihren Niederschlag, denn ohne Übereinstimmung von Aussagen und innerer Überzeugung ist eine Rechenschaftslegung undenkbar.

Abs. 1 und 2 HGB entnehmen. § 40 Abs. 2 HGB verpflichtet
den Kaufmann, s ä m t l i c h e Vermögensgegenstände und
Schulden anzusetzen.[1] Die Vollständigkeit des Vermögens-
und Schuldenausweises erfährt im aktienrechtlichen Jahresabschluß Modifikationen gegenüber dem allgemeinen Handelsrecht, wenn spezielle Bilanzierungsvorschriften bestimmte
Bilanzierungsgebote, -verbote oder -wahlrechte normieren,
die handelsrechtlich nicht bestehen.[2] Deshalb erschließt
sich der Einblick in die Vermögenslage einer Aktiengesellschaft aufgrund des mengenmäßigen Bilanzgerüstes erst, indem
vorrangige Bilanzierungsbestimmungen des Aktienrechts
(§§ 151 - 156 i.Verb.m. § 149 AktG), nachgelagerte handelsrechtliche Vorschriften (§§ 38 - 40 HGB i.Verb.m. § 149
Abs. 2 AktG) und die GoB (§ 149 Abs. 1 Satz 1 AktG) herangezogen werden. In diesen Bereichen herrscht weitgehende
Übereinstimmung hinsichtlich der Bilanzierungsgebote für
Vermögensgegenstände und Schulden.[3] Jedoch steht das Akti-

---

1) Vgl. BARTKE, G.: Das neue Bewertungsrecht, S. 307;
STEINBACH, A.: Die Rechnungslegungsvorschriften, S. 57 f.;
ADS: Rechnungslegung, 4. Aufl., § 149 Tz. 26; CLAUSSEN,
C.P.: in Kölner Kommentar, § 149 Anm. 6 f.; KROPFF, B.:
in Aktiengesetz, Kommentar, § 149 Anm. 44 f.

Die Vollständigkeit des Jahresabschlusses beinhaltet
nach LEFFSON folgende Maßnahmen:
1. Bestandsaufnahme aller Vermögensgegenstände und
   Schulden.
2. Übernahme sämtlicher Salden der Buchführungskonten.
3. Auswertung aller zugänglichen Informationen über Ab-
   schlußgegenstände.
4. Inventur der Risiken.
5. Ungekürzte Darstellung aller Posten im Jahresabschluß.
(Vgl. LEFFSON, U.: Die GoB, S. 135 - 154 m.w.Lit.).

2) Vgl. hierzu BARTKE, G.: Die neuen Bewertungsvorschriften,
S. 309 f.

3) Das AktG läßt bisher folgende Passivierungswahlrechte zu,
die einem vollständigen Schuldenausweis entgegenstehen:
Passivierungsverpflichtungen für Pensionsverpflichtungen -
Versorgungsanwartschaften und laufende Ruhegeldverpflichtungen (vgl. BGH vom 27.2.1961, Bd. 34, S. 324;
Ausschußbericht zit. nach KROPFF, B.: Aktiengesetz,
Textausgabe, S. 255 f.; ferner kritisch hierzu unter
Berücksichtigung der Rechtsprechung des Bundesarbeitsgerichts und des Gesetzes zur Verbesserung der betrieblichen Altersversorgung vom 19.12.1974, BGBl
1974 I, S. 3610, WOLTMANN: Das Gesetz, S. 799 - 803

vierungsverbot für selbsterstellte immaterielle Anlagewerte
(§ 153 Abs. 3 AktG) beispielsweise dem vollständigen Vermögensausweis entgegen. Zwar handelt es sich bei den immateriellen Anlagewerten zweifelsfrei um Vermögenswerte, weil
es aber nach Auffassung des Gesetzgebers schwer schätzbare
und daher unsichere Werte sind, wurde die Aktivierung
selbsterstellter immaterieller Anlagewerte für Aktiengesellschaften verboten.[1] Von der Unternehmung dürfen nur entgeltlich erworbene immaterielle Anlagewerte aktiviert werden, wobei nach überwiegender Ansicht ein Aktivierungswahlrecht besteht, das zu einem unvollständigen Einblick in die
Vermögenslage führen kann.[2] Ebenfalls aus der besonderen
Struktur von Aktiengesellschaften resultiert die Aktivierung sogenannter Bilanzierungshilfen,[3] die nicht als Ver-

---

Fortsetzung der Fußnote 3 von S. 107

    m.w.Lit.; IdW (Hrsg.): HFA, Ist das Bilanzierungswahlrecht, S. 86 - 88).

    Lastenausgleichsvermögensabgabe (vgl. § 218 Abs. 1
LAG; ADS: Rechnungslegung, 4. Aufl., § 157 Tz. 217
- 223 m.w.Lit.).

Passivierungswahlrechte bestehen auch für Rückstellungsarten ohne Schuldcharakter, nämlich:
Rückstellung für unterlassene Aufwendungen der Instandhaltung oder Abraumbeseitigung (vgl. § 152 Abs. 7
Nr. 1 AktG; KROPFF, B.: in Aktiengesetz, Kommentar,
§ 152 Anm. 77 m.w.Lit.).

Rückstellungen für Gewährleistungen, die ohne rechtliche Verpflichtung erbracht werden (vgl. § 152 Abs. 7
Nr. 2 AktG; ADS: Rechnungslegung, 4. Aufl., § 152
Tz. 160 m.w.Lit.; KROPFF, B.: in Aktiengesetz, Kommentar, § 152 Anm. 79).

1) Vgl. Begr. Reg. E. zit. nach KROPFF, B.: Aktiengesetz,
Textausgabe, S. 244; ADS: Rechnungslegung, 4. Aufl.,
§ 153 Tz. 114 - 122.

    Kritisch hierzu CHRISTOFFERS, R.: Die aktienrechtlichen,
S. 114 - 119 m.w.Lit.; MOXTER, A.: Bilanzlehre, S. 430 f.

2) A.A. DÖLLERER, G.: Rechnungslegung, S. 1408; MAUL, K.-H.:
Immaterielle Anlagewerte, S. 16 - 28, insbesondere S. 27 f.

3) Als vorübergehende Bilanzierungshilfen werden in der
Begr. zum Reg. E. die Vorschriften zur Bilanzierung und
Bewertung von Ingangsetzungskosten und zum "derivativen
Firmenwert" charakterisiert (vgl. Begr. Reg. E. zit. nach
KROPFF, B.: Aktiengesetz, Textausgabe, S. 244).

mögensgegenstände im allgemeinen bilanzrechtlichen Sinne
anzusehen sind. Es handelt sich um die Bilanzierungswahl-
rechte für Kosten der Ingangsetzung des Geschäftsbetriebs
(§ 153 Abs. 5 Satz 2 AktG),[1] den "derivativen Geschäfts-
oder Firmenwert" (§ 153 Abs. 5 Satz 2 AktG)[2] und den Ver-
schmelzungsmehrwert (§ 348 Abs. 2 Satz 1 AktG).[3]

Wegen der Unterschiede zwischen den allgemeinen Vermögensgegenständen und den aktivierungsfähigen Vermögensposten
im aktienrechtlichen Jahresabschluß, sollte man zutreffender "von Bilanzvermögen sprechen, wenn man das bilanzierte
und nach bestimmten Gesichtspunkten bewertete Vermögen
meint".[4] Somit läßt sich der Ausdruck "Vermögenslage" i.S.
des § 149 Abs. 1 Satz 2 AktG interpretieren als Gegenüberstellung des auf der Aktivseite der Bilanz ausgewiesenen
Bruttovermögens, welches nach Art und Zusammensetzung gegliedert ist, und der Passivposten, welche Art und Zusammensetzung der Schulden sowie das Netto- oder Reinvermögen
(Eigenkapital) der Gesellschaft zeigen.[5] Zum Zweck der Bilanzerstellung sind die einzelnen Posten zu bewerten, so daß
sich der Informationsgehalt des Jahresabschlusses erst unter Einbeziehung der Bewertungsvorschriften würdigen läßt.

---

1) Vgl. ADS: Rechnungslegung, 4. Aufl., § 153 Tz. 123 - 128.
2) Vgl. hierzu KROPFF, B.: in Aktiengesetz, Kommentar, § 153 Anm. 65 m.w.Lit.

"Übersteigt .. die für die Übernahme eines Unternehmens bewirkte Gegenleistung die Werte der einzelnen Vermögensgegenstände des Unternehmens im Zeitpunkt der Übernahme, so darf der Unterschied unter die Posten des Anlagevermögens aufgenommen werden" (§ 153 Abs. 5 Satz 2 AktG). Dieser Unterschiedsbetrag kann ein Aktivposten für den Geschäfts- oder Firmenwert sein, wenn ein solcher vorhanden ist; andernfalls ist er als Bilanzierungshilfe anzusehen (vgl. KROPFF, B.: in Aktiengesetz, Kommentar, § 153 Anm. 65).

3) Vgl. ADS: Rechnungslegung, 4. Aufl., § 153 Tz. 139 - 154.
4) BARTKE, G.: Die neuen Bewertungsvorschriften, S. 307, Fußnote Nr. 28.
5) Vgl. derselbe: Rechnungslegung, S. 127.

2.2.3.1.2.2. Wertmäßige Komponenten der Vermögenslage

Neben den bisher aufgezeigten Bedingungen jeder Informationsvermittlung - Grundsätze der Klarheit und Vollständigkeit - findet auch der dritte Grundsatz, die Richtigkeit bzw. Wahrheit einer Information, unmittelbar im Gesetz seine Stütze. Die Generalnorm selbst spricht den Grundsatz der Bilanzwahrheit mit ihrer Forderung nach einem möglichst sicheren Einblick in die Vermögens- und Ertragslage der Gesellschaft direkt an.[1] Naturgemäß kann der Jahresabschluß diesen Einblick nur "im Rahmen der Bewertungsvorschriften" (§ 149 Abs. 1 Satz 2 2. Halbsatz AktG) gewähren, weil die Bewertungsvorschriften die Einblicksmöglichkeiten beschränken.[2] Deshalb sind zum Verständnis des aktienrechtlichen Jahresabschlusses die Bewertungsvorschriften einzubeziehen,[3]

---

1) Vgl. KROPFF, B.: in Aktiengesetz, Kommentar, § 149 Anm. 90 m.w.Lit.; CLAUSSEN, C.P.: in Kölner Kommentar, § 149 Anm. 8.

   Wahre Bilanzen können nur auf vollständigen Bilanzen beruhen, so daß Einschränkungen des Vollständigkeitsgrundsatzes sich gleichermaßen auf den Wahrheitsgehalt der Bilanz auswirken, entsprechendes gilt für den Grundsatz der Klarheit (vgl. MELLEROWICZ, K.: in Großkommentar AktG, 3. Aufl., § 149 Anm. 75).

2) Vgl. Ausschußbericht zit. nach KROPFF, B.: Aktiengesetz, Textausgabe, S. 219.

3) Die Jahresabschlußvorschriften zeigen im Aufbau keine eindeutige Trennung in Gliederungs-, Bilanzierungs- und Bewertungsvorschriften. Beispielsweise regelt der § 153 Abs. 5 AktG gleichzeitig die Bilanzierung, den gliederungsmäßigen Ausweis, die Bewertung und Abschreibung des Firmenwertes. Sämtliche Bereiche werden unter der Überschrift des § 153 AktG "Wertansätze der Gegenstände des Anlagevermögens" normiert. Enger grenzt der § 155 AktG "Wertansätze der Gegenstände des Umlaufvermögens" ein, indem er nur Bewertungsvorschriften (Wertansatzvorschriften i.e.S. und Bewertungsmethoden) aufnimmt.

   Auch der § 156 AktG "Ansätze von Passivposten" enthält Vorschriften zur Bilanzierung, Gliederung und Bewertung einzelner Passivposten.

   Die Bewertungsvorschriften des Bilanzvermögens werden, wegen ihrer Bedeutung für die Themenstellung, in den wesentlichen Zügen kurz dargelegt und zwar systematisiert nach Wertansatzvorschriften i.e.S. und Bewertungs- und Abschreibungsmethoden.

die in Wertansatzvorschriften i.e.S. und in Vorschriften
über die Bewertungs- und Abschreibungsmethoden[1] eingeteilt
werden können. Grundsätzlich folgen die aktienrechtlichen
Wertansatzvorschriften i.e.S. einem vierstufigen Bewertungsschema:[2]

1. Stufe (Wertansatzpflicht):[3]
Anschaffungswertprinzip (Anschaffungs- oder Herstellungskosten) für Gegenstände des Anlagevermögens (§ 153 Abs. 1 AktG) oder des Umlaufvermögens (§ 155 Abs. 1 Satz 1 AktG). Bei abnutzbaren Gegenständen des Anlagevermögens sind die Anschaffungswerte um planmäßige Abschreibungen oder Wertberichtigungen zu vermindern (§ 154 Abs. 1 AktG).

2. Stufe (Abwertungspflicht):
Niederstwertprinzip für Gegenstände des Anlagevermögens bei voraussichtlich dauernder Wertminderung (§ 154 Abs. 2 Satz 1 2. Halbsatz AktG).[4] Niederstwertprinzip für Gegenstände des Umlaufvermögens (§ 155 Abs. 2 AktG).[5]

3. Stufe (Abwertungswahlrechte):
1. Niedrigerer Wert für Gegenstände des Anlagevermögens, die am Bilanzstichtag voraussichtlich einer vorübergehen-

---

[1] Die Bewertungs- und Abschreibungsmethoden werden unter dem Gliederungspunkt 2.2.3.2.1. behandelt.

[2] Vgl. BARTKE, G.: Die neuen Bewertungsvorschriften, S. 310 f.; WEBER, H.K.: Betriebswirtschaftliches Rechnungswesen, S. 88 - 95; KROPFF, B.: in Aktiengesetz, Kommentar, Vorb. § 153 Anm. 5 f.

[3] Der Begriff "Wertansatzpflicht" ist nicht im Sinne einer Bilanzierungspflicht zu verstehen, denn die Frage der Bilanzierung muß vor der Bewertung des Gegenstandes entschieden werden.

[4] In der Literatur wird vom "gemilderten Niederstwertprinzip" gesprochen (vgl. SAAGE, G.: GoB, S. 11; WEBER, H.K.: Betriebswirtschaftliches Rechnungswesen, S. 91; ADS: Rechnungslegung, 4. Aufl., § 154 Tz. 71; CLAUSSEN, C.P.: in Kölner Kommentar, § 154 Anm. 16).

[5] Auch "strenges Niederstwertprinzip" genannt (vgl. SAAGE, G.: GoB, S. 11; WEBER, H.K.: Betriebswirtschaftliches Rechnungswesen, S. 95).

den Wertminderung unterliegen (§ 154 Abs. 2 Nr. 1 AktG).
Niedrigerer Wertansatz für Gegenstände des Umlaufvermögens, der Wertschwankungen in der nächsten Zukunft berücksichtigt (§ 155 Abs. 3 Nr. 1 AktG).

2. Abwertung des Anlage- oder Umlaufvermögens zur Steuervorteilswahrung (§§ 154 Abs. 2 Nr. 2, 155 Abs. 3 Nr. 2 AktG).

<u>4. Stufe</u> (Aufwertungs- oder Beibehaltungswahlrecht):
Mögliche Beibehaltung von niedrigeren Werten der 2. oder 3. Stufe, auch wenn die Abwertungsgründe nicht mehr bestehen (§§ 154 Abs. 2 Satz 2, 155 Abs. 4 AktG).

Die Wertansatzvorschriften vermitteln den Einblick in die Vermögens- und Ertragslage eines Unternehmens nur im Rahmen des Anschaffungswertprinzips. Eine Darstellung der Vermögenslage im aktienrechtlichen Jahresabschluß schließt die Bewertung des Bilanzvermögens zu höheren Tageswerten (z.B. Wiederbeschaffungswerte oder gemeiner Wert) aus,[1] verbietet wegen des "Going-Concern-Concept" grundsätzlich den Ansatz höherer oder niedrigerer Liquidationswerte[2] und läßt auch eine Gesamtvermögensbewertung (Unternehmensbewertung auf der Grundlage der Erfolgs- bzw. Einnahmenüberschüsse) nicht zu.[3] Die Anschaffungswerte, bei abnutzbaren Anlagegegenständen vermindert um planmäßige Abschreibungen, "sind" von der Unternehmung anzusetzen (1. Stufe), soweit das Niederstwertprinzip nicht Abwertungen derselben erzwingt (2. Stufe).

Hätte der Gesetzgeber es bei diesen Wertansatzvorschrif-

---

1) Vgl. BARTKE, G.: Das neue Bewertungsrecht, S. 307.
2) Vgl. LEFFSON, U.: Die GoB, S. 95 f., 156; ADS: Rechnungslegung, 4. Aufl., § 149 Tz. 65.
3) Vgl. Bartke, G.: Die neuen Bewertungsvorschriften, S. 307.

ten belassen, wären die Wertansätze auf ein relativ geringes Wertespektrum begrenzt, wobei sich noch gewisse Toleranzen bei der Bewertung aufgrund von Schätzungen ergeben können. Der eigentliche Bilanzwert würde sich letztlich unter Heranziehung der noch zu erörternden Bewertungs- und Abschreibungsmethoden ergeben. Es existieren aber bestimmte Ab- und Aufwertungswahlrechte (3. und 4. Stufe), von denen die Unternehmung Gebrauch machen kann. Die Bewertungsvorschriften des Aktiengesetzes von 1965 begrenzen somit die Bilanzbewertung nicht auf einen einzigen Wert, sondern sie stellen ein Bündel von Bewertungsmöglichkeiten zur Verfügung.[1] Über den endgültigen Bilanzwert entscheidet im Einzelfall das kaufmännische Ermessen unter Berücksichtigung der Zielsetzung der einschlägigen Bewertungsvorschriften.[2]

Lassen die Bewertungsvorschriften häufig eine Vielzahl möglicher Bilanzwerte zu, so verbieten sie dennoch grundsätzlich die Bildung stiller Reserven[3] durch Unterbewertung

---

1) Vgl. KROPFF, B.: Grundsätze, S. 60.
2) Vgl. ebenda.
3) Stille Rücklagen werden in der Literatur aufgeteilt in:
   Zwangsreserven (gesetzliche oder gesetzlich vorgeschriebene Rücklagen), die auf Aktivierungsverboten, z.B. selbsterstellte immaterielle Anlagegegenstände, oder Bewertungsobergrenzen beruhen, indem ein höherer Wert als die Anschaffungs- oder Herstellungskosten, z.B. Tageswert, nicht angesetzt werden darf.

   Ermessensreserven (Schätzungsreserven), die im Wertfindungsprozeß entstehen durch vorsichtige Einschätzung aller wertbeeinflussenden Umstände und Risiken.

   Unternehmenspolitische Reserven (bilanzpolitische Reserven), die aus der Inanspruchnahme gesetzlicher Bewertungswahlrechte resultieren.
(Vgl. MELLEROWICZ, K.: in Großkommentar AktG, 3. Aufl., Vorbemerkung §§ 153 - 156 Anm. 8 - 25; SAAGE, G.: Die Reservepolitik, S. 71 - 83 m.w.Lit.; KROPFF, B.: Leitgedanken, S. 570 f.).

des Vermögens.[1] Im Regierungsentwurf zum AktG von 1965[2] wurden zwar Bedenken gegen stille Reserven geäußert, jedoch vermied der Entwurf einen völligen Bruch mit der Vergangenheit und ließ die Bildung stiller Reserven im Anlagevermögen zu.[3] In den Ausschüssen und abschließenden Beratungen des Bundestages[4] wurde die Legung stiller Reserven grund-

---

1) Hierin liegt die wesentliche Änderung der Rechnungslegung gegenüber dem Aktiengesetz von 1937, das im § 133 Nr. 1 - 3 die Bewertung des Anlage- oder Umlaufvermögens " h ö c h s t e n s " mit den Anschaffungs- oder Herstellungskosten zuließ und darüber hinaus keine Wertuntergrenzen setzte. Unter Berufung auf die Höchstwertvorschrift des § 133 AktG 1937 wurde die Legung stiller Reserven allgemein für zulässig erachtet (vgl. Begr. Reg. E. zit. nach KROPFF, B.: Aktiengesetz, Textausgabe, S. 237 f.; ADS: Rechnungslegung, 3. Aufl., § 133 Tz. 9 - 13).

2) Im einzelnen führt der Regierungsentwurf gegen stille Rücklagen an Bedenken auf:

Verkürzung des Gewinnanspruchs der Aktionäre.

Kein Einblick in die wirkliche Lage der Gesellschaft.

Auflösung stiller Reserven kann Aktionäre, Gläubiger und die Volkswirtschaft schädigen durch Verschleierung von Fehlentscheidungen der Verwaltung oder durch Verschleierung einer auf äußeren Einflüssen beruhenden Verschlechterung der Lage und täuscht Rentabilität vor, wo sich in Wirklichkeit ein Zusammenbruch anbahnt.

Stille Selbstfinanzierung entzieht die Investitionen der Marktkontrolle mit der Gefahr volkswirtschaftlich schädlicher Kapitalfehlleitungen.

Ungesunder Anreiz zum Beteiligungserwerb mit der Folge weiterer Konzentrationsprozesse der Wirtschaft.

(Vgl. Begr. Reg. E. zit. nach KROPFF, B.: Aktiengesetz, Textausgabe, S. 238).

3) Vgl. Ausschußbericht zit. nach KROPFF, B.: Aktiengesetz, Textausgabe, S. 239.

4) Vgl. Abgeordneter WILHELMI, in: Stenographische Berichte über die 187. Sitzung des Deutschen Bundestages, Bd. 59, S. 9404; Abgeordneter REISCHL, in: Stenographische Berichte über die 187. Sitzung des Deutschen Bundestages, Bd. 59, S. 9408; Bundesminister SCHMÜCKER, in: Stenographische Berichte über die 187. Sitzung des Deutschen Bundestages, Bd. 59, S. 9414; Bundesminister WEBER, in: Stenographische Berichte über die 187. Sitzung des Deutschen Bundestages, Bd. 59, S. 9415.

sätzlich abgelehnt, und das von den Ausschüssen vorgeschlagene Bewertungssystem fand allgemeine Zustimmung. Es sah nicht mehr einen höchstzulässigen Wert vor, sondern schrieb vor, "mit welchem Wert die einzelnen Vermögensgegenstände anzusetzen sind".[1]

Die unterschiedlichen Auffassungen zum Bewertungskonzept schlugen sich auch in den Vorstellungen zur Generalnorm nieder. Der Regierungsentwurf beschränkte die Generalnorm auf das Gebot der Klarheit und Übersichtlichkeit und verlangte keinen möglichst sicheren Einblick in die Lage der Gesellschaft, "weil diese Forderung nicht mit den materiellen Bewertungsvorschriften des Regierungsentwurfs in Einklang zu stehen schien".[2] Dieser Grund entfiel mit der Novellierung des Bewertungssystems durch die Ausschüsse, welche die Generalnorm in der heutigen Fassung aufnahmen. Es erschien zweckmäßig, "den Rechnungslegungsvorschriften eine allgemeine Vorschrift über die Anforderungen voranzustellen, denen der Jahresabschluß in formeller und materieller Hinsicht genügen muß und die bei der Ausübung von Bewertungswahlrechten zu beachten ist".[3]

2.2.3.1.2.3. Komponenten der Ertragslage

Der möglichst sichere Einblick in die Ertragslage erschließt sich dem Bilanzleser zunächst aufgrund einer klaren Gliederung der Erfolgsrechnung. Aus der Aufwands- und Ertragsstruktur sollen ihm die Erfolgsquellen der Unternehmung sichtbar gemacht werden und einen Vergleich mit den voraus-

---

1) Ausschußbericht zit. nach KROPFF, B.: Aktiengesetz, Textausgabe, S. 240; vgl. KROPFF, B.: Leitgedanken, S. 572; SAAGE, G.: Die Reservepolitik, S. 73.
2) Ausschußbericht zit. nach KROPFF, B.: Aktiengesetz, Textausgabe, S. 219.
3) Ebenda.

gegangenen Geschäftsjahren ermöglichen, indem gleichartige Aufwendungen und Erträge von Jahr zu Jahr unter dem gleichen Posten ausgewiesen werden, bzw. Abweichungen hiervon in der Erfolgsrechnung vermerkt werden müssen (§ 157 Abs. 3 AktG).

Seit der Kleinen Aktienrechtsreform von 1959 unterscheidet das AktG zwischen Gewinnermittlung und Gewinnverwendung.[1] Die aktienrechtliche Gewinnermittlung führt zur Errechnung des Jahresüberschusses oder Jahresfehlbetrages, der als Differenz zwischen den Erträgen und Aufwendungen einer Periode ermittelt wird. Dabei basieren die Aufwendungen grundsätzlich auf dem Anschaffungswertprinzip, so daß der ermittelte Jahreserfolg ein nomineller Gewinn ist. Seine betragsmäßige Höhe und die gesamte Aussagekraft der Erfolgsrechnung stehen, ebenso wie die Bilanz, unter dem Einfluß der aktienrechtlichen Bilanzierungs- und Bewertungsvorschriften. Weil der ermittelte Jahresüberschuß nicht als ausschüttungsfähiger Gewinn anzusehen ist und darüber hinaus nur eine nominelle Kapitalerhaltung ermöglicht, hat der Gesetzgeber Vorschriften zur Bildung von offenen Rücklagen erlassen, die dem Interesse an einer Unternehmenserhaltung Rechnung tragen sollen. Die Gewinnverwendungsrechnung in der Gewinn- und Verlustrechnung schließt mit dem Bilanzgewinn (Bilanzverlust) ab, wobei der aktienrechtliche Bilanzgewinn den maximal ausschüttbaren Betrag darstellt.

Im Gegensatz zur stichtagsbezogenen Bilanz stellt die Gewinn- und Verlustrechnung eine Periodenrechnung dar, welche den Erfolg des abgelaufenen Geschäftsjahres zeigt.[2] Die Summe aller Periodenerfolge muß mit dem Totalgewinn oder

---

1) Vgl. Reg. Begr. zum Entwurf eines Gesetzes über die Kapitalerhöhung aus Gesellschaftsmitteln und über die Gewinn- und Verlustrechnung, S. 16 - 19, insbesondere S. 18.

2) Vgl. im folgenden KROPFF, B.: in Aktiengesetz, Kommentar, § 149 Anm. 75.

Totalverlust übereinstimmen, der letztlich genauen Aufschluß über den Erfolg von der Gründung bis zur Liquidation einer Gesellschaft vermittelt. Der Totalgewinn ergibt sich "1. als Differenz von Unternehmereinnahmen und Unternehmerausgaben und 2. als Differenz von Betriebseinnahmen und Betriebsausgaben".[1] Zwar zeigt die Totalrechnung den exakten Unternehmensgewinn, jedoch erst mit Abschluß der Liquidation. Die Unternehmung und alle an ihr Interessierten, wie Aktionäre, Gläubiger und Fiskus, benötigen aber eine periodische Erfolgsrechnung. Für Aktionäre und Gläubiger sind Informationen für ihre Entscheidungen notwendig; der Fiskus ist am Periodenerfolg wegen der laufenden Besteuerung interessiert. Aktionäre möchten außerdem den Unternehmenserfolg nicht erst am Ende der Gesellschaft zur Verfügung haben, sondern sie erwarten laufende Abschlagszahlungen auf den Totalgewinn. Hierfür liefert die jährliche Erfolgsrechnung eine Entscheidungsgrundlage. Zur Abgrenzung der einzelnen Geschäftsjahre bedarf es daher allgemein anerkannter Prinzipien, die eine willkürfreie Gewinnermittlung und Periodenabgrenzung ermöglichen. Diese Funktion erfüllt das nach herrschender Auffassung auch als GoB anzusehende R e a l i s a t i o n s p r i n z i p . Es legt nach KROPFF[2] fest, "inwieweit Aufwendungen und Erträge der abgelaufenen Rechnungsperiode als in ihr 'realisiert' zuzurechnen sind". Nach MUENSTERMANN fordert das Realisationsprinzip "die Erfassung des Erfolgs entsprechend seiner Verwirklichung im Umsatzprozeß",[3] wobei der realisierte Erfolg für die Einzelleistungen durch Gegenüberstellung der Aufwendungen und ihrer entsprechenden Erträge ermittelt wird (Korrelationsprinzip oder matching principle).[4]

---

1) TALLAU, H.: Betriebswirtschaftliche Grundfragen, S. 70 m.w.Lit.
2) KROPFF, B.: in Aktiengesetz, Kommentar, § 149 Anm. 80.
3) MUENSTERMANN, H.: Realisation und Rechnungswesen, in: HWR, Sp. 1493, vgl. ferner Sp. 1498 f. m.w.Lit.
4) Vgl. ebenda, Sp. 1493 f.

ADLER/DÜRING/SCHMALTZ[1] weisen auf den engen Zusammenhang zwischen Anschaffungswertprinzip und "Grundsätzen über die Gewinnrealisierung (Realisationsprinzip)" hin, wobei letzteres den Zeitpunkt der Gewinnrealisierung bestimmt.

Während die vorstehend genannten Autoren das Realisationsprinzip im Sinne eines Gewinnermittlungsprinzips betrachten, welches die Aufwendungen den realisierten Erträgen gegenüberstellt, legt LEFFSON[2] ihm ausschließlich die Bestimmung der Ertragsrealisation von Unternehmensleistungen bei. Die unterschiedlichen Definitionen des Realisationsprinzips haben keinen materiellen Einfluß auf die Gewinnverwirklichung, denn stets führt die Ertragsverrechnung mit den zugeordneten Aufwendungen zur Gewinnrealisierung, und zwar im Zeitpunkt der Lieferung und Leistung durch das Unternehmen.[3] Bis zu diesem Zeitpunkt wird das Bilanzvermögen höchstens mit den Anschaffungswerten in der Bilanz aktiviert.[4]

---

1) ADS: Rechnungslegung, 4. Aufl., § 149 Tz. 69.

2) Vgl. LEFFSON, U.: Die GoB, S. 179 - 182 m.w.Lit.

Der jeweilige Gewinn - LEFFSON spricht von positiven oder negativen Erfolgsbeiträgen (vgl. ebenda, S. 181) - errechnet sich zwischen allen Aufwendungen, die zur Erzielung bestimmter Erträge notwendig sind - sachliche Abgrenzung der Aufwendungen (vgl. ebenda, S. 160 - 173) - und dem entsprechenden Ertrag aufgrund des Realisationsprinzips (vgl. ebenda, S. 154 f.). Soweit Aufwendungen und Erträge sich nicht nach den obigen Grundsätzen zuordnen lassen, erfolgt ihre Periodisierung allein nach zeitlichem Anfall - Abgrenzung der Zeit nach (vgl. ebenda, S. 173 - 177). Zusammenfassend löst LEFFSON das Periodisierungsproblem durch die Grundsätze der Abgrenzung der Sache und der Zeit nach und das Realisationsprinzip.

3) Vgl. ebenda, S. 185 - 191, insbesondere S. 189 - 191 m.w.Lit.; MUENSTERMANN, H.: Realisation und Rechnungswesen, in: HWR, Sp. 1493 - 1495; ADS: Rechnungslegung, 4. Aufl., § 149 Tz. 69; MELLEROWICZ, K.: in Großkommentar AktG, 3. Aufl., § 153 Anm. 21; KROPFF, B.: in Aktiengesetz, Kommentar, § 149 Anm. 82 - 86, insbesondere Anm. 85.

4) Lediglich bei langfristiger Fertigung, z.B. Erstellung industrieller Großanlagen, wird eine Durchbrechung des Anschaffungswertprinzips und des Realisationsprinzips unter bestimmten Bedingungen für zulässig gehalten (vgl. LEFFSON, U.: Die GoB, S. 199 - 204 m.w.Lit.; KROPFF, B.: in Aktiengesetz, Kommentar, § 149 Anm. 87 - 89 m.w.Lit.).

Aus dem Realisationsprinzip folgt, daß nur realisierte Erfolgsbeiträge ausgewiesen werden dürfen, während nicht realisierte Gewinne oder Verluste unberücksichtigt bleiben müssen. Von diesem Grundsatz weicht das I m p a r i t ä t s - p r i n z i p ab, welches den Ausweis unrealisierter Verluste im Jahresabschluß erzwingt, auch wenn sie noch nicht durch Absatzgeschäfte realisiert sind.[1] Damit steht das Imparitätsprinzip einer genauen Periodenabgrenzung entgegen, denn Verluste der Folgeperiode(n) werden zu Lasten der gegenwärtigen Periode verrechnet (verlustfreie Bewertung). Die Zwecksetzung des Imparitätsprinzips wird in der finanziellen Vorsorge und Kapitalerhaltung im Interesse der Gläubiger und Aktionäre gesehen.[2] Teilweise wird das Imparitätsprinzip (Gebot des Ausweises unrealisierter Verluste) im AktG verwirklicht gesehen in den Niederstwertvorschriften für das Anlage- und Umlaufvermögen (2. Stufe der Bewertung) und in der Vorschrift über die Rückstellung für drohende Verluste aus schwebenden Geschäften (§ 152 Abs. 7 Satz 1 i.Verb.m. § 149 Abs. 1 AktG).[3] Demgegenüber haben KOCH[4] und LEFFSON[5] in ihren Untersuchungen auf die Unterschiede zwischen dem Niederstwertprinzip und dem Imparitätsprinzip hingewiesen.[6]

---

1) Vgl. KOCH, H.: Die Problematik, S. 4 - 6, 31 - 33 m.w. Lit.; LEFFSON, U.: Die GoB, S. 211 - 214 m.w.Lit.; ADS: Rechnungslegung, 4. Aufl., § 149 Tz. 77; MELLEROWICZ, K.: in Großkommentar AktG, 3. Aufl., § 149 Anm. 29; KROPFF, B.: in Aktiengesetz, Kommentar, § 149 Anm. 81.

2) Vgl. KOCH, H.: Die Problematik, S. 5; LEFFSON, U.: Die GoB, S. 218 - 220.

3) So beispielsweise ADS: Rechnungslegung, 4. Aufl., § 149 Tz. 78; KROPFF, B.: in Aktiengesetz, Kommentar, § 149 Anm. 81; vgl. hierzu LEFFSON, U.: Die GoB, S. 289 - 295 m.w.Lit.

4) Vgl. KOCH, H.: Die Problematik, S. 33 f.

5) Vgl. LEFFSON, U.: Die GoB, S. 227 - 251 m.w.Lit.

6) Wird zwischen beiden Prinzipien unterschieden, stellt sich die Frage, ob das Imparitätsprinzip neben dem Niederstwertprinzip handelsrechtlich als GoB anzusehen ist. Als GoB wird das Imparitätsprinzip angesehen von KOCH (vgl. KOCH, H.: Die Problematik, S. 4 f., 33 f.) und LEFFSON (vgl. LEFFSON, U.: Die GoB, S. 289). Kritisch hierzu KROPFF, B.: in Aktiengesetz, Kommentar, § 155 Anm. 44.

Der Einblick in die Vermögens- und Ertragslage steht wesentlich unter dem Einfluß des Anschaffungswertprinzips (Nominalismus). Dem aktienrechtlichen Gewinnbegriff liegt die nominelle Kapitalerhaltung zugrunde. Unter dem Eindruck steigender Wiederbeschaffungspreise spielte während der Beratungen zum AktG 1965 die Frage der Erhaltung der Unternehmenssubstanz eine erhebliche Rolle. Im Wirtschafts- und Rechtsausschuß[1] wurden Anträge zur Bildung einer "Substanzerhaltungsrücklage" bzw. "Anlagenerhaltungsrücklage" für abnutzbare Gegenstände des Anlagevermögens gestellt. Ihr sollten jährlich zu Lasten des Jahreserfolges die Unterschiedsbeträge zwischen Abschreibungen auf Wiederbeschaffungswerte und auf Anschaffungswerte zugeführt werden. Preisdifferenzen aufgrund des technischen Fortschritts sollten eliminiert werden. Begründet wurden die Anträge mit den laufend gestiegenen Wiederbeschaffungspreisen für Anlagen. Diese Preissteigerungen - hierauf weist der Ausschußbericht[2] hin - hängen nicht notwendig mit der allgemeinen Geldentwertung zusammen, sondern beruhen auch "auf der unterschiedlichen Preisentwicklung für die einzelnen Arten von Anlagen". Liegen steigende Wiederbeschaffungskosten vor, führt die Nominalwertrechnung zu einem "falschen" Gewinnausweis. So reicht bei steigenden Preisen das Abschreibungsvolumen nicht aus, "um auf dem Weg über den Betriebsaufwand die Mittel anzusammeln, die erforderlich sind, um die Anlagegegenstände im Zeitpunkt ihres Ausscheidens zu ersetzen".[3] In Höhe der Abschreibungsdifferenzen auf Anschaffungs- und Wiederbeschaf-

---

1) Vgl. im folgenden Ausschußbericht zit. nach KROPFF, B.: Aktiengesetz, Textausgabe, S. 240 - 243.

2) Ebenda, S. 241; vgl. ferner LEFFSON, U.: Die GoB, S. 330; HAVERMANN, H.: Zur Berücksichtigung, S. 423. HAVERMANN weist darauf hin, "daß Preissteigerungen auch durch nicht geldwertbedingte Verschiebungen von Angebot und Nachfrage entstehen können, so daß Preissteigerungen auch bei konstantem Geldwert möglich und durchaus üblich sind" (ebenda).

3) Ausschußbericht zit. nach KROPFF, B.: Aktiengesetz, Textausgabe, S. 241.

fungswertbasis enthält der Jahresüberschuß sog. Scheingewinne.[1] Der Scheingewinnausweis führt zu einer "betriebswirtschaftlich" falschen Gewinnermittlung und birgt die Gefahr

---

1) Unter Scheingewinnen bzw. Scheinverlusten werden allgemein die Differenzen zwischen den Aufwendungen nach dem Anschaffungswertprinzip und den Aufwendungen unter Zugrundelegung der jeweiligen Konzeption zur Unternehmenserhaltung verstanden (vgl. SCHMIDT, R.-B.: Kapitalerhaltung und Rechnungswesen, in: HWR, Sp. 777).

Als mögliche Formen der Unternehmenserhaltung stehen sich im wesentlichen gegenüber: 1. die K a p i t a l e r h a l t u n g, 2. die S u b s t a n z e r h a l t u n g und 3. die U n t e r n e h m e n s w e r t e r h a l t u n g (vgl. ebenda, Sp. 774 - 776; COENENBERG, A.G.: Jahresabschluß, S. 429 - 451 m.w.Lit.).

Zu 1.: Nominelle Kapitalerhaltung kennzeichnet die Sicherung des ziffernmäßigen Eigenkapitals (z.B. RIEGER, W.) und reale Kapitalerhaltung die Sicherung des ursprünglich eingelegten Eigenkapitals einer Periode, gemessen in Geldeinheiten gleicher Kaufkraft. SCHMALENBACH entwickelte nach dem 1. Weltkrieg hierfür Vorschläge, die eine Eliminierung von Kaufkraftschwankungen durch Indexrechnungen (Goldpreisindex) vorsahen.

Zu 2.: Die absolute oder relative Substanzerhaltung setzen sich die Erhaltung eines mengenmäßigen Vermögensbestandes zum Ziel und zwar als:
1. Absolute (materielle, reproduktive) Substanzerhaltung, d.h. Wiederbeschaffung von Gütermengen in gleicher Art und gleichem Umfang (z.B. GELDMACHER).
2. Relative Substanzerhaltung, d.h. Wiederbeschaffung von Gütermengen bei proportionaler Wahrung unterschiedlicher Richtgrößen:

Entwicklung gemäß dem Leistungspotential der Volkswirtschaft (z.B. SCHMIDT, F.);

dem technischen Niveau der Branche (z.B. leistungsäquivalente Substanzerhaltung nach HASENACK, W.);

dem technischen Fortschritt unter Eliminierung konjunktureller Schwankungen (z.B. qualifizierte Substanzerhaltung nach SOMMERFELD).

Zu 3.: Die Unternehmenswerterhaltung löst sich von der engen Bindung an den Jahresabschluß und basiert auf einer Gesamtbewertung des Unternehmens. Danach kann von Unternehmenserhaltung nur gesprochen werden, wenn der Zukunftserfolgswert bzw. Ertragswert im Sinne des Barwertes aller zukünftigen Erfolge oder Einnahmenüberschüsse erhalten ist (z.B. BUSSE VON COLBE, W.; SCHNEIDER, D.).

der Substanzausschüttung - als Folge des Gewinnausweises - in sich. Deshalb hielten die Antragsteller die Bildung einer "Substanzerhaltungsrücklage" zu Lasten des Jahreserfolges für notwendig.

Die Mehrheit des Ausschusses sah in der beantragten, gewinnmindernden Rücklage keinen geeigneten Weg zur Sicherung der Substanzerhaltung. "Vielmehr könne und solle dem berechtigten Anliegen der Substanzerhaltung durch die Bildung freier Rücklagen nach § 58 des Entwurfs Rechnung getragen werden".[1] Eindeutig weisen die Ausschüsse Substanzerhaltungsmaßnahmen und die "erforderliche Anpassung des Produktionspotentials an den Stand der Technik"[2] aus dem Gewinnermittlungsbereich in die Gewinnverwendungssphäre, und die betriebliche Praxis trägt dem Rechnung.[3]

Die Generalnorm fordert gleichzeitig den möglichst sicheren Einblick in die Vermögens- u n d Ertragslage. Der Wortlaut läßt nicht erkennen, ob der Schwerpunkt des Jahresabschlusses auf der bilanziellen oder erfolgsmäßigen Seite liegt, oder ob eine gleichwertige Sicht gefordert ist. Unter dem Einfluß des Anschaffungswertprinzips werden beide Seiten in ihrem Informationsgrad reduziert, denn die Bilanz zeigt keine Vermögenslage zu tagesnahen Werten, und die Erfolgsverrechnung vermittelt keine gegenwartsnahe Aufwandsverrechnung infolge möglicher Scheingewinne aus Preissteigerungen oder - wohl seltener - Scheinverluste aus Preissenkungen. Die Ausrichtung am Tageswertkonzept könnte als Maßstab für die Verlagerung der Priorität auf die Vermögens- oder Ertragsdarstellung dienen.[4] Dann läge in der Preissteigerungssituation ein besserer Einblick in die Ertragslage vor, falls

---

1) Ausschußbericht zit. nach KROPFF, B.: Aktiengesetz, Textausgabe, S. 242.
2) Ebenda, S. 243.
3) Vgl. BIERICH, M.: Substanzerhaltungsrechnungen, S. 521 - 530; NIEHUS, R.J.: Zur Berücksichtigung, S. 593 - 595; IdW (Hrsg.): Stellungnahme HFA 2/75, S. 614 - 616.
4) Vgl. ADS: Rechnungslegung, 4. Aufl., § 155 Tz. 89 m.w.Lit.

die gewählten Bewertungs- und Abschreibungsmethoden zu höheren Aufwendungen führen als andere. Aus der erhöhten
- tendenziell gegenwartsnäheren - Aufwandsverrechnung resultieren niedrigere bilanzielle Aktivwerte und stärkere Diskrepanzen des Vermögensausweises gegenüber den jeweiligen Tageswerten. Dieses Beispiel zeigt den bewertungsmäßigen Zusammenhang zwischen Bilanz- und Erfolgsrechnung und macht ersichtlich, daß eine Verlagerung der Priorität auf die Ertragsdarstellung zu Lasten der Vermögensdarstellung geht und umgekehrt.

Mit der beginnenden Bilanzdiskussion stand primär die Vermögensdarstellung im Vordergrund (statische Bilanztheorie) und nach einer Überleitungsphase, die eine gleichwertige Berücksichtigung der Vermögens- und Erfolgsdarstellung bezweckte (dualistische Bilanztheorie), folgte die starke Hinwendung zur Erfolgsdarstellung (dynamische Bilanztheorie).[1] Nach zeitweiliger Dominanz des dynamischen Bilanzdenkens, das die obersten Finanzgerichte zu "ungeahnter Aktivierungsfreude angeregt hatte",[2] sieht KRUSE[3] nunmehr die Neigung zur dualistischen Bilanztheorie verstärkt. Auch KROPFF[4] geht davon aus, daß im Aktienrecht die Darstellung der Vermögens- und Ertragslage gleichrangig vom Gesetzgeber nebeneinander gestellt wurde. § 149 Abs. 1 Satz 2 AktG stellt es in das Ermessen der Unternehmung, ob sie das Hauptgewicht auf die Darstellung der Vermögens- oder Ertragslage legt.[5]

---

1) Vgl. KRUSE, H.W.: GoB, S. 202 f.
2) Ebenda, S. 203.
3) Vgl. ebenda.
4) Vgl. KROPFF, B.: in Aktiengesetz, Kommentar, § 149 Anm. 99.
5) Vgl. ebenda. Eine Priorität der Darstellung der Ertragslage befürworten folgende Autoren: RÖVER, M.: Sind die aktienrechtlichen Vorschriften, S. 102; KÜBLER, B.M.: Grenzen, S. 142; STEINBACH, A.: Die Rechnungslegungsvorschriften, S. 154.

2.2.3.2. Einfluß der Generalnorm auf die Anwendung der Bewertungsvorschriften

2.2.3.2.1. Problemstellung

Der Einblick in die Vermögens- und Ertragslage einer Aktiengesellschaft mittels des Jahresabschlusses wird erheblich von der Wahl der Bewertungs- und Abschreibungsmethoden beeinflußt. Deshalb hat sich das Schrifttum insbesondere mit der Frage auseinandergesetzt, ob die Aktiengesellschaften grundsätzlich eine freie Methodenwahl haben, oder ob die Generalnorm nur solche Methoden zuläßt, die im Einzelfall zu dem besten Einblick in die Vermögens- und Ertragslage führen, wobei zunächst offen bleibt, ob sich die Methodenwahl nach diesem Kriterium bestimmen läßt. Ist die Entscheidung für eine bestimmte Methode gefallen, stellt sich für die Folgeperioden die Frage, ob und gegebenenfalls in welchen Fällen von der einmal getroffenen Wahl abgewichen werden kann. Mit dieser Frage hängt zusammen, wie die Vergleichbarkeit verschiedener Jahresabschlüsse zu gewährleisten ist.[1]

Grundsätzlich sieht das AktG i.Verb.m. den GoB i.w.S. folgende Bewertungs- und Abschreibungsmethoden vor:[2]

1. Bewertungsmethoden zur Ermittlung der Anschaffungs- oder Herstellungskosten.

    1.1. Direkte Einzelbewertung (§ 39 Abs. 1 HGB i.Verb. m. § 149 Abs. 2 AktG) und indirekte Einzelbewertung mit unterstellten Verbrauchs- oder Veräußerungsfolgen gleichartiger Vorratsgegenstände (Sammelbewertungsmethoden gem. § 155 Abs. 1 Satz 3 AktG und Durchschnittsbewertungsmethode).

---

1) Vgl. Gliederungspunkt 2.2.3.2.3.
2) Vgl. hierzu BARTKE, G.: Das neue Bewertungsrecht, S. 311.

1.2. Gruppenbewertung (Gruppenbewertung i.e.S. gem. § 40 Abs. 4 Nr. 1 HGB i.Verb.m. § 149 Abs. 2 AktG und Festbewertung gem. § 40 Abs. 4 Nr. 2 HGB i.Verb.m. § 149 Abs. 2 AktG).

1.3. Herstellungskostenbewertung zu Voll- oder Teilkosten (§§ 153 Abs. 2, 155 Abs. 1 Satz 2 AktG).

2. Abschreibungsmethoden für abnutzbare Gegenstände des Anlagevermögens gem. § 154 Abs. 1 AktG.[1]

Die größte Bedeutung für den Jahresabschluß hat die handelsrechtlich verankerte Einzelbewertung, d.h. die Bewertung der "einzelnen Vermögensgegenstände" (§ 39 Abs. 1 HGB) und Schulden. Einzelbewertung erfordert die isolierte Bewertung jedes einzelnen Vermögensgegenstandes und Schuldpostens und verbietet globale Bewertung von Sachgesamtheiten.[2] Dadurch ist sichergestellt, "daß notwendige Abschreibungen oder Wertabschläge nicht etwa deshalb unterbleiben, weil anderen Vermögensgegenständen ein höherer Wert beizulegen ist".[3] Ist die individuelle, direkte Zuordnung von Anschaffungswerten bei gleichartigen Vorratsgegenständen unmöglich, weil der Nämlichkeits- oder Identitätsnachweis nicht geführt werden kann, kommt für die Bewertung dieser Gegenstände die indirekte Einzelbewertung durch eine Sammelbewertungsmethode in Betracht.[4] Den Einzelbewertungsmethoden, die stets einen Bewertungsausgleich zwischen einzelnen Vermögensgegenständen

---

1) Vgl. hierzu SCHNEIDER, D.: Abschreibungsverfahren, S. 365 - 376, 402 - 405 m.w.Lit.
2) Vgl. LEFFSON, U.: Die GoB, S. 268; HEINEN, E.: Handelsbilanzen, S. 167; ADS: Rechnungslegung, 4. Aufl., § 149 Tz. 90 - 93; MELLEROWICZ, K.: in Großkommentar AktG, 3. Aufl., § 153 Anm. 11; KROPFF, B.: in Aktiengesetz, Kommentar, § 149 Anm. 31.
3) ADS: Rechnungslegung, 4. Aufl., § 149 Tz. 90; vgl. ferner HEINEN, E.: Handelsbilanzen, S. 167 f.
4) Vgl. Gliederungspunkt 3.1.3.1.

verhindern, stehen die Gruppenbewertungsmethoden (§ 40 Abs. 4 HGB) gegenüber,[1] die "innerhalb der Gruppe bzw. der zu einem Festwert zusammengefaßten Mengen zu einem Ausgleich der Einzelwerte"[2] führen.

Detailliert wird das Problem der Methodenwahl im 4. Teil dieser Arbeit untersucht, welcher sich mit der Zulässigkeit der Bewertungsmethoden befaßt. Hier soll nur der Einfluß der Generalnorm auf die Wahl der Bewertungs- und Abschreibungsmethoden und auf die spätere Fortführung einer gewählten Methode aufgezeigt werden. Maßgeblicher Ausgangspunkt unterschiedlicher Literaturansichten zur "Wahlfreiheit" der Methoden bildet der Wortlaut folgender Gesetzesvorschriften (Hervorhebung vom Verf.):[3]

"Soweit es den Grundsätzen ordnungsmäßiger Buchführung entspricht, kann für den Wertansatz gleichartiger Gegenstände des Vorratsvermögens u n t e r s t e l l t werden, daß die zuerst oder daß die zuletzt angeschafften oder hergestellten Gegenstände zuerst oder in einer sonstigen b e s t i m m t e n Folge verbraucht oder veräußert worden sind" (§ 155 Abs. 1 Satz 3 AktG).

"Bei der Berechnung der Herstellungskosten d ü r f e n in a n g e m e s s e n e m Umfang Abnutzungen und sonstige Wertminderungen sowie a n g e m e s s e n e Teile der Betriebs- und Verwaltungskosten eingerechnet werden" (§ 153 Abs. 2 AktG).

"Bei den Gegenständen des Anlagevermögens, deren Nutzung zeitlich begrenzt ist, sind die Anschaffungs- oder Herstellungskosten um p l a n m ä ß i g e Abschreibungen oder

---

1) Vgl. ADS: Rechnungslegung, 4. Aufl., § 149 Tz. 91; MELLEROWICZ, K.: in Großkommentar AktG, 3. Aufl., § 153 Anm. 11 - 13.
2) ADS: Rechnungslegung, 4. Aufl., § 149 Tz. 91; vgl. ferner CLAUSSEN, C.P.: in Kölner Kommentar, Vorb. § 153 Anm. 6 - 11; Gliederungspunkt 3.1.3.2. der Arbeit.
3) Vgl. DÖLLERER, G.: Rechnungslegung, S. 1411 - 1413 m.w.Lit.

Wertberichtigungen zu vermindern. Der Plan muß die Anschaffungs- oder Herstellungskosten nach einer den Grundsätzen ordnungsmäßiger Buchführung entsprechenden Abschreibungsmethode auf die Geschäftsjahre verteilen" (§ 154 Abs. 1 AktG).

Unter Hinweis auf die Generalnorm und die GoB wird der Wortlaut dieser Vorschriften teilweise so ausgelegt, "daß der Vorstand von mehreren an sich zulässig erscheinenden Bewertungs- und Abschreibungsmethoden diejenige zu wählen hat, die unter den gegebenen Umständen den b e s t e n Einblick in die Lage der Gesellschaft vermittelt" (Hervorhebung vom Verf.).[1]

Der Ausschußbericht[2] zum § 149 AktG scheint diese zielgerichtete Einschränkung des Bewertungsspielraumes zu bestätigen, denn nach Meinung seiner Mitglieder gewähren "die neuen Bewertungsvorschriften erheblichen Spielraum in der Wahl der Bewertungs- und Abschreibungsmethode. Gerade dieser Spielraum macht es aber ... zweckmäßig, den Rechnungslegungsvorschriften eine allgemeine Vorschrift über die Anforderungen voranzustellen, denen der Jahresabschluß in formeller und materieller Hinsicht genügen muß und die bei der Ausübung von Bewertungswahlrechten zu beachten sind". Die Generalnorm ist, wie auch der Ausschußbericht zeigt, als Richtschnur anzusehen, welcher der Jahresabschluß in formeller und materieller Hinsicht zu entsprechen hat. Diese Funktion der Generalnorm, nämlich in Zweifelsfällen der Gesetzesauslegung zu dienen, hat sie mit allen juristischen Generalklauseln gemein.[3] Unter Gesetzesauslegung wird die Er-

---

1) DÖLLERER, G.: Gläubigerschutz, S. 630; vgl. derselbe: Rechnungslegung, S. 1411 - 1413; GESSLER, E.: Der Bedeutungswandel, S. 154 f.
2) Ausschußbericht zit. nach KROPFF, B.: Aktiengesetz, Textausgabe, S. 219.
3) Vgl. S. 27 der Arbeit.

mittlung des Sinngehaltes von Rechtssätzen verstanden,[1] wobei insbesondere die teleologische Auslegung eine sinnhafte Verwirklichung der Rechtsgedanken bewirkt.[2] Gesetze sinnvoll auslegen bedeutet geradezu, sie in zielgerichteter (teleologischer) Weise zu interpretieren.[3] Ein wesentliches Ziel des aktienrechtlichen Jahresabschlusses stellt die Information über die Vermögens- und Ertragslage der Gesellschaft dar, und dieses Ziel gelangt im Wortlaut der Generalnorm unmittelbar zum Ausdruck.[4] Es stellt sich jedoch die Frage, ob eine im Sinne der Generalnorm zielgerichtete Gesetzesauslegung hinsichtlich der Wahl der Bewertungs- und Abschreibungsmethoden zu einer Einschränkung des Methodenwahlrechts führt.

Zu beachten ist bei der teleologischen Gesetzesinterpretation, daß das Gesetz neben dem Hauptzweck der Informationsvermittlung noch andere Zwecke berücksichtigen will, die sich aus einzelnen Bilanzierungs- und Bewertungsvorschriften ergeben. Die besonderen Zwecksetzungen der Einzelvorschriften können dem der Generalnorm entnommenen Bilanzzweck entgegenstehen. Dies gilt z.B. für die besonderen Zwecksetzungen von Einzelvorschriften, die auf "bilanzfremden" Gründen beruhen.[5] KROPFF[6] nennt als Beispiele hierfür die aus s t e u e r l i c h e n Gründen eingeräumten Abwertungswahlrechte, das aus s o z i a l p o l i t i s c h e n Gründen zugelassene Passivierungswahlrecht für Pensionsrückstellungen und die aus w i r t s c h a f t l i c h e n Gründen gewährten Bilanzierungshilfen.

---

1) Vgl. S. 41 der Arbeit.
2) Vgl. S. 48 der Arbeit.
3) Vgl. S. 48 f. der Arbeit.
4) Vgl. S. 89 - 102 der Arbeit.
5) Vgl. KROPFF, B.: in Aktiengesetz, Kommentar, § 149 Anm. 95.
6) Vgl. ebenda; derselbe: Bilanzwahrheit, S. 372 f.

2.2.3.2.2. Erfüllung des Informationszwecks des Jahresabschlusses im Rahmen der Bewertungsvorschriften

Nach der Generalnorm des § 149 Abs. 1 Satz 2 AktG hat der Jahresabschluß einen möglichst sicheren Einblick in die Vermögens- und Ertragslage der Gesellschaft "im Rahmen der Bewertungsvorschriften" zu geben. Soweit die Bewertungsvorschriften grundsätzlich diesen Einblick einschränken, muß dies im Rahmen der Rechnungslegung hingenommen werden.[1] Um zu der Frage des Verhältnisses der Generalnorm zu den Bewertungsvorschriften Stellung nehmen zu können, soll kurz auf die Bewertungskonzeption des AktG 1965 eingegangen werden. Der "Grundkonzeption der neuen Bewertungsvorschriften" liegen drei wesentliche Gedanken zugrunde:[2]

1. Einschränkung stiller Ermessensreserven,[3]
2. Bestimmtheit des Wertansatzes,
3. Bewertungsstetigkeit und Vergleichbarkeit.[4]

Die Ausschüsse[5] setzten anstelle der bisherigen Höchstwertvorschriften ein neues Bewertungssystem, das im einzelnen vorschrieb, "mit welchem Wert die einzelnen Vermögensgegenstände anzusetzen sind". ALBACH[6] bezeichnete das neue Konzept als "Fixwertprinzip", weil es ein System der festen Wertansätze vorsieht, während ADLER/DÜRING/SCHMALTZ[7] zu-

---

1) Vgl. hierzu Ausschußbericht zit. nach KROPFF, B.: Aktiengesetz, Textausgabe, S. 219.
2) Vgl. ebenda, S. 239 f.
3) Vgl. hierzu S. 113 - 115 der Arbeit.
4) Vgl. hierzu Gliederungspunkt 2.2.3.2.3.
5) Ausschußbericht zit. nach KROPFF, B.: Aktiengesetz, Textausgabe, S. 240.
6) Vgl. ALBACH, H.: Rechnungslegung, S. 179; derselbe: Bewertungsprobleme, S. 377; ferner CLAUSSEN, C.P.: in Kölner Kommentar, Vorb. § 153 Anm. 3 m.w.Lit.
7) ADS: Rechnungslegung, 4. Aufl., Vorbem. zu §§ 153 - 156 Tz. 6.

treffender vom "Grundsatz der Bestimmtheit des Wertansatzes" sprechen, denn das Bewertungsrecht schreibt grundsätzlich vor, mit welchem Wert die Aktiven und Passiven anzusetzen sind. Der endgültige Bilanzwert läßt sich nach dem Ausschußbericht nur unter Berücksichtigung der Wertansatzvorschriften i.e.S. und der Bewertungs- und Abschreibungsmethoden ermitteln. Im Ausschußbericht[1] heißt es zu der Grundkonzeption der Bewertungsvorschriften: "Dabei überlassen die neuen Bewertungsvorschriften die Wahl der Bewertungsmethode im einzelnen weitgehend der Gesellschaft. Der anzusetzende Wert ergibt sich daher in vielen Fällen nicht unmittelbar aus dem Gesetz, sondern nur aus dem Gesetz in Verbindung mit der in den gesetzlichen Grenzen gewählten Bewertungs- und Abschreibungsmethode". Vor dem Deutschen Bundestag umriß der Berichterstatter des federführenden Rechtsausschusses, der Abgeordnete WILHELMI,[2] die Bewertungskonzeption u.a. mit den Worten: "Wir haben insbesondere zwar die Bewertungsfreiheit des Vorstandes einer Aktiengesellschaft normiert, ihr aber die Bewertungskontinuität gegenübergestellt und deshalb in einem der wichtigsten Paragraphen, nämlich dem über den Geschäftsbericht ... zum Ausdruck gebracht, daß der Unternehmer zwar die Bewertungsmethode frei wählen kann, daß aber immer die Kontinuität gewahrt werden muß". Weil der Informationsgehalt des Jahresabschlusses "weitgehend" durch freie Wahl der Methoden determiniert ist, war es nach Ansicht der Ausschüsse[3] von entscheidender Bedeutung, "daß im Geschäfts-

---

1) Ausschußbericht zit. nach KROPFF, B.: Aktiengesetz, Textausgabe, S. 240.

2) Abgeordneter WILHELMI, in: Stenographische Berichte über die 187. Sitzung des Deutschen Bundestages, Bd. 59, S. 9404.

3) Ausschußbericht zit. nach KROPFF, B.: Aktiengesetz, Textausgabe, S. 240.

Der Geschäftsbericht soll den Jahresabschluß erläutern. "Dabei sind die Bewertungs- und Abschreibungsmethoden so vollständig anzugeben, wie es zur Vermittlung eines möglichst sicheren Einblicks in die Vermögens- und Ertragslage der Gesellschaft erforderlich ist; auf die Angabe dieser Methoden im Geschäftsbericht für ein früheres Ge-

richt über die Bewertungs- und Abschreibungsmethoden berichtet werden muß".

Aufgrund der Gesetzesmaterialien kann die Frage, ob die Aktiengesellschaften grundsätzlich eine freie Wahl der Bewertungs- und Abschreibungsmethode haben, eindeutig beantwortet werden. Es ist im Regelfall von einer Methodenwahlfreiheit auszugehen, jedoch stets unter Einhaltung der rechtlichen Zielsetzungen. Innerhalb der gesetzlichen Grenzen einer jeden Einzelvorschrift hat sich die Unternehmung für diejenige Methode zu entscheiden, die nach ihrer Ansicht zur Verwirklichung des möglichst sicheren Einblicks in die Lage der Gesellschaft führt. Der Gesetzgeber wählte dieses Konzept der relativen Methodenwahlfreiheit, weil er nicht alle Jahresabschlußfragen bis ins Detail normieren konnte und wollte. Er war sich der Tatsache bewußt, daß "viele Bilanzierungsfragen nicht eindeutig gelöst und vielleicht sogar gar nicht allgemeingültig zu beantworten sind".[1] Im Einzelfall wird vielfach kaum feststellbar sein, welche Methode zur Verwirklichung des besten Einblicks führt, zumal § 149 Abs. 1 Satz 2 AktG vom Einblick in die "Vermögens- und Ertragslage" spricht. Da jede Bewertungs- und Abschreibungsmethode einen unterschiedlichen Einfluß auf die Vermögenslage und die Ertragslage hat,[2] läßt sich ohne Priorität

---

Fortsetzung der Fußnote 3 von S. 130

schäftsjahr, das nicht weiter zurückliegt als das dritte vorausgegangene Geschäftsjahr, kann Bezug genommen werden. In jedem Geschäftsbericht sind zu den einzelnen Posten des Anlagevermögens die Abschreibungen und Wertberichtigungen anzugeben, die auf Zugänge des Geschäftsjahrs gemacht worden sind" (§ 160 Abs. 2 Satz 2 und 3 AktG). Vgl. hierzu ADS: Rechnungslegung, 4. Aufl., § 160 Tz. 32 - 43 m.w.Lit.; MELLEROWICZ, K.: in Großkommentar AktG, 3. Aufl., § 160 Anm. 12 - 19 m.w.Lit.; CLAUSSEN, C.P.: in Kölner Kommentar, § 160 Anm. 19 - 26 m.w.Lit.; KROPFF, B.: in Aktiengesetz, Kommentar, § 160 Anm. 33 - 41 m.w.Lit.

1) KROPFF, B.: in Aktiengesetz, Kommentar, § 149 Anm. 98.
2) Vgl. S. 122 f. der Arbeit.

- Vermögenslage oder Ertragslage - in der Regel nicht sagen, welche Methode den besten Einblick in die "Vermögens- und Ertragslage" gewährt. Der Jahresabschluß würde durch Aufsichtsrat, Wirtschaftsprüfer oder Gerichte intersubjektiv nicht nachprüfbar sein, wenn die Methoden zur Verwirklichung des "besten" Einblicks vom Gesetz gefordert würden.

Die Bewertungskonzeption mit dem bestimmten Wertansatz bei grundsätzlich freier Methodenwahl wurde durch eine Verpflichtung zur umfassenden Erläuterung der Bewertungs- und Abschreibungsmethoden im Geschäftsbericht ergänzt. Für den externen Bilanzadressaten erschließt sich der Einblick in die Vermögens- und Ertragslage einer Gesellschaft somit erst aus der Verbindung von Jahresabschluß und Geschäftsbericht.

Die führenden aktienrechtlichen Kommentare vertreten zu diesem Problemkreis keine einheitliche Auffassung. KROPFF weist zwar auf den "erheblichen Ermessensspielraum für die Wahl der Bewertungs- und Abschreibungsmethode" (Hervorhebung im Original weggelassen)[1] hin, jedoch hat der Gesetzgeber die Bewertungsspielräume nicht eingeräumt, "um den Unternehmen die stille Bildung und stille Auflösung von Rücklagen zu eröffnen".[2] Die Bewertungsspielräume beruhen vor allem auf zwei Gründen:[3] "Erstens sollten sie Spielraum für eine vorsichtige Bewertung eröffnen" (Hervorhebung im Original weggelassen). Zweitens "wollte man den Unternehmen einen Ermessensspielraum für die nach ihrer Ansicht richtige Darstellung ihrer Vermögens- und Ertragslage einräumen" (Hervorhebung im Original weggelassen).[4] Zwischen den Bewertungsspielräumen und der Forderung der Generalnorm besteht kein grundsätzlicher Widerspruch, "vielmehr ist diese Forderung Richtschnur für die Ausfüllung des Bewertungsspiel-

---

1) KROPFF, B.: in Aktiengesetz, Kommentar, Vorb. § 153 Anm. 6 m.w.Lit.
2) Ebenda, § 149 Anm. 97.
3) Ebenda.
4) Ebenda, § 149 Anm. 98; vgl. ferner S. 123 der Arbeit.

raums".[1] Die Forderung nach möglichst sicherem Einblick in die Vermögens- und Ertragslage führt aber nicht zur Ermittlung nur eines einzigen, rechtmäßig zulässigen Wertansatzes, denn es entspricht gerade der Absicht des Gesetzgebers, die Festlegung auf starre Bilanzierungsnormen zu vermeiden.[2] Statt dessen kann sich der Bilanzierende im Rahmen der Bewertungsvorschriften, unter Berücksichtigung des Sinns und Zwecks des gesetzlichen Ermessensspielraums, für diejenige Methode entscheiden, die nach seiner Ansicht geeignet erscheint, der Einblicksforderung des § 149 Abs. 1 Satz 2 AktG zu entsprechen.[3] Ähnlich sieht CLAUSSEN[4] die gleichwertige Forderung nach möglichst sicherem Einblick und der Freiheit in der Methodenwahl. Die Generalnorm verbietet, "daß die W a h l r e c h t e willkürlich oder mißbräuchlich ausgeübt werden; sie sind nach sachlichen Gesichtspunkten auszuüben" (Hervorhebung im Original).[5]

Nach ADLER/DÜRING/SCHMALTZ[6] hingegen verhindert der "§ 149 Abs. 1 nur die mißbräuchliche Ausnutzung von Bewertungswahlrechten". MELLEROWICZ[7] läßt den Gesellschaften bei der Methodenwahl weitgehend freie Hand. Innerhalb der gesetzlichen Grenzen kann die Unternehmung frei wählen, denn als Informationsergänzung steht die Geschäftsberichterstattung zur Verfügung. Das aktienrechtliche Bewertungskonzept basiert auf der Erkenntnis, "daß es einen absolut richtigen

---

1) KROPFF, B.: in Aktiengesetz, Kommentar, § 149 Anm. 99.
2) Vgl. ebenda.
3) Vgl. ebenda.
4) Vgl. CLAUSSEN, C.P.: in Kölner Kommentar, § 149 Anm. 9 - 11 m.w.Lit.
5) Ebenda, § 149 Anm. 11.
6) ADS: Rechnungslegung, 4. Aufl., § 149 Tz. 94 m.w.Lit.
7) Vgl. MELLEROWICZ, K.: in Großkommentar AktG, 3. Aufl., Vorbemerkung §§ 153 - 156 Anm. 6 f. m.w.Lit.

Wert nicht gibt, denn Bewertung und Bilanzierung werden bis zu einem gewissen Grade immer subjektiven Charakter haben".[1]

Wenn auch die Generalnorm der Wahlfreiheit der Bewertungs- und Abschreibungsmethoden grundsätzlich nicht entgegensteht, so kann sie doch im Einzelfall die Wahl einer bestimmten Methode ausschließen. Dies gilt u.a., wenn die Ertragslage durch Ausübung eines an sich zulässigen Wahlrechts verfälscht würde. Als Beispiel führt KROPFF[2] den Ausschluß des Wahlrechtes für nicht leistungsabhängige Gemeinkosten beim Ansatz der Herstellungskosten von Unternehmen mit langfristiger Fertigung an, wenn der "Ertragsausweis durch die mehr oder weniger zufällige Massierung von Ablieferungen im Geschäftsjahr irreführend beeinflußt würde". Insoweit setzt die Generalnorm für die Ausübung des Wahlrechts der Bewertungs- und Abschreibungsmethoden gewisse Grenzen.

Trotz der eingeschränkten Bedeutung der Generalnorm bei der Wahl der Bewertungs- und Abschreibungsmethoden ist sie wichtig wegen ihrer Funktion als Generalklausel und der hiermit verbundenen Aufgabe, in Zweifelsfragen der Gesetzesauslegung zu dienen.[3] Ferner entspringt es dem Willen des Gesetzgebers, daß die Generalnorm aufzeigt, welchen Anforderungen der Jahresabschluß in formeller und materieller Hinsicht grundsätzlich entsprechen muß. Außerdem kodifiziert die Forderung nach einem möglichst sicheren Einblick in die Vermögens- und Ertragslage zugleich einen wesentlichen Zweck aktienrechtlicher Rechnungslegung, so daß sich im Kanon der Auslegungsmethoden jede teleologische Auslegung auch an der Generalnorm zu orientieren hat.

Der von der Generalnorm geforderte möglichst sichere Ein-

---

1) MELLEROWICZ, K.: in Großkommentar AktG, 3. Aufl., Vorbemerkung §§ 153 - 156 Anm. 7.
2) KROPFF, B.: in Aktiengesetz, Kommentar, § 155 Anm. 23.
3) Vgl. S. 27 der Arbeit.

blick braucht grundsätzlich nur im Rahmen bestehender Wertansatzvorschriften i.e.S. und der zulässigen Bewertungs- und Abschreibungsmethoden vermittelt werden. Diese führen nicht immer zum möglichst sicheren Einblick in die Vermögens- und Ertragslage und stehen insofern dem allgemeinen Informationszweck des Jahresabschlusses entgegen. Nach juristischer Methodenlehre gilt die spezielle Rechtsvorschrift (Bewertungsvorschrift) vor der allgemeinen (möglichst sicherer Einblick in die Vermögens- und Ertragslage),[1] auch wenn die besondere Vorschrift dem allgemeinen Normzweck eines Gesetzes zuwiderläuft, denn es steht dem Gesetzgeber frei, eine bestimmte Rangfolge im System der Gesetzeszwecke zu normieren.

Den gesetzgeberischen Willen zu erforschen und zu verwirklichen, stellt das Auslegungsziel[2] der subjektiven Auslegungstheorie dar. Die Auslegung darf aber nicht beim historischen Willen des Gesetzgebers stehen bleiben, wenn sich die Verhältnisse im Laufe der Zeit gewandelt haben. Dann gilt es, den normativen Gesetzessinn (objektive Auslegungstheorie) mit zu erschließen, um den neu gebildeten Anschauungen Rechnung zu tragen. Die Berücksichtigung veränderter wirtschaftlicher Verhältnisse ist auch Aufgabe der Generalklauseln.[3] Für die Interpretation aktienrechtlicher Vorschriften sind diese Gesichtspunkte jedoch ohne Bedeutung, weil sich die Verhältnisse und Anschauungen seit der Kodifizierung des Aktienrechts von 1965 nicht wesentlich geändert haben. Somit kann die Generalnorm derzeit nicht zu einer Interpretation der aktienrechtlichen Jahresabschlußvorschriften führen, welche den gesetzgeberischen Willen außer Kraft setzt, um an dessen Stelle eine für sinnvoller gehaltene Interpretation zu setzen. Bezogen auf das Problem der Methoden-

---

1) Vgl. S. 29 der Arbeit.
2) Vgl. S. 42 - 46 der Arbeit.
3) Vgl. S. 27 der Arbeit.

wahl ergibt sich somit, daß die "relative Methodenwahlfreiheit" nach wie vor gilt, weil sie dem gesetzgeberischen Willen entspricht. Dem in der Generalnorm zum Ausdruck kommenden Bilanzzweck der Informationsvermittlung über die Vermögens- und Ertragslage kann danach von den Aktiengesellschaften grundsätzlich durch Wahl unterschiedlicher Bewertungs- und Abschreibungsmethoden Rechnung getragen werden. Da über die Anwendung der Methoden im Geschäftsbericht zu berichten ist, wird der Informationszweck nur voll durch die gesamte Rechnungslegung (Jahresabschluß und Geschäftsbericht) erfüllt.

2.2.3.2.3. Vergleichbarkeit und Stetigkeit als Ausfluß des Informationszwecks bei Bewertungs- und Abschreibungsmethodenwahlfreiheit

Bei der zweiten strittigen Frage, die mit dem Einfluß der Generalnorm auf die Anwendung der Bewertungsvorschriften zusammenhängt, steht zur Diskussion, ob die Aktiengesellschaften an eine einmal getroffene Wahl der Bewertungs- und Abschreibungsmethode grundsätzlich gebunden sind oder nicht. Der Zwang zur stetigen Anwendung einer ausgewählten Bewertungs- und Abschreibungsmethode würde der Unternehmensleitung, welche den Jahresabschluß aufstellt und normalerweise gemeinsam mit dem Aufsichtsrat feststellt, die Beeinflussungsmöglichkeit des Gewinnausweises durch Methodenwechsel entziehen, während die Verneinung jeglicher Bewertungskontinuität weitgehend eine Darstellung der Vermögens- und Ertragslage entsprechend den Intensionen der Verwaltung ermöglicht. Besonders verdeutlichen die Beispiele zum Wechsel der Bewertungsmethoden des Vorratsvermögens im folgenden Teil der Arbeit die Auswirkungen eines Methodenwechsels auf den Bilanzwert der Vorräte und das Jahresergebnis.[1] Wird beispiels-

---

1) Vgl. Gliederungspunkt 3.3.1.4.

weise in der ersten Periode die Durchschnittsbewertung bei steigenden Preisen angewandt, so führt in der folgenden Periode ein Wechsel zur Fifo-Bewertung zu höheren Bilanzwerten des Vorratsvermögens und geringerer Aufwandsverrechnung, während der Wechsel von der Durchschnittsbewertung zur Lifo-Bewertung einen niedrigeren Ausweis des Vorratswertes und eine Erhöhung des Aufwandes zur Folge hat.

Wäre die Unternehmensleitung grundsätzlich nicht an die zuvor getroffene Methodenwahl gebunden, so könnte sie im vorstehenden Fall den Bilanzwert des Vorratsvermögens und das Jahresergebnis erhöhen oder vermindern und damit den Einblick in die Lage des Unternehmens beeinflussen. Eine entsprechende Geschäftsberichterstattung über den Methodenwechsel würde zwar die Beeinflussung in gewissen Grenzen zeigen, aber diese Erläuterungen stellen keinen ausreichenden Ersatz für die geringere Informationsqualität des Jahresabschlusses dar. Die Freiheit, über die Wahl der Bewertungsmethode jährlich neu zu entscheiden, läßt sich nicht mit der Forderung nach einer willkürfreien Jahresabschlußerstellung vereinbaren; sie widerspricht den allgemeinen Informationsanforderungen nach wahrer und richtiger Information. Finanzielle und sonstige Interessen der Aktionäre und Gläubiger können infolge eines "beeinflußten" Gewinnausweises unter Umständen erheblich beeinträchtigt werden, wenn die Unternehmensleitung jährlich die Bewertungs- und Abschreibungsmethoden ändern würde.

Über dieses Problem waren sich auch die Gesetzesverfasser im klaren, und sie wollten zur Verbesserung der Rechnungslegung dem Vergleichbarkeitsgrundsatz im Gesetz Geltung verschaffen. So heißt es im Ausschußbericht:[1] "Vergleichbare Jahresabschlüsse sollen den Beteiligten die Entwicklung der Vermögens- und Ertragslage der Gesellschaft zeigen und in

---

1) Ausschußbericht zit. nach KROPFF, B.: Aktiengesetz, Textausgabe, S. 240.

gewissem Umfang auch den Ertragsvergleich mit anderen Gesellschaften erleichtern". Die Vergleichbarkeit aufeinanderfolgender Jahresabschlüsse einer Unternehmung und deren Vergleichbarkeit mit den Abschlüssen anderer Unternehmen stellt, hierauf wurde bereits hingewiesen, einen wesentlichen Gedanken im Grundkonzept der neuen aktienrechtlichen Bewertungsvorschriften dar.[1] Er findet auch in der Pflicht zur Geschäftsberichterstattung über die Bewertungs- und Abschreibungsmethoden (§ 160 Abs. 2 Satz 2 und 3 AktG) seinen Ausdruck. Ferner wird er unmittelbar im § 160 Abs. 2 Satz 4 AktG angesprochen, welcher die Erörterung von Abweichungen gegenüber dem vorhergehenden Jahresabschluß der Gesellschaft fordert, "die die Vergleichbarkeit mit dem letzten Jahresabschluß beeinträchtigen, namentlich wesentliche Änderungen der Bewertungs- und Abschreibungsmethoden einschließlich der Vornahme außerplanmäßiger Abschreibungen oder Wertberichtigungen" (§ 160 Abs. 2 Satz 4 AktG). Überschreitet das Jahresergebnis durch die Methodenänderung einschließlich der Vornahme außerplanmäßiger Abschreibungen bestimmte Grenzen, so ist der sich dadurch ergebende Unterschiedsbetrag nach § 160 Abs. 2 Satz 5 AktG im Geschäftsbericht anzugeben.

In der Literatur zum Aktienrecht findet die Forderung nach vergleichbaren Jahresabschlüssen allgemeine Anerkennung, jedoch werden unterschiedliche Konsequenzen aus dem Vergleichbarkeitsgrundsatz gezogen.[2] Eine Gruppe von Autoren hält zur

---

1) Vgl. S. 129 der Arbeit.
2) Vergleichbarkeit von Jahresabschlüssen erfordert nach LEFFSON ganz allgemein:
   "1. den Grundsatz der Stetigkeit,
   2. den Grundsatz, Unstetigkeiten zu erläutern,
   3. den Grundsatz der Aussonderung des der Zeit und der Sache nach Außerordentlichen,
   4. die Verwendung eines zeitraumgleichen Maßstabes"
   (LEFFSON, U.: Die GoB, S. 301).

   Die Stetigkeit oder Kontinuität im Jahresabschluß umfaßt die f o r m a l e   S t e t i g k e i t (1. gleiche Gliederung in aufeinanderfolgenden Jahresabschlüssen und 2. gleiche Inhalte der einzelnen Posten der Jahresabschlüsse) und die

Vergleichbarkeit der Jahresabschlüsse die stetige Anwendung
der gewählten Bewertungs- und Abschreibungsmethoden grundsätzlich für notwendig und läßt eine Unterbrechung der Methodenstetigkeit - mit der Folge der Berichterstattung -
nur in engen Grenzen zu.[1] Die zweite Autorengruppe verneint
die Bewertungsstetigkeit im Jahresabschluß, weil die Vergleichbarkeit durch entsprechende Berichterstattungspflichten im Geschäftsbericht gesichert sein soll.[2] Aus dem Vergleichbarkeitsgrundsatz soll sich danach nicht zwingend die
Stetigkeit ergeben.

Beide Grundansichten zur Methodenstetigkeit im Rahmen des
aktienrechtlichen Jahresabschlusses basieren im wesentlichen
auf unterschiedlichen Auffassungen zum rechtlichen Gehalt der
Generalnorm (§ 149 Abs. 1 Satz 2 AktG) und deren Verhältnis
zu den Bewertungsvorschriften (§§ 153 - 156 AktG) und zur
Geschäftsberichterstattung (§ 160 Abs. 2 AktG).[3] Nach der
erstgenannten Ansicht verlangt die Generalnorm grundsätzlich
vergleichbare Jahresabschlüsse durch stetige Methodenanwendung; es besteht insofern eine enge Verbindung zwischen der
Generalnorm und den Bewertungsvorschriften. Notwendige Methodenänderungen stören die Vergleichbarkeit und bedürfen
der Erläuterung im Geschäftsbericht. Die Gegenansicht zieht
keine Konsequenzen aus der Generalnorm und läßt die Methodenänderung grundsätzlich in jedem Jahresabschluß zu, weil die
Berichterstattung gem. § 160 Abs. 2 AktG die Vergleichbarkeit sichern soll.

Fortsetzung der Fußnote 2 von S. 138

    m a t e r i e l l e   S t e t i g k e i t (1. Grundsatzstetigkeit, d.h. nur sachliche Gründe, die auch in Folgejahren voraussichtlich gelten, erlauben die Änderung von Abschlußmethoden, und 2. stetige Fortführung der einzelnen Vermögenswerte). Vgl. ebenda, S. 301 - 321.

1) Vgl. Literaturangaben auf S. 140 - 142, 144 - 148 der Arbeit.
2) Vgl. Literaturangaben auf S. 142 der Arbeit.
3) Vgl. hierzu und im folgenden BARTKE, G.: Rechnungslegung, S. 132 - 149 m.w.Lit.

Bereits die Reformbestrebungen zur Verbesserung der Rechnungslegung durch die Verwaltung[1] und die Forderung der Generalnorm nach einem möglichst sicheren Einblick in die Vermögens- und Ertragslage, den der Jahresabschluß zu geben hat, deuten darauf hin, daß die Bewertungsstetigkeit für den Jahresabschluß verlangt wird. Eine gegenteilige Ansicht wäre nur denkbar, wenn der Gesetzgeber die Bewertungsstetigkeit im Grundsatz nicht kodifizieren wollte; aus den Gesetzesmaterialien ergibt sich jedoch eindeutig ein anderer Wille des Gesetzgebers. So kommt nach dem Ausschußbericht[2] in den Berichtspflichten des § 160 Abs. 2 AktG "als **w e s e n t l i c h e r   G r u n d z u g** des neuen Bewertungsrechts der **G r u n d s a t z   d e r   B e w e r t u n g s s t e t i g k e i t** zum Ausdruck. Hauptziel der neuen Bewertungsvorschriften ist es, die Ergebnisse aufeinanderfolgender Geschäftsjahre vergleichbar zu machen" (Hervorhebung vom Verf.). Während der abschließenden Beratungen zum Aktiengesetz hat der Abgeordnete WILHELMI[3] auf die enge Verbindung zwischen Wahlfreiheit der Bewertungsmethoden und ihrer kontinuierlichen Anwendung hingewiesen, denn im Aktienrecht wurde der freien Methodenwahl bewußt die Pflicht zur Bewertungsstetigkeit als Ausgleich gegenübergestellt. Dabei drücken die Berichtspflichten aus, "daß der Unternehmer zwar die Bewertungsmethode frei wählen kann, daß aber immer die **K o n t i n u i t ä t** gewahrt werden muß. Das heißt, wenn er schon von der einmal gewählten Form der Bewertung abweicht, muß er das im Geschäftsbericht sagen und unter Umständen, wenn die Abweichung groß ist, sogar in Zahlen zum Ausdruck bringen" (Hervorhebung vom Verf.).[4] Denn Bilanzen werden nicht als Status aufgestellt,

---

1) Vgl. hierzu Gliederungspunkt 2.2.1.
2) Ausschußbericht zit. nach KROPFF, B.: Aktiengesetz, Textausgabe, S. 240.
3) Vgl. Abgeordneter WILHELMI, in: Stenographische Berichte über die 187. Sitzung des Deutschen Bundestages, Bd. 59, S. 9404.
4) Ebenda.

sondern, "um die Vermögensveränderungen in den einzelnen Rechnungslegungsabschnitten vergleichen zu können".[1] Der vom Gesetzgeber eingeschlagene Weg erweist sich somit als "Mittelmaß"[2] zwischen der strikten Bewertungsstetigkeit (die es in dieser absoluten Form praktisch nicht geben kann) einerseits und der mehr oder weniger willkürlichen, periodischen Wahlfreiheit andererseits. Nur in besonderen, sachlich begründeten Fällen können die Bewertungs- und Abschreibungsmethoden geändert werden, wobei die Berichtspflichten gem. § 160 Abs. 2 Satz 4 und 5 AktG zur Sicherung vergleichbarer Abschlüsse eingreifen.

In diesem Zusammenhang gewinnt auch die Ansicht von Autoren an Bedeutung, die maßgeblich an der Gesetzesentstehung mitgewirkt haben. Aufgrund seiner Mitarbeit als Referent des Aktiengesetzes 1937 und 1965[3] kommt GESSLER[4] zu dem Schluß, daß ein Grundzug des neuen Bewertungssystems die planmäßige Bewertung ist. Die Bewertung hat "planmäßig" und "stetig" zu erfolgen, und nicht nach "Gutdünken und Gewinnlage".[5] In enger Arbeitsgemeinschaft mit GESSLER war KROPFF[6] an der Entstehung des neuen Aktiengesetzes beteiligt. KROPFF[7] hält die Bewertungsstetigkeit für einen fundamentalen Grundsatz aktienrechtlicher Rechnungslegung. Aus den Bewertungsvorschriften und den Berichterstattungspflichten leitet er in Verbindung mit der Generalnorm für alle Ak-

---

[1] Abgeordneter WILHELMI, in: Stenographische Berichte über die 187. Sitzung des Deutschen Bundestages, Bd. 59, S. 9404.
[2] Ebenda.
[3] Vgl. KROPFF, B.: in Aktiengesetz, Kommentar, Vorwort.
[4] Vgl. GESSLER, E.: Der Bedeutungswandel, S. 154, 158 f.
[5] Ebenda, S. 158 f.
[6] Vgl. KROPFF, B.: in Aktiengesetz, Kommentar, Vorwort.
KROPFF war zur Zeit der Gesetzesberatungen Regierungsdirektor im Bundesjustizministerium (vgl. derselbe: Grundsätze, S. 58).
[7] Vgl. derselbe: Leitgedanken, S. 573 f.; derselbe: Grundsätze, S. 61.

tiengesellschaften die Bewertungskontinuität als Grundsatz ordnungsmäßiger Buchführung ab.[1] Unzulässig sind Methodenänderungen, "die nicht durch eine andere Beurteilung des zu bewertenden Gegenstandes begründet sind".[2] Möglich wäre eine Stetigkeitsunterbrechung danach beispielsweise bei falscher oder veränderter Nutzungsdauerschätzung abnutzbarer Anlagegegenstände oder durch Anpassung der Methoden an die Steuerbilanz.[3]

Den Befürwortern einer stetigen Anwendung der Bewertungs- und Abschreibungsmethoden im aktienrechtlichen Jahresabschluß stehen diejenigen Autoren gegenüber, die von einer Wahlfreiheit der Methoden in jeder Periode ausgehen. So besteht nach dem WP-HANDBUCH 1973[4] weder eine gesetzliche noch aus den GoB herzuleitende Verpflichtung, die materielle Bilanzkontinuität zu wahren. Die Stellungnahme NA 5/1966 des IdW[5] sieht in den Bewertungsbestimmungen des Aktiengesetzes 1965 keine materielle Bilanzkontinuität verwirklicht. Auch ADLER/DÜRING/SCHMALTZ[6] sehen im Aktienrecht und im allgemeinen Handelsrecht die Bewertungsstetigkeit nicht verankert; "vielmehr können für jeden Jahresabschluß die Bewertungsmethoden neu gewählt werden". Ausführlich hat sich FORSTER[7] - hierauf weisen das WP-HANDBUCH und ADLER/DÜRING/SCHMALTZ hin - mit dieser Frage auseinandergesetzt, so daß eine Auseinandersetzung mit seinen Argumenten notwendig erscheint. Im folgenden sollen zuerst die von FORSTER vorgebrachten Argumente wiedergegeben werden und anschließend wird dazu kritisch Stellung genommen.

---

1) Vgl. KROPFF, B.: Grundsätze, S. 61 f.; derselbe: in Aktiengesetz, Kommentar, Vorb. § 153 Anm. 8.
2) Derselbe: Grundsätze, S. 61; derselbe: in Aktiengesetz, Kommentar, Vorb. § 153 Anm. 8.
3) Vgl. derselbe: in Aktiengesetz, Kommentar, Vorb. § 153 Anm. 8.
4) Vgl. WP-HANDBUCH 1973, S. 541 m.w.Lit.
5) Vgl. IdW (Hrsg.): Stellungnahme NA 5/1966, S. 678.
6) ADS: Rechnungslegung, 4. Aufl., § 149 Tz. 29.
7) Vgl. FORSTER, K.-H.: Bewertungsstetigkeit, S. 555 - 559 m.w.Lit.

1. Aus den Bewertungsbestimmungen für das Umlaufvermögen (§ 155 AktG) und für die Passivposten (§ 156 AktG) läßt sich keine entsprechende Pflicht zur Methodenstetigkeit entnehmen, allenfalls die Forderung nach "planmäßiger" Abschreibung von abnutzbaren Anlagegegenständen (§ 154 Abs. 1 AktG) enthält das Merkmal gewisser Stetigkeit.[1] Hierzu kann gesagt werden, daß der Wortlaut der aktienrechtlichen Bewertungsnormen noch keine Ablehnung der Stetigkeit begründet, denn ausgehend von der grammatischen Auslegung muß auch die systematische, historische und teleologische Gesetzesinterpretation berücksichtigt werden,[2] wobei im vorliegenden Fall insbesondere die Gesetzesmaterialien (historische Auslegung) und die teleologische Auslegung zu einer anderen und zweckentsprechenderen Interpretation führen.

2. Aus den GoB (§ 149 Abs. 1 Satz 1 AktG) kann allenfalls der Vergleichbarkeitsgrundsatz, nicht die Bewertungsstetigkeit abgeleitet werden.[3] Ob die Stetigkeit als GoB anzusehen ist, läßt sich nach dem hier erarbeiteten Schema erst beantworten, nachdem geprüft worden ist, ob die allgemeinen handelsrechtlichen Bilanzvorschriften und das Gewohnheitsrecht Aufschluß über einen entsprechenden GoB i.w.S. geben.[4] Im Handelsgesetzbuch[5] und im Bereich des Gewohnheitsrechts kann ein entsprechender Grundsatz nicht festgestellt werden. Ferner könnte sich die Bewertungsstetigkeit als GoB - allerdings ohne Rechtsnormqualität - aus Verkehrsauffassungen, aus Handelsbräuchen oder aus der Natur der Sache heraus ergeben.[6] Die Existenz diesbezüglicher Verkehrsauffassungen[7]

---

[1] Vgl. FORSTER, K.-H.: Bewertungsstetigkeit, S. 556.
[2] Vgl. S. 46 - 49 der Arbeit.
[3] Vgl. FORSTER, K.-H.: Bewertungsstetigkeit, S. 557.
[4] Vgl. Gliederungspunkt 2.1.2.3.
[5] Vgl. ADS: Rechnungslegung, 4. Aufl., § 149 Tz. 29.
[6] Vgl. Gliederungspunkt 2.1.3.2.
[7] Verneinend KNOCHE, M.: Die Berichterstattung, S. 9.

oder Handelsbräuche[1] wird in der Literatur uneinheitlich gesehen. Aufgrund eines Reichsgerichtsurteils vom 5.11. 1912[2] wird in den meist älteren Kommentaren die Pflicht zur Bilanzkontinuität verneint. In dem Urteil wurde ein Wechsel von der Bewertung zum objektiven Wert (Verkaufspreis) zur Bewertung mit dem Anschaffungswert grundsätzlich für zulässig erachtet, weil es nach Ansicht des Reichsgerichts[3] eine "sog. Kontinuität der Bilanz" nicht gab. Diese Auffassung resultiert aus dem "beizulegenden Wert" nach § 40 Abs. 2 HGB und dessen Interpretation durch das Gericht. Demzufolge waren grundsätzlich nicht die Anschaffungswerte in die Bilanz des Einzelkaufmanns aufzunehmen, sondern "der im geordneten Betriebe zu erzielende und auch erzielte Verkaufswert".[4] Aufgrund der vorstehenden Auffassung erscheint es folgerichtig, wenn das Reichsgericht den Grundsatz der Bilanzkontinuität bei jährlich neu zu ermittelnden Bilanzwerten verneint. Unter Berücksichtigung heutiger Verhältnisse kann das Urteil aber nicht zur Ablehnung der Methodenstetigkeit herangezogen werden, da sich die Auffassungen über die Bewertung nach § 40 Abs. 2 HGB geändert haben.

Während die vorstehend genannten Quellen nur zum Teil die Methodenstetigkeit bejahen, wird in der Bilanzliteratur die Bedeutung des Stetigkeitsgrundsatzes allgemein anerkannt. Ausgehend von SCHMALENBACH hat LEFFSON[5] in neuerer Zeit die Forderung nach Bewertungsstetigkeit als GoB in die Fachdiskussion hineingetragen. Vergleichbare Jahresergebnisse bedingen nach LEFFSON,[6] "daß die einzelnen Posten zu jedem Ab-

---

1) Bejahend WÜRDINGER, H.: in Reichsgerichtskommentar zum HGB, 2. Aufl., § 40 Anm. 2; KAMNITZER-BOHNENBERG: Das HGB, Anm. II zu § 40; BRÜGGEMANN, D.: in Großkommentar zum HGB, § 40 Anm. 2.

2) Vgl. RGZ vom 5.11.1912, Bd.80, S. 332 zit. nach STAUB: Kommentar zum HGB, 11. Aufl., § 40 Anm. 3; DÜRINGER-HACHENBURG: Das HGB, 3. Aufl., § 40 Anm. 6.

3) RGZ vom 5.11.1912, Bd. 80, S. 334.

4) Ebenda, S. 335.

5) Vgl. LEFFSON, U.: Die GoB, S. 301 - 321.

6) Ebenda, S. 301.

schlußstichtag der Menge und dem Wert nach in der gleichen
Weise ermittelt, zusammengestellt und abgegrenzt werden.
Der hieraus folgende Grundsatz kann als Grundsatz der Stetigkeit (consistency) bezeichnet werden". Vergleichbare
Jahresabschlüsse erfordern die Bewertungsstetigkeit; die
Berichterstattung über Stetigkeitsunterbrechungen "ist keine echte Alternative zu der die Vergleichbarkeit sichernden
Stetigkeit, sondern nur ein Behelf in Fällen, in denen eine
Durchbrechung der Stetigkeit geboten erscheint".[1] Bewertungsstetigkeit entspringt dem Gedanken der Rechenschaft[2]
und sollte nur durchbrochen werden, wenn der Jahresabschluß
ohne den Methodenwechsel kein richtiges Bild von der Vermögens- und Ertragslage mehr gibt.[3] Auch ADLER/DÜRING/SCHMALTZ[4]
erkennen in ihrer Kommentierung zum AktG 1937 den Stetigkeitsgrundsatz als Grundsatz für eine betriebswirtschaftlich
richtige und zweckmäßige Erfolgsermittlung an, ziehen aber
hieraus für den handels- und aktienrechtlichen Jahresabschluß
nicht die notwendigen Konsequenzen. Abschließend sei noch
die Auffassung von SCHLEGELBERGERs Kommentar zum HGB wiedergegeben. Dieser hält eine richtige Erfolgsrechnung nur dann
für möglich, wenn die Bilanzen nach gleichen Gesichtspunkten
aufgestellt werden und der Kaufmann die Bilanzkontinuität
dadurch wahrt, "daß er in allen Bilanzen die gleiche Gliederung und die gleichen Bewertungsgrundsätze beibehält".[5]

---

1) LEFFSON, U.: Die GoB, S. 307.
2) Vgl. ebenda.
3) Vgl. ebenda, S. 307 - 309. LEFFSON spricht in diesem Sinne von Grundsatzstetigkeit.
4) Vgl. ADS: Rechnungslegung, 3. Aufl., § 129 Tz. 21.
   Die Kommentierung zum AktG 1965 läßt dieses globale Bekenntnis zur Stetigkeit vollständig vermissen (vgl. ADS: Rechnungslegung, 4. Aufl., § 149 Tz. 29).
5) SCHLEGELBERGER: Kommentar zum HGB, 5. Aufl., § 40 Anm. 5.
   Einkommensteuerrechtlich darf der Kaufmann abnutzbare Wirtschaftsgüter des Anlagevermögens, die bereits am vorangegangenen Bilanzstichtag zum Anlagevermögen gehörten, nicht höher als zu dem letzten Bilanzansatz bewerten (§ 6 Abs. 1 Ziffer 1 EStG). Diese Regelung entspricht nach SCHLEGELBERGERs Kommentar im wesentlichen den GoB (vgl. ebenda).

Die Notwendigkeit der Bewertungsstetigkeit zur Aufstellung sachgerechter Bilanzen und zur Darstellung einer willkürfreien Vermögens- und Ertragslage ist damit hinreichend dargelegt. Vergleichbarkeit durch Bewertungsstetigkeit erweist sich als notwendig, um den Zweck des handelsrechtlichen Jahresabschlusses zu verwirklichen. Die Forderung nach Bewertungsstetigkeit ergibt sich damit aus der Natur der Sache heraus und entspricht den GoB.[1]

3. Der möglichst sichere Einblick in die Vermögens- und Ertragslage (§ 149 Abs. 1 Satz 2 AktG) bedingt nach FORSTERs[2] Ansicht nicht zwingend die Bewertungskontinuität. Es genügt die Vergleichbarkeit der Abschlüsse, wobei der Weg zur Sicherung vergleichbarer Jahresabschlüsse freigestellt sein soll. Der Vergleichbarkeitsgrundsatz wird nicht durch Bewertungsstetigkeit, sondern mittels Berichterstattung im Geschäftsbericht (§ 160 Abs. 2 Satz 4 und 5 AktG) geregelt. Bewertungsstetigkeit ist kein zwingender Grundsatz, denn andernfalls hätte kein Grund vorgelegen, jede Kontinuitätsunterbrechung im Geschäftsbericht zu publizieren.

Demgegenüber leitet KROPFF[3] mit Recht den Stetigkeits-

---

[1] Bewertungsstetigkeit wird als GoB angesehen von:
WÜRDINGER, H.: in Reichsgerichtskommentar zum HGB, 2.Aufl., § 40 Anm. 2; BRÜGGEMANN, D.: in Großkommentar zum HGB, § 40 Anm. 2. Die vorstehenden Kommentare verstehen hierunter eine Bilanzkontinuität in dem Sinne, "daß jede spätere Bilanz auf der früheren sowohl in ihrer Gliederung wie nach Wertansatz aufbaue" (ebenda).
KNOCHE, M.: Die Berichterstattung, S. 10; KAMNITZER-BOHNENBERG: Das HGB, Anm. II zu § 40; BANDASCH: Kommentar zum HGB, § 39 Anm. 10; KROPFF, B.: in Aktiengesetz, Kommentar, Vorb. § 153 Anm. 8 mit Verweis auf LEFFSON, WÖHE, POUGIN und BIENER; BAUMBACH-DUDEN: Handelsgesetzbuch, 21. Aufl., § 39 2 D; LITTMANN, E.: Das Einkommensteuerrecht, § 6 RdNr. 24.

[2] Vgl. im folgenden FORSTER, K.-H.: Bewertungsstetigkeit, S. 557.

[3] Vgl. KROPFF, B.: Grundsätze, S. 61.

grundsatz für Aktiengesellschaften aus der Generalnorm ab. Die Forderung nach möglichst sicherem Einblick in die Vermögens- und Ertragslage deckt sich auch unmittelbar mit den allgemeinen handelsrechtlichen Bilanzzwecken, so daß die vorstehend vorgetragenen Argumente zur Natur der Sache auch hier gelten. Somit ergibt sich für Aktiengesellschaften die Verpflichtung zur Bewertungsstetigkeit nicht nur nach den GoB (§ 149 Abs. 1 Satz 1 AktG), sondern auch aufgrund der Generalnorm (§ 149 Abs. 1 Satz 2 2. Halbsatz AktG). Im aktienrechtlichen Jahresabschluß sind die Bewertungs- und Abschreibungsmethoden somit stetig anzuwenden.[1] Soweit die Methodenstetigkeit nicht gewahrt werden kann, soll und muß die Vergleichbarkeit durch die Erläuterungen im Geschäftsbericht hergestellt werden. Aus der Berichterstattungspflicht bei Methodenänderungen kann aber nicht geschlossen werden, daß die Methode von Jahr zu Jahr gewechselt werden kann, denn die Berichterstattung ersetzt nicht die aus § 149 AktG zu fordernde Bewertungsstetigkeit im Jahresabschluß. Sie soll grundsätzlich ein Mehr an Information gegenüber den durch den Jahresabschluß vermittelten Informationen bieten und nicht die verminderten Informationen des Jahresabschlusses bei dauerndem Methodenwechsel ersetzen.[2] Ferner erfordern die gesetzliche Trennung von Jahresabschluß und Geschäftsbericht, die verminderte Publizität des Geschäftsberichts und die unterschiedlichen Folgen aus Verstößen gegen die Bewertungsvorschriften des Jahresabschlusses und die Geschäftsberichterstattung eine deutliche Unterscheidung von Pflichten, die den Jahresabschluß oder den Geschäftsbericht betreffen. Die Forderung nach einem möglichst sicheren Einblick in die Vermögens- und Ertragslage wird in § 149 Abs. 1

---

1) Vgl. MELLEROWICZ, K.: in Großkommentar AktG, 3. Aufl., § 149 Anm. 78; CLAUSSEN, C.P.: in Kölner Kommentar, § 149 Anm. 13; KROPFF, B.: in Aktiengesetz, Kommentar, Vorb. § 153 Anm. 8.

2) Vgl. im folgenden BARTKE, G.: Rechnungslegung, S. 142 f.

Satz 2 AktG für den Jahresabschluß aufgestellt und deshalb ist aus der Generalnorm der Grundsatz der Methodenstetigkeit abzuleiten. § 160 Abs. 2 AktG fordert im Geschäftsbericht ausdrücklich weitere Informationen zur Vermittlung eines möglichst sicheren Einblicks in die Vermögens- und Ertragslage.

4. FORSTER[1] entnimmt dem Ausschußbericht und den Äußerungen von WILHELMI, der in den beratenden Bundestagsausschüssen entscheidend mitwirkte, keine Pflicht zur Bewertungsstetigkeit. Die vom Verfasser zitierten Quellen heben hingegen stets das gesetzgeberische Interesse an vergleichbaren Jahresabschlüssen durch stetige Anwendung der Methoden hervor.[2] Auch die im Verlauf der Gesetzesberatungen geäußerten Bestrebungen, das deutsche Bewertungssystem an die amerikanische Praxis anzugleichen,[3] sprechen für die Beachtung des Grundsatzes der Bewertungsstetigkeit. Dort hat die Bewertung von Jahr zu Jahr nach denselben Grundsätzen (consistency) zu erfolgen, und es ist seitens der amerikanischen Wirtschaftsprüfer üblich, im Bestätigungsvermerk auf jede Änderung der Bewertungsmethoden hinzuweisen.[4]

Im Rahmen einer Vereinheitlichung des Rechts der EG wird die Bewertungsstetigkeit eindeutig für das deutsche Aktienrecht maßgebend werden, denn der geänderte Vorschlag einer vierten Richtlinie der EG[5] schreibt die Methodenstetigkeit ausdrücklich vor.

---

1) Vgl. FORSTER, K.-H.: Bewertungsstetigkeit, S. 557 f.
2) Vgl. S. 140 - 142 der Arbeit.
3) Vgl. Abgeordneter WILHELMI, in: Stenographische Berichte über die 187. Sitzung des Deutschen Bundestages, Bd. 59, S. 9404.
4) Vgl. SCHÖNFELD, H.-M./HOLZER, H.P.: Bilanzen, S. 486; LEFFSON, U.: Die GoB, S. 304.
5) Vgl. Geänderter Vorschlag einer vierten Richtlinie der EG, Artikel 28 Abs. 1b.

Das International Accounting Standards Committee (IASC),[1] eine Vereinigung von führenden Berufsorganisationen der Wirtschaftsprüfer, dem auch das IdW angehört, hat sich u.a. die Erarbeitung und Durchsetzung von Rechnungslegungsgrundsätzen geprüfter Unternehmen zum Ziel gesetzt. Im Diskussionsentwurf 1 wird vom IASC[2] als grundlegende Rechnungslegungsannahme auch die "consistency" anerkannt. Grundlegende Annahmen der Rechnungslegung "werden im allgemeinen in den Jahresabschlüssen nicht besonders erwähnt, da ihre Verwendung und Gebräuchlichkeit angenommen wird".[3]

Zusammenfassend kann festgestellt werden, daß die Forderung nach Bewertungsstetigkeit dem "Willen des Gesetzgebers" entspringt. Im Jahresabschluß sind die Bewertungs- und Abschreibungsmethoden stetig anzuwenden und Methodenänderungen nur aus sachlichen Gründen zulässig. Dieser im Aktienrecht verwirklichte Grundsatz folgt u.a. aus dem Bestreben des Gesetzgebers, die Rechnungslegung im Interesse des Aktionärs- und Gläubigerschutzes zu verbessern. Er läßt sich ferner aus der Verpflichtung von Vorstand und Verwaltung nach getreuer Rechenschaftslegung in Verbindung mit dem sich aus der Generalnorm ergebenden Informationszweck ableiten. Bewertungsstetigkeit findet auch international allgemeine Anerkennung.

---

1) Vgl. IASC (Hrsg.): Erläuterungen, Ziff. 1 - 3.
2) Vgl. dasselbe: Diskussionsentwurf 1, Ziff. 5.
3) Ebenda, Ziff. 4.

3. Darstellung der Sammelbewertungsmethoden und Auswirkungen aus ihrer Anwendung im Jahresabschluß

3.1. Methoden zur Bewertung der Vorräte

3.1.1. Unterscheidung von Bewertungsprinzip, -methode oder -verfahren

Bevor die Bewertungsmethoden behandelt werden, ist eine Abgrenzung einzelner Begriffe vorzunehmen, die in diesem Zusammenhang verwendet werden. In der Literatur wird teilweise, wenn auch nicht häufig, z.B. vom "Lifo-Prinzip" und "Fifo-Prinzip" gesprochen.[1] Diese Begriffsbildung erscheint wenig sinnvoll, denn als Bewertungsprinzipien oder -grundsätze sind nur tragende Grundsätze des Jahresabschlusses anzusehen. Zu den Grundsätzen jeder Handelsbilanz gehört, nach kaum bestrittener Ansicht, das Anschaffungswertprinzip.[2]

Die Anschaffungswertermittlung wird auch mittels der für das Vorratsvermögen angewendeten Bewertungsmethoden bezweckt. Man kennzeichnet sie in der Literatur am häufigsten mit Begriffen wie "Durchschnittsmethode", "Durchschnittsbewertungsmethode" u.s.w. Das Wort "Bewertungsmethode" drückt die darin enthaltenen beiden Komponenten aus, nämlich Bewertung und Methode. Unter Bewertung wird die zahlenmäßige Bestimmung bilanzieller Wertansätze verstanden,[3] während die Methode den Weg zur Wertbestimmung kennzeichnet.[4] Jeder

---

[1] Entsprechende Begriffe verwenden beispielsweise OTTEN, W.: Das "last-in-, first-out"-Prinzip, S. 213; GUENTHER, J.: Die Anwendung, S. 548 - 551; ENGELMANN, K.: Methoden, S. 18 f.; BENDER, H.: Fragen, S. 24.

[2] Vgl. S. 35, 111 der Arbeit; ferner LEFFSON, U.: Die GoB, S. 74 - 80.

Weitere Prinzipien bzw. Grundsätze des Jahresabschlusses sind: Niederstwertprinzip, Imparitätsprinzip, Grundsätze der Klarheit, Wahrheit, Vollständigkeit, Stetigkeit u.a.

[3] Vgl. SAAGE, G.: GoB, S. 4.

[4] Methode entstammt dem Griechischen und bedeutet "der Weg zu etwas hin" (Der Große Duden, Bd. 7, Stichwort: Methode).

Methode ist die Planmäßigkeit in der Vorgehensweise immanent.[1)]

Auf die "Bewertungsmethoden" verweisen die Vorschriften zum Geschäftsbericht (§ 160 Abs. 2 Satz 2, 4 und 5 AktG) und zur Sonderprüfung wegen unzulässiger Unterbewertung (§ 259 Abs. 4 Satz 2 AktG), jedoch enthält das Gesetz keine Legaldefinition derselben. Einzelne Bewertungsmethoden des Vorratsvermögens werden im § 155 Abs. 1 Satz 3 AktG kodifiziert, ohne sie expressis verbis als Bewertungsmethoden zu bezeichnen. Demgegenüber verwendet der Ausschußbericht[2)] in seinen Ausführungen zum § 155 Abs. 1 Satz 3 AktG den Begriff "Bewertungsmethoden". Die vom Verfasser verwendete Terminologie lehnt sich somit an das Aktienrecht an. Der Wortteil Methode drückt aus, daß die Unternehmung sich bei der Bewertung auf dem Weg zu einem bestimmten Ziel befindet und der Weg methodisch, d.h. planmäßig, beschritten wird.[3)] Das planmäßige Vorgehen bezieht sich einerseits auf die Wahl der jeweiligen Bewertungsmethode. Die Wahl hat in Übereinstimmung mit den Bewertungsprinzipien, insbesondere dem Anschaffungswertprinzip, zu erfolgen und sollte zur Aufstellung zielgerichteter Bilanzen beitragen. Andererseits ist Planmäßigkeit für die verfahrensmäßige Seite der Bewertungsmethoden notwendig. Ohne entsprechende technisch-organisatorische Maßnahmen im Rahmen der Vorratsinventur und dem Bereich des Lager- und Rechnungswesens lassen sich die Methoden nicht zur Bewertung des Vorratsvermögens anwenden. Technische und organisatorische Ausgestaltung kennzeichnen

---

1) Methode kann als "ein nach Sache und Ziel planmäßiges (methodisches) Verfahren" (BROCKHAUS ENZYKLOPÄDIE, Stichwort: Methode) bzw. "planmäßiges Vorgehen" (Der Große Duden, Bd. 7, Stichwort: Methode) bezeichnet werden. Vgl. ebenso LITFIN, P.M.: Bewertungs- und Abschreibungsmethoden, S. 34.

2) Vgl. Ausschußbericht zit. nach KROPFF, B.: Aktiengesetz, Textausgabe, S. 246.

3) WANIK weist darauf hin, daß die Methoden nach §§ 154 Abs. 1 Satz 2, 155 Abs. 1 Satz 3 AktG "in sich 'methodisch', d.h. nicht willkürlich, sein müssen" (WANIK, O.: Darstellung, S. 51). Vgl. ebenso LITFIN, P.M.: Bewertungs- und Abschreibungsmethoden, S. 36.

die verfahrensmäßige Seite der Bewertungsmethoden. Unter Berücksichtigung dieser Gesichtspunkte erscheint es zweckmäßig, nicht von Bewertungsverfahren an Stelle von Bewertungsmethoden zu sprechen, denn mit Verfahren wird nur die formale Seite der Bewertungsmethoden angesprochen.[1]

Neben den bisher aufgezeigten Differenzierungen in der betriebswirtschaftlichen Literatur findet sich eine weitere Gegenüberstellung, und zwar von Schätzungs- und Bewertungsmethoden. Schätzungsmethoden sollen nach dieser begrifflichen Gegenüberstellung nur in einer dem betrieblichen Güterfluß entsprechenden Weise angewendet werden, um die Anschaffungs- oder Herstellungskosten des Vorratsbestands entsprechend dem tatsächlichen Güterfluß zu ermitteln.[2] Dagegen können Bewertungsmethoden von Annahmen ausgehen, die dem Betriebsablauf völlig entgegen stehen.[3] Die Trennung im vorgenannten Sinne wird jedoch nicht in der gesamten Literatur und auch nicht im Rahmen dieser Arbeit durchgeführt, denn häufig werden beide Begriffe gleichwertig benutzt.[4]

Aus anderen Gründen hat sich SCHNIER[5] gegen den Begriff

---

1) In der Literatur findet kaum eine Trennung zwischen Bewertungsmethoden u.a. Begriffen statt. Es werden häufig die verschiedensten Begriffe ausschließlich oder neben anderen i.S. von Methode verwendet: "Verfahren", "Bewertungsverfahren", "Lifo (Fifo u.a.)-Verfahren" (vgl. BENDER, H.: Fragen, S. 24; ALBACH, H.: Rechnungslegung, S. 184; FORSTER, K.-H./WEIRICH, S.: Lifo, S. 482 f.; KAMPRAD, B.: Das Lifo-Verfahren, S. 875; BUSSE VON COLBE, W./ORDELHEIDE, D.: Vorratsbewertung, S. 221 f.; ADS: Rechnungslegung, 4. Aufl., § 155 Tz. 85).

2) Vgl. BINDER, O.: Schätzungsverfahren, S. 152; WILLEMS, R.: Die Bewertung, S. 27 f., 38; ECKARDT, H.: Die Substanzerhaltung, S. 88 f.

3) Vgl. ECKARDT, H.: Die Substanzerhaltung, S. 88.

4) Vgl. HAX, K.: Gruppenbewertung, S. 794 f.; ALBACH, H.: Rechnungslegung, S. 185; SAAGE, G.: Die Reservepolitik, S. 77; WÖHE, G.: Bilanzierung, S. 349 f.

5) Vgl. im folgenden SCHNIER, K.-H.: Zur Bewertung, S. 22 f., 84.

Schätzungsmethode gewandt. Eine Schätzung setzt nach seiner
Meinung voraus, daß die jeweiligen Preise völlig unbekannt
sind und somit erst auf dem Wege der Schätzung zu ermitteln
sind. Dies trifft aber für die Anwendung der Bewertungsmethoden nicht zu, denn es liegen Anschaffungs- oder Herstellungskosten vor, die entsprechend der angewendeten Bewertungsmethode auf die Vorräte zu verteilen sind.[1]

3.1.2. Darstellung ausgewählter Methoden
3.1.2.1. Isoliert angewendete Bewertungsmethoden
3.1.2.1.1. Durchschnittsbewertungsmethode

Bevor die Zulässigkeit der Bewertungsmethoden im 4. Teil
der Arbeit behandelt wird, sollen nachfolgend der verfahrensmäßige Aufbau und die Auswirkung der Methoden auf den
Jahresabschluß untersucht werden. Hierbei scheiden alle
Bewertungsmethoden aus, die entweder außerhalb der aktien-
oder handelsrechtlichen Diskussion stehen,[2] oder die nur
für im Konzernverbund stehende Aktiengesellschaften von Bedeutung sind.[3] Mögliche Einflüsse aufgrund des Niederst-

---

[1] FASOLD betrachtet die Lifo-Methode nicht als Bewertungsmethode, sondern als Verfahren zur "Ermittlung und Feststellung des zu bewertenden Bestandes" (FASOLD, R.W.: Zur Anerkennung, S. 1287). Diese Funktion der Ermittlung des Bewertungsbestandes erfüllt die Lifo-Methode jedoch nicht, denn zunächst müssen die Vermögensgegenstände mittels Inventur mengenmäßig festgestellt werden, bevor ihre Bilanzierung und Bewertung für den Jahresabschluß vorgenommen wird (vgl. ebenso SAUER, O.: Die Bewertung, S. 74).

[2] Es handelt sich hierbei im wesentlichen um die "Dollar-Value-Methode", auch "Dollar-Value-Lifo-Methode" genannt (vgl. KROPFF, B.: Leitgedanken, S. 567; SCHÖNFELD, H.-M./HOLZER, H.P.: Bilanzen, S. 490 - 493; FORSTER, K.-H./WEIRICH, S.: Lifo, S. 491; HOFFMAN, R.A./GUNDERS, H.: Inventories, S. 275 - 310; ADS: Rechnungslegung, 4. Aufl., § 155 Tz. 127), und die "Retail-Lifo-Methode" (vgl. HOFFMAN, R.A./GUNDERS, H.: Inventories, S. 327 - 358; ADS: Rechnungslegung, 4. Aufl., § 155 Tz. 128).

[3] Vgl. hierzu das "Kifo-Verfahren" (Konzern in-first out) oder "Kilo-Verfahren" (Konzern in-last out) bei BUSSE VON COLBE, W./ORDELHEIDE, D.: Vorratsbewertung, S. 221 - 238.

wert- oder Imparitätsprinzips bzw. sonstige Abwertungsmöglichkeiten bleiben zunächst unberücksichtigt, sie werden unter dem Gliederungspunkt 3.3.2. betrachtet.

Grundsätzlich sind die "periodenbezogenen" und die "permanenten" Bewertungsmethoden zu unterscheiden. Dabei geht die periodenbezogene Betrachtungsweise vom Geschäftsjahr der Unternehmung aus, das vom Kalenderjahr abweichen kann. Kürzere Perioden als die Jahresperiode liegen bei Rumpfgeschäftsjahren zwangsläufig oder freiwillig bei Erstellung von Zwischenabschlüssen vor. Je kürzer die jeweilige Periode gewählt ist, umso stärker nähert sich die periodenbezogene Betrachtungsweise der permanenten Form an. Im Interesse einer klareren Gegenüberstellung der beiden Arten von Bewertungsmethoden soll deshalb i.d.R. die permanente Form der jahresbezogenen (periodischen) Form gegenübergestellt werden.

Bei der periodenbezogenen Durchschnittsbewertung wird aus dem wertmäßigen Anfangsbestand[1] und dem wertmäßigen Zugang des Jahres ein Durchschnittspreis errechnet, mit dem der mengenmäßige Verbrauch und der mengenmäßige Endbestand bewertet werden.[2]

---

1) Der Anfangsbestand der Periode entspricht dem Endbestand der Vorperiode, er kann auch Null DM betragen. Ohne Einbeziehung des Anfangsbestandes würde sich nach WÖHE ein "durchschnittlicher Beschaffungswert" im Gegensatz zum hier verwendeten "durchschnittlichen Buchbestandswert" ergeben (vgl. WÖHE, G.: Bilanzierung, S. 353).
BENDER hat nachgewiesen, daß der Anfangsbestand stets in die Durchschnittsbildung einzubeziehen ist (vgl. BENDER, H.: Fragen, S. 24).

2) Vgl. im folgenden ADS: Rechnungslegung, 4. Aufl., § 155 Tz. 86.

Beispiel einer periodenbezogenen Durchschnittsbewertung

	Menge (E)	Preis (DM/E)	Wert (DM)
Anfangsbestand	100	10,--	1.000,--
Zugang	50	9,--	450,--
Zugang	80	11,--	880,--
	230		2.330,--

Endbestand lt. Inventur 100 Einheiten
Mengenmäßiger Verbrauch = 230 E ·/. 100 E = 130 Einheiten

$$\text{Durchschnittspreis/E} = \frac{\text{wertmäßiger Anfangsbestand} + \text{wertmäßiger Zugang}}{\text{mengenmäßiger Anfangsbestand} + \text{mengenmäßiger Zugang}}$$

$$= \frac{2.330,--}{230} = 10,13 \text{ DM/E}$$

Mit dem errechneten Durchschnittspreis werden sowohl der mengenmäßige Endbestand lt. Inventur als auch der mengenmäßige Verbrauch der Periode bewertet, wodurch sich der Endbestandswert (100 E x 10,13 DM/E = 1.013,-- DM) und der Verbrauchswert (130 E x 10,13 DM/E = 1.317,-- DM) ergeben. Streng genommen müßte diese Form der Bewertung als "periodenbezogene, gewogene Durchschnittspreismethode" bezeichnet werden, da stets mit gewogenen Durchschnittspreisen gerechnet wird und nicht mit einfachen Durchschnittspreisen.[1] Die Gewichtung der Preise erfolgt mit den entsprechenden Anfangs- bzw. Zugangsmengen. Eine "periodenbezogene, einfache Durchschnittspreismethode" ist jedoch unzulässig, da nach dieser

---

1) Der einfache Durchschnittspreis der Periode beträgt 10,-- DM/E.

Methode nicht der gesamte Anfangs- und Zugangswert der Buchhaltung verrechnet wird.[1] Da diese Bewertungsmethode nicht angewendet werden kann, braucht in den folgenden Ausführungen auch nur von der "periodenbezogenen Durchschnittsmethode"[2] gesprochen zu werden, um sie von der "permanenten Durchschnittsmethode" abzugrenzen.[3]

Bei Anwendung der "permanenten Durchschnittsmethode" wird nach jedem Zugang ein gewogener Durchschnittspreis errechnet. Mit diesem gewogenen Durchschnittspreis werden die Abgänge solange bewertet, bis wiederum ein Zukauf stattfindet.[4] Der zuletzt ermittelte Durchschnittspreis dient zur Bewertung des Endbestandes. Im umseitigen Beispiel beträgt er DM 10,37, so daß sich ein Endbestandswert von DM 1.037,-- (= 100 E x 10,37 DM/E) ergibt.

---

1) Ohne Berücksichtigung der Gewichtung würden im vorliegenden Beispiel als Verbrauchs- und Endbestandswert insgesamt DM 2.300,-- (= 230 E x 10,-- DM/E) gegenüber dem buchmäßigen Wert von DM 2.330,-- verrechnet. Die Ergebnisse der einfachen und der gewogenen Durchschnittspreisberechnung stimmen bei unterschiedlichen Preisen nur überein, wenn die einzelnen Zugangsmengen der Periode stets gleich hoch sind und jeweils der Menge des Anfangsbestandes entsprechen.

2) Da alle Bewertungsmethoden mit Preisen (Anschaffungs- oder Herstellungskosten) rechnen, braucht dieser Gesichtspunkt nicht gesondert hervorgehoben zu werden. Vereinzelt finden sich jedoch in der Literatur Ausdrücke wie "Durchschnitts-Preismethode" oder "Durchschnittswertmethode".

3) Die Gegenüberstellung von einfacher Durchschnittsbewertung (Weighted Average Method) und gewogener Durchschnittsmethode (Moving Average Method) (vgl. KLEIN, W.: Die Eliminierung, S. 2171) i.S.v. periodenbezogener und permanenter Durchschnittsbewertung ist begrifflich falsch, da beide Methoden mit gewogenen Preisen arbeiten.

4) Vgl. WÖHE, G.: Bilanzierung, S. 354 f.; ADS: Rechnungslegung, 4. Aufl., § 155 Tz. 87.

Beispiel einer permanenten Durchschnittsbewertung[1]

	Menge (E)	Preis (DM/E)	Wert (DM)
Anfangsbestand	100	10,--	1.000,--
Zugang	50	9,--	450,--
	150	9,67	1.450,--
Abgang	80	9,67	774,--
	70	9,67	676,--
Zugang	80	11,--	880,--
	150	10,37	1.556,--
Abgang	50	10,37	519,--
Endbestand	100	10,37	1.037,--

Voraussetzung zur Anwendung der permanenten Bewertungsmethode ist das Vorhandensein einer Lagerbuchführung,[2] welche die Lagerbewegungen aufzeigt. Buchmäßig errechneter und effektiver Endbestand stimmen am Jahresende nur überein, wenn keine unkontrollierten Abgänge (Schwund, Diebstahl u.a.) vorliegen und alle sonstigen Lagerbewegungen erfaßt wurden. Die Unternehmung muß auch bei Anwendung der Bestandsfortschreibung am Jahresende den Inventurbestand durch körperliche Aufnahme ermitteln, wenn sie die Stichtagsinventur durchführt. Bei Differenzen zwischen der buchmäßigen und körperlichen Bestandsaufnahme ist der buchmäßi-

---

1) Die Werte wurden teilweise gerundet.
2) Vgl. ADS: Rechnungslegung, 4. Aufl., § 155 Tz. 109. Eine ordnungsmäßige Lagerbuchführung liegt vor, "wenn die Zu- und Abgänge lückenlos und genau nach Tag, Art und Menge erfaßt sind und die sich aus der Fortschreibung ergebenden Bestände ausgewiesen werden" (Arbeitskreis LUDEWIG: Die Vorratsinventur, S. 37). In dieser Form einer reinen Arten- und Mengenrechnung kann sie vom Lagerverwalter geführt werden mittels Lagerkarteien oder Lagerfachkarten. Findet eine Ergänzung durch wertmäßige Aufzeichnungen statt, wird die Lagerbuchführung meistens als Nebenbuchführung der Finanzbuchhaltung geführt (vgl. hierzu ebenda, S. 37 - 39). Diese Form der wertmäßigen Lagerbuchführung ist Voraussetzung zur Durchführung der permanenten Durchschnittsbewertung und der anderen permanenten Bewertungsmethoden.

ge Bestandswert zu korrigieren. Gegebenenfalls werden organisatorische Veränderungen notwendig, um Schwachstellen im System der Lagerbuchführung und der -verwaltung zu beheben.

3.1.2.1.2. Lifo-/ Fifo- Bewertungsmethode

Neben der Durchschnittsbewertung finden die Methoden der zeitlichen Verbrauchsfolgebestimmung in Form der Lifo-Bewertungsmethode (last in - first out) und der Fifo-Bewertungsmethode (first in - first out) Anwendung.

Beispiel einer periodenbezogenen Lifo-Bewertung

	Menge (E)	Preis (DM/E)	Wert (DM)
Anfangsbestand	100	10,--	1.000,--
Zugang	50	9,--	450,--
Zugang	80	11,--	880,--
Zugang	60	12,--	720,--
	290		3.050,--

Endbestand lt. Inventur 120 Einheiten
Verbrauchsbewertung:

	60	12,--	720,--
	80	11,--	880,--
	30	9,--	270,--
	170		1.870,--

Endbestandswertung:

	100	10,--	1.000,--
	20	9,--	180,--
	120		1.180,--

Zur Errechnung des Endbestandswertes geht man von der Annahme aus, daß die zuletzt angeschafften oder hergestellten Vorratsgüter jeweils zuerst verbraucht werden.[1] Im obigen

---

[1] Vgl. ADS: Rechnungslegung, 4. Aufl., § 155 Tz. 107.

Beispiel setzt sich der Endbestand aus dem Anfangsbestand (100 E à DM 10,--) und einem Teil des ersten Zugangs (20 E à DM 9,--) zusammen. Gedanklich besteht der Endbestand aus zwei Teilmengen mit unterschiedlichen Preisen.[1] Aus der Differenz des wertmäßigen Anfangsbestandes zuzüglich wertmäßigem Zugang und abzüglich dem Wert des Endbestandes ergibt sich der Verbrauchsaufwand, der hier aus den letzten Zugängen und einem Teil des ersten Zuganges der Periode resultiert.

Die permanente Lifo-Bewertungsmethode erfaßt den Periodenverbrauch fortlaufend, wobei die zuletzt angeschafften Vorratsgüter verbrauchsmäßig zuerst verrechnet werden.[2]

Beispiel einer permanenten Lifo-Bewertung

	Menge (E)		Preis (DM/E)	Wert (DM)	
Anfangsbestand		100	10,--	1.000,--	
Zugang		50	9,--	450,--	
	100		10,--	1.000,--	
Bestand	50	150	9,--	450,--	1.450,--
	50		9,--	450,--	
Abgang	30	80	10,--	300,--	750,--
Bestand		70	10,--		700,--
	80		11,--	880,--	
Zugang	60	140	12,--	720,--	1.600,--
	70		10,--	700,--	
	80		11,--	880,--	
Bestand	60	210	12,--	720,--	2.300,--
	60		12,--	720,--	
Abgang	30	90	11,--	330,--	1.050,--
	70		10,--	700,--	
Endbestand	50	120	11,--	550,--	1.250,--

---

1) Vgl. hierzu S. 161 f. der Arbeit.
2) Vgl. ADS: Rechnungslegung, 4. Aufl., § 155 Tz. 109.

Der Endbestand ergibt sich in diesem Beispiel aus zwei Teilmengen, nämlich 70 Einheiten des Anfangsbestandes und 50 Einheiten des 2. Zugangs.[1] Wie auch bei den anderen permanenten Bewertungsmethoden ist die permanente Lifo-Bewertungsmethode an eine ordnungsmäßige Lagerbuchführung gebunden.[2] Aus ihr müssen mengen- und wertmäßige Lagerbewegungen in chronologischer Folge zu ersehen sein.

Die Fifo-Bewertungsmethode verrechnet den Verbrauch in umgekehrter Weise wie die Lifo-Bewertungsmethode, denn es gilt die Annahme, daß die zuerst angeschafften oder hergestellten Vorratsgegenstände auch zuerst verbraucht werden. Der Endbestand besteht somit aus den letzten Zugängen der Periode oder auch aus Teilen des Anfangsbestandes, falls der Verbrauch unter dem Anfangsbestand liegt. Bei der Fifo-Bewertungsmethode werden stets die ältesten Bestände zuerst in fortlaufender Folge verbraucht, deshalb entsprechen sich die Ergebnisse der permanenten und periodenbezogenen Betrachtungsweise.[3]

3.1.2.1.3. Hifo-/ Lofo-Bewertungsmethode

Hifo-Bewertungsmethode (highest in - first out) und Lofo-Bewertungsmethode (lowest in - first out) bestimmen die Verbrauchsfolge nach der Höhe der Anschaffungs- oder Herstellungskosten (preisbestimmte Verbrauchsfolgen).[4] Sie können

---

1) Vgl. hierzu S. 161 f. der Arbeit.
2) Vgl. ADS: Rechnungslegung, 4. Aufl., § 155 Tz. 109.
3) Vgl. SCHNIER, K.-H.: Zur Bewertung, S. 24; WÖHE, G.: Bilanzierung, S. 355.
4) BUCHNER bezeichnet die Methoden als "beschaffungspreisbestimmte Folgen" (BUCHNER, R.: Zur Bewertung, S. 179). Sie können auch für die Erzeugnisbewertung verwendet werden, deshalb ist der Begriff "beschaffungs- oder herstellungspreisbestimmte Verbrauchsfolgen" bzw. "preisbestimmte Verbrauchsfolgen" zutreffender.

in periodenbezogener oder permanenter Form angewandt werden. Stets legt die Hifo-Bewertungsmethode als ersten Verbrauch die am teuersten eingekauften oder hergestellten Vorräte zugrunde, so daß der Endbestand die Vorräte mit den niedrigsten Preisen enthält.[1] Die Lofo-Methode führt zum umgekehrten Ergebnis.

3.1.2.2. Kombiniert angewendete Bewertungsmethoden

Bei Anwendung der periodenbezogenen Durchschnittsmethode ergibt sich stets ein einheitlicher Durchschnittspreis für den gesamten Endbestand und den gesamten Verbrauch, auch wenn der Anfangsbestand und die Zugänge unterschiedliche Preise aufweisen. Die permanente Durchschnittsbewertung führt durch die fortlaufende Neuberechnung von Durchschnittspreisen in der Regel zu unterschiedlichen Verbrauchspreisen der verschiedenen Abgänge, jedoch wird für den Endbestand ein einheitlicher Preis zugrunde gelegt.

Diese einheitliche Bewertung des gesamten Endbestandes mit einem Preis liegt bei den Bewertungsmethoden der zeit- oder preisbestimmten Verbrauchsfolgen nicht vor, wenn sich der Endbestand aus verschiedenen Teilmengen (Anfangsbestand bzw. Zugänge der Periode) zusammensetzt und diese Teilmengen unterschiedliche Preise aufweisen. In dem vorgenannten Beispiel der Lifo-Bewertungsmethode setzt sich der Endbestand wie folgt zusammen:

Perioden-Lifo

100 E	à	DM 10,--	= DM	1.000,--
20 E	à	DM 9,--	= DM	180,--
120 E	(à	DM 9,83)	= DM	1.180,--

Er besteht aus zwei Teilmengen mit unterschiedlichen Preisen,

---
1) Vgl. ADS: Rechnungslegung, 4. Aufl., § 155 Tz. 129 f.

die auch buchmäßig als solche behandelt werden. In der betriebswirtschaftlichen Literatur wird jedoch diskutiert, ob die Teilmengen des Endbestandes zu einem Gesamtbestand zusammengefaßt werden dürfen, der mit einem Durchschnittspreis zu bewerten ist.[1] Dieser Durchschnittspreis ergibt sich aus dem wertmäßigen Endbestand dividiert durch den mengenmäßigen Endbestand. Er ist für die weitere buchmäßige Behandlung maßgebend und würde im obigen Fall DM 9,83 für den gesamten Endbestand von 120 Einheiten betragen. Theoretisch entspricht die Beibehaltung von Teilmengen mit den jeweiligen Preisen den Annahmen der Methoden; dennoch wird in der Praxis häufig eine Durchschnittspreisbildung für den Gesamtbestand am Jahresende vorgenommen.[2]

Von einer Kombination zweier Bewertungsmethoden, nämlich der Lifo-Bewertungsmethode zur Bewertung des Endbestandes und der Durchschnittsbewertungsmethode zur Errechnung eines Einheitspreises für diesen Endbestand, wird man hier jedoch kaum sprechen können, da der Endbestand wertmäßig nur mittels der Lifo-Methode bestimmt wurde. Anders sind Fälle zu beurteilen, bei denen der Endbestand selbst mittels verschiedener Methoden bewertet wird. Es liegt dann eine kombinierte Anwendung zweier oder mehrerer Bewertungsmethoden vor. Diese Kombination von Bewertungsmethoden wird in der Literatur

---

1) Diese Diskussion wird besonders bei der Anwendung des Niederstwertprinzips geführt, wenn es gilt, den Niederstwert mit dem Preis der Vorräte (Teilmengenpreise oder Durchschnittspreise des Endbestandes) zu vergleichen.

Nur die Durchschnittsbildung befürwortend HAX, K.: Die Substanzerhaltung, S. 142 f.; ECKARDT, H.: Die Substanzerhaltung, S. 87; WENZEL, K.: Geldentwertung, S. 168.

Gegen eine Durchschnittsbildung LANGEN, H.: Unterstellung, S. 552; MELLEROWICZ, K.: in Großkommentar AktG, 3. Aufl., § 155 Anm. 48, 52.

Beide Formen anerkennend FORSTER, K.-H./WEIRICH, S.: Lifo, S. 490; SCHNIER, K.-H.: Zur Bewertung, S. 19, 95.

2) Vgl. HOFFMAN, R.A./GUNDERS, H.: Inventories, S. 262 - 264; ADS: Rechnungslegung, 4. Aufl., § 155 Tz. 117.

ausschließlich im Zusammenhang mit der periodenbezogenen Lifo-Methode diskutiert, wenn es gilt, den Endbestand unter Berücksichtigung von Bestandsveränderungen zu bewerten.[1] Grundsätzlich sind die folgenden Bestandssituationen zu unterscheiden:[2]

1. Der mengenmäßige Endbestand entspricht der Vorperiode.
2. Der mengenmäßige Endbestand nimmt gegenüber der Vorperiode zu.
3. Der mengenmäßige Endbestand nimmt gegenüber der Vorperiode ab.

Zu 1.: Der Vorjahreswert wird entsprechend den Verbrauchsannahmen beibehalten, da keine Bestandsveränderung vorliegt.

Zu 2.: Der Mehrbestand wird entsprechend einer bestimmten Bewertungsmethode (Lifo, Fifo, Durchschnittsbewertung[3] oder Hifo bzw. Lofo[4]) aus den Zugängen der Periode bewertet. Aus dem Anfangsbestand und dem Mehrbestand kann ein einheitlicher Endbestand mit einem Durchschnittspreis gebildet werden, der auch in das folgende Jahr übernommen wird. In Amerika verlangen die

---

1) Vgl. KÜBLER, B.M.: Grenzen, S. 132 - 134; WÖHE, G.: Bilanzierung, S. 356.

2) Vgl. im folgenden FORSTER, K.-H./WEIRICH, S.: Lifo, S. 487 - 489; KÜBLER, B.M.: Grenzen, S. 131 - 136; HOFFMAN, R.A./GUNDERS, H.: Inventories, S. 260 - 264; ADS: Rechnungslegung, 4. Aufl., § 155 Tz. 110 - 122.

3) ADS weisen bei der Durchschnittsbewertung auch auf die mögliche Verwendung von Durchschnittspreisen aus Zugängen des 1. oder 2. Halbjahres hin (vgl. ADS: Rechnungslegung, 4. Aufl., § 155 Tz. 116).

4) In der Literatur werden die preisbestimmten Methoden nicht genannt, weil Darstellungen in der deutschen Literatur sich an die amerikanische Praxis anlehnen, wo diese Methoden in diesem Zusammenhang unerwähnt bleiben (vgl. United States Internal Revenue Code, § 1.472-2(d) (1) (i); HOFFMAN, R.A./GUNDERS, H.: Inventories, S. 260 - 264).

Richtlinien der Bundesfinanzverwaltung[1] die getrennte Fortführung des Mehrbestandes als sog. layer neben dem Basisbestand. Bei weiteren Bestandserhöhungen in den Folgejahren sind erneut gesonderte "layer" zu bilden. Innerhalb der "layer" müssen eventuelle Teilmengen mit den entsprechenden Preisen beibehalten werden.[2]

Zu 3.: Vermindert sich hingegen der Jahresendbestand gegenüber dem Vorjahr, ist nach den obigen Richtlinien[3] der Bestandsabbau der jährlich gebildeten "layer" entsprechend der Lifo-Bewertungsmethode vorzunehmen; wird ein "layer" nur teilweise aufgelöst, geschieht dies in den USA ebenfalls nach der Lifo-Methode. Grundsätzlich wäre es jedoch auch möglich, den Abbau der "layer" nach derjenigen Methode zu verrechnen, die seiner Bildung zugrunde gelegt wurde.[4] Hat die Unternehmung den Vorjahresendbestand abschließend mit einem Durchschnittspreis bewertet, kann sie diesen Durchschnittspreis zur Bewertung des verminderten Bestandes in der Folgeperiode heranziehen.

3.1.3. Systematische Betrachtung der Bewertungsmethoden

3.1.3.1. Bestands- oder Verbrauchsbewertungsmethoden

Die Unternehmung hat als Grundlage der Bilanz ein Verzeichnis sämtlicher Vermögens- und Schuldteile (Inventarverzeichnis) zu erstellen, aus dem auch die mengen- und wertmäßige Zusammensetzung der Vorräte ersichtlich ist. Dabei ist grundsätzlich von einer Einzelbewertung der Vermögens- und Schuldposten auszugehen (§ 39 Abs. 1 HGB). Die Bewertung

---

1) Vgl. im folgenden United States Internal Revenue Code, § 1.472-2(d) (1) (iii) Example (1).
2) Bei der Durchschnittsbewertungsmethode gilt dies nicht, denn sie führt ohnehin zu einer einheitlichen Bewertung des Mehrbestands.
3) Vgl. United States Internal Revenue Code, § 1.472-2(d) (1) (iii) Example (2).
4) Vgl. FORSTER, K.-H./WEIRICH, S.: Lifo, S. 489.

der einzelnen Vorratsgegenstände erfolgt zu den Anschaffungs- oder Herstellungskosten, welche den Vorratsgegenständen auf direktem oder indirektem Wege zugeordnet werden können. Eine direkte Einzelbewertung setzt voraus, daß die Vorräte entsprechend ihrem Einkauf oder ihrer Herstellung in Partien, Fächern, Behältern, Tanks oder anderen Vorrichtungen gelagert und mit den jeweiligen Einkaufsdaten gekennzeichnet werden,[1] oder daß die Vorräte selbst mit den entsprechenden Daten einzeln ausgezeichnet werden, die auch bei der Vermischung von Gegenständen verschiedener Preisgruppen nicht verloren gehen.[2] Führt die Unternehmung diesen sog. Identitäts- oder Nämlichkeitsnachweis, können die individuellen Anschaffungs- oder Herstellungskosten der einzelnen Vorratsgüter gleichzeitig mit den Bestandsmengen im Rahmen der Inventurarbeiten aufgenommen werden.

Eine individuelle Zuordnung der Anschaffungswerte ist unmöglich, wenn der Identitätsnachweis nicht erbracht wird. Hier hat die Unternehmung die indirekte Form der Bewertung einzelner Vorratsgüter zu wählen. Zu diesem Zweck geht sie von den jeweiligen Verbrauchsannahmen hinsichtlich des Anfangsbestandes und der einzelnen Zugänge aus und ermittelt so die Zusammensetzung des Endbestandes. Durch Einsetzen der entsprechenden Preise erhält die Unternehmung den Endbestandswert. Zwar gehen die Bewertungsmethoden von bestimmten Verbrauchsannahmen aus, die eine entsprechende Bewertung des Aufwandes bewirken, jedoch dienen sie in erster Linie der Bewertung des vorhandenen Endbestandes. Es handelt sich daher bei den Bewertungsmethoden nicht um "Verbrauchsbewertungsmethoden",[3] sondern um "Bestandsbewertungsmethoden", d.h. Methoden zur Bewertung des am Jahresende vorhandenen Vorratsbestandes.

---

1) Vgl. SAAGE, G.: Die Bedeutung, S. 410; ALBACH, H.: Rechnungslegung, S. 185; BUCHNER, R.: Zur Bewertung, S. 179.
2) Vgl. ALBACH, H.: Rechnungslegung, S. 185; BUCHNER, R.: Zur Bewertung, S. 179.
3) A.A. ENGELMANN, K.: Methoden, S. 15 - 20.

3.1.3.2. Sammel- und Gruppenbewertungsmethoden

In den vorstehenden Ausführungen wurde von einer Einzelbewertung der Vorratsgegenstände auf der Grundlage des Anschaffungswertprinzips gesprochen. Die Bewertungsmethoden mit unterstellten Verbrauchsfolgen beruhen gleichfalls auf der Einzelbewertung, denn sie ordnen den einzelnen Vermögensgegenständen Anschaffungs- oder Herstellungskosten zu.[1] Bei der Gruppenbewertung entfällt die Einzelbewertung von Gegenständen, denn es werden Vermögensgegenstände in ihrer Gesamtheit als Gruppe bewertet. Hierbei sind die Gruppenbewertung i.e.S. (§ 40 Abs. 4 Nr. 1 HGB) und die Festbewertung (§ 40 Abs. 4 Nr. 2 HGB) zu unterscheiden. In diesem Zusammenhang interessieren nicht die einzelnen Voraussetzungen, unter denen die Gruppenbewertung handelsrechtlich bei der Erstellung von Inventar und Bilanz angewendet werden kann,[2] sondern ihr Gegensatz zur Einzelbewertung. Während bei der Einzelbewertung jeder einzelne Vermögensgegenstand bewertet wird, erlaubt die Gruppenbewertung i.e.S. nach einer mengenmäßigen Erfassung der Vermögensgegenstände die gruppenweise Zusammenfassung und Bewertung derselben mit einem bekannten Durchschnittswert.[3] Sie gestattet ebenso wie die Festbewertung den Bewertungsausgleich innerhalb der Gruppe.[4] Unmittelbar drückt dies der Gesetzeswortlaut zur Festbewertung aus, denn Gegenstände des Anlagevermögens sowie Roh-, Hilfs- und Betriebsstoffe des Vorratsvermögens können "mit einem gleichbleibenden Wert angesetzt werden, wenn ihr Bestand in seiner Größe, seinem Wert und seiner Zusammensetzung nur geringen Veränderungen unterliegt" (§ 40 Abs. 4 Nr. 2 HGB). Demgegenüber lassen Einzelbewertungsmethoden den bewertungsmäßigen Ausgleich innerhalb gleichar-

---

1) Vgl. ALBACH, H.: Rechnungslegung, S. 185.
2) Vgl. hierzu KROPFF, B.: in Aktiengesetz, Kommentar, § 149 Anm. 39 f.
3) Vgl. ADS: Rechnungslegung, 4. Aufl., § 155 Tz. 138.
4) Vgl. S. 125 f. der Arbeit.

- 167 -

tiger Vorratsgegenstände nicht zu. Um den methodischen Unterschied zu verdeutlichen, ist deshalb eine klare Trennung zwischen der Gruppen- und Einzelbewertung notwendig.

Die hier betrachteten Bewertungsmethoden des Vorratsvermögens, welche einer indirekten Einzelbewertung der Vorräte dienen, werden in der betriebswirtschaftlichen Literatur als "Sammelbewertungsmethoden oder -verfahren" bezeichnet.[1] Unzutreffend erscheint es, sie unter den Begriff "Gruppenbewertungsmethoden oder -verfahren" zu subsumieren,[2] denn es gilt grundsätzlich zu unterscheiden zwischen der Einzelbewertung unter Anwendung von Sammelbewertungsmethoden und der Gruppenbewertung.[3] Somit ergibt sich folgende systematische Gegenüberstellung der Bewertungsmethoden:

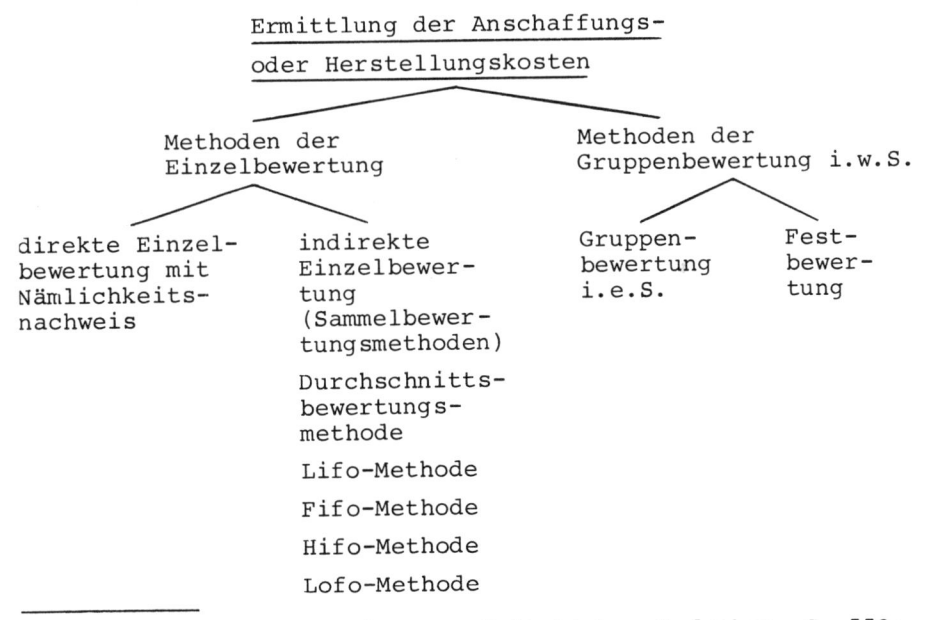

Ermittlung der Anschaffungs- oder Herstellungskosten

Methoden der Einzelbewertung

- direkte Einzelbewertung mit Nämlichkeitsnachweis
- indirekte Einzelbewertung (Sammelbewertungsmethoden)
  - Durchschnittsbewertungsmethode
  - Lifo-Methode
  - Fifo-Methode
  - Hifo-Methode
  - Lofo-Methode

Methoden der Gruppenbewertung i.w.S.

- Gruppenbewertung i.e.S.
- Festbewertung

---

1) Vgl. RAISCH, P.: Zu den grundsätzlichen Aufgaben, S. 550; WEBER, H.K.: Betriebswirtschaftliches Rechnungswesen, S. 102 - 107.

2) Nur von Gruppenbewertung, ohne klare Trennung zwischen Sammelbewertung und Gruppenbewertung, sprechen u.a. HAX, K.: Gruppenbewertung, S. 794; ECKARDT, H.: Die Substanzerhaltung, S. 89; BUSSE VON COLBE, W./ORDELHEIDE, D.: Vorratsbewertung, S. 222; WENZEL, K.: Geldentwertung, S. 180.

3) So auch ausdrücklich KÖNIG, W.: Die Anwendung, S. 397; RAISCH, P.: Zu den grundsätzlichen Aufgaben, S. 552; SCHNIER, K.-H.: Zur Bewertung, S. 10.

3.1.3.3. Mit den Bewertungsmethoden verfolgte Zwecke
3.1.3.3.1. Vereinfachung der Bewertung

Nach heute überwiegender Literaturansicht bezwecken die Sammelbewertungsmethoden eine Vereinfachung der Bewertung,[1] denn die Unternehmung kann die einzelnen Vorratsgegenstände ohne Identitätsnachweis entsprechend den Annahmen der Methoden bewerten.[2] Sie ist nicht zu einer direkten Einzelbewertung gezwungen, die oft erhebliche organisatorische Vorkehrungen nach sich ziehen würde. Häufig kann der Identitätsnachweis aufgrund betrieblicher Gegebenheiten auch nicht geführt werden, weil die notwendigen Einrichtungen zur getrennten Lagerung von preislich verschiedenen Einkaufspartien flüssiger, gasförmiger oder amorpher Vorratsgüter fehlen.[3] Technisch ist eine getrennte Erfassung in diesen Fällen mehr oder weniger kurzfristig durchaus möglich, jedoch würde sie zu wirtschaftlich nicht vertretbaren Aufwendungen führen.[4] Ferner würden sich Stockungen im Betriebsablauf ergeben, wenn die technischen Voraussetzungen zur getrennten Lagerung und Bewertung einzelner Vorratsgüter noch nicht vorliegen und die Unternehmung, unter dem Zwang einer direkten Einzelbewertung stehend, zunächst diese Voraussetzungen schaffen müßte. In diesen Fällen würde der Betriebsablauf nicht nur durch technische und allgemeine wirtschaftliche

---

1) Vgl. FORSTER, K.-H./WEIRICH, S.: Lifo, S. 481; KORMANN, B.: Die Bewertungsprobleme, S. 1283; LANGEN, H.: Unterstellung, S. 551 f.; KÜHNL, W.: Bilanzierungs- und Bewertungsvorschriften, S. 61; KÜBLER, B.M.: Grenzen, S. 130; NETH, M.: Die Berechnung, S. 121; STEINBACH, A.: Die Rechnungslegungsvorschriften, S. 110; WEBER, H.K.: Betriebswirtschaftliches Rechnungswesen, S. 106; KARIG, K.-P.: Können im Vorratsvermögen, S. 591; ADS: Rechnungslegung, 4. Aufl., § 155 Tz. 88.

2) Die handels- und aktienrechtliche Zulässigkeit der Bewertungsmethoden soll zunächst unberücksichtigt bleiben.

3) Vgl. ALBACH, H.: Rechnungslegung, S. 185; SAAGE, G.: Die Bedeutung, S. 410; MELLEROWICZ, K.: in Großkommentar Aktiengesetz, 3. Aufl., § 155 Anm. 11.

4) Vgl. BUCHNER, R.: Zur Bewertung, S. 179; WEBER, H.K.: Betriebswirtschaftliches Rechnungswesen, S. 102.

Gesichtspunkte bestimmt werden, sondern auch vom Zwang zur direkten Einzelbewertung. Diese Folgen werden durch den Einsatz von Sammelbewertungsmethoden vermieden, die somit die Bewertung vereinfachen und in vielen Fällen erst ermöglichen.

Der Vereinfachungszweck wird bei den einzelnen Bewertungsmethoden mit unterschiedlichem Arbeitsaufwand erreicht. Die permanenten Bewertungsmethoden (Durchschnittsbewertung, Lifo, Hifo, Lofo) erfordern eine Lagerbuchführung über die art-, mengen- und wertmäßige Bestandsentwicklung in chronologischer Folge. Diese Aufzeichnungen sind bei den periodenbezogenen Bewertungsmethoden nicht notwendig. Zum Zweck der Endbestandsbewertung müssen bei der Durchschnittsbewertung und der Hifo- bzw. Lofo-Bewertung die Mengen und Werte des Anfangsbestandes und der Zugänge der gesamten Periode bekannt sein. Bei der Fifo-Bewertungsmethode gehen in den Endbestand bei umfangreichen Lagerzu- und -abgängen nur die letzten Zugänge der Periode ein, so daß die Kenntnis dieser Mengen und Preise zur Bewertung regelmäßig ausreicht. Liegen kaum Zugänge und hoher Verbrauch in der Periode vor, müssen zur Endbestandsbewertung unter Umständen die Preise des Anfangsbestandes oder der gesamten Zugänge bekannt sein. Bei der Lifo-Bewertung liegen die Verhältnisse einfacher, da im Fall der Bestandserhöhung nur der Anfangsbestand und die entsprechenden ersten Zugänge des Jahres und bei einer Bestandsminderung nur Teile des Anfangsbestandes in den Endbestandswert eingehen. Die unveränderte Übernahme des Anfangsbestandswertes kommt nur im seltenen Fall gleichbleibender Bestandsmengen vor.

Generell kann gesagt werden, daß die permanenten Bewertungsmethoden einen hohen Verwaltungsaufwand erfordern, weil der Anfangsbestand und sämtliche Zu- und Abgänge fortlaufend zu erfassen sind, während die periodenbezogenen Bewertungsmethoden nur die mengen- und wertmäßige Kenntnis des Anfangsbestandes und/oder bestimmter Zugänge erfordern. Soweit es sich um die letzten Zugänge der Periode handelt, können durch die Bewertung Verzögerungen für die Bilanzerstellung entstehen, solange die Preise noch unbekannt sind. Nur bei der periodenbezogenen Lifo-Bewertungsmethode tritt diese Verzögerung nicht auf, denn für die Endbestandsbewertung kommen nur die Preise des Anfangsbestandes und der ältesten Zugänge in Frage.

Den Zweck einer Vereinfachung der Bewertung haben die Sammelbewertungsmethoden mit der Gruppenbewertung i.e.S.[1] gemein, er wird jedoch in unterschiedlicher Weise realisiert. Die Sammelbewertungsmethoden vereinfachen die Vorratsbewertung, indem sie eine direkte Einzelbewertung mit deren organisatorischen, technischen und wirtschaftlichen Konsequenzen überflüssig machen. Der Vereinfachungseffekt der Gruppenbewertung i.e.S. resultiert aus dem Verzicht der Einzelbewertung, da "annähernd gleichwertige oder solche gleichartigen Vermögensgegenstände" (§ 40 Abs. 4 Nr. 1 HGB) in einer Gruppe mit einem Durchschnittspreis bewertet werden können. Dieser Durchschnittspreis muß "nach der Art des Bestandes oder aufgrund sonstiger Umstände bekannt" (§ 40 Abs. 4 Nr. 1 HGB) sein, d.h. er wird nicht exakt aus dem Anfangsbestand und den Zugängen der Periode errechnet wie bei der Durchschnittsbewertungsmethode. Es kann "ein ohne weiteres feststellbarer, auf der Hand liegender, nach den Erfahrungen der betreffenden Branche sachgemäßer Durchschnittswert verwendet"[2] werden. Verzicht auf die Einzelbewertung, Zusammenfassung und Ansatz von "bekannten" Durchschnittspreisen vereinfachen hier die Bewertung gegenüber der direkten oder indirekten Einzelbewertung.

---

1) Vgl. KÜBLER, B.M.: Grenzen, S. 153; SCHNIER, K.-H.: Zur Bewertung, S. 10.

2) Ausschußbericht zum Entwurf eines Gesetzes zur Änderung des Handelsgesetzbuches und der Reichsabgabenordnung, S. 2.

3.1.3.3.2. Substanzerhaltung im Rahmen der Gewinnermittlung

Neben einer Vereinfachung der Bestandsbewertung werden einzelne Bewertungsmethoden[1] unter den Gesichtspunkten der Scheingewinneliminierung, Verhinderung einer Scheingewinnbesteuerung, Verhinderung einer Scheingewinnausschüttung, Finanzierung gestiegener Wiederbeschaffungskosten u.ä. diskutiert, die alle an den zentralen Punkt betrieblicher Substanzerhaltung[2] anknüpfen.[3] Läßt man die Realisierungsmöglichkeit und Zulässigkeit der Substanzerhaltung im Rahmen der aktienrechtlichen Gewinnermittlung außer Acht, bleibt festzuhalten, daß der Substanzerhaltungszweck nur bei Anwendung der Lifo- und Hifo-Bewertungsmethode erreicht wird, während der Vereinfachungszweck allen Bewertungsmethoden gemein ist. Ursprünglich wurde die Lifo-Bewertungsmethode zum Zweck der Substanzerhaltung konzipiert.[4] Aus Substanzerhaltungsgesichtspunkten wurde diese Methode schon vor 1900 von britischen Firmen angewendet.[5] Gegenwärtig wird in der Literatur vor allem der Vereinfachungszweck

---

1) Es sind dies die Lifo-Bewertungsmethode bei steigenden Preisen und die Hifo-Bewertungsmethode bei schwankenden Preisen mit steigender Tendenz.

2) Vgl. hierzu S. 120 - 122 der Arbeit.

3) Vgl. RAISCH, P.: Zu den grundsätzlichen Aufgaben, S. 553 m.w.Lit.; LANGEN, H.: Unterstellung, S. 551 m.w.Lit.; SCHNIER, K.-H.: Zur Bewertung, S. 43 - 55 m.w.Lit.; ENGELMANN, K.: Methoden, S. 18 - 20; KÜMMEL, R.: Probleme, S. 61; KORMANN, B.: Die Bewertungsprobleme, S. 1280 f.; SAAGE, G.: Die Reservepolitik, S. 77; KAMPRAD, B.: Das Lifo-Verfahren, S. 877; KÜBLER, B.M.: Grenzen, S. 130; WENZEL, K.: Geldentwertung, S. 166; HOFFMAN, R.A./GUNDERS, H.: Inventories, S. 183; LÜCKE, W.: Probleme, S. 26 - 28; LEFFSON, U.: Die GoB, S. 269.

4) Vgl. ENGELMANN, K.: Methoden, S. 18; HOFFMAN, R.A./GUNDERS, H.: Inventories, S. 183 f.

5) Vgl. BRUNNER, J.: Geldwertschwankungen, S. 35.
Das "Committee on Uniform Methods of Oil Accounting of the American Petroleum Institute" empfahl 1934 erstmalig die Lifo-Bewertungsmethode zur Vorratsbewertung (vgl. HOFFMAN, R.A./GUNDERS, H.: Inventories, S. 184 - 188).

betont; der Substanzerhaltungszweck wird nur in zweiter Linie erwähnt.[1] In der Praxis dürfte dagegen für viele Unternehmungen bei steigenden Preisen der Substanzerhaltungszweck von ausschlaggebenderer Bedeutung für die Methodenwahl sein als der Vereinfachungszweck.

3.2. Zusammenhänge zwischen den Verbrauchsannahmen, die den Bewertungsmethoden zugrunde liegen, und dem Güterfluß

3.2.1. Periodenbezogene Bewertungsmethoden

Zur Bewertung gleichartiger Vorratsgegenstände kann die Unternehmung von bestimmten Verbrauchsannahmen ausgehen, um die Endbestandsbewertung der Vorräte zu vereinfachen. Den einzelnen Bewertungsmethoden liegen unterschiedliche Verbrauchsannahmen zugrunde, die im folgenden dargestellt und auf mögliche Übereinstimmung mit dem Güterfluß des Betriebes untersucht werden.[2]

---

1) Vgl. FORSTER, K.-H./WEIRICH, S.: Lifo, S. 482; KAMPRAD, B.: Das Lifo-Verfahren, S. 877; KÜBLER, B.M.: Grenzen, S. 130; NETH, M.: Die Berechnung, S. 121; ADS: Rechnungslegung, 4. Aufl., § 155 Tz. 88, 90.

Die folgenden Autoren vertreten die Ansicht, daß die Lifo- und Hifo-Methoden insbesondere oder ausschließlich eine Substanzerhaltung bezwecken: KÜMMEL, R.: Probleme, S. 56; HAX, K.: Die Substanzerhaltung, S. 90; DÖLLERER, G.: Gläubigerschutz, S. 631; GÖRRES, P.: Zur Anwendbarkeit, S. 264; RAISCH, P.: Zu den grundsätzlichen Aufgaben, S. 553; WENZEL, K.: Geldentwertung, S. 166.

2) Ähnlich unterscheiden HOFFMAN/GUNDERS (vgl. HOFFMAN, R. A./GUNDERS, H.: Inventories, S. 166 f.) zwischen dem Kostenfluß der Bewertungsmethoden (flow of costs) und dem Güterfluß im Betrieb (flow of goods). BRUNNER spricht sinngemäß vom "Werteflüß und Güterfluß" (BRUNNER, J.: Geldwertschwankungen, S. 35).

Tabelle Nr. 3:

Annahmen über die mengenmäßige Zusammensetzung des Verbrauchs und des Endbestands bei unterschiedlichen periodenbezogenen Bewertungsmethoden[1]

Bewertungsmethoden	Der Verbrauch umfaßt:[2]	Der Endbestand umfaßt:[2]
1. Durchschnitt	Einen gleichen relativen Anteil (berechnet nach dem Quotienten: Verbrauch zu Anfangsbestand und Zugängen) aus Anfangsbestand und den einzelnen Zugängen der Periode	Einen gleichen relativen Anteil (berechnet nach dem Quotienten: Endbestand zu Anfangsbestand und Zugängen) aus Anfangsbestand und den einzelnen Zugängen der Periode
2. Lifo	Die Zugänge in zeitlicher Folge, ausgehend vom Jahresende, evtl. einschließlich eines Teils des Anfangsbestands oder des ganzen Anfangsbestands	Einen Teil des Anfangsbestands, den ganzen Anfangsbestand oder den Anfangsbestand und Zugänge in zeitlicher Folge, ausgehend vom Jahresanfang
3. Fifo	Den Anfangsbestand und evtl. Zugänge, ausgehend vom Jahresanfang	Die Zugänge in zeitlicher Folge, ausgehend vom Jahresende, evtl. einschließlich eines Teils des Anfangsbestands oder des ganzen Anfangsbestands
4. Hifo	Teile des Anfangsbestands und der Zugänge nach der Preisfolge, ausgehend von den höchsten Preisen	Teile des Anfangsbestands und der Zugänge nach der Preisfolge, ausgehend von den niedrigsten Preisen
5. Lofo	Teile des Anfangsbestands und der Zugänge nach der Preisfolge, ausgehend von den niedrigsten Preisen	Teile des Anfangsbestands und der Zugänge nach der Preisfolge, ausgehend von den höchsten Preisen

---

1) Vgl. KLEIN, W.: Die Eliminierung, S. 2173; WÖHE, G./KAISER, H./DÖRING, U.: Übungsbuch, S. 374.

2) Falls kein Anfangsbestand oder keine Zugänge vorhanden sind, müssen die entsprechenden Größen außer Acht gelassen werden.

Bei der Fifo-Bewertungsmethode wird unterstellt, daß die Bestände mit der längsten Lagerdauer in den Verbrauch eingehen, während der Endbestand, sofern er kleiner ist als die Zugänge, aus den letzten Zugängen der Periode gebildet wird. Die Verbrauchsannahme, die der Fifo-Bewertungsmethode zugrunde liegt, entspricht dem kaufmännischen Gesichtspunkt, das Lagerrisiko aus einer verminderten Gängigkeit der Gegenstände durch bevorzugten Verbrauch der ältesten Bestände möglichst klein zu halten.[1] Verminderte Gängigkeit liegt vor, wenn die Vorräte in ihrer Verwendbarkeit eingeschränkt sind, z.B. durch unsachgemäße Lagerung, Beschädigung, Verderb, Oxydation oder Überalterung.[2] Die schlechte Verwendbarkeit kann durch Mängel im innerbetrieblichen Ablauf und/oder durch außerbetriebliche Faktoren wie "Stagnation oder .. Umsatzrückgang ..., Änderungswünsche der Kunden, technischer Fortschritt, Modewechsel, starke und z.T. ruinöse Konkurrenz"[3] verursacht werden.

Die Verbrauchsannahmen der Fifo-Methode werden besonders dem betrieblichen Güterfluß entsprechen, wenn folgende Gegebenheiten vorliegen:

> Die Waren unterliegen Reife- oder Gärungsprozessen; durch Lagerhaltung, auch über mehrere Perioden hinweg, wird die Marktreife der Güter erzielt (Wein, Edelholz).

> Die Vorräte sind verderblich.[4] Sie haben chemisch oder

---

[1] Folgende Autoren bezeichnen die Fifo-Verbrauchsannahme als im wesentlichen mit dem Güterfluß übereinstimmend: HAX, K.: Gruppenbewertung, S. 796; derselbe: Die Substanzerhaltung, S. 89, 139; SCHNIER, K.-H.: Zur Bewertung, S. 66; LEFFSON, U.: Die GoB, S. 269 f.; BARTKE, G.: Rechnungslegung, S. 248.

[2] Vgl. LOHNERT, F.: Der Zeitwert, S. 121; Arbeitskreis LUDEWIG: Die Vorratsinventur, S. 39; HILD, D.: Zur Errechnung, S. 881; ADS: Rechnungslegung, 4. Aufl., § 155 Tz. 173.

[3] LOHNERT, F.: Der Zeitwert, S. 120.

[4] Vgl. KLEIN, W.: Die Eliminierung, S. 2172.

physikalisch eine begrenzte Lagerdauer (Obst, Milch
u.a. Lebensmittel; Stoffe, die dem Zerfall unterliegen;
begrenzt haltbare Medikamente).

Die Gegenstände veralten schnell[1] (Zeitschriften, Zeitungen, Modeartikel).

Feste Vorratsgüter lagern in Silos oder Behältern, die von oben beschickt und von unten entleert werden.[2]

Bei den anderen periodenbezogenen Bewertungsmethoden liegen völlig andere Voraussetzungen als bei der Fifo-Bewertungsmethode vor. Für die Verbrauchsbewertung wird die Kenntnis des Anfangsbestandes und sämtlicher Zugänge der Periode vorausgesetzt. Sollen die Verbrauchsannahmen der Methoden mit dem Güterfluß übereinstimmen, müßten zunächst alle Zugänge der Periode vorliegen, bevor sie verbraucht werden können.[3] Liegen die letzten Zugänge verstärkt am Ende der Periode, ist es sehr unwahrscheinlich, daß sich Verbrauchsannahmen und Güterfluß decken. Dies gilt insbesondere, wenn der letzte Zugang auf den Bilanzstichtag fällt.

Betrachtet man einzelne Gruppen gleichartiger Vorratsgüter isoliert, könnten die Verbrauchsannahmen noch dem betrieblichen Güterfluß entsprechen, wenn alle Periodenzugänge vor dem ersten Verbrauch liegen. Unter Beachtung der verbrauchsmäßigen Interdependenz verschiedener Vorratsgüterarten werden die Verbrauchsannahmen der periodenbezogenen Bewertungsmethoden, außer der Fifo-Methode, jedoch nicht mit dem Betriebsprozeß übereinstimmen. Lediglich die Fifo-Verbrauchsannahme wäre zur Gestaltung des Güterflusses im Be-

---

1) Vgl. LEFFSON, U.: Die GoB, S. 269 f.
2) Vgl. ALBACH, H.: Rechnungslegung, S. 185; WÖHE, G.: Bilanzierung, S. 364; KLEIN, W.: Die Eliminierung, S. 2172.
3) Auch STEINBACH weist darauf hin, daß aus dem obigen Grund die periodische Durchschnittsbewertung "nur in den allerseltensten Fällen in der Realität zutreffen" wird (STEINBACH, A.: Die Rechnungslegungsvorschriften, S. 102).

trieb denkbar, denn von sämtlichen Gruppen gleichartiger
Vorratsgüter wird angenommen, daß die zuerst beschafften
oder hergestellten Vorräte zuerst verbraucht werden. Innerhalb der periodenbezogenen Bewertungsmethoden nimmt die Verbrauchsannahme der Fifo-Methode diese gesonderte Stellung
u.a. ein, weil sich die periodenbezogene mit der permanenten Betrachtungsweise deckt.

3.2.2. Permanente Bewertungsmethoden

Bei den permanenten Bewertungsmethoden[1] stimmen die Verbrauchsannahmen mit dem Güterfluß im Betrieb in unterschiedlicher Weise überein, wie die folgende Tabelle zeigt.

Tabelle Nr. 4:

Annahmen über die mengenmäßige Zusammensetzung des Verbrauchs und des Endbestands bei unterschiedlichen permanenten Bewertungsmethoden

Bewertungs-methoden	Der Verbrauch umfaßt:[2]	Der Endbestand umfaßt:[2]
1. Durchschnitt	Einen relativen Anteil (berechnet nach dem Quotienten: Verbrauch zum vorhergehenden Zwischenbestand) aus dem vorhergehenden Zwischenbestand	Einen relativen Anteil (berechnet nach dem Quotienten: Endbestand zum letzten Zwischenbestand der Periode) des letzten Zwischenbestandes der Periode
2. Lifo	Die neuesten Zugänge des vorhergehenden Zwischenbestands	Die ältesten, nicht verbrauchten Bestandteile aus allen Zwischenbeständen der Periode
3. Hifo	Die Bestandteile des vorhergehenden Zwischenbestands, mit den jeweils höchsten Preisen derselben	Die nicht verbrauchten Bestandteile der Zwischenbestände, mit den jeweils niedrigsten Preisen derselben
4. Lofo	Die Bestandteile des vorhergehenden Zwischenbestands, mit den jeweils niedrigsten Preisen derselben	Die nicht verbrauchten Bestandteile der Zwischenbestände, mit den jeweils höchsten Preisen derselben

Fußnoten siehe nächste Seite.

Die Verbrauchsannahmen, die der fortlaufenden, gewogenen Durchschnittsbewertung zugrunde liegen, können eine sinnvolle Erklärung des Güterflusses sein, wenn beliebig teilbare Vorräte nach jedem Zugang vollständig miteinander vermischt werden und der Verbrauch in beliebigen Mengen aus dem jeweiligen Zwischenbestand erfolgen kann, z.B. bei gleichschweren Gasen und Flüssigkeiten in Tanks und Behältern.[1]

Entsprechend den Verbrauchsannahmen, die der permanenten Lifo-Bewertungsmethode zugrunde liegen, dürften im Güterfluß keine Vermischungen innerhalb der Zwischenbestände vorkommen, denn es müßten aus den vorhergehenden Zwischenbeständen jeweils die neuesten Zugänge zuerst verbraucht werden. Die ältesten Vorratsteile der Zwischenbestände bilden dann den Endbestand. Dieser könnte aus jahrealten Vorräten bestehen, wenn zwischenzeitlich keine Lagerräumung stattfindet. Die Verbrauchsannahme der permanenten Lifo-Bewertungsmethode wird deshalb nur in wenigen Fällen[2] oder für begrenzte Zeiträume dem betrieblichen Güterfluß ent-

---

Fußnoten von S. 176

1) Die Fifo-Methode wurde hier nicht mehr mit aufgeführt, weil sich periodenbezogene und permanente Betrachtungsweise bei dieser Methode decken.

2) Der erste Zwischenbestand der Periode wird bei allen permanenten Bewertungsmethoden aus dem Anfangsbestand und dem ersten Zugang oder, falls kein Anfangsbestand vorhanden ist, aus den beiden ersten Zugängen der Periode gebildet. Nach jedem weiteren Zugang ist ein neuer Zwischenbestand zu bilden. Liegt der erste Abgang vor einer Zwischenbestandsbildung (der erste Verbrauch erfolgt aus dem Anfangsbestand oder dem ersten Zugang), kann in der Tabelle der Anfangsbestand oder der erste Zugang als Zwischenbestand betrachtet werden.

1) Vgl. ALBACH, H.: Rechnungslegung, S. 185; WÖHE, G.: Bilanzierung, S. 364; BARTKE, G.: Rechnungslegung, S. 247.

2) In diesem Sinne äußern sich auch die folgenden Autoren, jedoch beziehen sich ihre Aussagen auf die Lifo-Bewertungsmethode schlechthin, denn eine Trennung von periodenbezogenen und permanenten Bewertungsmethoden wird, anders als in dieser Arbeit, kaum vorgenommen: HAX, K.: Die Substanzerhaltung, S. 90 f., 139; KROPFF, B.: Bi-

sprechen, wobei die Zeitspanne von der Gängigkeit der jeweils verbleibenden Restbestände bestimmt wird. Innerhalb der Gängigkeitsphase wird die Unternehmung bestrebt sein, das Lager mit den ältesten Restbeständen umzusetzen, da sonst keine oder nur eine verminderte Verwertbarkeit dieser Vorräte möglich ist. Der Verbrauch von alten Lagerbeständen kann unter Aufrechterhaltung der Lifo-Verbrauchsfolge bei vollständiger Lagerräumung geschehen oder, indem der Betriebsprozeß bis zur Verwertung der Restbestände nach der Fifo-Verbrauchsfolge abläuft. Wenn die Lagerräumung oder zwischenzeitliche Umstellung des Betriebsprozesses nicht möglich ist, müßte die Unternehmung die verminderte Verwertbarkeit der Restbestände in Kauf nehmen. Typische Fälle eines Lifo-Güterflusses liegen vor, wenn die Vorräte auf Halden liegen (z.B. bei Kohlen- oder Erzhalden),[1] oder wenn die Lagerung in Stapeln oder in Behältern mit nur einem Zugang erfolgt,[2] weil Beschickung und Entnahme dann nur von oben bzw. durch den einzigen Zugang möglich sind. Auch in diesen Fällen müßte die Gängigkeit der Restbestände beachtet werden, es sei denn, die Unternehmung nimmt eine Minderung bewußt in Kauf. Für einen Verbrauch gemäß der Lifo-Verbrauchsannahme ohne besondere Risiken aus verminderter Verwertbarkeit kommen im wesentlichen beständige Metalle (Kupfer, Gold u.a.),[3] unbearbeitete Edelsteine u.ä. in Betracht.

Fortsetzung der Fußnote 2 von S. 177

lanzwahrheit, S. 376; RAISCH, P.: Zu den grundsätzlichen Aufgaben, S. 550; KÜBLER, B.M.: Grenzen, S. 140; SCHNIER, K.-H.: Zur Bewertung, S. 66; LEFFSON, U.: Die GoB, S. 269; ADS: Rechnungslegung, 3. Aufl., § 133 Tz. 112.

1) Vgl. KROPFF, B.: Bilanzwahrheit, S. 376; RAISCH, P.: Zu den grundsätzlichen Aufgaben, S. 550.

2) Vgl. ALBACH, H.: Rechnungslegung, S. 185; WÖHE, G.: Bilanzierung, S. 364.

Für den Eisenhandel betrachtet WILLEMS die Lifo-Verbrauchsfolge als realitätsnah (vgl. WILLEMS, R.: Die Bewertung, S. 29 f.).

3) Vgl. FUCHS, H.: Grundsätze, S. 222; KROPFF, B.: Bilanzwahrheit, S. 376.

Als bestimmender Faktor für die Verbrauchsannahme gelten bei der permanenten Hifo- oder Lofo-Methode nur die Preise, da aus den vorhergehenden Zwischenbeständen jeweils die teuersten oder billigsten Vorräte zuerst als verbraucht angesehen werden. Sollten die Verbrauchsannahmen mit dem Güterfluß übereinstimmen, müßte sichergestellt werden, daß keine Vermischung der Vorräte im Zwischenbestand erfolgt und stets entsprechend der Preisfolge verbraucht wird. Eine Kennzeichnung der einzelnen Partien mit ihren jeweiligen Preisen wäre unumgänglich. Erst nach Erfüllung dieser Bedingungen könnte der Güterfluß entsprechend gesteuert werden. Da sich bei kontinuierlich steigenden Preisen Hifo- und Lifo-Methode und bei kontinuierlich sinkenden Preisen Lofo- und Fifo-Methode entsprechen, gelten für diese Fälle die Ausführungen zu den Methoden mit zeitlicher Verbrauchsfolgebestimmung entsprechend. Eine einheitliche Preistendenz wird aber vielfach nicht vorliegen, daher müßte die Unternehmung zur Einhaltung eines preisbestimmten Güterflusses auf ältere oder neuere Bestandteile der Zwischenbestände zurückgreifen. Gängigkeits- und andere Aspekte, die zu einer bestimmten anderen Verbrauchsfolge zwingen, würden bei den preisbestimmten Verbrauchsfolgen keine Berücksichtigung finden.[1] Mit dem betrieblichen Güterfluß stimmen deshalb die preisbestimmten Folgen am wenigsten überein.

---

1) In der Literatur wird der Realitätsbezug der Verbrauchsannahmen zurückhaltend beurteilt. WEBER weist darauf hin, daß die zeitbestimmten Verbrauchsannahmen eher dem betrieblichen Güterfluß entsprechen als die preisbestimmten (vgl. WEBER, H.K.: Betriebswirtschaftliches Rechnungswesen, S. 105). Die Hifo-Bewertungsmethode entspricht nach Ansicht von WILLEMS nicht den Tatsachen im Eisenhandel (vgl. WILLEMS, R.: Die Bewertung, S. 36). Sie "läßt sich, wenn in vielen Fällen sicherlich auch nur mit Mühe, tatsächlich einhalten" (FORSTER, K.-H.: Möglichkeiten, S. 28), bzw. ihre generalisierende Unterstellung wird als vermessene kaufmännische Idealvorstellung abgelehnt (vgl. CLAUSSEN, C.P.: in Kölner Kommentar, § 155 Anm. 17).

3.3. Auswirkungen der Anwendung von Bewertungsmethoden im Jahresabschluß unter Berücksichtigung verschiedener Preistendenzen

3.3.1. Die Aufwands- und Bestandsbewertung bei Anwendung der Bewertungsmethoden auf der Grundlage des Anschaffungswertprinzips

3.3.1.1. Allgemeiner Zusammenhang zwischen Aufwands- und Bestandsbewertung

Zwischen Aufwands- und Bestandsbewertung besteht ein genereller Zusammenhang; eine hohe Aufwandsbewertung führt zu einem niedrigeren Bestandswert in der Bilanz und eine niedrige Aufwandsbewertung zu einem hohen Bestandswert.[1)]

Allgemeiner Zusammenhang zwischen Aufwands- und Bestandsbewertung:

	(DM)		Fall 1 (DM)	Fall 2 (DM)	Fall 3 (DM)
Anfangsbestand	100,--	Aufwand (Verbrauch)	·/.	150,--	300,--
Zugang	100,--	Endbestand	300,--	150,--	·/.
Zugang	100,--				
	300,--		300,--	300,--	300,--

Bestands- und Aufwandsbewertung stehen, wie aus dem obigen Beispiel ersichtlich ist, in umgekehrter Beziehung zueinander, wobei die Summe aus der Aufwands- und Bestandsbewertung stets der Summe des wertmäßigen Anfangsbestandes und der Zugänge entspricht.

Den Bewertungsmethoden liegen bestimmte Annahmen über die Verbrauchsfolgen zugrunde, die zu einer Bewertung der inven-

---

1) Vgl. hierzu HAX, K.: Die Substanzerhaltung, S. 68 - 70, 118.

tarisierten Bestände führen, sie wurden deshalb als Bestandsbewertungsmethoden bezeichnet. Der eigentliche Bilanzwert des Vorratsvermögens ergibt sich jedoch erst, nachdem die ermittelten Anschaffungswerte aufgrund gebotener oder zulässiger Korrekturen berichtigt wurden.[1] Wegen der Wertkorrekturen, die in diesem Abschnitt (3.3.1.) unberücksichtigt bleiben, entspricht der Bilanzwert des Vorratsvermögens nicht immer der Summe aller Anschaffungswerte der im Inventarverzeichnis ausgewiesenen Vorratsgegenstände. Steht der Bilanzwert des Vorratsvermögens als Resultat des Bilanzierungs- und Bewertungsaktes fest, ergibt sich zwangsläufig der Aufwand.

Diese Form der Aufwandsbewertung wird als "indirekte Aufwandsermittlung"[2] bezeichnet, da sich der Aufwand nicht direkt aus der Multiplikation der Verbrauchsmengen mit den Preisen ergibt, sondern als Resultat der Bilanzbewertung.[3]

3.3.1.2. Periodenbezogene Bewertungsmethoden
3.3.1.2.1. Periodenbezogene Bewertungsmethoden in einperiodischer Betrachtungsweise

Bei gleichbleibenden Preisen führt die Anwendung aller Bewertungsmethoden zu identischen Ergebnissen hinsichtlich der Verbrauchs- und Bestandsbewertung. In der Realität sind die betrieblichen Verhältnisse jedoch durch unterschiedliche Preis- und Mengenkonstellationen gekennzeichnet, deren generelle Einflüsse zu untersuchen sind.[4] Als Betrachtungszeit-

---

1) Vgl. hierzu Gliederungsabschnitt 3.3.2.
2) WENZEL, K.: Geldentwertung, S. 163; vgl. ferner HAX, K.: Die Substanzerhaltung, S. 68 - 70, 118.
3) Dem steht die "direkte Aufwandsermittlung" gegenüber (vgl. WENZEL, K.: Geldentwertung, S. 162).
4) Vgl. hierzu auch SCHULTE-GROSS, der die Fifo-, Lifo- und Hifo-Bewertungsmethoden in ihrer periodenbezogenen Form bei alternativen Preis- und Mengenkonstellationen unter dem Gesichtspunkt der Substanzerhaltung untersucht (vgl. SCHULTE-GROSS, H.: Rohstoffbewertung, S. 48 - 57).

raum wird eine Abrechnungsperiode mit gleichen Bestands- und Zugangswerten für alle Bewertungsmethoden zugrunde gelegt, um vergleichbare Ergebnisse zu erlangen.

Tabelle Nr. 5:

Beschaffungssituation des Vorratsvermögens in der ersten Periode

Bestand Zugang	Menge (E)	Anschaffungspreis (DM/E)			Anschaffungswert (DM)		
		(a)	(b)	(c)	(a)	(b)	(c)
Anfangsbestand	10	20	20	20	200	200	200
Zugang	9	21	19	19	189	171	171
Zugang	6	22	18	21	132	108	126
Zugang	11	23	17	18	253	187	198
Zugang	4	24	16	22	96	64	88
Summe	40				870	730	783

(a) = steigende Anschaffungspreise[1]
(b) = fallende Anschaffungspreise[1]
(c) = wechselnde Anschaffungspreise[2]

Endbestand lt. Inventur = 10 Einheiten
Verbrauch der Periode = 30 Einheiten

---

1) Den steigenden oder fallenden Preissituationen im Beispiel liegt jeweils eine konstante Preisänderungsrate zugrunde. Andere Preisverläufe, z.B. zunehmende oder abnehmende Änderungsraten, wären denkbar. Für die Themenstellung der Arbeit sind diese Situationen ohne Interesse, denn grundsätzliche Aussagen werden hierdurch nicht berührt.

2) Die Beispiele gehen von konstantem Preisniveau aus, das von Preisveränderungen mit zunehmender Amplitude umlagert wird. Nicht betrachtet werden konstante Amplituden oder die jeweiligen Amplituden in Verbindung mit den obigen Preissituationen.

Tabelle Nr. 6:

Aufwands- und Bestandsbewertung alternativer Bewertungsmethoden bei verschiedenen Preissituationen in der ersten Periode[1]

Perioden-bezogene Bewertungsmethode	Aufwandsbewertung (DM)			Endbestandsbewertung (DM)		
	(a)	(b)	(c)	(a)	(b)	(c)
Durchschnitt	652	547	588	218	183	195
Fifo	636	564	587	234	166	196
Lifo	670	530	583	200	200	200
Hifo	670	564	603	200	166	180
Lofo	636	530	569	234	200	214

Die vorstehende Tabelle bestätigt zunächst, daß bei gleicher Ausgangssituation die niedrigere Aufwandsverrechnung zu einem höheren Wert des Endbestandes führt und umgekehrt. Deshalb wird, soweit nicht Besonderheiten vorliegen, nur die Aufwands- oder Endbestandsbewertung bei Anwendung der Methoden betrachtet. Für die nicht erläuterte Bewertung (Aufwand oder Bestand) gelten die Ergebnisse entsprechend in umgekehrter Richtung.

Gegenüberstellung der Ergebnisse zu Tabelle Nr. 6[2]

Aufwands-bewertung	(a)	Lifo Hifo	>	Durch-schnitt	>	Fifo Lofo
Endbestands-bewertung	(a)	Fifo Lofo	>	Durch-schnitt	>	Lifo Hifo
Aufwands-bewertung	(b)	Fifo Hifo	>	Durch-schnitt	>	Lifo Lofo
Endbestands-bewertung	(b)	Lifo Lofo	>	Durch-schnitt	>	Fifo Hifo

---

1) Die Werte der Tabelle wurden teilweise gerundet.
2) Vgl. hierzu BUCHNER, R.: Zur Bewertung, S. 182 f.

| Aufwands-bewertung | (c) | Hifo > | Durch-schnitt | > Fifo > | Lifo | > Lofo |

| Endbestands-bewertung | (c) | Lofo > | Lifo | > Fifo > | Durch-schnitt | > Hifo |

Bei **steigender** Preistendenz führen die Fifo- und Lofo-Bewertungsmethoden zur niedrigsten, die Lifo- und Hifo-Bewertungsmethoden zur höchsten Aufwandsbemessung. Dazwischen liegt die Durchschnittsbewertung, in deren Aufwandsberechnung alle Preise der Periode mit dem entsprechenden mengenmäßigen Gewicht eingehen. **Fallende** Anschaffungspreise bewirken die niedrigste Aufwandsbewertung bei den Lifo- und Lofo-Bewertungsmethoden und den niedrigsten Endbestandswert bei den Fifo- und Hifo-Bewertungsmethoden. Die Ergebnisse der Durchschnittsbewertung liegen wiederum zwischen denjenigen der anderen Bewertungsmethoden. Einzelne preisbestimmte (Hifo, Lofo) und zeitbestimmte (Fifo, Lifo) Bewertungsmethoden führen zu gleichen Ergebnissen, weil "bei den monotonen Preistendenzen Wert- und Zeitreihenfolge identisch sind".[1] Erst unter **wechselnden** Preisgestaltungen in der Periode stellen die preisbestimmten Bewertungsmethoden "eigenständige Bewertungsmethoden"[2] dar, wobei die Bandbreite der Werte durch die Hifo-Bewertung mit dem höchsten Aufwandswert und die Lofo-Bewertung mit dem niedrigsten Aufwandswert abgesteckt wird. Innerhalb dieser Grenzen liegen die anderen Bewertungsmethoden, deren Rangfolge von den Umständen des Einzelfalls bestimmt wird.[3]

Die vorstehenden Aussagen wurden unter der Annahme eines mengenmäßig gleichbleibenden Jahresendbestandes dargestellt,

---

1) BUCHNER, R.: Zur Bewertung, S. 182.
2) Ebenda.
3) Modifiziert man z.B. die Preisgestaltung im Fall (c) der Tabelle Nr. 5 in der folgenden Weise: DM/E 20,--; 21,--; 19,--; 22,--; 18,--, so ergibt sich die nachstehende Rangfolge bei der Endbestandsbewertung mit:
Lofo > Durchschnitt > Fifo > Lifo > Hifo.

jedoch würden Bestandsminderungen oder -erhöhungen das Bild tendenziell nicht verändern. Ob diese Aussagen in einer Mehrperiodenbetrachtung Gültigkeit besitzen, wird im folgenden Abschnitt untersucht.

3.3.1.2.2. Periodenbezogene Bewertungsmethoden in mehrperiodischer Betrachtungsweise

3.3.1.2.2.1. Gleichbleibende Endbestandsmengen oder Bestandserhöhungen

Infolge der Bilanzverknüpfung werden die Endbestandswerte des Vorjahres als Anfangsbestände in die Folgeperiode übertragen und durch Zugänge der laufenden Periode ergänzt. Unter Fortführung der jeweiligen Preissituationen ergibt sich folgendes Bild.

Tabelle Nr. 7:

Beschaffungssituation des Vorratsvermögens in der zweiten Periode

Zugangsmenge (E)	Anschaffungspreis (DM/E)			Anschaffungswert (DM)		
	(a)	(b)	(c)	(a)	(b)	(c)
12	25	15	17	300	180	204
8	26	14	23	208	112	184
5	27	13	16	135	65	80
15	28	12	24	420	180	360
40				1.063	537	828

Endbestand lt. Inventur = 10 Einheiten
Verbrauch der Periode = 40 Einheiten

Tabelle Nr. 8:

Aufwands- und Bestandsbewertung alternativer Bewertungsmethoden bei verschiedenen Preissituationen in der zweiten Periode (gleichbleibende Endbestandsmenge)[1]

Perioden-bezogene Bewertungs-methode	Aufwandsbewertung (DM)			Endbestandsbewertung (DM)		
	(a)	(b)	(c)	(a)	(b)	(c)
Durchschnitt	1.025	576	818	256	144	205
Fifo	1.017	583	784	280	120	240
Lifo	1.063	537	828	200	200	200
Hifo	1.063	583	828	200	120	180
Lofo	1.017	537	802	280	200	240

Geht man zunächst von einem gegenüber der Vorperiode unveränderten mengenmäßigen Endbestand der Vorräte aus, so erfahren die bisherigen Ergebnisse im Bereich der s t e i g e n d e n o d e r f a l l e n d e n Anschaffungspreise keine Veränderung, denn die höchsten oder niedrigsten Werte ergeben sich immer bei Anwendung der preis- bzw. zeitbestimmten Bewertungsmethoden. Auch hier führt die Durchschnittsbewertung zu einem Zwischenwert, der sich nunmehr deutlicher an die Aufwands- und Bestandsbewertung nach der Fifo-Methode angenähert hat als an die Werte nach der Lifo-Methode, denn die beiden ersten Methoden berücksichtigen bei der Aufwandsbemessung auch den Anfangsbestand. Der Aufwand nach der Lifo-Methode ergibt sich hingegen nur aus den Zugangswerten der laufenden Periode; unverändert wird bei allen Preissituationen der Anfangsbestand übernommen und als Endbestand fortgeführt.

---

[1] Die Werte der Tabelle wurden teilweise gerundet.

Darstellung der Ergebnisse im Fall (c) der Tabelle Nr. 8

| Aufwands-bewertung | (c) | Lifo
Hifo | > | Durch-schnitt | > | Lofo | > | Fifo |

| Endbestands-bewertung | (c) | Fifo
Lofo | > | Durch-schnitt | > | Lifo | > | Hifo |

Bei w e c h s e l n d e n Preissituationen werden die Grenzbereiche der Endbestandsbewertung stets von der Hifo- oder Lofo-Bewertungsmethode bestimmt, und zwar mit dem niedrigsten oder höchsten Wert. Im vorliegenden Beispiel führen die Fifo- und Lofo-Bewertungsmethoden zu gleichen Endbestandswerten, weil die letzten Zugänge der Periode auch den höchsten Anschaffungspreis aufweisen und mengenmäßig zur Bildung des Endbestands ausreichen.[1] Die gleichhohe Endbestandsbewertung bei der Fifo- und der Lofo-Bewertungsmethode bewirkt jedoch nicht zwingend eine gleichgelagerte Aufwandsbewertung, vielmehr führt hier die Fifo-Methode - anders als in der ersten Periode - zur niedrigsten Aufwandsbewertung. Dieses Ergebnis ist auf den niedrigeren Fifo-Anfangsbestandswert (= Endbestandswert der Vorperiode) zurückzuführen, der neben den für beide Methoden gleichen Zugängen der zweiten Periode in die Aufwandsbemessung eingeht.[2]

---

1) Entsprechend führen die Fifo- und Hifo-Bewertungsmethoden zu gleichen Endbestandswerten, sofern die letzten Zugänge der Periode die niedrigsten Anschaffungspreise aufweisen und zur Bildung des Endbestands mengenmäßig ausreichen. Ersichtlich wird diese Aussage bei Fortführung des Beispiels von S. 184, Fußnote 3, in Verbindung mit Tabelle Nr. 7 im Fall (c), wenn folgende Preissituation zugrunde gelegt wird: DM/E 23,--; 17,--; 24,--; 16,--. Hieraus ergibt sich die nachstehende Rangfolge bei der Endbestandsbewertung:

Lofo > Lifo > Durchschnitt > Fifo, Hifo.

2) Entsprechende Beispiele könnten für andere Situationen gebildet werden, um zu verdeutlichen, daß preisbestimmte Bewertungsmethoden im Zeitverlauf zwar stets zum höchsten oder niedrigsten Endbestandswert führen, aber nicht immer zur niedrigsten oder höchsten Aufwandsbewertung.

Bisher bezogen sich die Aussagen auf gleichbleibende Jahresendbestände (10 Einheiten), sie bedürfen jedoch keiner grundlegenden Modifizierung, wenn Bestandserhöhungen vorliegen.

3.3.1.2.2.2. Bestandsminderungen und -auflösungen

Anders sind die Fälle der Bestandsminderung oder -auflösung zu beurteilen. Hier bedarf es einer weiteren Korrektur bisheriger, grundlegender Aussagen, wie das fortgeführte Beispiel verdeutlicht.

Tabelle Nr. 9:

Aufwands- und Bestandsbewertung alternativer Bewertungsmethoden bei verschiedenen Preissituationen in der zweiten Periode (Bestandsminderung)[1]

Periodenbezogene Bewertungsmethode	Aufwandsbewertung (DM)			Endbestandsbewertung (DM)		
	(a)	(b)	(c)	(a)	(b)	(c)
Durchschnitt	1.179	662	941	102	58	82
Fifo	1.185	655	928	112	48	96
Lifo	1.183	657	948	80	80	80
Hifo	1.183	655	944	80	48	64
Lofo	1.185	657	946	112	80	96

Endbestand lt. Inventur = 4 Einheiten
Verbrauch der Periode = 46 Einheiten

---

1) Die Werte der Tabelle wurden teilweise gerundet.

Gegenüberstellung der Ergebnisse zu Tabelle Nr. 9

Aufwands- bewertung	(a)	Fifo Lofo	>	Lifo Hifo	>	Durch- schnitt	
Endbestands- bewertung	(a)	Fifo Lofo	>	Durch- schnitt	>	Lifo Hifo	
Aufwands- bewertung	(b)	Durch- schnitt	>	Lifo Lofo	>	Fifo Hifo	
Endbestands- bewertung	(b)	Lifo Lofo	>	Durch- schnitt	>	Fifo Hifo	
Aufwands- bewertung	(c)	Lifo	>	Lofo > Hifo >	Durch- schnitt	>	Fifo
Endbestands- bewertung	(c)	Fifo Lofo	>	Durch- schnitt >	Lifo	>	Hifo

Die Ergebnisse haben sich grundsätzlich nicht geändert, soweit sie sich auf die Bewertung des Endbestands beziehen. Auch hier werden die Grenzwerte bei einheitlicher Preistendenz (a, b) durch die entsprechenden zeit- bzw. preisbestimmten Bewertungsmethoden ermittelt, während bei wechselnden Anschaffungspreisen stets die preisbestimmten Bewertungsmethoden Lofo oder Hifo zum höchsten oder niedrigsten Wert des Endbestandes führen. Bei der Aufwandsbewertung verändert sich hingegen das bisher relativ einheitliche Bild, wobei aus dem obenstehenden Beispiel keine einheitliche Tendenz ersichtlich ist.

Es läßt sich aber ein bestimmtes Ablaufschema in der Rangfolge der Aufwandsverrechnung ermitteln, wenn die Endbestandsmengen sukzessiv verringert werden. Die Ergebnisse der Bewertungsmethoden durchlaufen hierbei in Abhängigkeit von der Höhe der Bestandsminderung die folgenden Phasen der Aufwandsverrechnung:[1]

---

[1] Preisbestimmte Bewertungsmethoden stellen bei einheitlicher Preissituation keine eigenständigen Bewertungsmethoden dar. Sie werden deshalb hier nicht gesondert einbezogen.

Schema der Aufwandsverrechnung bei abnehmenden Endbestandsmengen (steigende Anschaffungspreise)

1. EB = 10 (a) Lifo > Durchschnitt > Fifo
2. EB = 5 (a) Lifo > Fifo   > Durchschnitt
3. EB = 4 (a) Fifo > Lifo   > Durchschnitt
4. EB = 0 (a) Fifo > Durchschnitt > Lifo

EB = mengenmäßiger Endbestand

Schema der Aufwandsverrechnung bei abnehmenden Endbestandsmengen (fallende Anschaffungspreise)

1. EB = 10 (b) Fifo   > Durchschnitt > Lifo
2. EB = 5 (b) Durchschnitt > Fifo   > Lifo
3. EB = 4 (b) Durchschnitt > Lifo   > Fifo
4. EB = 0 (b) Lifo   > Durchschnitt > Fifo

Die Phasen laufen beim Bestandsabbau stets in der Form ab, daß die Ergebnisse der Fifo-Methode zunächst mit denjenigen der Durchschnittsmethode wechseln (1. und 2. Phase). Dann vollzieht sich ein Austausch der Ergebnisse in der Rangfolge zwischen der Lifo- und Fifo-Bewertungsmethode (2. und 3. Phase) und anschließend zwischen der Lifo- und Durchschnittsmethode (3. und 4. Phase).

Im Fall des vollständigen Bestandsabbaus, der letztmöglichen Form der Bestandsminderung, haben sich die Ergebnisse gegenüber der 1. Phase vollständig umgekehrt. Nunmehr (4. Phase) führt die Fifo (Lifo)-Methode bei steigenden (fallenden) Preisen zur höchsten und die Lifo (Fifo)-Methode zur niedrigsten Aufwandsverrechnung. Zwischen den beiden Polen liegt erneut die Durchschnittsbewertungsmethode. Diese Umkehrung der bisherigen Ergebnisse im Fall der Bestandsauflösung ergibt sich aus dem Bewertungszusammenhang der ersten und zweiten Periode. Insgesamt können in allen Perioden nur die Anschaffungs- oder Herstellungskosten verrechnet werden. Führt eine Bewertungsmethode in der ersten Periode zur höchsten (niedrigsten) Aufwandsbewertung, so ergibt sich gleichzeitig in der ersten Periode der niedrigste (höchste) Endbestandswert der Vorräte, der nunmehr in der zweiten Periode gemeinsam mit den Zugangswerten dieser Periode in die Aufwandsbemessung eingeht und eine Umkehrung des vorausgegangenen Ergebnisses bewirkt.

Bei wechselnden Preisen kann ein entsprechendes Phasenschema nicht abgeleitet werden, denn bereits bei gleichbleibendem mengenmäßigen Endbestand der Vorräte in der ersten Periode konnte keine einheitliche Rangfolge der Aufwandsverrechnung ermittelt werden.[1] Lediglich die höchste (niedrigste) Aufwandsverrechnung wird stets bei Anwendung der Hifo (Lofo)-Bewertungsmethode ermittelt. Dieses Ergebnis erfährt im Fall der Bestandsauflösung in der zweiten Periode aus den vorab dargestellten Gründen ebenfalls eine Umkehrung.

3.3.1.3. Permanente Bewertungsmethoden

Den Verbrauchsannahmen der periodenbezogenen Bewertungsmethoden liegt die betrachtete Periode in ihrer Gesamtheit zugrunde, unabhängig von zwischenzeitlichen Lagerbewegungen. Somit beeinflussen Lagerbestandserhöhungen oder vollständige Lagerräumungen innerhalb des Abrechnungszeitraumes die Verbrauchs- und Endbestandswerte der periodenbezogenen Methoden nicht. Anders ist es dagegen bei den permanenten Bewertungsmethoden, welche die Zwischenbestände entsprechend den jeweiligen Verbrauchsannahmen berücksichtigen. Anhand der permanenten Lifo-Bewertungsmethode soll dieser Sachver-

---

1) Vgl. S. 184 der Arbeit.

halt verdeutlicht werden.[1)]

Anwendung der permanenten Lifo-Bewertungsmethode bei steigenden Preisen

	Menge (E)		Anschaffungs-preis (DM/E)	Anschaffungs-wert (DM)	
Anfangsbestand	10		20,--	200,--	
Zugang	12		25,--	300,--	
	10		20,--	200,--	
Bestand	12	22	25,--	300,--	500,--
Abgang	6		25,--	150,--	
	10		20,--	200,--	
Bestand	6	16	25,--	150,--	350,--
	8		26,--	208,--	
Zugang	5	13	27,--	135,--	343,--
	10		20,--	200,--	
	6		25,--	150,--	
	8		26,--	208,--	
Bestand	5	29	27,--	135,--	693,--
	5		27,--	135,--	
	8		26,--	208,--	
	6		25,--	150,--	
Abgang	10	29	20,--	200,--	693,--
Bestand		./.			./.
Zugang	15		28,--	420,--	
Abgang	5		28,--	140,--	
Endbestand	10		28,--	280,--	

---

1) Im folgenden Beispiel wurde das Zahlenmaterial der Tabellen Nr. 6, 7 verwendet.

Auf eine vergleichende Betrachtung sämtlicher Bewertungsmethoden unter Berücksichtigung der verschiedenen Preissituationen wurde verzichtet, weil die Vielzahl möglicher Kombinationen kaum sinnvolle Aussagen erlaubt.

Der Endbestand hat sich gegenüber dem Anfangsbestand
von 10 Einheiten nicht verändert. Deshalb wird der Endbestandswert der Vorräte bei periodenbezogener Betrachtungsweise mit dem gleichbleibenden Wert von DM 200,-- angesetzt.
Im vorstehenden Beispiel der permanenten Lifo-Methode wird
der Zwischenbestand jedoch aufgelöst und somit in die Aufwandsbemessung mit einbezogen. Der Endbestand wird hier
aus dem letzten Zugang der Periode, und zwar in Höhe von
DM 280,-- gebildet. Eine unbegrenzte Fortführung des Lifo-Endbestandswertes, wie es die periodische Lifo-Bewertung
bei gleichbleibenden Endbestandsmengen ermöglicht, kommt
bei der fortlaufenden Bewertung nicht vor, wenn der Anfangsbestand in der Periode teilweise oder völlig abgebaut wird oder ein Zwischenbestand unter das Niveau des Anfangsbestandes absinkt.[1] Der Endbestand wird in diesen
Fällen teilweise oder völlig aus den Zugängen der laufenden
Periode gebildet. Entsprechend der Auflösung des Anfangsbestandes wird der Aufwand teilweise mit Preisen bewertet,
die nicht der laufenden Periode, sondern den Vorperioden
entstammen. Dies gilt bei konstanten, sinkenden oder steigenden Endbestandsmengen in gleicher Weise.

Wird der Anfangsbestand in der laufenden Periode nicht
abgebaut, können die periodenbezogene und die permanente
Lifo-Bewertungsmethode zu verschiedenen Ergebnissen führen,
wenn steigende Endbestände vorliegen. Bei der periodenbezogenen Lifo-Methode gehen in die Aufwandsbemessung zuerst
die letzten Zugänge der Periode ein, während nach der permanenten Betrachtungsweise jeweils die letzten Zugänge der
Zwischenbestände zuerst verrechnet werden. Deshalb folgt die
Aufwandsbewertung bei Anwendung der periodenbezogenen Lifo-Methode verstärkt der jeweiligen Preistendenz.[2] Sie führt

---

1) Vgl. SCHULTE-GROSS, H.: Rohstoffbewertung, S. 50.
2) Vgl. ACCOUNTANTS' HANDBOOK, 12·40.

zu höherer Aufwandsbemessung als die permanente Lifo-Bewertungsmethode bei steigenden Preisen und zu niedrigeren Aufwendungen bei sinkender Preistendenz, wie die folgende Gegenüberstellung zeigt:[1]

Aufwands-bewertung	(a)	per. Lifo > perm. Lifo
Endbestands-bewertung	(a)	perm. Lifo > per. Lifo
Aufwands-bewertung	(b)	perm. Lifo > per. Lifo
Endbestands-bewertung	(b)	per. Lifo > perm. Lifo

Auch die periodische und die permanente Durchschnittsbewertung führen zu unterschiedlichen Ergebnissen. Zunächst soll - wie vorstehend - davon ausgegangen werden, daß die Höhe des Anfangsbestands während der Periode mengenmäßig nicht unterschritten wird. Entsprechend der Verbrauchsannahme werden bei der permanenten Durchschnittsbewertung die Mengen und Preise des Anfangsbestands und der folgenden Zwischenbestände fortlaufend zugrunde gelegt. Für die jeweiligen Aufwandsverrechnungen finden nur bis zum Verbrauchszeitpunkt gezahlte Preise ihre Berücksichtigung, während der Aufwand der periodenbezogenen Durchschnittsbewertung einheitlich mit dem Durchschnittspreis aus Anfangsbestand und sämtlichen Zugängen der Periode bewertet wird. Somit ergibt sich bei dieser Ausgangssituation für beide Methoden folgende Bewertung:

---

[1] Auf die Einbeziehung wechselnder Preissituationen wurde in diesem Abschnitt verzichtet, weil die verschiedenen Einzelfälle keine sinnvollen Aussagen ermöglichen.

Per. = periodische Bewertungsmethode
Perm. = permanente Bewertungsmethode.

Aufwands- bewertung	(a)	per. Durch- schnitt	>	perm. Durch- schnitt	
Endbestands- bewertung	(a)	perm. Durch- schnitt	>	per. Durch- schnitt	
Aufwands- bewertung	(b)	perm. Durch- schnitt	>	per. Durch- schnitt	
Endbestands- bewertung	(b)	per. Durch- schnitt	>	perm. Durch- schnitt	

Die Aufwandsverrechnung folgt - unter der oben genannten Prämisse - bei Anwendung der periodischen Form der Durchschnittsbewertung gegenüber der permanenten Form verstärkt der jeweiligen Preistendenz.[1] So ergibt sich bei steigender Preistendenz durch Anwendung der periodenbezogenen Durchschnittsbewertung ein höherer Aufwand und ein geringerer Endbestandswert als bei der permanenten Methode.[2] Unterschreitet hingegen der mengenmäßige Zwischenbestand die Höhe des Anfangsbestands, kann die Aufwands- und Endbestandsbewertung zu einem entgegengesetzten Ergebnis führen.

3.3.1.4. Wechsel der Bewertungsmethoden

Um die Auswirkungen der Anwendung von Bewertungsmethoden zu zeigen, müssen auch die Einflüsse auf die Vorratsbewertung betrachtet werden, welche sich durch Wechsel der Bewertungsmethoden ergeben. Hierfür wird auf das bisherige Zahlenmaterial der mehrperiodischen Betrachtungsweise mit gleichbleibenden Endbestandsmengen zurückgegriffen.[3] Den Endbe-

---

1) Vgl. ACCOUNTANTS' HANDBOOK, 12·38.
2) Vgl. BENDER, H.: Fragen, S. 24.
3) Vgl. Tabellen Nr. 5 - 8.

standswerten aus der zweiten Periode ohne Methodenwechsel werden die Endbestandswerte unter Berücksichtigung des Methodenwechsels gegenübergestellt. Aus dem Vergleich beider Endbestandswerte lassen sich die Veränderungen des Endbestandswertes und der entsprechenden Aufwandsbewertung zeigen, die aus dem Methodenwechsel resultieren.[1)]

Tabelle Nr. 10:

Endbestandswerte und deren Veränderung beim Methodenwechsel - fortgeführte Betrachtung der Tabellen Nr. 5 - 8 (gleichbleibende Endbestandsmenge)

periodenbezogene Bewertungsmethode	Endbestandsbewertung (DM)					
	(a)	Veränderung	(b)	Veränderung	(c)	Veränderung
Durchschnitt ohne Wechsel	256	-	144	-	205	-
Durchschnitt auf Fifo	280	+ 24	120	./. 24	240	+ 35
Durchschnitt auf Lifo	218	./.38	183	+ 39	195	./.10
Durchschnitt auf Hifo	218	./.38	120	./. 24	165	./.40
Durchschnitt auf Lofo	280	+ 24	183	+ 39	240	+ 35

---

1) Um die reinen Auswirkungen des Methodenwechsels zu zeigen, bleiben Wertkorrekturen nach dem Niederstwert- oder Imparitätsprinzip u.a. zunächst unberücksichtigt (vgl. hierzu Gliederungsabschnitt 3.3.2.).

Perioden-bezogene Bewertungs-methode	Endbestandsbewertung (DM)					
	(a)	Verän-derung	(b)	Verän-derung	(c)	Verän-derung
Fifo ohne Wechsel	280	-	120	-	240	-
Fifo auf Durchschnitt	259	./. 21	141	+ 21	205	./. 35
Fifo auf Lifo	234	./. 46	166	+ 46	196	./. 44
Fifo auf Hifo	234	./. 46	120	-	165	./. 75
Fifo auf Lofo	280	-	166	+ 46	240	-
Lifo ohne Wechsel	200	-	200	-	200	-
Lifo auf Durchschnitt	253	+ 53	147	./.53	206	+ 6
Lifo auf Fifo	280	+ 80	120	./.80	240	+ 40
Lifo auf Hifo	200	-	120	./.80	165	./. 35
Lifo auf Lofo	280	+ 80	200	-	240	+ 40
Hifo ohne Wechsel	200	-	120	-	180	-
Hifo auf Durchschnitt	253	+ 53	141	+ 21	202	+ 22
Hifo auf Fifo	280	+ 80	120	-	240	+ 60
Hifo auf Lifo	200	-	166	+ 46	180	-
Hifo auf Lofo	280	+ 80	166	+ 46	240	+ 60
Lofo ohne Wechsel	280	-	200	-	240	-
Lofo auf Durchschnitt	259	./. 21	147	./.53	208	./. 32
Lofo auf Fifo	280	-	120	./.80	240	-
Lofo auf Lifo	234	./. 46	200	-	214	./. 26
Lofo auf Hifo	234	./. 46	120	./.80	165	./. 75

Aus der vorstehenden Tabelle sind nur die Endbestandswerte und deren Veränderungen bei einem Methodenwechsel zu entnehmen. Für die ebenfalls interessierende Aufwandsbewertung ergibt sich wiederum die umgekehrte Beziehung, denn höhere Endbestandswerte führen zu verringerter Aufwandsverrechnung. Wird z.B. von der Durchschnittsbewertung zur Fifo- oder Lifo-Bewertung gewechselt, gehen in die neue Berechnung des Endbestandswertes in der zweiten Periode stets die Anfangsbestandsmengen und -werte der bisherigen Durchschnittsbewertung und die mengen- und wertmäßigen Zugänge der zweiten Periode ein. Ursprüngliche und neue Bewertungsmethode weisen gleiche Ausgangsdaten auf, lediglich die unterstellte Verbrauchsfolge ist eine andere. Liegen gleiche Ausgangsdaten vor, resultiert aus der absoluten Erhöhung des Endbestandswertes infolge eines Methodenwechsels auch eine entsprechende Verminderung der Aufwandsbewertung.[1] Grundlage für die Beurteilung der Veränderung sind die Endbestands- und Aufwandswerte ohne Methodenwechsel gegenüber den entsprechenden Werten nach dem Methodenwechsel.

Der Methodenwechsel von der Durchschnittsbewertung zur Fifo-Bewertung bewirkt in der Preissteigerungssituation (a) laut vorstehender Tabelle einen um DM 24,-- höheren Endbestandswert und damit eine Aufwandsverminderung um DM 24,--. Ein Wechsel von der Durchschnitts- zur Lifo-Bewertung hat eine Minderung des Endbestandswertes um DM 38,-- und eine Erhöhung des Aufwands um DM 38,-- zur Folge. Aus dieser Gegenüberstellung ist ersichtlich, daß Methodenänderungen stets gleichgerichtete Veränderungen des Jahresergebnisses bewirken. Sie führen zur Erhöhung (Verminderung) der Endbestandswerte des Vorratsvermögens und zur Verrechnung von verminderten (erhöhten) Aufwendungen, wodurch sich der Jah-

---

1) Vgl. hierzu Gliederungspunkt 3.3.1.1.

reserfolg unter Berücksichtigung von Folgewirkungen[1] erhöht (vermindert).[2]

Ob die Unternehmung durch den Methodenwechsel das Jahresergebnis positiv oder negativ beeinflussen kann, hängt von der jeweiligen Preissituation und der bisher angewandten Bewertungsmethode ab. Liegen steigende oder fallende Preise vor, so ermöglicht ein Methodenwechsel von der Durchschnittsbewertung zu einer anderen Bewertungsmethode sowohl Erhöhungen als auch Verminderungen des Jahresergebnisses. Der Wechsel von der Fifo (Lifo)-Methode führt bei steigenden Preisen hingegen nur zur Verschlechterung (Verbesserung) des Jahreserfolges, bei fallenden Preisen dagegen zur Verbesserung (Verschlechterung) des Ergebnisses. Die ursprüngliche Anwendung der Durchschnittsbewertungsmethode eröffnet damit das breitere Spektrum der Beeinflussung des Jahresergebnisses, nämlich - unabhängig von der vorliegenden Preissituation - zur positiven oder negativen Seite hin.

Liegen schwankende Preissituationen vor, können Aussagen lediglich für den Fall des Wechsels zu den preisbestimmten Bewertungsmethoden gemacht werden. So bewirkt der Wechsel zur Hifo-Bewertungsmethode Ergebnisverschlechterungen, und zwar regelmäßig in stärkerem Maße als bei den anderen Bewertungsmethoden.[3] Demgegenüber führt der Wechsel zur Lofo-Methode grundsätzlich in größerem Umfang als andere Methoden-

---

1) Vgl. S. 14 - 16 der Arbeit.
2) Im weiteren Abschnitt wird i.d.R. nur die eine Seite der Bewertung angesprochen, die Ergebnisse gelten aber, wie ersichtlich, auch entsprechend für die andere Seite.
3) Auf Sonderfälle soll nicht eingegangen werden; sie liegen vor, wenn bestimmte Beschaffungskonstellationen eine Gleichstellung einzelner preis- und zeitbestimmter Bewertungsmethoden ergeben (vgl. hierzu S. 187 der Arbeit).

änderungen zur Verbesserung des Ergebnisses. Wurde bisher mittels einer preisbestimmten Methode bewertet und wird von derselben zu anderen Methoden gewechselt, kann die bisherige Anwendung der Hifo-Methode niemals zu Ergebnisverschlechterungen und die bisherige Anwendung der Lofo-Methode niemals zu Ergebnisverbesserungen führen. Dies resultiert aus der Tatsache, daß die Hifo- bzw. Lofo-Methode in allen Perioden stets zur niedrigsten bzw. höchsten Bewertung des Endbestands führt; allenfalls in Sonderfällen ergeben die preisbestimmten Methoden einen gleichhohen Endbestand mit einzelnen zeitbestimmten Bewertungsmethoden.

3.3.1.5. Bewertungsmethoden im Rahmen der Erzeugnisbewertung

3.3.1.5.1. Bewertung der Kostenelemente von Erzeugnissen oder der einzelnen Erzeugnisse

Die bisherige Betrachtung der Aufwands- und Endbestandsbewertung wurde unter der Annahme geführt, daß die Vorräte mit den ermittelten Werten in die Bilanz eingehen und der errechnete Aufwand in entsprechender Höhe erfolgswirksam wird. Im Zusammenhang mit der Bewertung der unfertigen und fertigen Erzeugnisse ergeben sich aber einige Sonderprobleme, die zu erörtern sind. Da es hierfür nicht notwendig ist, auf die Diskussion zur Ermittlung der Herstellungskosten nebst deren Unter- bzw. Obergrenze einzugehen,[1] wird die Herstellungskostenbewertung nur insoweit dargelegt, wie sich Einflüsse aus Anwendung der Bewertungsmethoden ergeben.

Während die Anschaffungskosten aus dem Anschaffungspreis und den Anschaffungsnebenkosten nach Abzug der Anschaffungs-

---

[1] Vgl. zur Bestimmung der Herstellungskosten ADS: Rechnungslegung, 4. Aufl., § 155 Tz. 16 - 29, 35 - 84; KROPFF, B.: in Aktiengesetz, Kommentar, § 155 Anm. 3 - 23.

kostenminderungen ermittelt werden,[1] setzen sich die Herstellungskosten aus mehreren Kostenelementen zusammen,[2] denn in jede Erzeugniseinheit gehen verschiedenartige Material-, Lohn- und Betriebskosten ein. Dabei ergeben sich unterschiedliche Wertansätze für die Erzeugnisse, je nachdem, ob die einzelnen Kostenelemente des Erzeugnisbestandes gesondert nach unterschiedlichen Bewertungsmethoden bewertet (Methode 1), oder ob die einzelnen Erzeugniseinheiten mit den jeweils akkumulierten Kostenelementen (Methode 2) bewertet werden.[3] Betrachtet man die einzelnen Kostenelemente einer Erzeugniseinheit des Gutes "X", so können die Materialaufwendungen je Erzeugniseinheit eine steigende Tendenz aufweisen, während die Lohn- und Betriebskosten durch den technischen Fortschritt oder eine verbesserte

---

[1] Vgl. ADS: Rechnungslegung, 4. Aufl., § 153 Tz. 11 - 19.

[2] Grundsätzlich ist von folgendem Ermittlungsschema auszugehen (vgl. ADS: Rechnungslegung, 4. Aufl., § 155 Tz. 38):

Fertigungsmaterial	
Fertigungsmaterial-Gemeinkosten	Materialkosten
Fertigungslöhne	
Fertigungsgemeinkosten	
Sondereinzel- und -gemeinkosten der Fertigung	Fertigungskosten
	Entwicklungs- und Konstruktionskosten
	Verwaltungskosten
	aktienrechtliche Herstellungskosten
	Vertriebskosten
	Selbstkosten

[3] Vgl. FORSTER, K.-H./WEIRICH, S.: Lifo, S. 486; KÖNIG, W.: Die Anwendung, S. 398.

Kapazitätsauslastung sinkende Tendenz zeigen.[1] HOFFMAN/
GUNDERS[2] verdeutlichen dies an folgendem Beispiel:

	Jahresanfang (DM)	Jahresende (DM)
Materialkosten je Erzeugniseinheit	5,--	6,--
Lohn- und Betriebskosten je Erzeugniseinheit	6,--	4,62

Werden die Erzeugnisse nach der Methode 2 bewertet - dies entspricht der gebräuchlichen deutschen Praxis - erhält man bei Anwendung der Fifo- oder Lifo-Methode die Endbestandswerte mit DM 10,62 oder DM 11,-- je Einheit. Auch die einheitliche Anwendung der Bewertungsmethoden auf die einzelnen Kostenelemente verändert das Ergebnis nicht. Werden die einzelnen Kostenelemente nach unterschiedlichen Bewertungsmethoden bewertet (Methode 1), ergeben sich je nach Methodenwahl unterschiedliche Herstellungskosten. Wird z.B. der Materialkostenanteil je Erzeugniseinheit nach der Lifo-Methode mit DM 5,-- und der Lohn- und Betriebskostenanteil je Erzeugniseinheit nach der Fifo-Methode mit DM 4,62 bewertet, führt dies zu Herstellungskosten je Erzeugniseinheit von DM 9,62; bei entgegengesetzter Methodenwahl würden die Herstellungskosten DM 12,-- betragen.

Eine gesonderte Bewertung bestimmter Materialarten, die in ihrem Wesen der Bewertung einzelner Kostenelemente entspricht, ist insbesondere in ver- und bearbeitenden Industriezweigen anzutreffen. Hier werden einzelne Materialarten, z.B. Kupfer, Blei, Roheisen, getrennt erfaßt und bewertet, unabhängig davon, ob sie sich als Rohmaterialien am Lager oder im be- oder verarbeiteten Zustand in den Erzeug-

---

1) Vgl. HOFFMAN, R.A./GUNDERS, H.: Inventories, S. 228 f.
2) Vgl. ebenda.

nisbeständen befinden.[1] Dieses Verfahren kann sinnvoll nur angewendet werden, wenn die Materialien durch Umschmelzen u.a. leicht in ihren Ursprungszustand überführt werden können, z.B. die Rückführung von Halbzeugen und Gußteilen in Roheisenbestände.

3.3.1.5.2. Bewertungsverbund in mehrstufigen Produktionsprozessen

Geht man von dem produktionsmäßigen Ablauf der Erstellung eines Erzeugnisses aus, wird der bewertungsmäßige Zusammenhang zwischen der jeweiligen Vorstufe und der nachfolgenden Stufe deutlich, der aus dem Verbund des Produktionsprozesses resultiert. Dieser Ablauf vollzieht sich für jedes Endprodukt wie folgt:

1. Anschaffungskostenbewertung der Roh-, Hilfs- und Betriebsstoffe.
2. Herstellungskostenbewertung der unfertigen Erzeugnisse gleicher Produktionsstufen.
3. Herstellungskostenbewertung der fertigen Erzeugnisse (Endprodukt).

Bewertungsmäßig besteht ein Zusammenhang in der Weise, daß sich aufgrund der Endbestandsbewertung in einer Vorstufe der jeweilige Verbrauchsaufwand ergibt, der als Zugangswert in die Nachstufe übertragen wird. Endbestands- und Verbrauchsbewertung auf der Nachstufe vollziehen sich entsprechend, so daß eine wertmäßige Verzahnung der Anschaffungs- oder Herstellungskosten vom Material bis zum Endprodukt besteht.[2] Dabei kann die Bewertungsmethode von der Material-

---

1) Vgl. FORSTER, K.-H./WEIRICH, S.: Lifo, S. 485 f.; HOFFMAN/GUNDERS bezeichnen diese Form als "material-content pooling method" (HOFFMAN, R.A./GUNDERS, H.: Inventories, S. 228).
2) Vgl. ADS: Rechnungslegung, 4. Aufl., § 155 Tz. 42.

bewertung bis zum produzierten Erzeugnis beibehalten oder auf jeder Stufe isoliert neu gewählt werden.[1]

Wegen der bewertungsmäßigen Verzahnung einzelner Stufen kann der Aufwand einer vorgelagerten Stufe nicht erfolgswirksam werden, wenn er auf der nachgelagerten Stufe in die Herstellungskosten eines aktivierten Erzeugnisses eingeht. Die höhere (niedrigere) Aufwandsbewertung des Materials führt somit zu höheren (niedrigeren) Herstellungskosten der nachfolgenden Erzeugnisse und wird somit erfolgsmäßig kompensiert.[2] Diese Zusammenhänge zeigt das folgende Modell in vereinfachter Form auf:

1. Stufe (Erstellung des unfertigen Erzeugnisses)
  a) Lifo-Bewertungsmethode

Material (DM/E)		unf.Erz.(DM/E)		fert.Erz.(DM/E)	Endbestandswerte (DM/E)	
Zug.10	Verbr.12	Zug.12	EB 12		Mat.	10
Zug.12	EB 10				unf.Erz.	12

  b) Fifo-Bewertungsmethode

Zug.10	Verbr.10	Zug.10	EB 10		Mat.	12
Zug.12	EB 12				unf.Erz.	10

---

[1] Vgl. ADS: Rechnungslegung, 4. Aufl., § 155 Tz. 42.
[2] Vgl. WÖHE, G.: Bilanzierung, S. 352.

- 205 -

2. Stufe (Erstellung eines unfertigen und eines fertigen
          Erzeugnisses)
    a) Lifo-Bewertungsmethode

				Endbestands-
Material (DM/E)	unf.Erz. (DM/E)	fert.Erz.(DM/E)		werte (DM/E)

AB 10	Verbr.14	AB 12	Verbr.14	Zug.14	EB 14	Mat. 10
Zug. 14	EB 10	Zug.14	EB 12			unf.Erz. 12
						fert.Erz.14

    b) Fifo-Bewertungsmethode

AB 12	Verbr.12	AB 10	Verbr.10	Zug.10	EB 10	Mat. 14
Zug. 14	EB 14	Zug.12	EB 12			unf.Erz. 12
						fert.Erz.10

3. Stufe (Erstellung eines unfertigen und eines fertigen
          Erzeugnisses und Verkauf eines Fertigerzeugnisses)

    a) Lifo-Bewertungsmethode

AB 10	Verbr.16	AB 12	Verbr.16	AB 14	Verbr.16	Mat. 10
Zug. 16	EB 10	Zug.16	EB 12	Zug.16	EB 14	unf.Erz. 12
						fert.Erz.14

    b) Fifo-Bewertungsmethode

AB 14	Verbr.14	AB 12	Verbr.12	AB 10	Verbr.10	Mat. 16
Zug. 16	EB 16	Zug.14	EB 14	Zug.12	EB 12	unf.Erz. 14
						fert.Erz.12

Abgesehen von den unterschiedlichen Bewertungsergebnissen der Lifo- und Fifo-Bewertung bei der hier zugrunde gelegten steigenden Preistendenz, wird auf der 1. und 2. Stufe der Zusammenhang zwischen der Endbestands- und Verbrauchsbewertung des Materials und der unfertigen bzw. fertigen Erzeugnisse deutlich. Die niedrigere Endbestandsbewertung der Vorstufe führt zur höheren Endbestandsbewertung auf der nachfolgenden Stufe und umgekehrt. Die erfolgswirksame Kompensation der Verbrauchsbewertung in den Herstellungskosten findet statt, bis die Erzeugnisse in der 3. Stufe zum Verkauf gelangen. Dieser Prozeß läuft zwar in der vorliegenden Stufenform ab und könnte noch erweitert dargestellt werden, jedoch hängt es von der Fertigungsdauer und den am Bilanzstichtag vorhandenen Beständen des Vorratsvermögens ab, ob er auch in einer entsprechenden Form transparent wird.

Bei Anwendung der L i f o -Bewertungsmethode gehen nach einer Phase des Bestandsaufbaus der Erzeugnisse die Aufwendungen für die letzten Materialzugänge der Periode (3. Stufe) unmittelbar in die Herstellungskosten der verkauften Erzeugnisse ein und werden in Höhe der letzten Anschaffungskosten erfolgswirksam verrechnet. Die Endbestandswerte des Materials und der Erzeugnisse bleiben zukünftig in ihrer ursprünglichen Höhe bestehen, wenn es zu keinen mengenmäßigen Bestandsveränderungen kommt. Andere Ergebnisse liefert die F i f o -Bewertung,[1] denn die Endbestandswerte des Materials und der Erzeugnisse passen sich der Preissteigerungstendenz fortlaufend an. Die Aufwendungen für das Material werden, nachdem die letzte Stufe des Produktionsprozesses erreicht und das entsprechende Erzeugnis verkauft ist, mit den historischen Anschaffungswerten erfolgswirksam verrechnet.

---

[1] Die Ergebnisse der Durchschnittsbewertung entsprechen in etwa der Fifo-Bewertung.

3.3.2. Auswirkungen der Anwendung der Bewertungsmethoden im Jahresabschluß unter Berücksichtigung von Wertkorrekturen der Endbestandswerte

3.3.2.1. Der Einfluß von Abwertungen der Endbestandswerte

3.3.2.1.1. Abwertungspflicht aufgrund der Niederstwertvorschrift

Im Abschnitt 3.3.1. wurde unterstellt, daß die ermittelten Endbestandswerte als Bilanzwerte übernommen werden und die jeweiligen Aufwandswerte in entsprechender Höhe in die Gewinn- und Verlustrechnung eingehen. Diese Annahme ermöglichte es, die originären Einflüsse bei Anwendung der verschiedenen Bewertungsmethoden auf die Aufwands- und Endbestandsbewertung zu zeigen. Die endgültigen Einflüsse der Vorratsbewertung im Jahresabschluß sind jedoch erst zu erkennen, wenn mögliche Wertkorrekturen durch Ab- oder Aufwertungen der zuvor ermittelten Endbestandswerte, die zu den letztlich verbindlichen Bilanzwerten führen, mit in die Betrachtung einbezogen werden.

1. Stufe der Bewertung (Wertansatzpflicht)

Die 1. Stufe der Vorratsbewertung stellt die Ermittlung der Anschaffungs- oder Herstellungskosten dar, sie wurde vorstehend unter Anwendung der Bewertungsmethoden aufgezeigt. Veränderungen der bisher ermittelten Ergebnisse resultieren jedoch aus Abwertungen der Endbestandswerte, die sich auf der 2. oder 3. Bewertungsstufe ergeben.[1]

---

[1] Zu den Wertkorrekturen durch Ausnutzung des Aufwertungswahlrechts (4. Stufe der Bewertung) vgl. Gliederungspunkt 3.3.2.2.

2. Stufe der Bewertung (Abwertungspflicht)

Eine Überprüfung der Anschaffungswerte jedes einzelnen Vorratsgegenstandes erfolgt auf der 2. Bewertungsstufe anhand der Niederstwertvorschrift des § 155 Abs. 2 AktG.[1] Nach dieser Vorschrift sind Gegenstände des Umlaufvermögens, für die ein Börsen- oder Marktpreis am Bilanzstichtag vorliegt, mit diesem Wert anzusetzen, wenn er die Anschaffungswerte unterschreitet (§ 155 Abs. 2 Satz 1 AktG). Je nach Art der Vorratsgegenstände wird der Börsen- oder Marktpreis vom Beschaffungs- und/oder Absatzmarkt abgeleitet. ADLER/DÜRING/SCHMALTZ[2] schlagen hierfür folgendes Schema vor:

"1. Maßgeblichkeit des Beschaffungsmarktes
   Roh-, Hilfs- und Betriebsstoffe,
   Unfertige und fertige Erzeugnisse, soweit auch Fremdbezug möglich wäre;

2. Maßgeblichkeit des Absatzmarktes
   Unfertige und fertige Erzeugnisse,
   Überbestände an Roh-, Hilfs- und Betriebsstoffen,
   Wertpapiere;

3. Doppelte Maßgeblichkeit (sowohl Beschaffungs- als auch Absatzmarkt)
   Handelsware,
   Überbestände an unfertigen und fertigen Erzeugnissen".

Ist der Beschaffungsmarkt maßgebend, sind dem Börsen- oder Marktpreis noch Beschaffungsnebenkosten zuzurechnen. Bei einer vom Absatzmarkt ausgehenden Bewertung sind die Verkaufskosten vom Absatzmarktwert der Vorräte abzusetzen.[3]

---

1) Vgl. hierzu BARTKE, G.: Rechnungslegung, S. 269 - 277 m.w.Lit.
2) ADS: Rechnungslegung, 4. Aufl., § 155 Tz. 152, vgl. ferner Tz. 147 - 170; MELLEROWICZ, K.: in Großkommentar AktG, 3. Aufl., § 155 Anm. 24 - 29; KROPFF, B.: in Aktiengesetz, Kommentar, § 155 Anm. 34 - 46.
3) Vgl. ADS: Rechnungslegung, 4. Aufl., § 155 Tz. 166.

Läßt sich kein Börsen- oder Marktpreis zum Bilanzstichtag feststellen "und übersteigen die Anschaffungs- oder Herstellungskosten den Wert, der den Gegenständen am Abschlußstichtag beizulegen ist, so ist dieser Wert anzusetzen" (§ 155 Abs. 2 Satz 2 AktG). Der sog. beizulegende Wert - auch Zeitwert genannt - richtet sich ebenso wie der Börsen- oder Marktpreis nach den Verhältnissen des Beschaffungs- bzw. Absatzmarktes.[1] Orientiert sich der beizulegende Wert am Beschaffungsmarkt, sind die Wiederbeschaffungs- oder Reproduktionskosten einschließlich eventueller Nebenkosten zugrunde zu legen.[2] Die Wertermittlung vom Absatzmarkt stellt auf den vermutlichen Veräußerungspreis abzüglich Erlösschmälerungen und noch bis zum Verkauf entstehender Aufwendungen ab.[3]

Für den Börsen- oder Marktpreis und den beizulegenden Wert, sofern er vom Beschaffungsmarkt abgeleitet wird, entscheiden grundsätzlich die Wertverhältnisse am Bilanzstichtag.[4] Hingegen stellt der am Absatzmarkt ausgerichtete beizulegende Wert auf den voraussichtlichen Zeitpunkt der Veräußerung ab.[5] Da von diesem Wert die noch anfallenden Aufwendungen abgezogen werden, entspricht diese sog. retrograde Bewertung dem Grundsatz "verlustfreier Vorratsbewertung".[6]

---

1) Vgl. ADS: Rechnungslegung, 4. Aufl., § 155 Tz. 171; ferner MELLEROWICZ, K.: in Großkommentar AktG, 3. Aufl., § 155 Anm. 30 - 33; CLAUSSEN, C.P.: in Kölner Kommentar, § 155 Anm. 22 - 24.
2) Vgl. ADS: Rechnungslegung, 4. Aufl., § 155 Tz. 171 - 177; KROPFF, B.: in Aktiengesetz, Kommentar, § 155 Anm. 44.
3) Vgl. ADS: Rechnungslegung, 4. Aufl., § 155 Tz. 171, 178 - 189; CLAUSSEN, C.P.: in Kölner Kommentar, § 155 Anm. 22 - 24.
4) Vgl. ADS: Rechnungslegung, 4. Aufl., § 155 Tz. 166 - 169 m.w.Lit., § 155 Tz. 172.
5) Vgl. BARTKE, G.: Rechnungslegung, S. 272; ADS: Rechnungslegung, 4. Aufl., § 155 Tz. 178.
6) Vgl. ADS: Rechnungslegung, 4. Aufl., § 155 Tz. 178 - 189.

Einzelne Teile des Vorratsbestandes können durch unsachgemäße oder zu lange Lagerdauer, Produktionsumstellungen und modische Geschmacksveränderungen in ihrer ursprünglichen Verwertbarkeit eingeschränkt sein.[1] Die geminderte Verwertbarkeit der Vorräte muß von der Unternehmung bei der Niederstwertermittlung berücksichtigt werden. Börsen- oder Marktpreise liegen für diese Vorratsteile - von Ausnahmen abgesehen - regelmäßig nicht vor, so daß der beizulegende Wert von der Verwertbarkeit des Vorratsvermögens mitbestimmt wird.[2] Lagerdauer und Gängigkeit der Vorratsgegenstände sind bereits mit deren inventurmäßiger Erfassung zu untersuchen und in den Inventurunterlagen festzuhalten.[3] Zustand und Verwertbarkeit lassen sich bei umfangreichen Lagerbeständen jedoch nicht immer zutreffend und mit vertretbarem Aufwand ermitteln.[4] "In Fällen dieser Art ist es daher üblich und auch steuerlich anerkannt, pauschale Abschläge von den Anschaffungskosten zu verrechnen (sog.

---

1) Vgl. S. 174 der Arbeit; MELLEROWICZ, K.: in Großkommentar AktG, 3. Aufl., § 155 Anm. 32.

2) Vgl. hierzu WÖHE, G.: Bilanzierung, S. 344; HILD, D.: Zur Errechnung, S. 881; ADS: Rechnungslegung, 4. Aufl., § 155 Tz. 173; ferner - auf das AktG 1937 bezogen - LOHNERT, F.: Der Zeitwert, S. 121 und FRANK, G.: Die Bewertung, S. 73 f.

LEFFSON hält ein differenziertes Vorgehen für notwendig. Soweit erforderlich, sind von den Anschaffungswerten Abschreibungen für "Wertverluste durch Beschädigung, Verderb u.ä. abzusetzen. Hingegen werden Nutzungsminderungen durch Modeänderungen, neue technische Entwicklungen u.ä. ... durch die Berechnung des nach dem Imparitätsprinzip gebotenen Antizipationspostens berücksichtigt" (LEFFSON, U.: Die GoB, S. 268). Den Antizipationsposten nach dem Imparitätsprinzip will LEFFSON in der Bilanz unter dem Posten "andere Rückstellungen" (§ 151 Abs. 1, Passivseite, IV. 2. AktG) ausweisen (vgl. ebenda, S. 279 f.).

3) Vgl. Arbeitskreis LUDEWIG: Die Vorratsinventur, S. 20 f., 39, 53 f.

4) Vgl. LUDEWIG, R.: Zur Frage, S. 549; ADS: Rechnungslegung, 4. Aufl., § 155 Tz. 174.

Gängigkeitsabschreibungen)".[1] Zur Bemessung von Gängigkeitsabschlägen wird in der Praxis überwiegend mit dem Lagerreichweitenverfahren gearbeitet.[2] Es stellt auf die Häufigkeit des Lagerumschlages innerhalb der Periode ab und berücksichtigt somit die vermutliche Reichweite der Bestände.[3] Die einzelnen Lagerreichweiten werden in unterschiedliche Gängigkeitsstufen bzw. -klassen eingeteilt, wobei mit zunehmender Lagerreichweite eine verschlechterte Gängigkeit der Bestände angenommen wird. Nach der Gängigkeitsstufe richten sich auch die Wertabschläge, die zum Teil unter Einbeziehung von Zinsen, Lagerhaltungskosten und dem technisch-wirtschaftlichen Risiko festgelegt

---

1) ADS: Rechnungslegung, 4. Aufl., § 155 Tz. 174; vgl. ferner FRANK, G.: Die Bewertung, S. 73 - 76 m.w.Lit.; EIGENDORF, J.: Zur Errechnung, S. 688 - 690 m.w.Lit.

Der BFH erkannte Teilwertabschreibungen wegen langer Lagerung, Unmodernwerden und sonstiger Gründe an, die in der Einkommensteuerbilanz eines Kaufmanns vorgenommen wurden (vgl. BFH vom 5.5.1966, BStBl 1966 III, S. 370 f.; ferner BFH vom 22.8.1968, BStBl 1968 II, S. 801 f.; Abschn. 36 Abs. 1 EStR; LITTMANN, E.: Das Einkommensteuerrecht, § 6 RdNr. 353 - 373 m.w.Lit.).

2) Vgl. LOHNERT, F.: Der Zeitwert, S. 122; LUDEWIG, R.: Zur Frage, S. 549 - 551; HILD, D.: Zur Errechnung, S. 882; EIGENDORF, J.: Zur Errechnung, S. 688; ADS: Rechnungslegung, 4. Aufl., § 155 Tz. 174.

HILD erwähnt noch das Lagerabgangs- und das Lagerzugangsverfahren. Beim Lagerabgangsverfahren werden die Gängigkeitsstufen danach festgelegt, in welchem Jahr der letzte Abgang vom Lager erfolgte (vgl. HILD, D.: Zur Errechnung, S. 881). Das Lagerzugangsverfahren berücksichtigt allein die Lagerzugänge und unterstellt Vollwertigkeit der Bestände, wenn in der Periode bereits ein Zugang vorliegt (vgl. ebenda).

3) Die Lagerreichweite (Gängigkeit) wird von EIGENDORF (vgl. EIGENDORF, J.: Zur Errechnung, S. 688) wie folgt errechnet:

$$\frac{\text{Lagerbestand}}{\text{Lagerabgänge in den letzten 12 Monaten}} = \text{Reichweite}$$

werden.[1] In Abhängigkeit von der Lagerreichweite und den gegebenenfalls zugrunde gelegten Entwertungskriterien, erhält die Unternehmung gestaffelte Wertabschläge, die in Prozenten auf die Anschaffungskosten bezogen sind. Die Anschaffungswerte können dabei im Wege der direkten Einzelbewertung, der Sammelbewertung oder der Gruppenbewertung ermittelt worden sein.

3.3.2.1.2. Abwertungswahlrechte durch Einbeziehung zukünftiger Wertschwankungen oder niedrigerer steuerlicher Werte

Weitere Abwertungen können sich auf der 3. Bewertungsstufe aufgrund der niedrigeren Werte des § 155 Abs. 3 AktG ergeben. Hiernach dürfen die einzelnen Vorratsgegenstände mit einem niedrigeren Wert als dem Wert der 1. oder 2. Stufe angesetzt werden, soweit dies

"bei vernünftiger kaufmännischer Beurteilung notwendig ist, um zu verhindern, daß in der nächsten Zukunft der Wertansatz dieser Gegenstände auf Grund von Wertschwankungen geändert werden muß" (§ 155 Abs. 3 Nr. 1 AktG).

Diese Vorschrift erlaubt Abweichungen vom sonst vorherrschenden Stichtagsprinzip, denn in Zukunft vernünftigerweise zu erwartende Wertminderungen und Preisrückschläge dürfen vorweggenommen werden.[2] Es soll hiermit verhindert werden, daß bilanzielle Wertansätze aufgrund von Wertschwan-

---

[1] Vgl. LOHNERT, F.: Der Zeitwert, S. 121 f.; LUDEWIG, R.: Zur Frage, S. 550; FRANK, G.: Die Bewertung, S. 74; EIGENDORF, J.: Zur Errechnung, S. 688 f.

Nicht ausdrücklich berücksichtigt werden Zinsen, Lagerhaltungskosten und das technisch-wirtschaftliche Risiko von ADS (vgl. ADS: Rechnungslegung, 4. Aufl., § 155 Tz. 174) und HILD (vgl. HILD, D.: Zur Errechnung, S. 881 - 883).

[2] Vgl. Ausschußbericht zit. nach KROPFF, B.: Aktiengesetz, Textausgabe, S. 247.

kungen in der nächsten Zukunft wieder geändert werden müssen.[1] Unter der nächsten Zukunft im Sinne der Vorschrift wird allgemein ein Zeitraum von zwei Jahren verstanden.[2] Strittig ist, ob sich das Abwertungswahlrecht nur auf die am Bilanzstichtag tatsächlich vorhandenen Bestände bezieht,[3] oder ob bei Ausübung des Wahlrechts auch die nachfolgenden Ersatzbeschaffungen einbezogen werden dürfen.[4] KROPFF[5] verneint die weitgefaßte Interpretation unter Hinweis auf den Gesetzeswortlaut ("Wertansatz dieser Gegenstände") und den Grundgedanken der Verlustantizipation. Er hält jedoch in zwei Ausnahmefällen Abwertungen unter Einbeziehung der Ersatzbeschaffung von Vorratsgegenständen für zulässig. Die erste liegt vor, wenn Vorräte nach der Lifo-Methode oder der Festbewertung (§ 40 Abs. 4 Nr. 2 HGB) bewertet werden, denn diese Methoden unterstellen, "daß tatsächlich erst später angeschaffte oder hergestellte Gegenstände mit den Beständen am Abschlußstichtag identisch sind".[6] Ferner kann "für die betriebsnotwendigen Roh-, Hilfs- und Betriebsstoffe davon ausgegangen werden, daß sie durch Ersatzbeschaffung laufend auf der erforderlichen Höhe gehalten werden und daher auch für Abs. 3 Nr. 1 als ein Bestand anzusehen sind".[7]

Auf der 3. Bewertungsstufe kann die Unternehmung ferner Abwertungen vornehmen, die über die bisherigen Wertkorrekturen hinausgehen, soweit dieser niedrigere Wertansatz

"für Zwecke der Steuern vom Einkommen und vom Ertrag für zulässig gehalten wird" (§ 155 Abs. 3 Nr. 2 AktG).

---

1) Vgl. Ausschußbericht zit. nach KROPFF, B.: Aktiengesetz, Textausgabe, S. 247.
2) Vgl. KROPFF, B.: in Aktiengesetz, Kommentar, § 155 Anm. 55 m.w.Lit.
3) Vgl. SAAGE, G.: Die Reservepolitik, S. 78.
4) Vgl. ADS: Rechnungslegung, 4. Aufl., § 155 Tz. 204 - 206 m.w.Lit.; FORSTER, K.-H.: Möglichkeiten, S. 25.
5) Vgl. KROPFF, B.: in Aktiengesetz, Kommentar, § 155 Anm. 57.
6) Ebenda.
7) Ebenda.

Allgemein folgt die steuerliche Gewinnermittlung der handelsrechtlichen Bilanzierung und Bewertung, soweit nicht steuerliche Vorschriften dagegenstehen. Unmittelbar wird die sog. Maßgeblichkeit der Handelsbilanz für die Steuerbilanz im § 5 Abs. 1 EStG verankert.[1] Aus der Abhängigkeit der Steuerbilanz von der Handelsbilanz folgt u.a., daß steuerliche Bewertungsvergünstigungen nur in Anspruch genommen werden können, wenn in der Handelsbilanz entsprechend vorgegangen wird oder die steuerliche Vorschrift Abweichungen zuläßt.[2] Um die Inanspruchnahme steuerlicher Erleichterungen (Sonderabschreibungen, Bewertungsabschläge u.a.) nicht zu verhindern, hat der Gesetzgeber § 155 Abs. 3 Nr. 2 AktG für das Umlaufvermögen[3] und § 154 Abs. 2 Nr. 2 AktG für das Anlagevermögen[4] in das Gesetz aufgenommen.[5]

Um die Abwertungsmöglichkeiten aufgrund niedrigerer Steuerbilanzwerte beurteilen zu können, müssen die allgemeinen einkommensteuerlichen Bewertungsvorschriften und besondere Steuervergünstigungen im Bereich des Vorratsvermögens in die Betrachtung mit einbezogen werden. Grundsätzlich geht die Einkommensteuerbilanz vom Anschaffungswert-

---

1) Vgl. WACKER, Steuerlexikon, Stichwort: Maßgeblichkeitsprinzip; LITTMANN, E.: Das Einkommensteuerrecht, §§ 4,5 RdNr. 52 - 54.

2) Vgl. LITTMANN, E.: Das Einkommensteuerrecht, §§ 4,5 RdNr. 55 f. m.w.Lit.

3) Vgl. Begr. Reg. E. zit. nach KROPFF, B.: Aktiengesetz, Textausgabe, S. 247.

4) Vgl. ebenda, S. 245.

5) Vgl. LITTMANN, E.: Das Einkommensteuerrecht, §§ 4,5 RdNr. 54.

SAAGE spricht vom "Prinzip der Steuervorteilswahrung" (SAAGE, G.: GoB, S. 14).

prinzip[1]) und dem niedrigeren Teilwert[2]) aus (§ 6 i.Verb.m. § 5 Abs. 4 EStG).[3]) Beide Bewertungsprinzipien entsprechen im wesentlichen den Bewertungsprinzipien des handelsrechtlichen Jahresabschlusses. Bewertungsunterschiede zwischen der Handelsbilanz und der Ertragsteuerbilanz können sich dennoch durch Anwendung unterschiedlicher Bewertungsmethoden ergeben.

---

1) Im wesentlichen entsprechen sich der steuerliche und der handelsrechtliche Anschaffungskostenbegriff (vgl. LITTMANN, E.: Das Einkommensteuerrecht, § 6 RdNr. 34 - 58), während die Herstellungskosten z.B. durch die steuerliche Aktivierungspflicht der Fertigungsgemeinkosten (Material und Lohn) über den handelsrechtlichen Wertansätzen liegen können (vgl. Abschn. 33 EStR; LITTMANN, E.: Das Einkommensteuerrecht § 6 RdNr. 59 - 83). Weitere Differenzen im Bereich der Herstellungskosten können sich aus der Einbeziehung verschiedener Kostenarten und die unterschiedliche Ausnutzung von Bewertungswahlrechten (z.B. Verwaltungskosten) in Handels- und Steuerbilanz ergeben. Tendenziell liegen die steuerlichen Herstellungskosten über den handelsrechtlichen und ermöglichen damit keine Abwertung der Handelsbilanzwerte nach § 155 Abs. 3 Nr. 2 AktG.

In den weiteren Ausführungen wird von einer gleichgerichteten inhaltlichen Bestimmung der Anschaffungs- oder Herstellungskosten in den Handels- und Steuerbilanzen ausgegangen. Es werden nur Unterschiede aus den Bewertungsmethoden und steuerlichen Vergünstigungsvorschriften untersucht.

2) Der niedrigere Teilwert entspricht i.d.R. dem handelsrechtlichen Niederstwert und ist auch einkommensteuerlich anzusetzen (vgl. Abschn. 36 Abs. 1 EStR; LITTMANN, E.: Das Einkommensteuerrecht, § 6 RdNr. 159).

Ein Zwang zum Ansatz des niedrigeren Teilwertes (Niederstwert) beim Vorratsvermögen erscheint aufgrund der Formulierung des § 6 Abs. 1 Ziffer 2 Satz 2 EStG ("Statt der Anschaffungs- oder Herstellungskosten k a n n (Hervorhebung vom Verf.) der niedrigere Teilwert ... angesetzt werden") nicht gegeben; über das Maßgeblichkeitsprinzip der Handelsbilanz für die Steuerbilanz (§ 5 Abs. 1 EStG) erlangt er dennoch Geltung (vgl. LITTMANN, E.: Das Einkommensteuerrecht, §§ 4,5 RdNr. 65, § 6 RdNr. 159).

3) Für das Vorratsvermögen gelten die Vorschriften des im § 6 Abs. 1 Ziffer 2 Satz 1 EStG aufgeführten Umlaufvermögens, da es Bestandteil desselben ist (vgl. hierzu WACKER, Steuerlexikon, Stichwort: Vorratsbewertung).

Als einkommensteuerliche Bewertungsmethode zur Ermittlung der Anschaffungswerte vertretbarer[1] Vorratsgüter "bei denen die Anschaffungs- oder Herstellungskosten wegen Schwankungen der Einstandspreise im Laufe des Wirtschaftsjahrs im einzelnen nicht mehr einwandfrei feststellbar sind" (Abschn. 36 Abs. 2 Satz 1 EStR) ist grundsätzlich die Durchschnittsbewertungsmethode anzuwenden.[2] Andere Bewertungsmethoden als die Durchschnittsbewertungsmethode dürfen zur Anschaffungswertermittlung nur gewählt werden, wenn der Steuerpflichtige glaubhaft macht, daß sich betrieblicher Güterfluß und die den Bewertungsmethoden zugrunde liegenden Annahmen in der Regel entsprechen.[3] In den Einkommensteuerrichtlinien[4] wird in diesem Zusammenhang nur die Lifo-Bewertungsmethode aufgeführt, LITTMANN[5] u.a. halten auch die entsprechende Anwendung der Fifo-Bewertung in der Steuerbilanz für zulässig. Betrachtet man den eindeutig festgelegten Anwendungsbereich der Bewertungsmethoden in der Steuerbilanz, dann sind Abwertungen gemäß § 155 Abs. 3 Nr. 2 AktG für den handelsrechtlichen Jahresabschluß nur möglich, wenn der steuerlich gebotene Durchschnittswert unter dem handelsrechtlich anzusetzenden Wert liegt, der sich ergibt, wenn die Bewertung gemäß der vorstehend aufgeführten Bewertungsstufen vorgenommen wurde.

Die einzige Vorschrift zur Erlangung steuerlicher Vergünstigungen im Rahmen der Vorratsbewertung betrifft den

---

1) Der Begriff "vertretbarer" Vorratsgüter wird auf S. 244 f. der Arbeit definiert, er entspricht im wesentlichen dem Begriff "gleichartiger" Vorratsgüter i.S.d. § 155 Abs. 1 Satz 3 AktG.
2) Vgl. Abschn. 36 Abs. 2 Satz 1 - 3 EStR.
3) Vgl. Abschn. 36 Abs. 2 Satz 4 EStR.
4) Vgl. Abschn. 36 Abs. 2 Satz 4 EStR.
5) Vgl. LITTMANN, E.: Das Einkommensteuerrecht, § 6 RdNr. 343 a - c m.w.Lit.

sog. Importwarenabschlag.[1] Dieser kann bei bestimmten Wirtschaftsgütern des Umlaufvermögens mit ausländischer Herkunft vorgenommen werden, die nach ihrer Anschaffung weder be- noch verarbeitet werden. Die Wertabschläge können bis zu 20% von den "Anschaffungskosten oder dem niedrigeren Börsen- oder Marktpreis (Wiederbeschaffungspreis) des Bilanzstichtages" (§ 51 Abs. 1 Ziffer 2 Buchstabe m) aa) EStG) betragen. Der steuerliche Wert nach Vornahme dieses Importwarenabschlages "darf den Wertansatz in der Handelsbilanz nicht unterschreiten" (Abschn. 233a Abs. 8 EStR), wodurch die Unternehmung bei Ausnutzung der steuerlichen Vergünstigung zu einer gleichgerichteten handelsrechtlichen Bewertung gezwungen wird.

3.3.2.1.3. Beispielhafte Darstellung der Abwertungsauswirkungen im Jahresabschluß

Aus einer Abwertung der ermittelten Endbestandswerte (1. Stufe) auf die endgültigen Bilanzwerte (2. oder 3. Stufe) der jeweiligen Vorratsgegenstände ergibt sich ein zusätzlicher Abwertungsaufwand, der neben den bereits verrechneten Verbrauchsaufwand der 1. Stufe tritt. Der Gesamtaufwand im Bereich des Vorratsvermögens setzt sich in der Gewinn- und Verlustrechnung somit aus dem Verbrauchsaufwand der 1. Stufe und dem Abwertungsaufwand der 2. oder 3. Stufe zusammen.

---

[1] Vgl. § 51 Abs. 1 Ziffer 2 Buchstabe m) aa) EStG i.Verb. m. § 80 EStDV; Abschn. 233a EStR; WACKER, Steuerlexikon, Stichwort: Importwarenabschlag; LITTMANN, E.: Das Einkommensteuerrecht, § 6 RdNr. 374 - 388.

Der Importwarenabschlag soll Wertkorrekturen bei Wirtschaftsgütern ausländischer Herkunft ermöglichen, "deren Preis auf dem Weltmarkt wesentlichen Schwankungen unterliegt" (§ 51 Abs. 1 Ziffer 2 Buchstabe m) aa) EStG).

Da im Rahmen dieses Gliederungspunkts nicht die steuerlichen Details, sondern die Abwertungsmöglichkeiten der 3. Stufe bedeutungsvoll sind, gilt es auch nur, deren Einfluß aufzuzeigen. Berechnungsmodalitäten des Importwarenabschlages können den vorstehend angegebenen Quellen entnommen werden.

Wird die Beschaffungssituation entsprechend dem bisherigen Beispiel (einperiodische Betrachtungsweise)[1] angenommen, so ergibt sich die nachfolgende Zusammensetzung der Aufwands- und Endbestandswerte.

Tabelle Nr. 11:

1. Stufe der Bewertung gem. § 155 Abs. 1 AktG (sinkende Anschaffungspreise - Fall b - gem. Tabellen Nr. 5 und 6) [2]

perioden-bezogene Bewertungs-methode[3]	Aufwandsbewertung			Endbestandsbewertung		
	Menge (E)	Preis (DM/E)	Wert (DM)	Menge (E)	Preis (DM/E)	Wert (DM)
Durch-schnitt	30	18,25	547,--	10	18,25	183,--
Fifo	10	20,--	200,--			
	9	19,--	171,--			
	6	18,--	108,--	6	17,--	102,--
	5	17,--	85,--	4	16,--	64,--
	30		564,--	10		166,--
Lifo	9	19,--	171,--			
	6	18,--	108,--			
	11	17,--	187,--			
	4	16,--	64,--	10	20,--	200,--
	30		530,--			

Die Bewertung entspricht den Ergebnissen der Tabelle Nr. 6 und zeigt die Zusammensetzung des Aufwands (Verbrauchsaufwand) und des Endbestands. Unter der Annahme, daß der Börsen- oder Marktpreis bzw. der Zeitwert des Bilanz-

---

1) Vgl. Gliederungspunkt 3.3.1.2.1.
2) Die Werte der Tabelle wurden teilweise gerundet.
3) Die Lofo- bzw. Hifo-Bewertungsmethoden entsprechen bei fallenden (steigenden) Preisen der Lifo-(Fifo)- bzw. Fifo (Lifo)-Bewertungsmethode. Sie werden deshalb nicht gesondert in diesen Preissituationen behandelt (vgl. S. 183 f. der Arbeit).

stichtages DM 15,-- je Einheit beträgt, gehen die zuvor
ermittelten Anschaffungswerte nicht als Endbestandswerte
in den Jahresabschluß ein. Es wird eine Abwertung gem.
§ 155 Abs. 2 AktG erforderlich, die zu den endgültigen
Bilanzwerten des Vorratsvermögens führt.[1)]

Tabelle Nr. 12:

2. Stufe der Bewertung gem. § 155 Abs. 2 AktG (Fortführung
der Tabelle Nr. 11 mit einem Niederstwert je Einheit von
DM 15,--) [2)]

perioden-bezogene Bewertungs-methode	Berechnung des Gesamtaufwandes				Bilanzwert		
	Aufwands-struktur	Menge (E)	Preis (DM/E)	Wert (DM)	Menge (E)	Preis (DM/E)	Wert (DM)
Durch-schnitt	Verbrauchs-aufwand	30	18,25	547,--			
	Abwertungs-aufwand	10	3,25	33,--	10	15,--	150,--
	Gesamt-aufwand			580,--	10	15,--	150,--
Fifo		10	20,--	200,--			
		9	19,--	171,--			
		6	18,--	108,--			
		5	17,--	85,--			
	Verbrauchs-aufwand	30		564,--			
	Abwertungs-aufwand	6	2,--	12,--	6	15,--	90,--
		4	1,--	4,--	4	15,--	60,--
	Gesamt-aufwand			580,--	10	15,--	150,--
Lifo		9	19,--	171,--			
		6	18,--	108,--			
		11	17,--	187,--			
		4	16,--	64,--			
	Verbrauchs-aufwand	30		530,--			
	Abwertungs-aufwand	10	5,--	50,--	10	15,--	150,--
	Gesamt-aufwand			580,--	10	15,--	150,--

Fußnoten siehe nächste Seite.

Das vorstehende Beispiel geht von einer sinkenden Preistendenz aus und zeigt die Abwertung der ursprünglichen Anschaffungs- oder Herstellungskosten (Durchschnitts-, Fifo- oder Lifo-Bewertung) auf den bilanziellen Niederstwert. Aus der Abwertung der einzelnen Vorratsgüter des Endbestands ergibt sich bei Anwendung alternativer Bewertungsmethoden ein verschieden hoher Abwertungsaufwand. Je größer der Unterschied zwischen den Anschaffungs- oder Herstellungskosten (1. Stufe) und dem Niederstwert (2. Stufe) ist, umso größer ist der Abwertungsaufwand je Einheit des Vorratsgutes. Ferner steigt der Abwertungsaufwand mit der Anzahl abzuwertender Vorratseinheiten. Das Beispiel der Durchschnittsbewertung zeigt die Ermittlung des Abwertungsaufwandes:
Abwertungsaufwand je Einheit des Vorratsgutes
(DM 18,25/E ./. DM 15,00/E = DM 3,25/E)
x Menge abzuwertender Vorratsgüter (10E)
= Abwertungsaufwand (DM 3,25/E x 10E ≈ DM 33,--).

Der Abwertungsaufwand weist laut Tabelle Nr. 12 folgende Werte auf: Bei Anwendung der Fifo-Bewertungsmethode DM 16,--, der Durchschnittsbewertung DM 33,-- und der Lifo-Bewertungsmethode DM 50,--. Verbrauchsaufwand und Abwertungsaufwand zeigen bei Anwendung jeder Bewertungsmethode im Fall sinkender Preistendenz eine entgegengesetzte Richtung, denn mit zunehmendem Verbrauchsaufwand sinkt der Abwertungsaufwand. Bei allen einbezogenen Bewertungsmethoden ergibt die Summe aus Verbrauchs- und Abwertungsaufwand den gleichen Gesamtaufwand von DM 580,--, der in die Erfolgsrechnung eingeht.

Im Rahmen der aktienrechtlichen Erfolgsrechnung wird der Gesamtaufwand, bestehend aus Verbrauchs- und Abwertungsaufwand, für Roh-, Hilfs- und Betriebsstoffe sowie für Waren

---

Fußnoten von Seite 219
1) Für die niedrigeren Vergleichswerte der 3. Bewertungsstufe gelten die Aussagen sinngemäß, so daß sich ihre gesonderte Betrachtung hier erübrigt.
2) Die Werte der Tabelle wurden teilweise gerundet.

unter dem Posten Nr. 5 (§ 157 Abs. 1 AktG) ausgewiesen; soweit der Gesamtaufwand sich auf die Erzeugnisbewertung bezieht, schlägt er sich im Posten Nr. 2 nieder.[1] Da eine Aufteilung in Verbrauchs- und Abwertungsaufwendungen aktienrechtlich nicht vorgesehen ist, sind die einzelnen Bewertungskomponenten in der Erfolgsrechnung nicht ersichtlich.[2]

Der Niederstwert von DM 15,-- unterschreitet in jedem einzelnen Fall die Endbestandswerte, die sich nach den zugrunde gelegten Bewertungsmethoden ergeben, und führt - unabhängig davon, welche Bewertungsmethode auf der 1. Stufe angewendet wurde - zu einem Bilanzwert des Vorratsvermögens von DM 150,--. Die Bewertungsmethoden haben in dem vorliegenden Fall keinerlei Einfluß auf den Bilanzwert der Vorräte. Somit ergeben sich aufgrund der Abwertungen für alle Bewertungsmethoden gleichhohe Endbestandswerte, die als Anfangsbestände in die Folgeperiode übernommen werden.[3]

Generell finden die sich nach den einzelnen Bewertungsmethoden ergebenden Endbestandswerte keine bilanzielle Berücksichtigung, wenn die ermittelten Anschaffungs- oder

---

[1] Vgl. ADS: Rechnungslegung, 4. Aufl., § 157 Tz. 51 - 55, 73 - 75, 81.

[2] Eine gesonderte Verrechnung der Abwertungsaufwendungen als "sonstige Aufwendungen" (§ 157 Abs. 1 Nr. 26 AktG) wird für unzulässig gehalten (vgl. ADS: Rechnungslegung, 4. Aufl., § 157 Tz. 75,81 m.w.Lit).

[3] Insofern bedürfen die Ergebnisse der Mehrperiodenbetrachtung (Gliederungspunkt 3.3.1.2.2.) bei fallenden Anschaffungspreisen und gegebenenfalls auch bei wechselnden Anschaffungspreisen einer Korrektur, denn die Endbestandswerte aus der Vorperiode wurden in den Beispielen stets unverändert als Anfangsbestand in die Folgeperiode übernommen.

Herstellungskosten über dem Vergleichswert der 2. oder
3. Stufe liegen.[1]

3.3.2.2. Der Einfluß von Aufwertungen aufgrund des Aufwertungswahlrechts

Die bisherigen Bewertungseinflüsse bezogen sich nur auf Abwertungen der ermittelten Anschaffungs- oder Herstellungskosten, während die gegebenenfalls zulässige Aufwertung nicht in die Betrachtung einbezogen wurde. Sind in den Vorperioden Wertkorrekturen bei den Anschaffungswerten aufgrund der 2. oder 3. Bewertungsstufe vorgenommen worden und liegen die Gründe für diese Abwertungen nicht mehr vor, so besteht gem. § 155 Abs. 4 AktG die Möglichkeit, den niedrigeren Wert beizubehalten oder eine Aufwertung vorzunehmen (4. Stufe der Bewertung). Es handelt sich um ein "Aufwertungswahlrecht",[2] von dem die Unternehmung bis zur Höhe der ursprünglichen Anschaffungs- oder Herstellungskosten, jedoch unter Berücksichtigung des Niederstwertes (§ 155 Abs. 2 AktG), Gebrauch machen kann. Als Bewertungsobergrenze

---

[1] Entsprechen oder unterschreiten die Anschaffungs- oder Herstellungskosten die Vergleichswerte der 2. oder 3. Stufe, dann gehen die nach den Bewertungsmethoden ermittelten Anschaffungs- oder Herstellungskosten in die Bilanz ein.

Die Tabelle Nr. 11 verdeutlicht diesen Zusammenhang, wenn man unterstellt, daß die fallende Preissituation am Bilanzstichtag nicht mehr vorliegen würde und der Vergleichswert DM 19,--/E betragen sollte.

Die Endbestandswerte der Durchschnitts- bzw. Fifo-Bewertungsmethode könnten dann als Bilanzwerte übernommen werden, denn der Vergleichswert (DM 19,--/E) würde die Endbestandswerte der 1. Stufe (DM 18,25/E der Durchschnittsbewertung bzw. DM 17,--/E und 16,--/E der Fifo-Bewertung) übersteigen.

Die Lifo-Endbestandswerte bedürften einer Abwertung von DM 20,--/E auf den Bilanzwert von DM 19,--/E.

[2] BARTKE, G.: Das neue Bewertungsrecht, S. 310 f.; vgl. ferner SAAGE, G.: Die Reservepolitik, S. 78 f.; ADS: Rechnungslegung, 4. Aufl., § 155 Tz. 212 - 217.

sind die Anschaffungswerte bzw. der Niederstwert der jeweiligen Gegenstände anzusehen, wobei auch ein Zwischenwert angesetzt werden kann, soweit er sich aufgrund der Anwendung von Bewertungsmethoden[1] oder steuerlicher Vorschriften ergibt.[2] KROPFF[3] hält Zwischenwerte generell für unbedenklich, wenn das Aufwertungswahlrecht nach § 155 Abs. 4 AktG damit verbraucht ist.

Um das Aufwertungswahlrecht im Jahresabschluß ausnutzen zu können, muß der identische Gegenstand im vorhergehenden Jahresabschluß mit einem niedrigeren Wert aktiviert worden sein.[4] Identität der Schlußbestände des Bilanzstichtages mit dem Bestand des vorangegangenen Jahresabschlusses und der Identitätsnachweis sind Voraussetzungen zur Anwendung des § 155 Abs. 4 AktG.[5] Als nicht ausreichend wird es angesehen, wenn gleiche oder gleichartige Vorratsgegenstände an den Bilanzstichtagen vorliegen.[6] Somit wird der Anwendungsbereich der Vorschrift, wegen des Identitätsnachweises, im wesentlichen auf Fälle der direkten Einzelbewertung beschränkt. Bei gleichen oder gleichartigen Vorratsgegenständen, deren Anschaffungswerte unter Verlust des Nämlichkeits-

---

1) Vgl. ADS: Rechnungslegung, 4. Aufl., § 155 Tz. 213; CLAUSSEN, C.P.: in Kölner Kommentar, § 155 Anm. 29.

2) Vgl. ADS: Rechnungslegung, 4. Aufl., § 155 Tz. 213. Die Verfasser verweisen darauf, daß steuerlich Zwischenwerte angesetzt werden können (§ 6 Abs. 1 Ziffer 2 Satz 3 EStG), und dieselben auch aktienrechtlich über den gedanklichen Ansatz der Anschaffungswerte mit einer anschließenden Abwertung gem. § 155 Abs. 3 Nr. 2 AktG erreichbar sind.

3) Vgl. KROPFF, B.: in Aktiengesetz, Kommentar, § 155 Anm. 60.

4) Vgl. ADS: Rechnungslegung, 4. Aufl., § 155 Tz. 217; MELLEROWICZ, K.: in Großkommentar AktG, 3. Aufl., § 155 Anm. 57; KROPFF, B.: in Aktiengesetz, Kommentar, § 155 Anm. 59.

5) Vgl. ADS: Rechnungslegung, 4. Aufl., § 155 Tz. 217; MELLEROWICZ, K.: in Großkommentar AktG, 3. Aufl., § 155 Anm. 57.

6) Vgl. ADS: Rechnungslegung, 4. Aufl., § 155 Tz. 217; MELLEROWICZ, K.: in Großkommentar AktG, 3. Aufl., § 155 Anm. 57.

nachweises mit den Sammelbewertungsmethoden ermittelt werden, läßt sich das Aufwertungswahlrecht i.d.R. nicht anwenden.

Ausnahmsweise kann jedoch Identität bei gleichartigen Vorratsgütern zwischen zwei Bilanzstichtagen gegeben sein, wenn keine Zugänge zwischen Jahresanfang und -ende vorliegen. Entfallen die Abwertungsgründe aus der Vorperiode, könnte nach § 155 Abs. 4 AktG der Vorjahresbilanzwert fortgeführt oder bis zur Höhe der Anschaffungswerte aufgewertet werden.

Das Aufwertungswahlrecht hat für die Bewertung des Vorratsvermögens nur geringfügige Bedeutung, wenn ferner berücksichtigt wird, daß Vorräte einem permanenten Lagerumschlag unterliegen.

3.3.2.3. Der Einfluß einer getrennten oder zusammengefaßten Bewertung von Teilmengen auf den Bilanzwert

Als Vergleichsbasis wurden bisher die Anschaffungs- oder Herstellungskosten der einzelnen Vorratsgüter dem Vergleichswert der 2. oder 3. Bewertungsstufe gegenübergestellt. Diese Gegenüberstellung von Wertepaaren erweist sich als unproblematisch, wenn die Endbestände, wie bei der Durchschnittsmethode, mit einem einheitlichen Preis bewertet sind. Setzt sich der Endbestand aus Teilmengen verschiedener Preislagen zusammen, führen die Bewertungsmethoden nach der zeit- oder preisbestimmten Verbrauchsfolge meist zu unterschiedlichen Preisen der einzelnen Teilmengen des Endbestands. In solchen Fällen wird jedoch auch die Zusammenfassung verschiedener Teilmengen zum einheitlichen Gesamtbestand unter Errechnung eines Durchschnittspreises für möglich erachtet.[1]

---

1) Vgl. S. 161 f. der Arbeit.

Somit stehen sich entweder Endbestandswerte mit den Preisen
der jeweiligen Teilmengen (Fall A) oder hieraus zusammengefaßte einheitliche Endbestände mit einem Durchschnittspreis
(Fall B) als Werte der 1. Stufe den Vergleichswerten auf
der 2. oder 3. Stufe gegenüber. Wie im folgenden gezeigt
wird, kann die Vorgehensweise im Rahmen der Endbestandsbewertung u.U. bedeutungsvoll sein für die Anwendung des Niederstwertprinzips.

Am Jahresende setzt sich der Endbestandswert einer bestimmten Vorratsart einer Unternehmung - unabhängig von der
angewandten preis- oder zeitbestimmten Bewertungsmethode
und der gegebenen Preistendenz der Periode - aus zwei Teilmengen zusammen:

$$
\begin{array}{llll}
100 \text{ E} & \text{à DM } 10,-- & = \text{DM} & 1.000,-- \\
\underline{100 \text{ E}} & \underline{\text{à DM } 9,--} & \underline{= \text{DM}} & \underline{900,--} \\
200 \text{ E} & (\text{à DM } 9,50) & = \text{DM} & 1.900,--
\end{array}
$$

Um die Auswirkungen der unterschiedlichen Endbestandsbewertungen zu zeigen, sollen zwei alternative Niederstwerte
herangezogen werden mit:[1)]

---

1) Es gelten die Symbole:
   NW   = Niederstwert
   PTM   = Preis einer Teilmenge im Fall A
   PTM_{MAX} = höchster Preis aller Teilmengen im Fall A
   PTM_{MIN} = niedrigster Preis aller Teilmengen im Fall A

Die Fälle A oder B führen nur zu unterschiedlichen Auswirkungen auf den Bilanzwert, wenn der Niederstwert im
folgenden Wertebereich des Falles A liegt:
$$PTM_{MAX} > NW > PTM_{MIN}$$
Den folgenden Ausführungen liegt dieser relevante Bereich zugrunde.

Keine Auswirkungen auf den Bilanzwert ergeben die Fälle
A oder B, falls
$NW \geqq PTM_{MAX}$, da der Niederstwert nicht eingreift.

Sofern
$NW \leqq PTM_{MIN}$, sind - mit Ausnahme der zu PTM_{MIN} bewerteten Teilmenge - in den Fällen A und B Abwertungen nach
dem Niederstwertprinzip vorzunehmen, wobei die Abwertungsbeträge die gleiche Höhe aufweisen.

1. DM 9,80/E
2. DM 9,20/E

F A L L   A:

Bei getrennter Führung von Teilmengen des Endbestands muß der Preis jeder Teilmenge mit dem Niederstwert verglichen und gegebenenfalls abgewertet werden. Die Anschaffungs- oder Herstellungskosten der 1. Teilmenge (DM 10,--/E) übersteigen die Niederstwerte (DM 9,80 oder 9,20/E) und sind abzuwerten, während die Anschaffungs- oder Herstellungskosten der 2. Teilmenge beibehalten werden dürfen.

Bilanzbewertung im Fall A:

(Niederstwert DM 9,80/E)

100 E	à	DM	9,80	= DM	980,--
100 E	à	DM	9,--	= DM	900,--
200 E				= DM	1.880,--

(Niederstwert DM 9,20/E)

100 E	à	DM	9,20	= DM	920,--
100 E	à	DM	9,--	= DM	900,--
200 E				= DM	1.820,--

F A L L   B:

Werden die ermittelten Anschaffungs- oder Herstellungskosten der Teilmengen am Jahresende auf einen Durchschnittspreis des Gesamtbestandes umgerechnet, dann stellt der Durchschnittspreis die Vergleichsbasis dar. Er beträgt im Beispiel DM 9,50/E und liegt unter dem 1. Niederstwert von DM 9,80/E, wodurch keine Abwertung vorzunehmen ist. Der alternative 2. Niederstwert unterschreitet hingegen den Vergleichswert von DM 9,50/E um DM 0,30/E und bewirkt die

Abwertung des gesamten Endbestandes auf DM 9,20/E.

<u>Bilanzbewertung im Fall B</u>:

(Niederstwert DM 9,80/E)
200 E à DM 9,50 = DM 1.900,--

(Niederstwert DM 9,20/E)
200 E à DM 9,20 = DM 1.840,--

Es zeigt sich, daß in dem Beispiel die Beibehaltung von Teilmengen (Fall A) zu niedrigeren Bilanzwerten führt als die Zusammenfassung (Fall B) derselben. Letztere erfordert erst die Abwertung der Vorratsbestände, wenn der Niederstwert unter dem Durchschnittspreis des gesamten Endbestands liegt. Im Fall A sind diejenigen Teilmengen abzuwerten, deren Anschaffungswerte über dem Niederstwert liegen, auch wenn dieser den Durchschnittspreis des Endbestands noch übersteigt.

Die unterschiedlichen Abwertungsergebnisse sind "eine zwangsläufige Folge der einmal eingeschlagenen Bewertungsmethode".[1] Eine Beeinträchtigung des Niederstwertprinzips liegt jedoch im Fall B nicht vor, denn es handelt sich bei der Durchschnittsbildung um die Anwendung einer handelsrechtlich zulässigen Bewertungsmethode.[2] Im Interesse der Vergleichbarkeit ist die Unternehmung an die zuvor getroffene Methodenwahl gebunden.

---

1) FORSTER, K.-H./WEIRICH, S.: Lifo, S. 490; ADS: Rechnungslegung, 4. Aufl., § 155 Tz. 124.
2) Vgl. FORSTER, K.-H./WEIRICH, S.: Lifo, S. 490; KÖNIG, W.: Die Anwendung, S. 399; SCHNIER, K.-H.: Zur Bewertung, S. 95; ADS: Rechnungslegung, 4. Aufl., § 155 Tz. 124.

3.3.2.4. Korrekturen der Endbestandswerte unter Berücksichtigung verschiedener Preistendenzen

Aus den vorstehenden Ausführungen wurde ersichtlich, daß die Anschaffungs- oder Herstellungskosten des Endbestandes bilanziell nicht zu berücksichtigen sind, wenn sie die Vergleichswerte der 2. Stufe überschreiten bzw. nicht berücksichtigt zu werden brauchen, wenn von dem Wahlrecht der 3. Stufe Gebrauch gemacht wird. In diesen Fällen verlieren sämtliche Bewertungsmethoden des Vorratsvermögens offensichtlich an Bedeutung, denn anstatt der ermittelten Endbestandswerte gehen niedrigere Werte in die Bilanz ein. Dadurch wird auch der Gesamtaufwand (Verbrauchs- und Abwertungsaufwand) aus dem Bereich des Vorratsvermögens bestimmt.[1)]

Bei Preistendenzen mit stetig fallenden Preisen des Beschaffungs- und/oder Absatzmarktes wird die Abwertung der Endbestandswerte auf den Niederstwert der jeweiligen Vorratsgegenstände notwendig. Der Niederstwert des Bilanzstichtages liegt bei stetig fallenden Preisen auf den Märkten regelmäßig unter den Anschaffungs- oder Herstellungskosten der Periode. Sämtliche Endbestandswerte, die sich nach den Bewertungsmethoden ergeben, finden deshalb bei stetig fallenden Preisen keine Berücksichtigung im Jahresabschluß.

Zu differenzierteren Ergebnissen gelangt man bei stetig steigenden Beschaffungspreisen. Der Niederstwert des Bilanzstichtages liegt, soweit er am Beschaffungsmarkt ausgerichtet ist, über den Anschaffungs- oder Herstel-

---

1) Die folgende Analyse berücksichtigt nicht die handelsrechtlich umstrittene Zulässigkeit der Hifo- und Lofo-Bewertungsmethoden (vgl. hierzu den Gliederungsabschnitt 4.3.). Sie wurden in die Darstellung einbezogen, damit ihre Auswirkungen im Jahresabschluß umfassend beurteilt werden können.

lungskosten des Vorratsbestandes und zwingt zu keiner Abwertung der Vorratsgüter. Dennoch können bei stetig steigenden Anschaffungswerten des Vorratsvermögens Abwertungen der Endbestandswerte nach dem Niederstwertprinzip notwendig sein, wenn konstante, wechselnde oder sinkende Verkaufspreise der Vorräte vorliegen und für diese Teile des Endbestandes die Bewertung vom Absatzmarkt erforderlich ist. Auf dem Beschaffungsmarkt und dem Absatzmarkt treten unterschiedliche Preistendenzen für dieselben Vorratsgegenstände nur selten und allenfalls für den Zeitraum einer Periode auf. Bei steigenden Anschaffungspreisen der Periode führte die Fifo-Bewertungsmethode zu einem höheren Bilanzwert als die Durchschnittsbewertung und diese wiederum zu einem höheren Bilanzwert als die Lifo-Bewertungsmethode. Abwertungen aufgrund konstanter, wechselnder oder sinkender Verkaufspreise erscheinen somit bei der Fifo-Bewertungsmethode am wahrscheinlichsten.

Trotz stetig steigender Beschaffungsmarktpreise können Abwertungen auf der 3. Bewertungsstufe vorgenommen werden, wenn mit Wertschwankungen der Absatzpreise in der nächsten Zukunft zu rechnen ist (§ 155 Abs. 3 Nr. 1 AktG). Auch wäre auf dieser Bewertungsstufe die Abwertung aufgrund niedrigerer steuerlicher Werte (§ 155 Abs. 3 Nr. 2 AktG) möglich. Die letztgenannte Situation tritt im Bereich der Bewertungsmethoden jedoch nicht auf, denn steuerlich ist grundsätzlich die Durchschnittsbewertung heranzuziehen, die auch handelsrechtlich anerkannt wird. Somit bleiben Abwertungen aus dem steuerlichen Bereich auf den Importwarenabschlag beschränkt, der wiederum nur bei bestimmten Vorräten[1] (i.d.R. Rohstoffe oder Handelswaren mit ausländischer Herkunft) in begrenztem Umfang zulässig ist. Nur bei wertmäßig erheblichem Umfang dieser Vorräte gewinnt der Importwarenabschlag an Bedeutung für den Jahresabschluß der Unternehmung. Der Abschlag kann zur Aufhebung der Endbestandswerte

---

1) Vgl. Anlage 3 EStDV.

(1. Stufe) und zu niedrigeren Bilanzwerten führen. Dies ist stets bei der handelsrechtlichen Fifo- oder Durchschnittsbewertung (1. Stufe) der Fall, denn die steuerlichen Anschaffungskosten der Durchschnittsbewertungsmethode, vermindert um den Importwarenabschlag, führen stets zu Bilanzwerten, die unter den Fifo- oder Durchschnittswerten der 1. Stufe liegen. Ob die Lifo-Endbestandswerte (1. Stufe) im Vergleich zur steuerlichen Bewertung mit Durchschnittskosten abzüglich eines Importwarenabschlages unterschritten werden, hängt von den Preissteigerungen einerseits und der Höhe des Wertabschlages andererseits ab. Im Beispiel (a) der Tabelle Nr. 6 würde ein Importwarenabschlag (20%) von den durchschnittlichen Anschaffungskosten des Endbestandes (DM 218,--) zu einem Bilanzwert in Höhe von DM 174,40[1] führen und den Lifo-Endbestandswert (DM 200,--) unterschreiten. Falls die Bedingungen zur steuerlichen Ermittlung der Anschaffungskosten mittels der Lifo-Bewertung vorliegen,[2] würde dieser Wert unter Berücksichtigung eines Importwarenabschlages die Endbestandswerte sämtlicher Bewertungsmethoden der 1. Bewertungsstufe unterschreiten und bilanzwirksam werden.

Zusammenfassend betrachtet wird die starke Bilanzwirksamkeit sämtlicher Bewertungsmethoden der 1. Stufe bei steigenden Anschaffungspreisen der Periode deutlich, da in der Regel kein Abwertungszwang nach dem Niederstwertprinzip (2. Bewertungsstufe) besteht. Abwertungswahlrechte der 3. Bewertungsstufe können im wesentlichen nur durch niedrigere Steuerbilanzwerte in Anspruch genommen werden, wobei hier die Vornahme eines Importwarenabschlages bei bestimmten Vorräten in Frage kommen kann.

W e c h s e l n d e Anschaffungspreise der Periode können je nach Preiskonstellation am oder nach dem Bilanzstichtag

---

1) DM 218,-- ./. DM 218,-- x 0,2 = DM 174,40.
2) Vgl. S. 216 der Arbeit.

zur Abwertung von Endbestandswerten der Vorratsgegenstände führen. Ein Abwertungszwang (2. Stufe) resultiert stets aus Niederstwerten des Bilanzstichtages, die unter den Endbestandswerten, die sich nach den Bewertungsmethoden ergeben, liegen. Ist der Niederstwert stichtagsbezogen auszulegen, muß der Börsen- oder Marktpreis bzw. der Wiederbeschaffungswert - Zeitwert - am Abschlußstichtag unter den Endbestandswerten liegen, damit Abwertungen notwendig sind. In Tabelle Nr. 6 wäre diese Situation im Fall (c) bei einem Niederstwert von unter DM 18,--/E gegeben. Ein Vergleichswert der 2. Bewertungsstufe von DM 17,--/E führt z.B. zum Bilanzwert von DM 170,-- (10E x DM 17,--/E), wodurch sämtliche Endbestandswerte der 1. Stufe einer Korrektur bedürften. Handelt es sich bei dem Vergleichswert um den am Absatzmarkt auszurichtenden Zeitwert, so müssen Abwertungen vorgenommen werden, wenn der vermutliche Verkaufspreis abzüglich Erlösschmälerungen und noch anfallender Aufwendungen den Endbestandswert von DM 18,--/E unterschreitet.

Das Abwertungswahlrecht der 3. Stufe kann bei wechselnden Anschaffungspreisen zu Wertkorrekturen führen, wenn nach dem Abschlußstichtag in der nächsten Zukunft mit Wertschwankungen zu rechnen ist (§ 155 Abs. 3 Nr. 1 AktG). Das Ausmaß der Preisschwankungen in der nächsten Zukunft beeinflußt diese Abwertungsmöglichkeiten. Die Bandbreite der Endbestandswerte wurde bei schwankenden Anschaffungspreisen in der Periode durch die Lofo-Bewertung mit den höchsten und die Hifo-Bewertung mit den niedrigsten Werten abgegrenzt. Innerhalb dieser Extremwerte liegen die Endbestandswerte der Durchschnitts-, Lifo- oder Fifo-Bewertung in unbestimmter Reihenfolge,[1] so daß eine Abwertung von der Lofo-Bewertung über die Bewertung nach den anderen Methoden bis hin zur Hifo-Bewertung an Wahrscheinlichkeit abnimmt. Auf der 3. Bewertungsstufe können auch die Durchschnittswerte

---

1) Vgl. S. 183 f. der Arbeit.

der Steuerbilanz, welche durch Importwarenabschläge ermäßigt wurden, zu Korrekturen der Endbestandswerte führen. Hieraus ist ersichtlich, daß die Endbestandswerte nach der Lofo-Methode bei schwankenden Preisen nur selten bilanziell berücksichtigt würden, während die Werte nach der Hifo-Bewertungsmethode - je nach Preislage am oder nach dem Bilanzstichtag - häufig als Bilanzwerte übernommen werden könnten.

3.3.2.5. Zusammenfassende Betrachtung

In den vorstehenden Abschnitten 3.3.1. und 3.3.2.1. bis 3.3.2.4. wurden die Auswirkungen der Anwendung der Bewertungsmethoden im Jahresabschluß verdeutlicht und die Bedingungen aufgezeigt, unter denen die Bewertungsmethoden auch bilanziell von Bedeutung sind. Hierbei mußten die verschiedenen Preistendenzen berücksichtigt werden, da sie einerseits die Bewertungsunterschiede bei Anwendung der einzelnen Bewertungsmethoden verursachen und andererseits bei der Überprüfung der ermittelten Endbestandswerte bestimmte Abwertungen erzwingen oder ermöglichen. Damit wurden auch die Beziehungen zwischen den Endbestandswerten, die sich nach den alternativen Bewertungsmethoden ergeben, den endgültigen Bilanzwerten des Vorratsvermögens und den jeweiligen Preissituationen gezeigt. Um die tendenziellen Zusammenhänge zu verdeutlichen, wurde eine einheitliche Preisgestaltung in der Periode (stetig steigende, stetig fallende oder wechselnde Preise) gewählt, auch wenn sie in dieser strengeren Form nicht immer anzutreffen sein wird.

S t e t i g   s t e i g e n d e   Preise führen i.d.R. nicht zu Abwertungen nach dem Niederstwertprinzip, so daß die Anwendung sämtlicher Bewertungsmethoden im Jahresabschluß wirksam werden kann. Durch gezielte Wahl der Bewertungsmethode oder durch Methodenwechsel wäre die Unternehmung in

der Lage, ihr Jahresergebnis zu steuern, wenn sie keinen
rechtlichen Einschränkungen unterläge. Die Möglichkeit zur
Ergebnisbeeinflussung beschränkt sich dabei auf gleichartige Vorratsgüter mit steigender Preistendenz und ist naturgemäß für Unternehmen mit hoher "Elastizität der Vorratsbewertung in Bezug auf den Jahreserfolg" von Interesse.[1] Berücksichtigt man ferner die anhaltenden Preissteigerungen der letzten Jahre für die verschiedensten Vorratsgüter,[2] dann wird die Bedeutung der Anwendung der Bewertungsmethoden für den Jahresabschluß ersichtlich.

Nicht so eindeutige Ergebnisse liegen bei s c h w a n -
k e n d e n   Preisen der Periode vor, denn der Niederstwert
am Bilanzstichtag ist von den Zufälligkeiten dieser Preis-
gestaltung abhängig und bewirkt nur Abwertungen, wenn die
Anschaffungs- oder Herstellungskosten, die sich nach den
Bewertungsmethoden ergeben, den Niederstwert übersteigen.
Über die Abwertung nach dem Niederstwertprinzip hinausge-
hend könnten die Preisschwankungen der nächsten Zukunft zu
Wertabschlägen führen und die Bilanzbewertung bestimmen. Zu
den niedrigsten Endbestandswerten führte grundsätzlich die
Hifo-Bewertungsmethode, so daß ihre Werte je nach Lage des
Einzelfalls am ehesten unter den Vergleichswerten der 2.
oder 3. Bewertungsstufe liegen und bilanzwirksam werden würden. Hier steht die Hifo-Bewertungsmethode im Gegensatz zur
zweiten preisbestimmten, der Lofo-Bewertungsmethode. Die
Lofo-Bewertung führt zu den höchsten Endbestandswerten und
würde besonders den Abwertungen unterliegen. Für die übrigen Bewertungsmethoden (Durchschnitt, Lifo, Fifo) lassen
sich allgemeine Aussagen nicht formulieren, da ihre Endbestandswerte in unbekannter Folge im Wertbereich der preisbestimmten Bewertungsmethoden streuen.

---

1) Vgl. S. 16 f. der Arbeit.
2) Vgl. SCHULTE-GROSS, H.: Rohstoffbewertung, S. 12 - 18.

Sämtliche Endbestandswerte, die sich nach den Bewertungsmethoden ergeben, gehen bei s t e t i g f a l l e n d e n Preisen der Periode nicht in die Bilanz ein, denn das Niederstwertprinzip erfordert die Abwertung der jeweiligen Endbestandswerte und bestimmt die Bilanzbewertung des Vorratsvermögens. Unter diesem Gesichtspunkt wäre den Bewertungsmethoden des Vorratsvermögens die bilanzielle Bedeutung genommen. Die Preistendenzen in unserer Wirtschaft zeigen jedoch, daß stetig fallende Preise einzelner Vorratsgüter nur kurzfristig anzutreffen sind, während langfristig die Preissteigerungstendenz vorherrscht.

Wird die Bedeutung der Bewertungsmethoden - wie vorstehend - nur anhand ihrer bilanziellen Relevanz beurteilt, so gelten die Ausführungen uneingeschränkt, wenn die Zwecksetzung von Bewertungsmethoden in der Bestimmung von Bilanzwerten gesehen wird. Dies ist aber nicht der Fall, sondern als Zweck der Bewertungsmethoden wurde die v e r e i n f a c h t e Ermittlung von Anschaffungs- oder Herstellungskosten gleichartiger Vorratsgegenstände herausgearbeitet. Nun wird durch die vereinfachte Ermittlung von Anschaffungswerten des Vorratsvermögens in den aufgezeigten Grenzen gleichzeitig ihr Bilanzwert bestimmt mit den hieraus resultierenden erfolgsrechnerischen Konsequenzen. Deshalb sind die Auswirkungen der Anwendung der jeweiligen Bewertungsmethode auf den Jahresabschluß bei der Beurteilung der Bewertungsmethoden nicht unberücksichtigt zu lassen.

In denjenigen Fällen, in denen die Bewertungsmethoden nicht zu endgültigen Bilanzwerten führen, darf eine Bewertung der Vorräte mit ihren Anschaffungswerten nicht unterbleiben. Ihre Werte gehen in das Inventarverzeichnis ein und bieten somit erst die Vergleichsbasis zu den niedrigeren Bilanzwerten der 2. oder 3. Bewertungsstufe. Aus den Bewertungsunterlagen muß ferner die vollständige Bewertungskette von den ermittelten Anschaffungswerten über die dokumentierten Niederstwerte und anderer niedrigerer Werte bis zum endgültigen Bilanzwert ersichtlich sein. Die Anschaffungswerte sind nicht nur im Rahmen dieser vollständig zu dokumentierenden Bewertungskette wichtig, sondern sie bilden für spätere Aufwertungen (4. Stufe) die Bewertungsobergrenze, die andernfalls nicht feststellbar wäre.

4. Die Zulässigkeit der Bewertungsmethoden für die Bewertung des Vorratsvermögens im aktienrechtlichen Jahresabschluß

4.1. Die Zulässigkeit der Lifo- und Fifo-Bewertungsmethoden gemäß § 155 Abs. 1 Satz 3 AktG

4.1.1. Die Beschränkung des § 155 Abs. 1 Satz 3 AktG auf die Anwendung der Lifo- und Fifo-Bewertungsmethoden nach Wortlaut und Entstehungsgeschichte der Vorschrift

Die rechtlichen Grundlagen für die Anwendung der Bewertungsmethoden des Vorratsvermögens können sich entweder aus dem Aktiengesetz, dem Handelsgesetzbuch (§ 149 Abs. 2 AktG) oder den Grundsätzen ordnungsmäßiger Buchführung (§ 149 Abs. 1 Satz 1 AktG) ergeben. Das Aktiengesetz enthält Bestimmungen über die Wertansätze des Umlaufvermögens in § 155. In § 155 Abs. 1 Satz 1 AktG wird für die Gegenstände des Umlaufvermögens, und damit auch für die Gegenstände des Vorratsvermögens, das Anschaffungswertprinzip kodifiziert. Zur Ermittlung der Anschaffungs- oder Herstellungskosten kann die Aktiengesellschaft für die Bewertung des Vorratsvermögens auf § 155 Abs. 1 Satz 3 AktG zurückgreifen. Diese Vorschrift bestimmt:

"Soweit es den Grundsätzen ordnungsmäßiger Buchführung entspricht, kann für den Wertansatz gleichartiger Gegenstände des Vorratsvermögens unterstellt werden, d a ß d i e   z u e r s t   o d e r   d a ß   d i e   z u l e t z t   a n g e s c h a f f t e n   o d e r   h e r g e s t e l l t e n   G e g e n s t ä n d e   z u e r s t   o d e r   i n   e i n e r   s o n s t i g e n   b e s t i m m t e n   F o l g e   v e r - b r a u c h t   o d e r   v e r ä u ß e r t   w o r d e n   s i n d" (Hervorhebung vom Verf.).

Der hervorgehobene Teil des Gesetzeswortlautes enthält die nach dieser Vorschrift grundsätzlich anwendbaren Metho-

den zur Bewertung gleichartiger Vorratsgegenstände. Nach
dem Wortlaut der Vorschrift könnten vier Verbrauchsfolgen
unterstellt werden, und zwar, daß:[1]

"1) die zuerst angeschafften oder hergestellten Gegenstände zuerst verbraucht oder veräußert worden sind,
2) die zuletzt angeschafften oder hergestellten Gegenstände zuerst verbraucht oder veräußert worden sind,
3) die zuerst angeschafften oder hergestellten Gegenstände in einer sonstigen bestimmten Folge verbraucht oder veräußert worden sind,
4) die zuletzt angeschafften oder hergestellten Gegenstände in einer sonstigen bestimmten Folge verbraucht oder veräußert worden sind".

Eindeutig liegt der ersten Fiktion die Fifo- und der zweiten Fiktion die Lifo-Bewertungsmethode zugrunde, so daß die Anwendung der zeitbestimmten Bewertungsmethoden grundsätzlich durch den Gesetzeswortlaut gedeckt ist.[2] Bestätigung findet diese Auslegung auch durch den Ausschußbericht,[3] welcher die Lifo- und Fifo-Bewertung ausdrücklich als Methoden im Sinne der obigen Vorschrift erwähnt.

Strittig ist hingegen, ob die preisbestimmten Bewertungsmethoden mit dem Wortlaut der Vorschrift zu vereinbaren sind. Die Hifo- oder Lofo-Methoden gehen davon aus, daß die am teuersten oder billigsten angeschafften oder hergestellten Gegenstände zuerst verbraucht oder veräußert worden sind; ihnen liegt ein von der Preisfolge bestimmter Zugang zugrunde, während die Verbrauchs- oder Veräußerungsfolge zeitlicher Natur ist.[4]

---

1) BUCHNER, R.: Zur Bewertung, S. 184.
2) Vgl. ebenda, S. 180, 185; ADS: Rechnungslegung, 4. Aufl., § 155 Tz. 88, 131; KROPFF, B.: in Aktiengesetz, Kommentar, § 155 Anm. 26.
3) Vgl. Ausschußbericht zit. nach KROPFF, B.: Aktiengesetz, Textausgabe, S. 246.
4) Vgl. KROPFF, B.: Bilanzwahrheit, S. 377; BUCHNER, R.: Zur Bewertung, S. 185.

Der Wortlaut des § 155 AktG läßt nach der dritten und vierten Alternative aber nur eine zeitliche Zugangsfolge mit einer sonstigen bestimmten Verbrauchs- oder Veräußerungsfolge zu. Sollten beide vorstehenden Alternativen nach dem Gesetzeswortlaut auch die Hifo- bzw. Lofo-Methoden enthalten, müßte unterstellt werden, "daß die **z u e r s t** bzw. **z u l e t z t** am teuersten bzw. billigsten angeschafften oder hergestellten Gegenstände zuerst verbraucht oder veräußert worden sind" (Hervorhebung im Original).[1] Eine Vorratsbewertung, welche gleichzeitig der zeit- und preisbestimmten Zugangsfolge Rechnung trägt, läßt sich aber nicht herstellen.[2] Nur bei einheitlich steigender oder fallender Preistendenz entsprechen sich zeit- und preisbestimmte Zugangsfolge. Dann stellen die Hifo- oder Lofo-Bewertungsmethoden jedoch keine eigenständigen Methoden dar; sie sind identisch mit den zeitbestimmten Bewertungsmethoden (Fifo, Lifo).[3]

Während die dritte und vierte Fiktion des § 155 AktG nur zeitliche Zugangsfolgen mit einer sonstigen Abgangsfolge verbinden, gehen die Hifo- oder Lofo-Methoden vom Gegenteil aus, nämlich preisbestimmter Zugang mit zeitlich bestimmtem Abgang. Sollte die Vorschrift auch die preisbestimmten Methoden decken, so hätte sie nach BUCHNER[4] lauten müssen, "daß die zuerst oder daß die zuletzt angeschafften oder hergestellten Gegenstände zuerst verbraucht oder veräußert worden sind oder daß die angeschafften oder hergestellten Gegenstände in einer sonstigen bestimmten Folge verbraucht oder veräußert worden sind" (Hervorhebung im Original weggelassen). Nach KROPFF[5] hätte der Wortlaut etwa die Formu-

---

1) BUCHNER, R.: Zur Bewertung, S. 185.
2) Vgl. ebenda.
3) Vgl. S. 184 der Arbeit.
4) BUCHNER, R.: Zur Bewertung, S. 186.
5) KROPFF, B.: Bilanzwahrheit, S. 377.

lierung tragen müssen, "daß die zuerst oder daß die zuletzt oder daß die in einer anderen bestimmten Weisen angeschafften oder hergestellten Gegenstände zuerst" verbraucht oder veräußert worden sind. Somit bietet die grammatische Interpretation des § 155 Abs. 1 Satz 3 AktG offensichtlich keinen Anhaltspunkt für die Hifo- oder Lofo-Methode, weil der vorliegende Gesetzestext von der zeitlichen Zugangsfolge und einer sonstigen bestimmten Abgangsfolge ausgeht.[1)]

Hier sollen nicht die in der Literatur geäußerten Bedenken über die Vereinbarkeit der Hifo- oder Lofo-Methode mit den Grundsätzen der Rechnungslegung geprüft werden, sondern allein ihre Zulässigkeit aufgrund des Gesetzeswortlautes und der Entstehungsgeschichte des § 155 Abs. 1 Satz 3 AktG. ADLER/DÜRING/SCHMALTZ[2)] und FORSTER/WEIRICH[3)] sehen die Methoden bereits durch den Wortlaut des § 155 AktG gedeckt, denn er enthält nach ihrer Ansicht den Fall, "daß die angeschafften oder hergestellten Gegenstände in einer sonstigen bestimmten Folge verbraucht oder veräußert werden". Mit dieser Auslegung gehen sie jedoch von einem anderen Gesetzeswortlaut aus. Nach ihrer Meinung würde der Gesetzeswortlaut jedoch sonst stets auf die Fifo- oder Lifo-Methoden hinauslaufen, welche bereits durch die erste und zweite Alterna-

---

1) Vgl. GESSLER, E.: Rechnungslegung, S. 196; RAISCH, P.: Zu den grundsätzlichen Aufgaben, S. 553; SAAGE, G.: GoB, S. 20; KÜBLER, B.M.: Grenzen, S. 149; BUCHNER, R.: Zur Bewertung, S. 186; KARIG, K.-P.: Können im Vorratsvermögen, S. 592 f.; CLAUSSEN, C.P.: in Kölner Kommentar, § 155 Anm. 17; KROPFF, B.: in Aktiengesetz, Kommentar, § 155 Anm. 32.

A.A. Betriebswirtschaftlicher Ausschuß des Verbandes der Chemischen Industrie e.V.: Die Bewertungsvorschriften, S. 54 f.; FORSTER, K.-H./WEIRICH, S.: Lifo, S. 492 f.; BUSSE VON COLBE, W./ORDELHEIDE, D.: Vorratsbewertung, S. 229 f.; SCHNIER, K.-H.: Zur Bewertung, S. 23; STEINBACH, A.: Die Rechnungslegungsvorschriften, S. 108; ADS: Rechnungslegung, 4. Aufl., § 155 Tz. 131; BAUMBACH-HUECK: Aktiengesetz, §§ 153 - 156 Rn. 28.

2) ADS: Rechnungslegung, 4. Aufl., § 155 Tz. 131.
3) FORSTER, K.-H./WEIRICH, S.: Lifo, S. 492.

tive gedeckt sind. BUCHNER[1] spricht deshalb von einem "Versehen" der Gesetzesverfasser und schlägt die bereits zitierte Gesetzesfassung vor. Auch KROPFF[2] räumt die unglückliche Fassung der Vorschrift ein, die "offenläßt an welche Fälle bei der 'sonstigen bestimmten Folge' gedacht war". Einmütigkeit besteht damit insoweit, daß die vorliegende Gesetzesfassung die preisbestimmten Methoden nicht ohne weiteres zuläßt, sondern der Wortlaut einer veränderten Form bedarf.

In der juristischen Lehre und Rechtsprechung wird es im Fall des sog. Redaktionsirrtums allgemein anerkannt, den Absichten des Gesetzgebers entgegen der klaren Wortfassung Geltung zu verschaffen, wenn einwandfrei feststeht, daß den Gesetzesredaktoren bei der Formulierung ein Fehlgriff unterlaufen ist.[3] Aufschluß hierüber vermag die Entstehungsgeschichte des § 155 Abs. 1 Satz 3 AktG zu geben.

Keinerlei Regelungen über die Bewertungsmethoden enthielt das AktG von 1937, der Referentenentwurf eines Aktiengesetzes aus dem Jahre 1958[4] und der Regierungsentwurf aus dem Jahre 1962,[5] weil diese Vorschrift erst von den Ausschüssen konzipiert wurde.[6] Im Verlauf der Ausschußberatungen[7] entstand "die vom Wirtschafts- und in etwas abweichen-

---

1) Vgl. BUCHNER, R.: Zur Bewertung, S. 186.
2) KROPFF, B.: in Aktiengesetz, Kommentar, § 155 Anm. 32.
3) Vgl. WEINSHEIMER, W.: Die Zulässigkeit, S. 297 m.w.Lit.; ENGISCH, K.: Einführung, S. 169 m.w.Lit.; LARENZ, K.: Methodenlehre, S. 387 f.
4) Vgl. Referentenentwurf eines Aktiengesetzes, S. 82, § 151 Abs. 1 Nr. 2.
5) Vgl. Entwurf eines Aktiengesetzes, S. 36, § 146 Abs. 1 Nr. 2.
6) Vgl. BUCHNER, R.: Zur Bewertung, S. 188.
7) Ausschußbericht zit. nach KROPFF, B.: Aktiengesetz, Textausgabe, S. 246.

der Fassung vom Rechtsausschuß beschlossene Vorschrift",
wobei der Bundestag dem Entwurf des Rechtsausschusses
folgte.

Der zwischenzeitlich vom Wirtschaftsausschuß[1] vorgelegte Entwurf hätte auch die Subsumtion der Hifo- oder
Lofo-Methoden ermöglicht, denn er lautete: "Bei den Gegenständen des Vorratsvermögens, die im Verkehr nach Maß,
Zahl oder Gewicht bestimmt zu werden pflegen, kann für den
Wertansatz unterstellt werden, daß die zuerst oder daß die
zuletzt angeschafften oder hergestellten Gegenstände zuerst verbraucht oder veräußert worden sind; e s   k a n n
a u c h   j e d e   a n d e r e   V e r b r a u c h s -   o d e r
V e r ä u ß e r u n g s w e i s e   u n t e r s t e l l t   w e r d e n, soweit das den Grundsätzen ordnungsmäßiger Buchführung entspricht" (§ 146b Abs. 1 Satz 3; Hervorhebung vom
Verf.). Diese Fassung wurde vom Rechtsausschuß nicht übernommen, sondern in überarbeiteter Form dem Bundestag zur
Beschlußfassung vorgelegt. Ein sog. Redaktionsirrtum liegt
bei dieser Änderung jedoch nicht vor, denn "Gegenstand
eingehender Beratungen war namentlich Absatz 1 Satz 3, der
u.a. die sog. Lifo- (last in, first out)- und Fifo (first
in, first out)-Bewertung zuläßt".[2] Hinweise auf die Hifo-
oder Lofo-Methoden enthält der Ausschußbericht nicht, denn
sie wurden von keiner Seite für einführungsbedürftig erachtet, und sie waren nicht Gegenstand gesetzgeberischer
Intensionen.[3]

Auch die gesetzgeberische Absicht, das Bewertungssystem
weitgehend an die amerikanische Praxis anzupassen,[4] führt

---

1) Entwurf des Wirtschaftsausschusses zit. nach FORSTER,
   K.-H.: Vom Gläubigerschutz, S. 423.
2) Ausschußbericht zit. nach KROPFF, B.: Aktiengesetz,
   Textausgabe, S. 246.
3) Vgl. CLAUSSEN, C.P.: in Kölner Kommentar, § 155 Anm. 17;
   KROPFF, B.: in Aktiengesetz, Kommentar, § 155 Anm. 32.
4) Vgl. FORSTER, K.-H./WEIRICH, S.: Lifo, S. 481 m.w.Lit.

nicht zur Einbeziehung der Methoden, weil sie in Amerika nicht gebräuchlich sind. Das führende Standardwerk zur Vorratsbewertung von HOFFMAN/GUNDERS[1] enthält beispielsweise keinerlei Hinweis auf die Hifo- oder Lofo-Methoden, und eine zur Zeit der Beratungen des deutschen Aktienrechts durchgeführte repräsentative Untersuchung von ca. 600 amerikanischen Jahresabschlüssen erwähnt diese Methoden ebenfalls nicht.[2]

Aufgrund des jetzigen Wortlautes lassen sich die preisbestimmten Bewertungsmethoden nicht mit dem § 155 Abs. 1 Satz 3 AktG vereinbaren. Eine frühere Entwurfsfassung des Wirtschaftsausschusses, die auch die Hifo- oder Lofo-Methode formell gedeckt hätte, führt zu keinem anderen Ergebnis, weil die Methoden nicht Gegenstand gesetzgeberischer Intensionen waren.[3] Zu prüfen ist aber, ob die Methoden sich mit den GoB vereinbaren lassen, die über die GoB-Generalklausel des § 149 Abs. 1 Satz 1 AktG im aktienrechtlichen Jahresabschluß ergänzend heranzuziehen sind.[4]

Ebenfalls nicht durch § 155 Abs. 1 Satz 3 AktG normiert

---

1) Vgl. HOFFMAN, R.A./GUNDERS, H.: Inventories, S. 108 - 358; ferner AICPA (Hrsg.): ARB No. 43, Statement 4; ACCOUNTANTS' HANDBOOK, 12·32 - 49; RAPPAPORT, L.H.: SEC, 18·5.

2) Die vom American Institute of Certified Public Accountants (AICPA) für die Jahre 1950, 1955, 1960 und 1962 durchgeführte Analyse weist die Hifo- oder Lofo-Bewertungsmethoden nicht aus (vgl. AICPA zit. nach SCHÖNFELD, H.-M./HOLZER, H.P.: Bilanzen, S. 490 - 494). Im Jahr 1962 wurden von den 622 Unternehmen im wesentlichen folgende Bewertungsmethoden angegeben: Lifo (incl. Dollar-Vallue-Lifo) 31%; Fifo 29%; Durchschnittskosten 25% (vgl. ebenda, S. 490).

Entsprechend fortgeführte Untersuchungen des AICPA ergaben für 1970 folgende Verteilung: Lifo 20%; Fifo 36%; Durchschnittskosten 27% (vgl. AICPA zit. nach LÜCK, W.: Zur Praxis, S. 265).

3) Vgl. RAISCH, P.: Zu den grundsätzlichen Aufgaben, S. 553; a.A. BUCHNER, R.: Zur Bewertung, S. 188 f.

4) Vgl. hierzu Gliederungspunkt 4.3.

ist die Durchschnittsbewertungsmethode.[1] Sie dient auch einer vereinfachten Ermittlung der Anschaffungs- oder Herstellungskosten und wird von der Kommentierung regelmäßig im Rahmen des § 155 AktG abgehandelt.[2] Rechtliche Erwägungen führen aber zu einer Trennung von Durchschnittsmethode und den Methoden gem. § 155 Abs. 1 Satz 3 AktG (Lifo, Fifo),[3] wie sie beispielsweise von ADLER/DÜRING/SCHMALTZ[4] und CLAUSSEN[5] vorgenommen wird.

4.1.2. Die Voraussetzungen für die Zulässigkeit der Lifo- und Fifo-Bewertungsmethoden gemäß § 155 Abs.1 Satz 3 AktG

4.1.2.1. Beschränkung der Vorschrift auf den Wertansatz gleichartiger Gegenstände des Vorratsvermögens

4.1.2.1.1. Kriterien zur Bestimmung der Gleichartigkeit
4.1.2.1.1.1. Annähernde Preisgleichheit und Gattungs- oder Funktionsgleichheit

Nach dem Gesetzeswortlaut können die zeitbestimmten Bewertungsmethoden "für den Wertansatz gleichartiger Gegen-

---

1) Vgl. KÜBLER, B.M.: Grenzen, S. 152; NETH, M.: Die Berechnung, S. 46, 117; WEBER, H.K.: Betriebswirtschaftliches Rechnungswesen, S. 103; CLAUSSEN, C.P.: in Kölner Kommentar, § 155 Anm. 5; a.A. SCHNIER, K.-H.: Zur Bewertung, S. 23.

2) Vgl. ADS: Rechnungslegung, 4. Aufl., § 155 Tz. 86 f.; BAUMBACH-HUECK: Aktiengesetz, §§ 153-156 Rn. 28; MELLEROWICZ, K.: in Großkommentar AktG, 3. Aufl., § 155 Anm. 39 - 47.

KROPFF führt die Methode unter den Methoden gem. § 155 Abs. 1 Satz 3 AktG auf (KROPFF, B.: in Aktiengesetz, Kommentar, § 155 Anm. 24 f.).

Nicht erwähnt wird die Durchschnittsbewertung von GODIN-WILHELMI: Aktiengesetz, 4. Aufl., § 155 Anm. 3.

3) Vgl. hierzu Gliederungspunkt 4.2.
4) Vgl. ADS: Rechnungslegung, 4. Aufl., § 155 Tz. 85.
5) Vgl. CLAUSSEN, C.P.: in Kölner Kommentar, § 155 Anm. 4 - 17.

stände des Vorratsvermögens unterstellt werden" (§ 155 Abs. 1 Satz 3 AktG). Es muß sich somit um G e g e n s t ä n d e handeln, die die Aktiengesellschaft als ihre Vermögensgegenstände ausweisen darf[1] und sie müssen dem V o r r a t s - v e r m ö g e n angehören.[2] Weitere Voraussetzung zur Anwendung der Methoden ist, daß es sich um g l e i c h a r - t i g e Vorratsgegenstände handelt. Ursprünglich beschränkte sich die Entwurfsfassung des Wirtschaftsausschusses[3] auf Gegenstände des Vorratsvermögens, "die im Verkehr nach Maß, Zahl oder Gewicht bestimmt zu werden pflegen" (§ 146b Abs. 1 Satz 3). Sie lehnte sich damit an die Legaldefinition des § 91 BGB an. Dort werden "bewegliche Sachen, die im Verkehre nach Zahl, Maß oder Gewicht bestimmt zu werden pflegen" (§ 91 BGB) als vertretbare Sachen im bürgerlich rechtlichen Sinne angesehen. Es handelt sich hierbei um Sachen derselben Gattung, die sich nicht durch besondere Merkmale unterscheiden und daher nach der Verkehrsauffassung durch andere bewegliche Sachen ausgewechselt werden können.[4] Auch wenn

---

[1] Vgl. S. 105 f. der Arbeit.

[2] Zum Begriff der Vorräte vgl. Gliederungspunkt 1.1.

Strittig ist in der Literatur, ob die zeitbestimmten Bewertungsmethoden auch zur Anschaffungswertermittlung von Wertpapieren herangezogen werden können, da sie nicht als Vorräte, sondern als "Andere Gegenstände des Umlaufvermögens" (§ 151 Abs. 1, Aktivseite, III. B. AktG) anzusehen sind (bejahend KÜBLER, B.M.: Grenzen, S. 146; SCHNIER, K.-H.: Zur Bewertung, S. 138; FORSTER, K.-H./WEIRICH, S.: Lifo, S. 493 f.; ADS: Rechnungslegung, 4. Aufl., § 155 Tz. 134 - 136 m.w.Lit.; GODIN-WILHELMI: Aktiengesetz, 4. Aufl., § 155 Anm. 3; CLAUSSEN, C.P.: in Kölner Kommentar, § 155 Anm. 14; KROPFF, B.: in Aktiengesetz, Kommentar, § 155 Anm. 30; a.A. DÖLLERER, G.: Anschaffungskosten, S. 1407; KÜHNL, W.: Bilanzierungs- und Bewertungsvorschriften, S. 57; LITTMANN, E.: Das Einkommensteuerrecht, § 6 RdNr. 280 - 282).

[3] Entwurf des Wirtschaftsausschusses zit. nach FORSTER, K.-H.: Vom Gläubigerschutz, S. 423.

[4] Vgl. SCHNIER, K.-H.: Zur Bewertung, S. 73.

der Begriff der Sachen im BGB bereits enger aufzufassen ist als der Begriff der Gegenstände (vgl. § 90 BGB), so hätte der ursprüngliche Entwurf nicht die Einbeziehung der unfertigen Erzeugnisse ermöglicht, weil für diese i.d.R. keine Vertretbarkeit vorliegt.[1] Um deren Einbeziehung aber zu ermöglichen, wurde in den abschließenden Ausschußberatungen die jetzige Fassung gewählt, welche lediglich die Gleichartigkeit der Vorratsgegenstände voraussetzt.[2]

Mit dem Hinweis auf "gleichartige Gegenstände" wollte der Rechtsausschuß[3] zum Ausdruck bringen, "daß es sich bei den Gegenständen des Vorratsvermögens, für die eine bestimmte Verbrauchs- oder Veräußerungsfolge unterstellt wird, nicht um einander genau gleiche Gegenstände zu handeln braucht". Eine Definition des Begriffs Gleichartigkeit fehlt jedoch, so daß sie anhand sachgemäßer Kriterien erarbeitet werden muß. Gleichartigkeit wird unbestritten dort angenommen, wo Gegenstände zur g l e i c h e n W a r e n g a t t u n g gehören, wie beispielsweise Schrauben[4] oder Bandeisen verschiedener Abmessungen; Waren der ersten, zweiten und dritten Wahl.[5] Bei einer weiten Auslegung des Begriffs Gleichartigkeit vernachlässigt man beispielsweise weitere Unterscheidungen nach verschiedenen Qualitäten, während nach engerer Sicht eine Differenzierung innerhalb der Warenarten vorzunehmen ist.[6] So werden handelsübliche Qualitätsklassen[7]

---

1) Vgl. FORSTER, K.-H./WEIRICH, S.: Lifo, S. 484; SCHNIER, K.-H.: Zur Bewertung, S. 71.
2) Vgl. KÖNIG, W.: Die Anwendung, S. 397; KROPFF, B.: Bilanzwahrheit, S. 376; SCHNIER, K.-H.: Zur Bewertung, S. 71.
3) Ausschußbericht zit. nach KROPFF, B.: Aktiengesetz, Textausgabe, S. 246.
4) Vgl. SCHNIER, K.-H.: Zur Bewertung, S. 73.
5) Vgl. FORSTER, K.-H./ WEIRICH, S.: Lifo, S. 484.
6) Vgl. ALBACH, H.: Rechnungslegung, S. 185 f. m.w.Lit.
7) Vgl. SCHLEGELBERGER: Kommentar zum HGB, 5. Aufl., § 39 Anm. 3.

oder Angaben über die Herkunftsländer im Kohlengroßhandel,[1] im Getreidehandel[2] oder bei Baumwollarten[3] im Rahmen der Inventarisierung meist berücksichtigt, weil damit auch preismäßigen Unterschieden Rechnung getragen wird. Zutreffend weist HAX[4] darauf hin, daß die Gruppenbildung stark mit der Frage zusammenhängt, ob die jeweilige Artikelgruppe in der Unternehmung als Haupt- oder Nebenartikel geführt wird. Beispielsweise können Damenstrümpfe in einem Damenkonfektionsgeschäft als Nebenartikel angesehen und zu einem Sammelposten zusammengefaßt werden, während im Strumpfspezialgeschäft die weitere Unterteilung nach Woll- oder Seidenstrümpfen u.a. notwendig ist.[5] Zum Zweck der Sammelbewertung spielen auch die Preislagen der einzelnen Artikel eine Rolle, denn sie indizieren bei gleicher Warengattung unterschiedliche Qualitäts- und Verarbeitungsstandards, die es zu berücksichtigen gilt.

Unter dem Einfluß des technischen Fortschritts findet eine fortlaufende Änderung der angewendeten Technologien und der verarbeiteten Rohstoffe statt. So wurde bei der Erstellung von elektronischen Bauteilen für Rundfunk- und Fernsehgeräte verstärkt von der Röhrentechnik zur Transistorentechnik übergegangen, wobei die Endprodukte nach wie vor die g l e i c h e   F u n k t i o n erfüllen.[6] Auch die Substitution einzelner Rohstoffe zur Erstellung von Produkten findet statt, ohne daß die Funktion der Endprodukte verändert wird, wie beispielsweise die Verwendung von Kunststoffen statt Holz (Erstellung von Flaschenkästen), statt

---

1) Vgl. SCHLEGELBERGER: Kommentar zum HGB, 5. Aufl., § 39 Anm. 3.
2) Vgl. ebenda.
3) Vgl. ALBACH, H.: Rechnungslegung, S. 185 f.
4) Vgl. HAX, K.: Gruppenbewertung, S. 794.
5) Vgl. ebenda.
6) Vgl. KÖNIG, W.: Die Anwendung, S. 397 f.

Glas (Flaschenproduktion) oder statt Metall (Schraubenherstellung).[1] Bedenken, die Anschaffungs- oder Herstellungskosten auf ausgetauschte Materialien zu beziehen, bestehen nicht, sofern das Material dem gleichen Verwendungszweck dient,[2] denn Gleichartigkeit schließt auch die Funktionsgleichheit ein, vornehmlich bei Substitutionsartikeln.[3] "Werden bestimmte Roh- oder Hilfsstoffe nicht mehr bezogen, sondern durch dem gleichen Zweck dienende, aber andersartige, z.B. technisch verbesserte Stoffe ersetzt, so können die früheren Werte beibehalten werden".[4]

Um von gleichartigen Vorratsgegenständen sprechen zu können, wird in der Literatur neben der gleichen Gattung oder Funktion der Gegenstände überwiegend ihre a n n ä h e r n d e   P r e i s g l e i c h h e i t gefordert.[5] Betrachtet man die zur Zeit der Aktienrechtsnovellierung erlassene Änderung des HGB vom 2.8.1965, welche u.a. die Gruppenbewertung i.e.S. zuläßt, so scheint das Kriterium der Wert-

---

1) Vgl. FORSTER, K.-H./WEIRICH, S.: Lifo, S. 484 f.
2) Vgl. ebenda.
3) Vgl. CLAUSSEN, C.P.: in Kölner Kommentar, § 155 Anm. 11.
4) Ebenda; vgl. ferner ESSER, J.: Gliederungsvorschriften, S. 317; ALBACH, H.: Rechnungslegung, S. 186; IDW (Hrsg.): Stellungnahme NA 5/1966, S. 678; KÜBLER, B.M.: Grenzen, S. 144; SCHNIER, K.-H.: Zur Bewertung, S. 75 f.; NETH, M.: Die Berechnung, S. 112; WÖHE, G.: Bilanzierung, S. 350 f.; ADS: Rechnungslegung, 4. Aufl., § 155 Tz. 101; MELLEROWICZ, K.: in Großkommentar AktG, 3. Aufl., § 155 Anm. 12; GODIN-WILHELMI: Aktiengesetz, 4. Aufl., § 155 Anm. 3; ähnlich KROPFF, B.: in Aktiengesetz, Kommentar, § 155 Anm. 28.

A.A. KÖNIG, der eine Gleichartigkeit nicht mehr als gegeben ansieht, wenn bei gleichem Verwendungszweck die Gattung des einzelnen Gegenstandes eine andere wird, wie z.B. beim Wechsel von der Röhre zum Transistor in der Elektroindustrie (vgl. KÖNIG, W.: Die Anwendung, S. 397 f.).
5) Vgl. S. 250 der Arbeit.

gleichheit nicht zwingend zur Gleichartigkeit zu gehören, weil im HGB von gleichwertigen oder gleichartigen Vermögensgegenständen gesprochen wird.[1]

Nach dieser handelsrechtlichen Vorschrift können zur Inventar- und Bilanzerstellung, soweit es den GoB entspricht, "a n n ä h e r n d   g l e i c h w e r t i g e   o d e r s o l c h e   g l e i c h a r t i g e n   Vermögensgegenstände, bei denen nach der Art des Bestandes oder aufgrund sonstiger Umstände ein Durchschnittswert bekannt ist, zu einer Gruppe zusammengefaßt werden" (§ 40 Abs. 4 Nr. 1 HGB; Hervorhebung vom Verf.). Abweichend von der ursprünglichen Formulierung des Regierungsentwurfes[2] sollte die letztlich verbindliche Fassung des beratenden Ausschusses[3] hervorheben, daß es nicht auf die Ermittlung eines rechnerischen Mittelwertes ankommt, weil Mittelwerte sich stets berechnen lassen und insofern gleichartige Vermögensgegenstände immer mit einem Mittelwert bewertbar sind. Zur Gruppenbewertung reichen auch geschätzte, aufgrund von Erfahrungen bekannte Durchschnittswerte, die nicht durch exakte Berechnungen ermittelt werden. Zur Gleichartigkeit von Gegenständen gehört jedoch nach ausdrücklicher Meinung des Ausschusses[4] auch die annähernde Gleichwertigkeit der Gegenstände,

---

1) Vgl. GESSLER, E.: Rechnungslegung, S. 195 f.

2) Er lautete: "Soweit es den Grundsätzen ordnungsmäßiger Buchführung entspricht, können bei der Aufstellung des Inventars und der Bilanz 1. a n n ä h e r n d   g l e i c h w e r t i g e   o d e r   m i t   e i n e m   M i t t e l w e r t b e w e r t b a r e   g l e i c h a r t i g e (Hervorhebung vom Verf.) Vermögensgegenstände zu einer Gruppe zusammengefaßt werden" (Entwurf eines Gesetzes zur Änderung des Handelsgesetzbuches und der Reichsabgabenordnung, S. 2, § 40 Abs. 4 Nr. 1).

3) Vgl. Ausschußbericht zum Entwurf eines Gesetzes zur Änderung des Handelsgesetzbuches und der Reichsabgabenordnung, S. 2.

4) Vgl. ebenda.

wobei die Preisgrenzen zur Gruppenbildung nach den GoB zu
bestimmen sind. Diese Handhabung sollte sich auch weiterhin innerhalb der Grundsätze bewegen, die bisher von Wissenschaft und Rechtsprechung entwickelt worden sind.[1]

Als richtungsweisend für die frühere Praxis erwies sich
das Gutachten des Industrie- und Handelstages vom 17.1.1933,
auf dem auch HAX und die RFH-Rechtsprechung aufbauen. Vom
Industrie- und Handelstag[2] wurde eine gruppenweise Zusammenfassung der Vorratsgüter für möglich erachtet, wenn die
Güter u.a. nach Art und Wert nur geringe Unterschiede aufweisen. HAX[3] hält in seinem Gutachten des Jahres 1955 nur
solche Güter für gleichartig, die u.a. "in ihren Preisen
nur wenig voneinander abweichen". Im Urteil vom 5.7.1933
weist der RFH[4] in seinem Leitsatz darauf hin, daß gleichartige Waren nur vorliegen, wenn die Preise derselben nur
geringfügig voneinander abweichen. Wegen der fehlenden
Gleichwertigkeit lehnte er die gruppenweise Zusammenfassung
von Kiefernholz ab, dessen Preise zwischen 65 RM und 155 RM
streuten.[5]

Gleichartigkeit im Sinne des § 40 Abs. 4 Nr. 1 HGB erfordert, wie die vorstehenden Ausführungen verdeutlichen,
stets die annähernde Gleichwertigkeit der Güter. Sie wird
auch nach § 155 Abs. 1 Satz 3 AktG als Bestandteil der
Gleichartigkeit angesehen,[6] denn andernfalls führen Ver-

---

1) Vgl. Ausschußbericht zum Entwurf eines Gesetzes zur
   Änderung des Handelsgesetzbuches und der Reichsabgabenordnung, S. 2.
2) Vgl. Gutachten des Industrie- und Handelstages vom 17.1.
   1933 zit. nach HAX, K.: Gruppenbewertung, S. 794; ferner
   SCHNIER, K.-H.: Zur Bewertung, S. 71 f.
3) HAX, K.: Gruppenbewertung, S. 794.
4) Vgl. RFH vom 5.7.1933, RStBl 1933, S. 763.
5) Vgl. RFH vom 5.7.1933, RStBl 1933, S. 764 f.
6) A.A. ALBACH, H.: Rechnungslegung, S. 186; GESSLER, E.:
   Rechnungslegung, S. 195; LITTMANN, E.: Das Einkommensteuerrecht, § 6 RdNr. 343 b.

schiebungen im Preisgefüge - von teuren zu billigen Preisgruppen und umgekehrt - innerhalb der gleichen Warengattung zu einem unzutreffenden Einblick in die Vermögens- und Ertragslage der Unternehmen.

Zusammenfassend sind als Kriterien zur Beurteilung der Gleichartigkeit von Vorratsgegenständen nach § 155 Abs. 1 Satz 3 AktG somit heranzuziehen:[1)]

1. gleiche Warengattung (Beschaffenheit) und annähernde Preisgleichheit oder

2. gleiche Funktion (Verwendungszweck) und annähernde Preisgleichheit.

4.1.2.1.1.2. Quantifizierung der annähernden Preisgleichheit

Für die Quantifizierung der annähernden Preisgleichheit kommt es nach den GoB auf die relative Bedeutung an, welche von den alternativen Preisgrenzen auf den Jahresabschluß ausgeht.[2)] ADLER/DÜRING/SCHMALTZ und FORSTER/WEIRICH halten bei niedrigen Stückpreisen der Vorratsgegenstände, für die keine umfangreichen Bestandsmengen gehalten werden, Preisabweichungen von 20 bis 25 % für vertretbar. Mit zunehmender Bestandsmenge soll die prozentuale Abweichung aber kleiner

---

1) Vgl. FORSTER, K.-H./WEIRICH, S.: Lifo, S. 484 f.; IDW (Hrsg.): Stellungnahme NA 5/1966, S. 678; KÜBLER, B.M.: Grenzen, S. 144 f.; SCHNIER, K.-H.: Zur Bewertung, S. 76; NETH, M.: Die Berechnung, S. 112; WÖHE, G.: Bilanzierung, S. 350 f.; WP-HANDBUCH 1973, S. 603; ADS: Rechnungslegung, 4. Aufl., § 155 Tz. 102; MELLEROWICZ, K.: in Großkommentar AktG, 3. Aufl., § 155 Anm. 12; GODIN-WILHELMI: Aktiengesetz, 4. Aufl., § 155 Anm. 3; CLAUSSEN, C.P.: in Kölner Kommentar, § 155 Anm. 11; mit gewissen Abweichungen auch KROPFF, B.: in Aktiengesetz, Kommentar, § 155 Anm. 28.

2) Vgl. im folgenden FORSTER, K.-H./WEIRICH, S.: Lifo, S. 485; ADS: Rechnungslegung, 4. Aufl., § 155 Tz. 102.

werden, weil die absoluten Auswirkungen ceteris paribus
ebenfalls zunehmen. Dabei sind Preisabweichungen bis zu 5%
nach FORSTER/WEIRICH[1] regelmäßig zu tolerieren.

Den genannten Prozentsätzen liegt als Bezugsgröße der
jeweilige Endbestand gleichartiger Vorratsgüter zugrunde,
ohne daß quantitative Aussagen in Bezug auf das Jahresergebnis getroffen werden. Es gilt aber auch, den Einfluß der
Bilanzbewertung auf den Jahreserfolg der Unternehmung einzubeziehen, wobei sich hier die GoB auswirken, "die eine
um so genauere Rechnung verlangen, je wesentlicher das Ergebnis für den Einblick in die Vermögens- und Ertragslage
ist".[2]

In der deutschen Literatur liegen kaum konkrete Aussagen
vor, wann der Einfluß bestimmter Faktoren wesentlich für
den Einblick in die Vermögens- und Ertragsdarstellung ist.
Deshalb soll die grundlegende Untersuchung der Accountants'
International Study Group vom Januar 1974 herangezogen werden, die sich mit dem Problem "Materiality in Accounting"
im Bereich der anglo-amerikanischen Rechnungslegung befaßt.[3]
Dort wird zur Quantifizierung wesentlicher Einflußfaktoren
nicht allein auf die absolute Größe eines Betrages abgestellt, sondern ein Zusammenhang verschiedener Jahresabschlußkennziffern hergestellt. Grob vereinfachend hält die

---

1) Vgl. FORSTER, K.-H./WEIRICH, S.: Lifo, S. 485.
2) Ebenda; ADS: Rechnungslegung, 4. Aufl., § 155 Tz. 102.
3) Vgl. im folgenden NIEHUS, R.J.: Materiality, S. 305 f.
   LEFFSON (vgl. im folgenden LEFFSON, U.: Die GoB, S. 58-61) leitet aus dem Sinn der Rechenschaft das Prinzip der
   Wesentlichkeit ab, das im amerikanischen Bilanzschrifttum als Grundsatz der Materiality allgemein anerkannt
   wird. Die Wesentlichkeit von Tatbeständen mißt LEFFSON
   daran, ob sie für die Entscheidungen der Bilanzadressaten wesentlich sind und die Rechenschaftslegung und das
   Jahresergebnis wesentlich beeinflussen. Im Gegensatz
   zur obenstehenden Studie nennt LEFFSON keine zahlenmäßigen Richtwerte.

Studie einen Posten dann für wesentlich, sofern seine Veränderung zu Auswirkungen auf das Reinvermögen o d e r den Jahreserfolg führt, die 5% übersteigen.[1] Aufgrund der Einbeziehung des Reinvermögens und des Jahreserfolgs als Bezugsgrößen wird die Wesentlichkeit der Jahresabschlußfaktoren einer Unternehmung von den jeweils vorliegenden Verhältnissen der Vermögens- und Ertragslage beeinflußt.

Statt des Reinvermögens als Bezugsgröße sind die Prozentsätze hier zur Beurteilung wesentlicher Preisabweichungen unmittelbar auf die einzelnen gleichartigen Vorratsgegenstände zu beziehen. ADLER/DÜRING/SCHMALTZ[2] und FORSTER/WEIRICH[3] gehen ebenfalls diesen Weg, indem sie die Preisabweichungen nach einzelnen Warengattungen getrennt bemessen. Ergänzend ist zur Beurteilung wesentlicher Preisabweichungen noch die erfolgsrechnerische Seite zu berücksichtigen. Aus dem Zusammenhang der Endbestandsbewertung und der hieraus resultierenden Aufwandsbemessung folgt, daß bei gegebenen Endbestandsmengen größere Preistoleranzen nur zulässig sind, wenn das Jahresergebnis nicht wesentlich beeinflußt wird. Führt die Sammelbewertung mit zu breiten Preistoleranzen zu wesentlichen Verschiebungen des Jahresergebnisses, sind verschiedene Gruppen mit geringeren Preisabweichungen zu bilden.[4]

Im Verlauf mehrerer Jahre kann die Gleichartigkeit von Vorratsgegenständen innerhalb einer Unternehmung verloren gehen, weil sich beispielsweise zu große Abweichungen in-

---

1) In England und Australien werden Auswirkungen in Höhe von 5 bis 10% toleriert.
2) Vgl. ADS: Rechnungslegung, 4. Aufl., § 155 Tz. 102.
3) Vgl. FORSTER, K.-H./WEIRICH, S.: Lifo, S. 485.
4) Für die Gruppenbildung im Rahmen der indirekten Einzelbewertung gelten grundsätzlich die gleichen Gesichtspunkte wie für die Gruppenbewertung i.e.S. (vgl. ADS: Rechnungslegung, 4. Aufl., § 155 Tz. 140; CLAUSSEN, C.P.: in Kölner Kommentar, Vorb. § 153 Anm. 11).

nerhalb der Anschaffungs- oder Herstellungskosten ergeben haben. Um die Vorteile der Bewertungsmethoden weiterhin zu nutzen, sind neue Gruppen gleichartiger Vorratsgegenstände zu bilden, wobei der bisherige Bilanzansatz auf die neugebildeten Gruppen aufzuteilen ist.[1] Auch der umgekehrte Fall wäre zum Zweck weiterer Bewertungsvereinfachungen denkbar, nämlich Verringerung der bisher geführten Gruppen gleichartiger Vorratsgegenstände.

4.1.2.1.1.3. Gleichartigkeit von Erzeugnissen

Entsprechend der gesetzgeberischen Absicht dienen die Methoden des § 155 Abs. 1 Satz 3 AktG auch zur Herstellungskostenermittlung der unfertigen und fertigen Erzeugnisse. Gleichartigkeit erfordert, wie bei den übrigen Vorratsgegenständen, die Art- oder Funktionsgleichheit und die annähernde Gleichwertigkeit der Erzeugnisse. Bedeutungslos ist es beispielsweise für die Anwendung der Methoden, ob die Produkte in Werkbank- oder Fließfertigung, Einzel- oder Massenfertigung und durch Anwendung mechanischer oder chemischer Prozesse bzw. Technologien in der Unternehmung hergestellt werden.

Dagegen hält SCHNIER[2] die Bewertungsmethoden nicht für zulässig bei in Einzelfertigung hergestellten Maschinen, Gemälden oder Schmuckstücken, "weil man dem Jahresabschlußbestand an diesen individuellen Wertgegenständen nicht den Bestand zu einem früheren Bilanzstichtag gegenüberstellen kann". Seine Begründung wurzelt noch im Gedanken der Ver-

---

1) Vgl. FORSTER, K.-H./WEIRICH, S.: Lifo, S. 485; NETH, M.: Die Berechnung, S. 113; ADS: Rechnungslegung, 4. Aufl., § 155 Tz. 104.
2) SCHNIER, K.-H.: Zur Bewertung, S. 72.

tretbarkeit von Vorratsgütern,[1] der im Verlauf der Gesetzesberatungen jedoch aufgegeben wurde. Es ist vielmehr auf die Gleichartigkeit der Erzeugnisse innerhalb der Periode abzustellen.

Grundsätzlich gelten unfertige Erzeugnisse als gleichartig, wenn sie sich gegenüber dem Vorjahr auf der gleichen Fertigungsstufe befinden.[2] Hinsichtlich der Produktionsbedingungen werden im allgemeinen geringfügige Änderungen der "Produktionsverfahren"[3] noch hingenommen, jedoch fehlt regelmäßig eine entsprechende Begriffsdefinition. Versteht man unter Verfahrensänderungen die Umgestaltung des Fertigungssystems, beispielsweise von der Werkbank- zur Fließbandproduktion, wird kaum noch von geringfügigen Änderungen gesprochen werden können. Die Gleichartigkeit der unfertigen Produkte ist nicht mehr gegeben, denn vergleichbare Fertigungsstufen fehlen. Organisatorische Umgestaltungen unter Beibehaltung des Fertigungssystems oder die Anwendung neuartiger Produktionsprozesse und -technologien (z.B. Zusammenfügen von Teilen mit Nieten statt mit Schrauben), berühren die Gleichartigkeit der unfertigen Erzeugnisse nicht. Es wird jedoch in der Literatur für notwendig gehalten, daß die Einsatzstoffe gegenüber dem Vorjahr gleichartig sind, wenn von gleichartigen Erzeugnissen

---

1) Vgl. SCHNIER, K.-H.: Zur Bewertung, S. 72 f.
2) Vgl. FORSTER, K.-H./WEIRICH, S.: Lifo, S. 484; SCHNIER, K.-H.: Zur Bewertung, S. 74; NETH, M.: Die Berechnung, S. 112; ADS: Rechnungslegung, 4. Aufl., § 155 Tz. 100; KROPFF, B.: in Aktiengesetz, Kommentar, § 155 Anm. 28.
3) FORSTER, K.-H./WEIRICH, S.: Lifo, S. 484; NETH, M.: Die Berechnung, S. 112; ADS: Rechnungslegung, 4. Aufl., § 155 Tz. 100.

   SCHNIER spricht von "Fertigungsverfahren" (SCHNIER, K.-H.: Zur Bewertung, S. 74) und KROPFF von "Verfahren" (KROPFF, B.: in Aktiengesetz, Kommentar, § 155 Anm. 28).

gesprochen werden soll.[1] Falls Einsatzstoffe von untergeordneter Bedeutung für das jeweilige Erzeugnis sind - hiervon ist bei Hilfsstoffen auszugehen -, berührt die Verwendung andersartiger Einsatzstoffe die Gleichartigkeit der Erzeugnisse nicht.

4.1.2.1.2. Bewertung von Erzeugnissen durch Bewertung ihrer einzelnen Kostenelemente oder des einzelnen Erzeugnisses

Relativ eindeutig lassen sich die Anschaffungskosten der Vorräte bestimmen, denn es liegt ein einheitlicher Begriff vor, der nur in Anschaffungshaupt- und -nebenkosten zerfällt, während sich die Herstellungskosten aus den kumulierten Kostenelementen der eingesetzten Produktionsfaktoren zusammensetzen.[2] Für die Erzeugnisbewertung stellt sich deshalb die Frage, ob die Bewertungsmethoden des § 155 Abs. 1 Satz 3 AktG isoliert auf die einzelnen Kostenelemente gleichartiger Erzeugnisse (Methode 1) oder auf die jeweiligen Erzeugniseinheiten mit den insgesamt kumulierten Kostenbestandteilen (Methode 2) anzuwenden sind.

Beide Methoden basieren auf dem Anschaffungswertprinzip und führen zum Wertansatz gleichartiger Gegenstände des Vorratsvermögens (§ 155 Abs. 1 AktG), jedoch wird die Verbrauchs- oder Veräußerungsfolge nach dem Wortlaut des § 155 Abs. 1 Satz 3 AktG unmittelbar für die Gegenstände selbst und nicht für die einzelnen Kostenelemente unterstellt.

---

1) Vgl. SCHNIER, K.-H.: Zur Bewertung, S. 74; KROPFF, B.: in Aktiengesetz, Kommentar, § 155 Anm. 28.
   Nachfolgende Autoren nennen in dem Zusammenhang nur "Rohstoffe" (FORSTER, K.-H./WEIRICH, S.: Lifo, S. 484; NETH, M.: Die Berechnung, S. 112; ADS: Rechnungslegung, 4. Aufl., § 155 Tz. 100).
2) Vgl. hierzu Gliederungspunkt 3.3.1.5.1.

FORSTER/WEIRICH[1] und ADLER/DÜRING/SCHMALTZ[2] erheben gegen die Methode 1 hauptsächlich Bedenken "von der Seite der Einzelbewertung und von einer allzu weiten Auslegung des Begriffs gleicher oder gleichartiger Gegenstände her".

Aktienrechtlich kann somit die Herstellungskostenbewertung nur unter Heranziehung des einheitlichen Wertbegriffs (Methode 2) befürwortet werden. Sinnvoll läßt sich die gesonderte Bewertung von Materialbestandteilen der Erzeugnisse durchführen, wenn bereits verarbeitete Einsatzstoffe ohne nennenswerte Verluste aus den unfertigen oder fertigen Produkten zurückgewonnen werden können.[3] Denkbar erscheint in Akkumulatorenfabriken die Wiedergewinnung von Blei aus den Akkumulatoren und in Kabelwerken das erneute Einschmelzen der bereits verarbeiteten Kupferbestände.[4] Hierbei handelt es sich im strengen Sinne nicht um gleichartige Vorratsgegenstände, die Zusammenfassung unverarbeiteter und bereits verarbeiteter Materialien wird in diesen Fällen dennoch für zulässig gehalten.[5]

4.1.2.2. Vereinbarkeit der Lifo- und Fifo-Bewertungsmethoden mit den Grundsätzen ordnungsmäßiger Buchführung und der Generalnorm

4.1.2.2.1. Die Möglichkeiten der Unterstellung von Verbrauchsfolgen nach dem Wortlaut des § 155 Abs. 1 Satz 3 AktG

Nach dem Wortlaut des § 155 Abs. 1 Satz 3 AktG kann für den Wertansatz gleichartiger Vorratsgegenstände die Ver-

---

1) FORSTER, K.-H./WEIRICH, S.: Lifo, S. 486.
2) ADS: Rechnungslegung, 4. Aufl., § 155 Tz. 105.
3) Vgl. im folgenden FORSTER, K.-H./WEIRICH, S.: Lifo, S. 485 f.; ADS: Rechnungslegung, 4. Aufl., § 155 Tz. 105.
4) Vgl. KÖNIG, W.: Die Anwendung, S. 398.
5) Vgl. FORSTER, K.-H./WEIRICH, S.: Lifo, S. 485 f.; KÖNIG, W.: Die Anwendung, S. 398; ADS: Rechnungslegung, 4. Aufl., § 155 Tz. 105.

brauchs- oder Veräußerungsfolge der Lifo- oder Fifo-Bewertungsmethode "unterstellt werden". Das Wort u n t e r s t e l l t deutet nach LANGEN[1] darauf hin, "daß dabei auch eine Abweichung zwischen dem tatsächlichen Verbrauch oder der tatsächlichen Veräußerung einerseits bzw. dem nach der Veräußerungsfolge angenommenen Verbrauch andererseits toleriert werden soll". Nach KROPFF[2] ergibt sich aus dem Wortlaut "unterstellt" und der Entstehungsgeschichte, daß der tatsächliche Güterfluß mit der unterstellten Verbrauchsfolge auch nicht annähernd übereinstimmen muß.[3] Das Gesetz geht also, hierauf weisen u.a. ADLER/DÜRING/SCHMALTZ[4] und WEBER[5] hin, von einer Fiktion bezüglich der Reihenfolge des Verbrauchs aus. Im Wesen der Fiktion liegt es, "daß die zugrunde liegende Annahme von der Wirklichkeit abweichen kann".[6]

Aufschlußreich erweist sich in diesem Zusammenhang auch die amerikanische Praxis, denn der Gesetzgeber wollte das deutsche Bewertungskonzept weitgehend an das amerikanische

---

1) LANGEN, H.: Unterstellung, S. 552.
2) Vgl. KROPFF, B.: in Aktiengesetz, Kommentar, § 155 Anm. 29.
3) Vgl. FORSTER, K.-H./WEIRICH, S.: Lifo, S. 483; IDW (Hrsg.): Stellungnahme NA 5/1966, S. 678; KÜBLER, B.M.: Grenzen, S. 139; SCHNIER, K.-H.: Zur Bewertung, S. 107; STEINBACH, A.: Die Rechnungslegungsvorschriften, S. 104; CLAUSSEN, C.P.: in Kölner Kommentar, § 155 Anm. 6 m.w. Lit.; MELLEROWICZ, K.: in Großkommentar AktG, 3. Aufl., § 155 Anm. 40.
4) Vgl. ADS: Rechnungslegung, 4. Aufl., § 155 Tz. 94.
5) Vgl. WEBER, H.K.: Betriebswirtschaftliches Rechnungswesen, S. 104.
6) FORSTER, K.-H./WEIRICH, S.: Lifo, S. 483; ADS: Rechnungslegung, 4. Aufl., § 155 Tz. 94.
   Juristische Fiktionen sind als Mittel der Gesetzestechnik durchaus gebräuchlich, wie LARENZ ausführt, sie bestehen "in der gewollten Gleichsetzung eines als ungleich Gewußten" (LARENZ, K.: Methodenlehre, S. 245).

angleichen.[1] Dort ist es erlaubt, die Bewertungsmethoden des Vorratsvermögens (Durchschnitts-, Lifo- oder Fifo-Bewertungsmethode) unabhängig vom tatsächlichen Güterfluß zur Anschaffungswertermittlung heran zu ziehen.[2] Im ACCOUNTANTS' HANDBOOK[3] wird unter Hinweis auf eine große Anzahl entsprechender Literaturmeinungen ausgeführt, daß der angenommene Kostenfluß (assumed flow of costs) in realistischer Beziehung zum Güterfluß (flow of goods) oder in direktem Gegensatz zum tatsächlichen Güterfluß stehen kann. Auch das Committee on Accounting Procedure of the American Institute of Certified Public Accountants[4] hält in seinem Bulletin zur Vorratsbewertung bei ähnlichen (similar) Vorratsgütern, deren Identität zwischen Beschaffung und Verkauf verloren gegangen ist, oder die ähnlich und austauschbar (interchangeable) sind, die Unterstellung von Verbrauchsfolgen für sinnvoll. Werden in diesen Fällen die individuellen Anschaffungswerte verrechnet, führt dies nicht unbedingt zu den aussagekräftigsten Jahresabschlüssen. Um hier praktikable Lösungen zur periodischen Gewinnermittlung zu erhalten, wurden Annahmen über den Kostenfluß (Durchschnitt, Fifo, Lifo) entwickelt. Dabei können unterschiedliche Methoden zur Bewertung einzelner Teile des Vorratsvermögens herangezogen werden. Obwohl jede Unternehmung ihre Entscheidung nach den Umständen des Einzelfalls trifft, wäre jedoch die einheitliche Anwendung der Vorratsbewertungsmethoden innerhalb bestimmter Industriezweige sinnvoll.[5]

---

1) Vgl. S. 148 der Arbeit; ferner FORSTER, K.-H./WEIRICH, S.: Lifo, S. 481, 483; KROPFF, B.: Bilanzwahrheit, S. 375 f.; ADS: Rechnungslegung, 4. Aufl., § 155 Tz. 94.
2) Vgl. FORSTER, K.-H./WEIRICH, S.: Lifo, S. 483; ADS: Rechnungslegung, 4. Aufl., § 155 Tz. 94 m.w.Lit.
3) Vgl. ACCOUNTANTS' HANDBOOK, 12·37.
4) Vgl. im folgenden AICPA (Hrsg.): ARB No. 43, Statement 4, Discussion 6.
5) Vgl. ebenda, Statement 4, Discussion 7.

Von Bedeutung erscheint auch die Auffassung der Bundesregierung zur Fiktion der Verbrauchsfolge, die aus dem Entwurf eines Dritten Steuerreformgesetzes[1] hervorgeht, der dem Bundestag am 8. Januar 1974 zugeleitet wurde. Nach der Regierungsbegründung[2] schreibt der Entwurf "für einen Bestand von gleichartigen Wirtschaftsgütern, deren Anschaffungs- oder Herstellungskosten sich nicht individuell feststellen lassen (sogenannte vermischte Wirtschaftsgüter), die Durchschnittsbewertung vor und schließt für diese Fälle u.a. auch die sog. Lifo-Bewertung (Bewertung mit der Unterstellung last in - first out) aus. Die Bewertung ist handelsrechtlich zulässig (§ 155 Abs. 1 Satz 3 AktG). Bei ihr wird im Fall der Vermischung von gleichartigen Wirtschaftsgütern unterstellt, daß - entgegen dem tatsächlichen Verlauf - die zuletzt angeschafften oder hergestellten Wirtschaftsgüter regelmäßig zuerst wieder veräußert oder verbraucht werden, so daß die am Bilanzstichtag vorhandenen Bestände als aus den ältesten Zugängen stammend angenommen werden müssen". Die Begründung zum Regierungsentwurf[3] enthält keinerlei Zweifel an der Zulässigkeit von Verbrauchsfolgeunterstellungen nach § 155 Abs. 1 Satz 3

---

[1] Der Entwurf sieht zur Bewertung nicht abnutzbarer Wirtschaftsgüter des Anlagevermögens und für Wirtschaftsgüter des Umlaufvermögens u.a. folgende Bewertung vor: "Lassen sich bei gleichartigen Wirtschaftsgütern die Anschaffungs- oder Herstellungskosten nicht für jedes einzelne Wirtschaftsgut feststellen, so ist für die Ermittlung des Wertansatzes von den durchschnittlichen Anschaffungs- oder Herstellungskosten auszugehen; dabei darf nicht unterstellt werden, daß die Wirtschaftsgüter entgegen dem tatsächlichen Verlauf in einer bestimmten Folge verbraucht oder veräußert werden" (Entwurf eines Dritten Steuerreformgesetzes, S. 26, § 25 Abs. 3).

[2] Reg. Begr. zum Entwurf eines Dritten Steuerreformgesetzes, S. 254.

[3] Vgl. ebenda, S. 254 f.

AktG, die auch dem tatsächlichen Güterfluß entgegenstehen können. Weil die Lifo-Bewertungsmethode bei steigenden Preisen aber zur Bildung stiller Reserven im Wertansatz des Vorratsvermögens führt, wurde sie aus Gründen der Gleichmäßigkeit der Besteuerung und aus haushaltspolitischen Erwägungen abgelehnt.[1)]

4.1.2.2.2. Literaturansichten über die Zulässigkeit von Verbrauchsfolgeunterstellungen gemäß § 155 Abs. 1 Satz 3 AktG

Aufgrund des Gesetzeswortlautes können die den Lifo- und Fifo-Bewertungsmethoden zugrunde liegenden Verbrauchsfolgen nur unterstellt werden, "soweit es den Grundsätzen ordnungsmäßiger Buchführung entspricht" (§ 155 Abs. 1 Satz 3 AktG). Eine Übereinstimmung der Methodenwahl mit den GoB sah auch der ursprüngliche Entwurf des Wirtschaftsausschusses[2)] vor. Nach dem Ausschußbericht[3)] schließt die Gesetzesfassung "durch das Erfordernis, daß das Verfahren den Grundsätzen ordnungsmäßiger Buchführung entsprechen muß, Mißbräuche aus". Gesetzestext und Ausschußbericht veranlaßten KÖNIG[4)] zur Ansicht, daß die genannten Methoden be-

---

1) Vgl. Reg. Begr. zum Entwurf eines Dritten Steuerreformgesetzes, S. 255.

Schon bei allgemeinen Preissteigerungen von 3% führt die Lifo-Bewertung zu jährlichen Steuermindereinnahmen von ca. 300 Mio. DM (vgl. ebenda).

Steigen die Wiederbeschaffungspreise der Vorratsgüter um mehr als 10%, so läßt auch der neue Einkommensteuerreformentwurf die Bildung einer Preissteigerungsrücklage zu (vgl. Entwurf eines Dritten Steuerreformgesetzes, S. 24, § 20).

2) Vgl. Entwurf des Wirtschaftsausschusses, § 146b Abs. 1 Satz 3 zit. nach FORSTER, K.-H.: Vom Gläubigerschutz, S. 423.

3) Ausschußbericht zit. nach KROPFF, B.: Aktiengesetz, Textausgabe, S. 246.

4) Vgl. KÖNIG, W.: Die Anwendung, S. 398.

reits von vornherein den GoB entsprechen[1] und sich die
GoB, wie dem Ausschußbericht zu entnehmen ist, auf das
"Verfahren" beziehen, welches auf klaren, übersichtlichen
und nachprüfbaren Aufzeichnungen beruhen muß. Zwischen den
Bewertungsmethoden und ihrer verfahrensmäßigen (technisch-
organisatorischen) Seite wird auch im Rahmen der vorliegenden Arbeit unterschieden.[2] Jedoch beziehen sich die GoB
nicht ausschließlich auf die verfahrensmäßige Ausgestaltung
der Bewertungsmethoden, sondern sie grenzen insbesondere
die Bedingungen ein, unter denen die Bewertungsmethoden zur
Anschaffungswertermittlung herangezogen werden können.[3]

Der Ausschußbericht[4] vermittelt keinen Hinweis darüber,
wann eine mißbräuchliche Anwendung der Methoden vorliegen
soll. Diese Frage läßt sich, wie die Zulässigkeit der Methodenwahl, nur in Übereinstimmung mit den GoB beantworten,
die eine "tatbestandsliche Voraussetzung des § 155 I 3 AktG"[5]
sind. Erhebliche Bedeutung gewinnt im vorstehenden Zusammenhang die Frage, inwieweit sich die Unterstellung von Verbrauchsfolgen mit den GoB vereinbaren läßt.[6] Vier Ansichten stehen sich im wesentlichen gegenüber:

---

[1] Vgl. ebenso GESSLER, E.: Rechnungslegung, S. 195.
GESSLER sieht hier die Parallele zu den Abschreibungsmethoden, die nach seiner Ansicht ebenfalls als solche
den GoB zu entsprechen haben (vgl. ebenda).

[2] Vgl. S. 150 - 152 der Arbeit.

[3] Vgl. ebenso STEINBACH, A.: Die Rechnungslegungsvorschriften, S. 104.

[4] Vgl. Ausschußbericht zit. nach KROPFF, B.: Aktiengesetz,
Textausgabe, S. 246.

[5] KRUSE, H.W.: GoB, S. 218; vgl. ferner KROPFF, B.: Bilanzwahrheit, S. 376.

[6] Vgl. hierzu BARTKE, G.: Rechnungslegung, S. 249 - 256
m.w.Lit.; FORSTER, K.-H./WEIRICH, S.: Lifo, S. 482 f.;
ADS: Rechnungslegung, 4. Aufl., § 155 Tz. 92 - 97.

1. BUCHNER[1] ist der Ansicht, daß die tatsächliche Reihenfolge des Verbrauchs oder der Veräußerung nicht maßgebend ist. "Das gilt auch für den Fall, daß die fiktive Verbrauchsfolge tatsächlich keinesfalls anwendbar wäre, z.B. die Unterstellung 'last in - first out' bei verderblichen Waren".[2] Die Generalnorm schränkt die Zulässigkeit fiktiver Verbrauchsfolgen nicht ein.[3]

2. Überwiegend stellen die Autoren nicht auf den tatsächlichen Güterfluß ab und erkennen die Verbrauchsfolgefiktion an, wenn die unterstellte Verbrauchsfolge im betrieblichen Güterfluß herstellbar wäre.[4] Durch die Unterstellung von Verbrauchsfolgen soll die Notwendigkeit entfallen, den vorhandenen Güterfluß entsprechend den Verbrauchsregeln der Bewertungsmethode zu organisieren.[5] Un-

---

[1] Vgl. BUCHNER, R.: Zur Bewertung, S. 187; im Ergebnis ebenso GESSLER, E.: Rechnungslegung, S. 195.

[2] BUCHNER, R.: Zur Bewertung, S. 187.

[3] Vgl. ebenda. BUCHNER lehnt die gegenteilige Ansicht von ADS und ALBACH ausdrücklich ab (vgl. ebenda, Fußnote Nr. 21).

[4] Vgl. FORSTER, K.-H./WEIRICH, S.: Lifo, S. 483; KORMANN, B.: Bilanzrechtliche Thesen, S. 1778; LANGEN, H.: Unterstellung, S. 552; NETH, M.: Die Berechnung, S. 120; ADS: Rechnungslegung, 4. Aufl., § 155 Tz. 94 f.; MELLEROWICZ, K.: in Großkommentar AktG, 3. Aufl., § 155 Anm. 40; CLAUSSEN, C.P.: in Kölner Kommentar, § 155 Anm. 7; KROPFF, B.: in Aktiengesetz, Kommentar, § 155 Anm. 29; LITTMANN, E.: Das Einkommensteuerrecht, § 6 RdNr. 343 c.

Teilweise enthält die Literatur nur den Hinweis, daß es auf die tatsächliche Güterbewegung nicht ankommt. Damit bleibt aber unklar, ob diese Autoren auch die Möglichkeit zur entsprechenden Gestaltung des Betriebsablaufes als Voraussetzung zur Anwendung der Methoden fordern (Ansicht Nr. 2) oder ob sie diese Gestaltungsmöglichkeit nicht für notwendig halten (Ansicht Nr. 1). Vgl. beispielsweise IDW (Hrsg.): Stellungnahme NA 5/1966, S. 678; SAUER, O.: Die Bewertung, S. 75; BAUMBACH-HUECK: Aktiengesetz, §§ 153 - 156 Rn. 28.

[5] Vgl. KORMANN, B.: Bilanzrechtliche Thesen, S. 1778; LANGEN, H.: Unterstellung, S. 552; MELLEROWICZ, K.: in Großkommentar AktG, 3. Aufl., § 155 Anm. 40.

zulässig sind die Methoden gem. § 155 Abs. 1 Satz 3 AktG nach Ansicht dieser Autoren, falls "auch bei einer anderen Gestaltungsweise des Betriebsablaufes eine Übereinstimmung von tatsächlichem Ablauf und Fiktion absolut undenkbar erscheint".[1] Diese Fälle werden von den Autoren bei der Lifo-Methode angenommen, wenn das Lager während des Geschäftsjahres regelmäßig vollständig geräumt wird (z.B. bei Saisonbetrieben oder Zuckerfabriken),[2] oder wenn verderbliche Vorräte vorliegen.[3]

3. ALBACH[4] läßt ein Methodenwahlrecht zu, sofern sich aus der Lagerung keine Anhaltspunkte über den tatsächlichen Güterfluß ergeben. Folgt aus der Art der Lagerung, "daß die zuletzt angeschafften Gegenstände nicht zuerst verbraucht werden können" (Hervorhebung im Original weggelassen),[5] so ist die Lifo-Methode nicht anwendbar.[6]

---

1) FORSTER, K.-H./WEIRICH, S.: Lifo, S. 483; ADS: Rechnungslegung, 4. Aufl., § 155 Tz. 95.
2) Vgl. FORSTER, K.-H./WEIRICH, S.: Lifo, S. 483 f.; KORMANN, B.: Bilanzrechtliche Thesen, S. 1778; NETH, M.: Die Berechnung, S. 120; ADS: Rechnungslegung, 4. Aufl., § 155 Tz. 95, 97; KROPFF, B.: in Aktiengesetz, Kommentar, § 155 Anm. 29.
3) Vgl. FORSTER, K.-H./WEIRICH, S.: Lifo, S. 483; KORMANN, B.: Bilanzrechtliche Thesen, S. 1778; KLEIN, W.: Die Eliminierung, S. 2172; ADS: Rechnungslegung, 4. Aufl., § 155 Tz. 95.
4) Vgl. ALBACH, H.: Rechnungslegung, S. 185.
5) Ebenda.
6) Vgl. ebenso KLEIN, W.: Die Eliminierung, S. 2172.
ALBACH (vgl. im folgenden ALBACH, H.: Rechnungslegung, S. 185) begründet seine Ansicht im wesentlichen mit dem Prinzip der Einzelbewertung, das die Bewertung jedes einzelnen Vorratsgegenstandes mit s e i n e n Anschaffungs- oder Herstellungskosten erfordert, dem Anschaffungswertprinzip, welches die Bewertung des Endbestandes oder des Periodenverbrauchs zu Wiederbeschaffungskosten ausschließt und dem Realisationsprinzip. Letzteres bezweckt den Ausweis realisierter Gewinne als Differenz zwischen dem Verkaufspreis und dem Anschaffungswert des veräußerten Vorratsgegenstandes.

4. DÖLLERER[1] hält nur solche Methoden für zulässig, die dem wirklichen Güterablauf am nächsten kommen. Es läßt sich nach seiner Ansicht nicht mit den GoB und der Generalnorm vereinbaren, wenn die Methoden des § 155 Abs. 1 Satz 3 AktG zur Bewertung herangezogen werden, obgleich feststeht, daß im Betrieb genau entgegengesetzt verbraucht wird.[2] Im Jahresabschluß dürfen die Bewertungsmethoden gem. § 155 Abs. 1 Satz 3 AktG nur angewendet werden, "wenn wenigstens im großen und ganzen die Gegenstände in der betreffenden Reihenfolge verbraucht oder veräußert werden".[3] Dem Wort "unterstellt" mißt DÖLLERER[4] keine entscheidende Bedeutung bei, denn nach seiner Auffassung handelt es sich bei ihm ebenfalls um eine Unterstellung, "da von einer gewissen Durchschnittszahl auf die Behandlung aller Gegenstände geschlossen wird".

Außer der von BUCHNER geäußerten Ansicht (Nr. 1) gehen die vorstehend genannten Autoren davon aus, daß die zeitbestimmten Verbrauchsfolgen entweder tatsächlich dem Betriebsablauf zugrunde liegen oder zumindest herstellbar sind. Sie halten die Übereinstimmung zwischen dem tatsächlichen Güterfluß und dem angenommenen Kostenfluß nach den Annahmen der Fifo- oder Lifo-Bewertungsmethode für möglich. Diese Ansicht trifft jedoch, wie die grundlegende Untersuchung im 3. Teil der Arbeit zeigt, nicht immer zu.[5] Im großen und ganzen entsprechen die Verbrauchsannahmen der Fifo-Bewertungsmethode den tatsächlichen Gegebenheiten,

---

1) Vgl. DÖLLERER, G.: Rechnungslegung, S. 1412; derselbe: Gläubigerschutz, S. 631.
2) Vgl. derselbe: Rechnungslegung, S. 1412.
3) Ebenda.
4) Ebenda.
5) Vgl. Gliederungspunkt 3.2.

wenn Reife- und Gärungsprozesse vorliegen, verderbliche Vorräte mit begrenzter Lagerdauer verarbeitet oder verkauft werden, oder Artikel des modischen Bedarfs geführt werden.[1] Soweit Vorratsgüter in Behältern lagern, die von oben beschickt und von unten entleert werden, liegt ebenfalls die Verbrauchsfolge der Fifo-Bewertungsmethode zugrunde, falls keine Vermischung der Vorratsgüter stattfindet.

Dagegen scheidet die Verbrauchsannahme der periodenbezogenen Lifo-Methode regelmäßig zur Gestaltung des betrieblichen Güterflusses aus, weil die letzten Zugänge der Periode nicht schon am Periodenbeginn verbraucht oder veräußert sein können.[2] Organisatorisch läßt sich diese Verbrauchsfolge nicht verwirklichen. Realistischer erweisen sich die Annahmen der permanenten Lifo-Bewertungsmethode, denn als zuerst verbraucht gelten stets die zuletzt angeschafften oder hergestellten Vorratsgegenstände aus den Zwischenbeständen. Findet einige Jahre lang keine vollständige Lagerräumung statt, so würde der Bestand am Periodenende noch Vorratsgegenstände enthalten, die mehrere Jahre alt sind und nur eine verminderte Gängigkeit aufweisen.[3] Hiermit wird bereits die Grenze einer kaufmännisch sinnvollen Lagerhaltung deutlich, welche durch den tatsächlichen Güterfluß gesetzt ist.[4] Als typisches Beispiel einer zeitweiligen Verwirklichung der permanenten Lifo-Verbrauchsfolge kann die Lagerung fester Vorratsgüter auf Halden (z.B. Eisenerz oder Kohle) oder die Lagerhaltung in Behältern und Stapeln angesehen werden, die Beschickung und Verbrauch von oben erfordern.[5] Unfertige Erzeugnisse werden kaum ent-

---

1) Vgl. S. 174 f. der Arbeit.
2) Vgl. S. 175 f. der Arbeit.
3) Vgl. S. 177 f. der Arbeit.
4) Ähnliche Bedenken erhebt auch KROPFF für die Lifo-Methode (vgl. KROPFF, B.: Bilanzwahrheit, S. 376).
5) Vgl. S. 178 der Arbeit.

sprechend den Annahmen der Lifo-Methode verbraucht.[1]

Wird die Zulässigkeit der Bewertungsmethoden gem. § 155 Abs. 1 Satz 3 AktG mit dem tatsächlich im Betrieb vorhandenen Güterfluß verknüpft oder eine entsprechende Möglichkeit zur Ablaufgestaltung gefordert, so scheidet die periodische Lifo-Methode zur Bewertung im Jahresabschluß aus. Ihre Verbrauchsannahme entspricht weder im großen und ganzen dem tatsächlichen Güterfluß, noch läßt sie sich herstellen. Für die Anschaffungs- oder Herstellungskostenermittlung gleichartiger Vorratsgegenstände würden nach § 155 Abs. 1 Satz 3 AktG dann nur die Fifo- und die permanente Lifo-Bewertungsmethode verbleiben, wenn den Literaturansichten zu Nr. 2 - 4 gefolgt würde. Um die Zulässigkeit aller genannten Verbrauchsfiktionen in Übereinstimmung mit den GoB beurteilen zu können,[2] wird deshalb nachfolgend die Zwecksetzung der Bewertungsmethoden herangezogen und der Einfluß bei Anwendung der Methoden auf die Darstellung der Vermögens- und Ertragslage der Gesellschaft untersucht.

4.1.2.2.3. Mögliche Eingrenzung des Anwendungsbereichs der Bewertungsmethoden durch ihre Zwecksetzung

4.1.2.2.3.1. Vereinfachung der Bewertung

Bei gleichartigen Vorratsgegenständen läßt sich am Periodenende häufig nicht der Identitätsnachweis führen, weil sich die Vorräte im Verlauf der Lagerung oder Produktion vermischen.[3] Eine direkte Einzelbewertung unter Führung

---

1) Vgl. KROPFF, B.: Bilanzwahrheit, S. 376.
2) Vgl. hierzu Gliederungspunkt 4.1.2.3.
3) Vgl. hierzu S. 165 der Arbeit.

des Identitätsnachweises wäre nur erreichbar, wenn die zu unterschiedlichen Preisen angeschafften oder hergestellten Vorratsgegenstände mit den jeweiligen Preisen gekennzeichnet würden. Schüttgüter, Flüssigkeiten und Gase müßten darüberhinaus getrennt gelagert werden, damit ihre Identität nicht durch Vermischungsvorgänge verloren geht. Um die hiermit verbundenen technischen Schwierigkeiten und Aufwendungen zu umgehen, wurden die Sammelbewertungsmethoden entwickelt. Sie erleichtern oder ermöglichen in vielen Fällen erst die Bewertung einzelner Vorratsgüter und führen darüberhinaus zu erheblichen Kosteneinsparungen, weil der Nämlichkeitsnachweis nicht erbracht werden muß. Allgemein kann von einer Vereinfachung der Anschaffungswertermittlung gesprochen werden, die mit der Anwendung von Bewertungsmethoden im Jahresabschluß bezweckt wird.[1] Der Zweck einer vereinfachten Ermittlung von Anschaffungs- oder Herstellungskosten läßt sich bei den periodenbezogenen und permanenten Bewertungsmethoden mit unterschiedlichem Arbeitsaufwand realisieren.[2]

Eine zweckwidrige Anwendung der Bewertungsmethoden liegt nach Ansicht von KAMPRAD[3] vor, wenn "sich die tatsächlichen Anschaffungs- oder Herstellungskosten ohne große Schwierigkeiten feststellen lassen". Diese Meinung schränkt den

---

1) Vgl. Gliederungspunkt 3.1.3.3.1.

Der Grundsatz der Vereinfachung und Wirtschaftlichkeit findet in der Literatur allgemeine Anerkennung (vgl. BUCHNER, R.: Zur Bedeutung, S. 82 m.w.Lit.; KORMANN, B.: Die Bewertungsprobleme, S. 1283; MAASSEN, K.: Weiterentwicklung, S. 848) und wird als GoB angesehen (vgl. GLADE, A.: Strapazierte, S. 326 f. m.w.Lit.; KÖRNER, W.: Wesen und Funktion, S. 311 f.; STEINBACH, A.: Die Rechnungslegungsvorschriften, S. 96 - 109, 111).

Der Wirtschaftlichkeitsgrundsatz besagt, so u.a. die BFH-Rechtsprechung, daß an die Buchführung keine überspannten Anforderungen zu stellen sind, die nicht in einem angemessenen Verhältnis zum angestrebten Erfolg stehen (vgl. BFH vom 15.11.1960, BStBl 1961 III, S. 48 f.; BFH vom 18.2.1966, BStBl 1966 III, S. 498; BFH vom 29.8.1969, BStBl 1970 II, S. 40 f.).

2) Vgl. S. 169 f. der Arbeit.
3) KAMPRAD, B.: Das Lifo-Verfahren, S. 876.

Anwendungsbereich der Bewertungsmethoden auf Fälle ein, in denen technische oder wirtschaftliche Schwierigkeiten bei der Führung des Identitätsnachweises vorliegen.[1]

Eine solche Einschränkung des Anwendungsspielraums wird in der Literatur allgemein nicht vertreten,[2] denn sie läßt sich weder aus dem Zweck noch aus Wortlaut, Sinnzusammenhang und Entstehungsgeschichte des § 155 Abs. 1 Satz 3 AktG ableiten. Aufgrund der von KAMPRAD vorgetragenen Ansicht müßte im Einzelfall von der Unternehmung entschieden werden, ob "große Schwierigkeiten" bei der Wertermittlung vorliegen. Ist dies der Fall, dann dürften die Methoden im Jahresabschluß zur Vorratsbewertung herangezogen werden. Außer Praktikabilitätserwägungen[3] führen auch andere Gründe zur Ab-

---

1) Vgl. hierzu RAISCH, P.: Zu den grundsätzlichen Aufgaben, S. 552.

2) Vgl. ALBACH, H.: Rechnungslegung, S. 185; RAISCH, P.: Zu den grundsätzlichen Aufgaben, S. 552; NETH, M.: Die Berechnung, S. 119, 121; WÖHE, G.: Bilanzierung, S. 348; HAAS, H.-L.: Bewertung, S. 405 f.; ADS: Rechnungslegung, 4. Aufl., § 155 Tz. 85; KROPFF, B.: in Aktiengesetz, Kommentar, § 155 Anm. 24.

Unklar bleibt die Auffassung der nachstehend genannten Autoren, welche nur darauf hinweisen, daß die Bewertungsmethoden dort anzuwenden sind, wo Schwierigkeiten bei der direkten Einzelbewertung vorliegen. Sie grenzen den Anwendungsbereich im übrigen nicht ausdrücklich ein (vgl. DÖLLERER, G.: Rechnungslegung, S. 1412; KLEIN, W.: Die Eliminierung, S. 2171).

Vor der Aktienrechtsreform von 1965 wurde die Anwendung von Bewertungsmethoden z.T. abgelehnt, wenn der Identitätsnachweis nach der vorliegenden Sachlage geführt werden könnte (vgl. KOLBE, H.: Die Bewertung, S. 205 f. m.w.Lit.). Das Gutachten des OFH vom 3. Juni 1949 lehnt die Bewertungsmethoden dort ab, "wo die Anschaffungskosten einwandfrei feststehen" (Gutachten des OFH vom 3. Juni 1949, Sp. 108). Bestehen Unklarheiten, insbesondere bei der Vermischung von vertretbaren Vorratsgütern, so stellt die Durchschnittsbewertung eine zweckentsprechende Bewertungsmethode dar (vgl. ebenda).

3) Vgl. hierzu KOLBE, H.: Die Bewertung, S. 206.

lehnung der Ansicht. Erbringt eine Unternehmung beispielsweise bei gleichartigen Vorratsgegenständen den Nämlichkeitsnachweis, so kann sie gleichzeitig bestimmen, welche Vorratsgüter im einzelnen verbraucht oder veräußert werden sollen. Damit ermöglicht die direkte Einzelbewertung in gewissem Umfang die Beeinflussung des Gewinnausweises durch entsprechende Wahl der Vorratspartien.[1] Die Entscheidung ist allerdings bereits im Zeitpunkt des Verbrauchs zu treffen, so daß eine nachträgliche Gewinnbeeinflussung unmöglich wird.[2] Diese Art der Gewinnbeeinflussung durch Wahl bestimmter Vorratspartien läßt sich durch Anwendung der Bewertungsmethoden nicht erreichen, wenn nach Wahl einer Bewertungsmethode diese Methode in den Folgeperioden grundsätzlich beizubehalten ist.

4.1.2.2.3.2. Substanzerhaltung im Rahmen der Gewinnermittlung

In Zeiten steigender Preistendenzen führt die Lifo-Bewertungsmethode zur gegenwartsnäheren und damit höheren Aufwandsverrechnung als die Fifo-Bewertungsmethode. Sie trägt der betrieblichen Substanzerhaltung im Rahmen der Gewinnermittlung tendenziell Rechnung, weil die Aufwendungen zu aktuellen, d.h. den Wiederbeschaffungswerten der Periode angenäherten, Preisen in die Erfolgsrechnung eingehen. Ob die Unternehmung die jeweils angestrebte Unternehmenserhaltung mittels der Lifo-Bewertungsmethode erreicht, hängt von der zugrunde gelegten Erhaltungskonzeption[3] und den außer- oder innerbetrieblichen Gegebenheiten ab.[4] Insbesondere

---

1) Vgl. WÖHE, G.: Bilanzierung, S. 348; KLEIN, W.: Die Eliminierung, S. 2171.
2) Vgl. WÖHE, G.: Bilanzierung, S. 348; KLEIN, W.: Die Eliminierung, S. 2171.
3) Vgl. S. 121 der Arbeit.
4) Vgl. hierzu SCHNIER, K.-H.: Zur Bewertung, S. 43 - 55 m.w.Lit.

ist es notwendig, daß bei Anwendung der periodenbezogenen Lifo-Bewertungsmethode die Endbestände mindestens auf dem Niveau des vorhergehenden Jahresendbestandes liegen. Findet nämlich ein Abbau der Endbestände statt, gehen in den Aufwand der laufenden Periode auch Bestandteile des Vorratsvermögens aus u.U. weit zurückliegenden Vorperioden ein. Der Aufwand wird in Höhe dieser abgebauten Vorratsbestände nicht mehr mit aktuellen Preisen, sondern mit niedrigeren Preisen aus den Vorperioden bewertet, so daß insoweit eine Substanzerhaltung im Rahmen der Gewinnermittlung auch annähernd unmöglich ist. Mit zunehmendem Abbau der Endbestände verstärkt sich diese Wirkung der Lifo-Methode bis die Aufwendungen noch unter denen der Fifo-Methode liegen.[1] Bei der permanenten Lifo-Bewertungsmethode sind neben dem Endbestand auch die Zwischenbestände der Periode zu berücksichtigen, die nicht unter das Niveau des Anfangsbestandes sinken dürfen. Nur unter dieser Bedingung wird der Güterverbrauch mit den Preisen der laufenden Periode, also gegenwartsnah und tendenziell substanzerhaltend bewertet.

Insbesondere DÖLLERER[2] hat gegen die Anwendung der Lifo-Bewertungsmethode Bedenken erhoben, weil es sich hierbei nach seiner Ansicht nur um eine Methode der Substanzrechnung handelt, mit deren Hilfe in Zeiten steigender Preise ein Ausweis sog. Scheingewinne vermieden werden soll. Mit dieser Absicht läßt sich die Anwendung der Lifo-Methode, meint DÖLLERER,[3] nicht begründen, denn Scheingewinne sind "handelsrechtlich echte Gewinne"; außerdem soll "die

---

1) Vgl. Gliederungspunkt 3.3.1.2.2.2.
2) Vgl. DÖLLERER, G.: Rechnungslegung, S. 1412; derselbe: Gläubigerschutz, S. 631.
3) Derselbe: Gläubigerschutz, S. 631; vgl. derselbe: Rechnungslegung, S. 1412.

Substanzerhaltung nicht mit Mitteln der Bewertung, sondern, wie es im Bericht des Abgeordneten Dr. Wilhelmi heißt, durch Bildung freier Rücklagen gewährleistet werden".

Wie eingangs erwähnt, sieht die Literatur es heute überwiegend nicht mehr als Zweck der Lifo-Bewertungsmethode an, mit ihrer Hilfe im Rahmen der Gewinnermittlung eine Substanzerhaltung zu erreichen.[1] Vielmehr wird den Bewertungsmethoden im wesentlichen oder ausschließlich der Zweck einer vereinfachten Anschaffungswertermittlung beigemessen. Ferner läßt sich DÖLLERERs Hinweis auf den Bericht des Abgeordneten WILHELMI[2] in diesem Zusammenhang nicht aufrecht erhalten, weil die Ausschüsse sich an der zitierten Stelle nur mit der Bildung einer Substanzerhaltungsrücklage für abnutzbare Gegenstände des Anlagevermögens befaßt haben. Es handelte sich um Anträge, welche die Berücksichtigung gestiegener Wiederbeschaffungspreise durch Bildung einer Anlagenerhaltungsrücklage zu Lasten des Jahresergebnisses vorsahen. Die Mehrheit der Ausschußmitglieder lehnte die beantragte Rücklage ab und verwies die Substanzerhaltung in den Gewinnverwendungsbereich. DÖLLERER übernimmt die für den Bereich des Anlagevermögens in den beratenden Ausschüssen geführte Diskussion auch für die Bewertung gleichartiger Vorratsgegenstände, obwohl sie dem Umlaufvermögen angehören. Ferner bestehen Bedenken gegen eine Übertragung der vom Ausschuß gezogenen Konsequenzen auf die Lifo-Methode, denn seine Mitglieder lehnten eine über die Anschaffungs- oder Herstellungskosten hinausgehende Verrechnung von Aufwendungen auf Basis der Wie-

---

[1] Vgl. Gliederungspunkt 3.1.3.3.2.; ferner FORSTER, K.-H./ WEIRICH, S.: Lifo, S. 482; ADS: Rechnungslegung, 4. Aufl., § 155 Tz. 90.

[2] Vgl. im folgenden Ausschußbericht zit. nach KROPFF, B.: Aktiengesetz, Textausgabe, S. 240 - 243; ferner S. 120 - 122 der Arbeit.

derbeschaffungswerte ab. Demgegenüber beruht die Lifo-Bewertungsmethode ausschließlich auf tatsächlichen Anschaffungs- oder Herstellungskosten. Sie belastet die abgelaufene Periode nicht mit Aufwendungen in Höhe der zukünftigen Wiederbeschaffungsausgaben.[1]

Weil die Lifo-Bewertungsmethode nach DÖLLERERs[2] Ansicht ausschließlich eine Substanzerhaltung bezweckt, hält er die Methode nur für zulässig, wenn ihre Verbrauchsannahmen im großen und ganzen dem betrieblichen Güterfluß entsprechen. Auch bei dieser Auslegung läßt sich nicht vermeiden, daß eine gewisse Substanzerhaltung im Rahmen der Gewinnermittlung erreicht wird, falls die entsprechenden Voraussetzungen hierfür vorliegen. Hierbei handelt es sich um eine seit langem bekannte Auswirkung der Methode, die bei der Schaffung des § 155 Abs. 1 Satz 3 AktG grundsätzlich toleriert wurde.[3] Der Gesetzgeber[4] sah die Substanzerhaltung jedoch nicht als Zweck der aktienrechtlichen Bewertungsmethoden an, sondern beabsichtigte mit ihrer Kodifizierung die weitere Zulassung von Vereinfachungen im Bewertungsprozeß.[5]

---

[1] Vgl. KORMANN, B.: Die Bewertungsprobleme, S. 1283; KROPFF, B.: Grundsätze, S. 61.

[2] Vgl. DÖLLERER, G.: Rechnungslegung, S. 1412; derselbe: Gläubigerschutz, S. 631.

[3] Vgl. KROPFF, B.: Bilanzwahrheit, S. 377; SAAGE, G.: Die Reservepolitik, S. 77; KROPFF, B.: in Aktiengesetz, Kommentar, § 155 Anm. 26.

[4] Ähnliche Gesichtspunkte bewogen den Gesetzgeber bei der Einführung der sog. Festbewertung in das HGB. Sie sollte nach dem gesetzgeberischen Willen "zur Vereinfachung der Inventur, nicht auch zum Ausgleich von Preisschwankungen" dienen (Reg. Begr. zum Entwurf eines Gesetzes zur Änderung des Handelsgesetzbuches und der Reichsabgabenordnung, S. 7).

[5] Zwar steht für den Gesetzgeber und die heutige Literatur der Vereinfachungszweck im Vordergrund, jedoch ist nicht auszuschließen, daß sich viele Unternehmen wegen der erfolgsrechnerischen Auswirkung insbesondere für die Lifo-Bewertungsmethode entscheiden. Aufgrund der anhaltenden Preissteigerungen in den letzten Jahren hat der

4.1.2.2.4. Auswirkungen der Anwendung der Bewertungsmethoden auf die Darstellung der Vermögens- und Ertragslage

4.1.2.2.4.1. Gegenwartsnahe bzw. gegenwartsferne Bewertung der Endbestände oder der Aufwendungen

In der Diskussion über die Zulässigkeit insbesondere der Lifo-Bewertungsmethode spielen zum Teil die Auswirkungen bei Anwendung der Bewertungsmethoden auf die Darstellung der Vermögens- und Ertragslage eine Rolle.[1] Bei steigender Preistendenz soll nach Auffassung vieler Autoren die Fifo-Methode zu einem besseren Einblick in die Vermögenslage führen, weil der Endbestand sich aus den letzten Zugängen der Periode zusammensetzt und seine Bewertung grundsätzlich mit gegenwartsnahen Preisen erfolgt. Naturgemäß geht dann die bessere Vermögensdarstellung zu Lasten des Einblicks in die Ertragslage. Hingegen führt die Lifo-Bewertungsmethode bei steigender Preistendenz zum besseren Einblick in die Ertragslage, denn als Aufwand werden zuerst die letzten Zugänge der Periode verrechnet. In die Erfolgsrechnung gehen die Aufwendungen also mit gegenwartsnahen Preisen ein, während die Vermögensgegenstände mit gegenwartsfernen Preisen bewertet werden. Der Ein-

---

Fortsetzung der Fußnote 5 von Seite 272

Substanzerhaltungsgesichtspunkt der Lifo-Methode noch erheblich an Gewicht gewonnen. Beispielsweise gelang der "Degussa" nach Aussage ihres Finanzchefs im Geschäftsjahr 1973/74 vollständig die "reale Kapitalerhaltung" durch "Ausschöpfung aller Bewertungsmöglichkeiten bis hin zur Lifo-Methode bei den Edelmetallen" (ohne Verfasser: Degussa, S. 15).

1) Vgl. im folgenden KORMANN, B.: Bilanzrechtliche Thesen, S. 1778 m.w.Lit.; SCHNIER, K.-H.: Zur Bewertung, S. 37 - 41 m.w.Lit.; FORSTER, K.-H./WEIRICH, S.: Lifo, S. 481 f.

blick in die Vermögenslage verschlechtert sich bei dieser Betrachtung zugunsten des besseren Einblicks in die Ertragslage. Im Verlauf mehrerer Jahre weist der Bilanzwert nach der Lifo-Bewertungsmethode erhebliche Abweichungen gegenüber den Zeitwerten der Vorratsgegenstände auf, wenn steigende Preistendenzen und zwischenzeitlich keine Lagerbestandsminderungen vorliegen.[1]

Der "bessere" Einblick in die Vermögens- oder Ertragslage einer Gesellschaft hängt nach dieser Auffassung also davon ab, ob eine gegenwartsnähere Bewertung der Endbestände oder der Aufwendungen vorliegt. Der Gesetzgeber ging im Rahmen der Aktienrechtsreform grundsätzlich von der Gleichwertigkeit der Darstellung der Vermögens- und Ertragslage aus und stellt es in das pflichtgemäße Ermessen der Unternehmung, ob sie der "besseren" Vermögens- oder Ertragsdarstellung das stärkere Gewicht beilegt.[2] Demnach müßte sich der Kaufmann bei steigender Preistendenz für die Fifo-Bewertungsmethode entscheiden, wenn er die Priorität auf die Darstellung der Vermögenslage legt, bzw. die Lifo-Bewertungsmethode wählen, wenn er die "bessere" Ertragsdarstellung bevorzugt. Die Problematik der oben angegebenen Betrachtungsweise liegt darin, daß die aktienrechtlichen Jahresabschlüsse auf dem Anschaffungswertprinzip basieren, der Beurteilung der Vermögens- und Ertragslage jedoch ein Maßstab zugrunde gelegt wird, der auf dem "Zeitwertgedanken" beruht.[3]

Offenbar vom Gedanken des Zeitwertes beeinflußt hält

---

[1] Bei der periodenbezogenen Lifo-Methode beeinflussen Endbestandsminderungen das Ergebnis und bei der permanenten Lifo-Methode End- und/oder Zwischenbestandsminderungen.
[2] Vgl. S. 123 der Arbeit.
[3] Vgl. BARTKE, G.: Rechnungslegung, S. 251.

WÖHE[1] die Anwendung der Lifo-Bewertungsmethode für unzulässig, wenn sich die Bewertung des Vorratsbestands "vom tatsächlichen Preisniveau erheblich nach unten entfernt hat" (Hervorhebung im Original weggelassen). Hier ist der sichere Einblick in die Vermögens- und Ertragslage nach WÖHEs[2] Ansicht nicht gewährleistet, wodurch das Bewertungsergebnis nicht mehr den GoB entspricht. Dem ist entgegenzuhalten, daß in vielen Fällen die Bilanzwerte erheblich unter den Zeitwerten liegen und dennoch kein Verstoß gegen den möglichst sicheren Einblick in die Vermögens- und Ertragslage im Sinne des Aktiengesetzes vorliegt. Wie dem Ausschußbericht[3] zu entnehmen ist, braucht der Jahresabschluß der Einblicksforderung des § 149 Abs. 1 Satz 2 AktG "nur 'im Rahmen der Bewertungsvorschriften' zu genügen, weil die Bewertungsvorschriften namentlich durch das Verbot, einen höheren Wert als die Anschaffungs- oder Herstellungskosten anzusetzen, die Möglichkeiten des Jahresabschlusses, diesen Einblick zu gewähren, beschränken". Innerhalb des Anschaffungswertprinzips bewegt sich auch die kodifizierte Lifo-Methode, deren Bilanzwerte sich während lang anhaltender Preissteigerungen erheblich vom Zeitwert entfernen können. Diese Wirkungen hat der Gesetzgeber bei der Lifo-Methode in Kauf genommen, denn im Verlauf der Ausschußberatungen[4] wiesen Sachverständige hierauf ausdrücklich hin.[5]

Liegen erhebliche Unterschiede zwischen dem Zeitwert und dem Bilanzwert gleichartiger Vorratsgegenstände vor,

---

1) WÖHE, G.: Bilanzierung, S. 358.
2) Vgl. ebenda.
3) Ausschußbericht zit. nach KROPFF, B.: Aktiengesetz, Textausgabe, S. 219.
4) Vgl. Protokoll über die 27. Sitzung des Wirtschaftsausschusses, S. 5 zit. nach ADS: Rechnungslegung, 4. Aufl., § 155 Tz. 89.
5) Vgl. BARTKE, G.: Das neue Bewertungsrecht, S. 315; FORSTER, K.-H./WEIRICH, S.: Lifo, S. 482; KROPFF, B.: Bilanzwahrheit, S. 377; ADS: Rechnungslegung, 4. Aufl., § 155 Tz. 89.

wäre es zur "Verbesserung" des Einblicks in die Vermögenslage i.S. der vorstehend genannten Autoren möglich, "bei Anwendung des Lifo-Verfahrens den Zeitwert der Vorräte in der Bilanz zu vermerken".[1] Eine Verpflichtung zur Angabe dieser nicht ganz unproblematischen Werte besteht aktienrechtlich nicht.[2] Die Angabe von Zeitwerten könnte beim Bilanzleser den Eindruck erwecken, als ob dieser Wert des Vorratsvermögens mit dem Betrag identisch ist, der beim Verkauf der Vorräte im Unternehmen verbleibt, obwohl aus dem Verkauf dieser Vorratsgegenstände noch erhebliche Steuerzahlungen resultieren können.[3] Außerdem kann die Angabe von Zeitwerten in einem Jahresabschluß, der vom Anschaffungswertprinzip ausgeht, leicht zu Mißverständnissen beim Bilanzleser führen, weil zwei unterschiedliche Konzeptionen im Bereich des Vorratsvermögens miteinander verknüpft werden. Dagegen wäre es zur Vermittlung eines möglichst sicheren Einblicks in die Lage der Gesellschaft zu befürworten, wenn die Unternehmen bei größeren Vorratsbeständen und erheblichen Preisabweichungen zwischen dem Zeitwert und dem Bilanzwert über die Lifo-Bewertungsmethode besonders informieren würden.[4] In der Bilanz könnte ein separater Ausweis dieser Vorratsteile oder ein entsprechender Vermerk bei der betreffenden Bilanzposition auf die Lifo-Bewertungsmethode hinweisen. Werden die Informationen nicht durch die Bilanz vermittelt, sind zahlenmäßige Angaben über die Lifo-Methode im Rahmen der Geschäftsberichterstattung angebracht, um den möglichst sicheren Einblick in die Lage der Gesellschaft zu vermitteln

---

1) KROPFF, B.: Bilanzwahrheit, S. 377.
2) Vgl. FORSTER, K.-H./WEIRICH, S.: Lifo, S. 482; ADS: Rechnungslegung, 4. Aufl., § 155 Tz. 89.
3) Vgl. HOFFMAN, R.A./GUNDERS, H.: Inventories, S. 213.
4) Entsprechende Informationen werden im wesentlichen auch bei Anwendung der sog. Festwertbewertung für notwendig erachtet (vgl. ADS: Rechnungslegung, 4. Aufl., § 160 Tz. 35 m.w.Lit.).

(vgl. § 160 Abs. 2 Satz 2 AktG). Die Angaben in der Bilanz und dem Geschäftsbericht könnten noch verbessert werden, indem auf das Jahr der erstmaligen Anwendung der Lifo-Bewertungsmethode hingewiesen wird.

Erfolgt die Vorratsbewertung nach der Lifo-Methode, so wird in den USA von einigen Gesellschaften der Wert angegeben, der sich aufgrund der Fifo-Bewertungsmethode ergeben hätte.[1] Meist geschieht der Hinweis durch parenthetische Bemerkungen bzw. Fußnoten in der Bilanz oder durch Erläuterung im Jahresbericht.[2] Um die Rechnungslegung bei Anwendung der Lifo-Bewertungsmethode zu verbessern, schlagen HOFFMAN/GUNDERS[3] folgenden Bilanzausweis der Vorräte vor:

Vorräte
   Bewertung nach der Fifo-Methode $ ......
   Bewertungsdifferenz gegenüber
   der Lifo-Methode   ......
   Bilanzwert nach der Lifo-Methode $ .....

---

1) Vgl. HOFFMAN, R.A./GUNDERS, H.: Inventories, S. 208.
2) Vgl. ebenda, S. 208 - 215.
3) Vgl. ebenda, S. 214.
Das amerikanische Vorgehen läßt sich nicht vollständig auf die deutsche Praxis übertragen. In den Vereinigten Staaten wird seitens der Bundesfinanzverwaltung die Anwendung der Lifo-Bewertungsmethode und gleichzeitige Berücksichtigung niedrigerer Werte des Bilanzstichtages ausgeschlossen, während nach deutschem Recht bei allen Bewertungsmethoden auch die Berücksichtigung des Niederstwertprinzips erforderlich ist (vgl. United States Internal Revenue Code, § 1472-2 (e); ferner ADS: Rechnungslegung, 4. Aufl., § 155 Tz. 91). Für die veröffentlichten Jahresabschlüsse gilt in Amerika grundsätzlich auch ein Niederstwertprinzip (cost or market rule; cost or market, whichever is lower; lower of cost or market), jedoch können handelsrechtlich, im Gegensatz zur deutschen Praxis, die Lifo-Endbestandswerte auch beibehalten werden, wenn der Niederstwert noch unter den Werten der Lifo-Methode liegt (vgl. ACCOUNTANTS' HANDBOOK, 12.51 - 56; AICPA (Hrsg.): ARB No. 43, Statement 5 - 7; ADS: Rechnungslegung, 4. Aufl., § 155 Tz. 91 m.w.Lit.).

Der vorliegende Bilanzausweis mit den Lifo- und Fifo-Werten löst sich nicht vom Anschaffungswertprinzip und zeigt im übrigen bei steigenden Preistendenzen die vollständige Bandbreite aktienrechtlich zulässiger Anschaffungswerte auf.[1)]

4.1.2.2.4.2. Vergleichbarkeit der Jahresabschlüsse

Um vergleichbare Jahresabschlüsse zu erhalten, sind u.a. die Bewertungsmethoden im Jahresabschluß stetig anzuwenden.[2)] Änderungen der Bewertungsmethoden des Vorratsvermögens lassen sich nicht mit den GoB und dem aktienrechtlichen Bewertungssystem vereinbaren, wenn sie erfolgen, um den Jahreserfolg zu beeinflussen.[3)] Nach einigen in der Literatur vertretenen Auffassungen gilt dies nur bei kurzfristigen Methodenänderungen, die ausschließlich zum Zweck der Ergebnisbeeinflussung vorgenommen werden, "so vor allem bei entgegengesetzter Tendenz der Ertragslage".[4)] Im Einzelfall kann jedoch kaum beurteilt werden, ob der Methodenwechsel in der Absicht vorgenommen wurde, das Ergebnis des Jahresabschlusses zu beeinflussen. Deshalb sind weitere Kriterien notwendig, um Kontinuitätsunterbrechungen zu rechtfertigen.[5)]

---

1) Vgl. S. 181 - 189 der Arbeit.
2) Vgl. Gliederungspunkt 2.2.3.2.3.
3) Vgl. BUSSE VON COLBE, W./ORDELHEIDE, D.: Vorratsbewertung, S. 230 f.; KAMPRAD, B.: Das Lifo-Verfahren, S. 876; CLAUSSEN, C.P.: in Kölner Kommentar, § 155 Anm. 7.
4) FORSTER, K.-H./WEIRICH, S.: Lifo, S. 484; ADS: Rechnungslegung, 4. Aufl., § 155 Tz. 97; vgl. ferner IDW (Hrsg.): Stellungnahme NA 5/1966, S. 678.
5) Sachgerechte Gründe für den Wechsel von der Lifo- zur Fifo-Bewertungsmethode liegen nach KAMPRAD bei ständig fallenden Preisen vor (vgl. KAMPRAD, B.: Das Lifo-Verfahren, S. 876). Hier soll ein Methodenwechsel in Betracht kommen, "weil sonst die obere Wertgrenze nach § 155 Abs. 1 Satz 1 AktG 1965, der Anschaffungs- oder Herstellungswert, überschritten" wird (ebenda). KAMPRAD begründet den Methodenwechsel offensichtlich mit den

Die Untersuchungen im 2. Teil der Arbeit führten zu
dem Resultat, daß Stetigkeitsunterbrechungen durch eine
andere Beurteilung des zu bewertenden Gegenstandes begründet sein können.[1] Für die Bewertungsmethoden des Vorratsvermögens käme z.B. ein Methodenwechsel zur Vereinheitlichung der Bewertung innerhalb eines Unternehmens oder
Konzernverbundes in Frage.[2] Denkbar wäre auch der Übergang von der Lifo- oder Fifo-Bewertungsmethode auf die
steuerlich anzuwendende Durchschnittsbewertung, um die
Bewertungsmethoden der Handelsbilanz an die Steuerbilanz
anzupassen.[3] Haben sich innerhalb einer Branche bestimmte
Bräuche für die Bewertung von Vorratsgütern herausgebildet, so erscheint die Anpassung an diese Bräuche durchaus
sinnvoll. Die einheitliche Anwendung bestehender Bewertungsmethoden durch Unternehmen derselben Wirtschaftszweige befürwortet auch das AICPA[4] in seinem Bulletin zur Vorratsbewertung. Sie wäre ein geeigneter Weg, um die Vergleichbarkeit der Jahresabschlüsse von branchengleichen
Gesellschaften zu erhöhen. Ähnliche Gesichtspunkte bewegten auch den Gesetzgeber bei der Aktienrechtsreform von
1965, denn er wollte nicht nur die Vergleichbarkeit aufeinanderfolgender Jahresabschlüsse verbessern, sondern "in

---

Fortsetzung der Fußnote 5 von Seite 278

höheren Endbestandswerten, welche die Lifo-Methode bei
fallenden Preistendenzen gegenüber der Fifo-Methode
aufweist. Von einer Verletzung des Anschaffungswertprinzips kann jedoch nicht gesprochen werden, denn beide Methoden dürfen unabhängig von der jeweiligen Preistendenz
zur Anschaffungswertermittlung herangezogen werden. Im
übrigen greift bei sinkenden Preistendenzen das Niederstwertprinzip ein, so daß die Endbestandswerte der Bewertungsmethoden nicht in die Bilanz eingehen (vgl. S. 228
der Arbeit).

1) Vgl. S. 141 f. der Arbeit.
2) Vgl. KROPFF, B.: in Aktiengesetz, Kommentar, Vorb. § 153 Anm. 8.
3) Vgl. ebenda.
4) Vgl. AICPA (Hrsg.): ARB No. 43, Statement 4, Discussion 7.

gewissem Umfang auch den Ertragsvergleich mit anderen Gesellschaften erleichtern".[1] Die übereinstimmende Ausübung von Bewertungsmethodenwahlrechten wäre ein Schritt zur Verwirklichung dieser Zielsetzung, so daß ein Wechsel zu branchenüblichen Bewertungsmethoden durchaus sinnvoll ist, auch wenn dieser Wechsel einmalig die Vergleichbarkeit der Jahresabschlüsse eines Unternehmens beeinträchtigt.

Zu den Voraussetzungen der Vergleichbarkeit von Jahresabschlüssen rechnet LEFFSON[2] u.a. auch "die Verwendung eines zeitraumgleichen Maßstabes". Bei der stetigen Anwendung der Lifo-Bewertungsmethode und steigenden Preistendenzen könnte die bessere Vergleichbarkeit der Ertragslage darin gesehen werden, daß den Umsatzerlösen der laufenden Periode die verbrauchten Vorratsgegenstände zu Preisen des laufenden Geschäftsjahres gegenüber gestellt werden.[3] Erträge und Aufwendungen werden im Rahmen der Gewinnermittlung auf annähernd vergleichbarem Preisniveau verrechnet. Unter diesem Aspekt könnte die Lifo-Methode befürwortet werden. Soll dieser Vorteil der Lifo-Methode für eine Reihe aufeinanderfolgender Jahresabschlüsse wirksam werden, so dürfen die Bestände allerdings nicht unter das Niveau des Anfangsbestands sinken, denn andernfalls gehen in den Aufwand auch Vorratsbestandteile mit Preisen aus u.U. weit zurückliegenden Vorperioden ein.[4]

---

1) Ausschußbericht zit. nach KROPFF, B.: Aktiengesetz, Textausgabe, S. 240; vgl. ferner S. 137 f. der Arbeit.
2) LEFFSON, U.: Die GoB, S. 301, vgl. ferner S. 328 - 334; vgl. auch S. 138 f. der Arbeit.
3) Vgl. KORMANN, B.: Die Bewertungsprobleme, S. 1283; FORSTER, K.-H./WEIRICH, S.: Lifo, S. 482; ADS: Rechnungslegung, 4. Aufl., § 155 Tz. 89.
4) Vgl. S. 270 der Arbeit.

Bestandsveränderungen können die Folge bestehender Lagerzyklen[1] im Unternehmen sein oder sich durch diskontinuierliche Absatz-, Produktions- oder Beschaffungsvorgänge ergeben. Auch ein Sortimentswechsel mit Übergang auf andere Vorratsgegenstände, die nicht mehr als gleichartig anzusehen sind, kann zum Abbau der ursprünglichen Vorratsgüter führen.[2] Die Auswirkungen der Lifo-Bewertungsmethode auf die Erfolgsermittlung sind in den vorstehend genannten Situationen stets gleich und führen zur Störung der Vergleichbarkeit, wenn umfangreiche Bestandsmengen abgebaut werden, die mit niedrigen Preisen der Vorperioden bewertet wurden.[3] Im Einzelfall kann durch teilweisen Abbau der Vorratsbestände und der hiermit verbundenen Auflösung stiller Reserven noch ein Jahresüberschuß ausgewiesen werden, obwohl die Gesellschaft tatsächlich keinen Jahresüberschuß mehr erwirtschaftet hat.[4]

Letztlich kann die Vergleichbarkeit trotz stetiger Anwendung der Lifo-Methode auch durch eine Verschärfung des Konjunkturausschlags beeinträchtigt werden.[5] Steigen in der Rezession die Lagerbestände bei gleichzeitig sinkenden Preisen, sind Abwertungen nach dem Niederstwertprinzip vorzunehmen, während in der Hochkonjunktur die Läger bei steigenden Preisen abgebaut werden und sich dadurch stille Reserven auflösen. Wie die vorstehenden Situationen gezeigt haben, kann die Lifo-Bewertungsmethode zur Beeinträchtigung der Vergleichbarkeit führen, ohne daß ein Methodenwechsel vorliegt. Diese Wirkungen sind nach ALBACHs[6]

---

1) Vgl. ALBACH, H.: Rechnungslegung, S. 186.
2) Vgl. ebenda.
3) Vgl. ebenda; ferner BAETGE, J.: Möglichkeiten, S. 94 f.
4) Vgl. hierzu ein Beispiel bei BAETGE, J.: Möglichkeiten, S. 95.
5) Vgl. im folgenden ALBACH, H.: Rechnungslegung, S. 186.
6) Die aufgeführten Wirkungen und andere Gesichtspunkte bewegen ALBACH zu der Haltung, die Lifo-Methode ohne Rücksicht auf die tatsächliche Verbrauchsfolge für unzulässig zu halten (vgl. ALBACH, H.: Rechnungslegung, S. 186; ferner S. 263 der Arbeit).

Meinung nicht mehr durch die GoB und die Generalnorm gedeckt.

Zusammenfassend läßt sich sagen, daß mögliche Vergleichbarkeitsstörungen bei Anwendung der Bewertungsmethoden auf zwei Ursachen beruhen können. Sie können die Folge eines – in eng begrenztem Rahmen zulässigen – Methodenwechsels sein oder in der Methode selbst ihre Begründung finden. Die letztgenannten Vergleichbarkeitsstörungen ergeben sich bei der Lifo-Bewertungsmethode, wenn nach langanhaltenden Preissteigerungen die Vorratsbestände abgebaut werden. Sofern die Vergleichbarkeit der Jahresabschlüsse durch einen Wechsel der Bewertungsmethode[1] oder durch Mengen- und Preisänderungen bei Anwendung der Lifo-Bewertungsmethode[2] beeinträchtigt ist, haben Aktiengesellschaften dies im Geschäftsbericht zu erörtern (§ 160 Abs. 2 Satz 4 AktG). ALBACH begründet die von ihm vertretene, restriktive Handhabung der Lifo-Methode u.a. mit Vergleichbarkeitsstörungen, die sich als Folge der Mengen- und Preisänderungen ergeben. Hiermit läßt sich die eingeschränkte Anwendung der Lifo-Bewertungsmethode jedoch nicht begründen, weil sich Vergleichbarkeitsstörungen insbesondere aufgrund von Preissteigerungen im aktienrechtlichen Jahresabschluß nicht vermeiden lassen, da er vom Nominalwertprinzip ausgeht. Um in diesen Situationen eine vergleichbare Darstellung der Ertragslage zu gewährleisten, ist nach dem Willen des Gesetzgebers die Informationsvermittlung an die Rechnungslegungsadressaten durch eine entsprechend ausführliche

---

[1] Vgl. hierzu KNOCHE, M.: Die Berichterstattung, S. 15 - 21, 45 m.w.Lit.
[2] Vgl. FORSTER, K.-H./WEIRICH, S.: Lifo, S. 486; KÜBLER, B.M.: Grenzen, S. 30; SCHNIER, K.-H.: Zur Bewertung, S. 15 f.; BAETGE, J.: Möglichkeiten, S. 47, 95; ADS: Rechnungslegung, 4. Aufl., § 155 Tz. 107; a.A. LUDEWIG, R.: Bilanzpolitik, S. 55.

Geschäftsberichterstattung zu verbessern.[1]

4.1.2.2.5. Einschränkung der Wahl der Bewertungsmethoden durch das Niederstwertprinzip?

Vereinzelt wird eine den GoB nicht entsprechende Wahl der Bewertungsmethode angenommen, falls die ermittelten Endbestandswerte der Bewertungsmethoden das "Niederstwertprinzip verletzen". Insbesondere liegt der vermeintliche Verstoß gegen das als GoB allgemein anerkannte Niederstwertprinzip vor, wenn die Lifo-Bewertungsmethode bei sinkenden Preisen zur Vorratsbewertung herangezogen wird.[2] Ihre Endbestandswerte setzen sich aus den mit hohen Anschaffungskosten zuerst beschafften Vorratsgegenständen zusammen und liegen somit noch über den niedrigeren Werten des Bilanzstichtages. Dieser Einwand müßte konsequenter Weise auch gegen die übrigen Sammelbewertungsmethoden erhoben werden,[3] denn bei sinkenden Preistendenzen liegt der Niederstwert des Bilanzstichtages stets unter den Endbestandswerten sämtlicher Bewertungsmethoden.[4]

Die Bewertungsmethoden des Vorratsvermögens führen jedoch nicht zu einem Verstoß gegen das Niederstwertprinzip,

---

1) Als Alternative zur Geschäftsberichterstattung sieht BAETGE die Angabe desjenigen Jahreserfolges in einer Fußnote an, "der sich bei gleich hohem Lagerbestand wie im vorangegangenen Geschäftsjahr und ohne die Annahme der fiktiven Verbrauchsfolge ergeben hätte" (BAETGE, J.: Möglichkeiten, S. 47).

2) Vgl. Gutachten des OFH vom 3. Juni 1949, Sp. 108; LANGEN, H.: Unterstellung, S. 552; MÜNCH, B.: Diskrepanzen, S. 1580; RAISCH, P.: Zu den grundsätzlichen Aufgaben, S. 553; HEINEN, E.: Handelsbilanzen, S. 229.

3) Vgl. BINDER, O.: Schätzungsverfahren, S. 153; LANGEN, H.: Unterstellung, S. 552.

4) Vgl. Gliederungspunkt 3.3.2.1.3.; ferner S. 228 der Arbeit.

denn die Anschaffungswertermittlung stellt nur die 1. Bewertungsstufe (§ 155 Abs. 1 AktG) dar, welcher die ggf. vorzunehmende Abwertung nach der Niederstwertvorschrift auf der 2. Bewertungsstufe (§ 155 Abs. 2 AktG) folgt, wie die Systematik des § 155 AktG zeigt.[1] Beide Bewertungsprinzipien sind unabhängig voneinander im Rahmen der Jahresabschlußerstellung zu beachten, wobei die Sammelbewertungsmethoden zur Verwirklichung des Anschaffungswertprinzips dienen.

4.1.2.3. Abschließende Betrachtung über die Zulässigkeit der Bewertungsmethoden für die Bewertung des Vorratsvermögens gemäß § 155 Abs. 1 Satz 3 AktG

Gemäß § 155 Abs. 1 Satz 3 AktG müssen die Lifo- und Fifo-Bewertungsmethoden den GoB entsprechen, um für die Bewertung des Vorratsvermögens herangezogen werden zu können. Die GoB sind also mit in die Auslegung dieser Vorschrift einzubeziehen.[2] Im wesentlichen beziehen sich die GoB nach der hier vertretenen Ansicht auf den Begriff der Gleichartigkeit[3] und auf die Möglichkeiten und Grenzen der Unterstellung von Verbrauchsfolgen. Überwiegend wird davon ausgegangen, daß die tatsächliche Verbrauchsfolge nicht maßgebend für die Bewertung der Vorräte ist, denn

---

1) Vgl. FORSTER, K.-H./WEIRICH, S.: Lifo, S. 483; SAAGE, G.: GoB, S. 20; SCHNIER, K.-H.: Zur Bewertung, S. 98 - 101; WENZEL, K.: Geldentwertung, S. 190; BUCHNER, R.: Zur Bewertung, S. 193; ADS: Rechnungslegung, 4. Aufl., § 155 Tz. 96.

2) Vgl. hierzu FORSTER, K.-H./WEIRICH, S.: Lifo, S. 482 f.; ADS: Rechnungslegung, 4. Aufl., § 155 Tz. 92 - 97.

3) Vgl. FORSTER, K.-H./WEIRICH, S.: Lifo, S. 483 - 485; RAISCH, P.: Zu den grundsätzlichen Aufgaben, S. 553; KÜBLER, B.M.: Grenzen, S. 153; SAUER, O.: Die Bewertung, S. 73; STEINBACH, A.: Die Rechnungslegungsvorschriften, S. 104; ADS: Rechnungslegung, 4. Aufl., § 155 Tz. 96, 98 - 104; ferner Gliederungspunkt 4.1.2.1.1. der Arbeit.

der Gesetzeswortlaut geht von einer unterstellten Folge
aus. Fiktionen sind gerade durch mögliche Abweichungen von
der Realität gekennzeichnet. Der ursprüngliche Entwurf
beschränkte den Anwendungsbereich der Bewertungsmethoden
auf "vertretbare Gegenstände". Letztlich wurde in den Ausschußberatungen diese Beschränkung fallen gelassen und die
Einbeziehung aller gleichartigen Gegenstände des Vorratsvermögens vorgeschlagen, um auch die Bewertung der unfertigen Erzeugnisse mit den Methoden des § 155 Abs. 1 Satz 3
AktG zu ermöglichen.[1] Dieser Umstand spricht ebenfalls
für den Fiktionscharakter, denn unfertige Erzeugnisse
dürften kaum entsprechend den Annahmen der Lifo-Bewertungsmethode verbraucht werden.[2] In den USA liegt eine allgemein anerkannte Praxis vor, die Bewertungsmethoden unabhängig vom tatsächlichen Güterfluß zur Bewertung des Vorratsvermögens heranzuziehen.[3] Für die Auslegung des § 155
Abs. 1 Satz 3 AktG gewinnt die amerikanische Handhabung an
Bedeutung, weil die Novellierung des Aktienrechts erheblich
durch das amerikanische Bewertungssystem beeinflußt wurde.[4]
Somit deuten Wortlaut und Entstehungsgeschichte grundsätzlich auf Verbrauchsfolgefiktionen hin.

Mit der Einführung der Lifo- und Fifo-Bewertungsmethode
in das Aktienrecht wollte der Gesetzgeber weitere Vereinfachungen im Rahmen der Vorratsbewertung zulassen. Grundsätzlich sollten sich die Vereinfachungen auf der Basis
des Anschaffungswertprinzips (§ 155 Abs. 1 Satz 1 AktG)
und der ebenfalls maßgebenden Einzelbewertung von Vorratsgegenständen bewegen (§ 39 Abs. 1 HGB i.Verb.m. § 149
Abs. 2 AktG). Diesen systematisch heranzuziehenden Vorschriften entsprechen die Bewertungsmethoden. Sie bezwecken

---

1) Vgl. S. 244 f. der Arbeit.
2) Vgl. KROPFF, B.: Bilanzwahrheit, S. 376.
3) Vgl. S. 257 f. der Arbeit.
4) Vgl. S. 257 f. der Arbeit.

eine vereinfachte Ermittlung der Anschaffungs- oder Herstellungskosten jedes einzelnen Vorratsgegenstandes im Wege der indirekten Einzelbewertung. Gegenüber einer direkten Einzelbewertung bieten die Sammelbewertungsmethoden den Vorteil, daß der Identitätsnachweis nicht erbracht werden muß, wodurch sich für die Unternehmung nicht unerhebliche Kosteneinsparungen ergeben können.

Grenzen für die Unterstellung von Verbrauchsfolgen zog der Gesetzgeber mit dem Hinweis auf die GoB, welche insbesondere eine mißbräuchliche Anwendung der Bewertungsmethoden des § 155 Abs. 1 Satz 3 AktG verhindern sollen.[1] Die aus Handelsbräuchen, Verkehrsauffassungen und Bilanzzwecken abzuleitenden GoB vermitteln Aufschluß darüber, ob vom tatsächlichen Güterfluß abweichende Unterstellungen im Rahmen der Vorratsbewertung zulässig sind.[2] KRUSE[3] meint, "von einem derartigen Handelsbrauch oder einer solchen Verkehrsanschauung kann einstweilen noch nicht die Rede sein". Die Existenz von Handelsbräuchen setzt für gewisse Zeiträume eine von der Zustimmung der Beteiligten getragene tatsächliche Übung voraus.[4] An der geübten

---

1) Vgl. Ausschußbericht zit. nach KROPFF, B.: Aktiengesetz, Textausgabe, S. 246.
2) Vgl. KRUSE, H.W.: GoB, S. 218.
3) Ebenda.
4) Vgl. S. 56 f. der Arbeit.

Praxis mangelt es jedoch,[1] weil breite Kreise der Kaufmannschaft keine gesonderte Handelsbilanz, sondern die Handelsbilanz als Steuerbilanz erstellen.[2] Für einkommensteuerliche Zwecke dürfen die Fifo- oder Lifo-Bewertungsmethoden nur zur Anschaffungswertermittlung herangezogen werden, falls ein entsprechender Güterfluß vom Steuerpflich-

---

[1] WYSOCKI, von, K. u.a. haben 1970 eine repräsentative Analyse über die Geschäftsberichterstattung deutscher Aktiengesellschaften durchgeführt (vgl. WYSOCKI, von, K. u.a.: Die Berichterstattung, S. 308 - 334). Über die Bewertung der Roh-, Hilfs- und Betriebsstoffe berichteten 52,2% der einbezogenen Unternehmen mit den folgenden Angaben (in Prozenten):

"a) Bewertung zu Anschaffungs- oder Einstandspreisen   27,4

b) Durchschnittsbewertung   23,6

c) Nur Hinweise auf Lifo oder Fifo   0,6

d) Nur Bewertung zu den letzten Einstands- oder Einkaufspreisen   1,2

e) Nur Angabe eines Festwertes   0,6

f) Nur Hinweis auf steuerlich zulässige Wertansätze   0,6

g) Nur Hinweis auf Bewertung mit Festwert oder letzten Einstandspreisen   0,6

./. Doppelzählungen   ./. 2,4

                                                                                 52,2 "

(ebenda, S. 325).

[2] Die Industrie- und Handelskammer Nürnberg führte in ihrem Mitgliederkreis 1975 eine Umfrage durch, die von ca. 100 Mitgliedern aus dem Bereich der Industrie und des Handels beantwortet wurde (vgl. im folgenden Industrie- und Handelskammer Nürnberg zit. nach WOLTMANN, A./RIESTERER, D.: Zur Bilanzierung, S. 541 f.). Danach stellen nur 27% der Unternehmen eine gesonderte Handelsbilanz auf, während 73% eine sog. Einheitsbilanz erstellen. Bei den 26 Unternehmen, die eine gesonderte Handelsbilanz aufstellen, handelt es sich um 12 Aktiengesellschaften, 7 Gesellschaften mit beschränkter Haftung und 7 Personengesellschaften.

tigen glaubhaft gemacht wird.[1] Ebensowenig lassen sich aus der Literatur Anhaltspunkte für das Bestehen einer Verkehrsauffassung ermitteln, so daß zur Lösung der Frage ausschließlich die Ableitung von GoB aus der Natur der Sache heraus verbleibt.

Zur teleologischen Gewinnung von GoB sind die Bilanzzwecke des HGB heranzuziehen, welche die Basis für eine deduktive Ermittlung der Grundsätze bilden.[2] Aufgrund der vorliegenden Untersuchung ergeben sich zwei handelsrechtliche Zwecke der Bilanz, nämlich der Dokumentationszweck und der Informationszweck, d.h. die Pflicht des Kaufmanns, sich über seine Vermögens- und Ertragslage zu informieren.[3] Der Dokumentationszweck kann der Anwendung der Sammelbewertungsmethoden nicht entgegenstehen, da die Dokumentation der Geschäftsvorfälle nicht von der späteren Art der Bewertung der Vermögensgegenstände in der Bi-

---

1) Vgl. S. 216 der Arbeit.

Die vorstehende Untersuchung der Industrie- und Handelskammer Nürnberg bestätigt ebenfalls die geringe Verbreitung der Lifo-Methode (vgl. im folgenden Industrie- und Handelskammer Nürnberg zit. nach WOLTMANN, A./RIESTERER, D.: Zur Bilanzierung, S. 542 f.). Lediglich drei Personengesellschaften und drei Kapitalgesellschaften ziehen zur Bewertung der Handelswaren die Lifo-Methode heran. Von diesen sechs Unternehmen erstellen nur zwei eine gesonderte Handelsbilanz, während die übrigen vier Unternehmen ausschließlich als Handelsbilanz eine Steuerbilanz aufstellen, in der die Lifo-Methode nur bei nachgewiesenem Realitätsbezug der Verbrauchsunterstellung zulässig ist. Überwiegend werden Handelswaren mit Durchschnittswerten bewertet, wobei aus dem Umfrageergebnis nicht hervorgeht, ob es sich um die Gruppenbewertungsmethode i.e.S. (§ 40 Abs. 4 Nr. 1 HGB) oder die Durchschnittsbewertungsmethode (Sammelbewertungsmethode) handelt. 16% der Unternehmen bewerten ihre Roh-, Hilfs- und Betriebsstoffe mit Festwerten (§ 40 Abs. 4 Nr. 2 HGB) und 84% mit Durchschnittswerten. Insgesamt zeigt die Untersuchung jedoch nicht, welche Methoden - außer den genannten - zur Bewertung der Vorräte Anwendung finden.

2) Vgl. Gliederungspunkt 2.1.3.2.3.1.

3) Vgl. S. 84 der Arbeit.

lanz berührt wird.[1] Somit ist zu fragen, ob die Vermögens- und Ertragslage zutreffend dargestellt wird, falls die Unternehmung die gleichartigen Vorratsgegenstände mittels Verbrauchsfolgeunterstellungen bewertet, die auch vom tatsächlichen Ablauf abweichen können. ADLER/DÜRING/SCHMALTZ[2] und FORSTER/WEIRICH[3] meinen, daß von der Realität abweichende Unterstellungen in der Regel den besseren Einblick in die Lage der Unternehmung gewähren. Diese Betrachtung ist insofern zutreffend, als im Fall der direkten Einzelbewertung die bewußte Auswahl der veräußerten oder verbrauchten Vorratsgegenstände nicht auszuschließen ist. Demgegenüber wird bei stetiger Anwendung der Bewertungsmethoden einer willkürlichen Ergebnisbeeinflussung die Grundlage entzogen.[4] KROPFF[5] führt als Beispiel den Jahresabschluß eines NE-Metallunternehmens an, das seine Vorratsbestände entgegen der tatsächlichen Verbrauchsfolge mit der Lifo-Bewertungsmethode bewertet. Nach seiner Ansicht wird der Jahresabschluß nicht richtiger, wenn die Unternehmung mit zusätzlichen Aufwendungen für die Lagerverwaltung und Wälzung der Vorräte den Güterfluß entsprechend den Annahmen der Bewertungsmethode ablaufen läßt. Die Verwirklichung der gesetzlichen Forderung nach einem möglichst sicheren Einblick in die Vermögens- und Ertragslage "kann daher nicht von der tatsächlichen Handhabung abhängen".[6]

---

1) Vgl. zum Dokumentationszweck insbesondere LEFFSON, U.: Die GoB, S. 49 - 51, 85 - 91.
2) Vgl. ADS: Rechnungslegung, 4. Aufl., § 155 Tz. 94.
3) Vgl. FORSTER, K.-H./WEIRICH, S.: Lifo, S. 483.
4) ADS und FORSTER sehen die Bewertungsstetigkeit handelsrechtlich jedoch nicht als verbindlich an (vgl. S. 142 der Arbeit).
5) Vgl. im folgenden KROPFF, B.: Bilanzwahrheit, S. 376.
6) Ebenda.

Dieser Schluß erscheint vertretbar, sofern die bewertungsmäßig unterstellte Folge auch tatsächlich herstellbar wäre. In vielen Situationen läßt sich die Fifo-Bewertungsmethode in der Realität annähernd herstellen,[1] so daß gegen ihre Anwendung im Jahresabschluß auf der Grundlage von Unterstellungen keine Bedenken bestehen würden. Dagegen sind die Verbrauchsannahmen der periodenbezogenen Lifo-Bewertungsmethode nicht mit dem Güterfluß des Betriebes vereinbar.[2] Die Bewertung gleichartiger Vorratsgegenstände mittels der periodenbezogenen Lifo-Bewertungsmethode wäre also unzulässig, falls ihre Anwendung tatsächlich die Möglichkeit der Gestaltung des betrieblichen Güterflusses voraussetzen würde. Ersatzweise könnte dann die permanente Lifo-Bewertungsmethode zur Anschaffungswertermittlung herangezogen werden, denn ihre Annahmen tragen in bestimmten Fällen den betrieblichen Gegebenheiten Rechnung.[3]

Bis auf geringfügige Unterschiede decken sich die bewertungsmäßigen Resultate der periodenbezogenen und der permanenten Lifo-Methode, wenn im Verlauf des Geschäftsjahres der Lagerbestand nicht unter den mengenmäßigen Anfangsbestand sinkt.[4] Wird der Lagerbestand im Verlauf der Periode jedoch abgebaut, führen beide Lifo-Methoden nicht mehr zu angenäherten Bewertungsergebnissen, denn nach der permanenten Lifo-Methode wird der Aufwand auch mit Preisen aus den Vorperioden bewertet.[5] Hier liegen jene Fälle vor, bei denen nach überwiegender Auffassung die Lifo-Methode nicht anwendbar ist, denn eine Übereinstimmung von tatsächlichem Ablauf und Bewertungsfiktion erscheint undenkbar. Als ein Beispiel werden in der Literatur die Lager-

---

1) Vgl. S. 174 f. der Arbeit.
2) Vgl. S. 175 f. der Arbeit.
3) Vgl. S. 177 f. der Arbeit.
4) Vgl. S. 193 f. der Arbeit.
5) Vgl. S. 193 der Arbeit.

räumungen in Saisonbetrieben genannt.[1] Die Unzulässigkeit kann sich in diesen Fällen jedoch nur auf die periodenbezogene Lifo-Methode beziehen, weil die permanente Lifo-Methode die Lagerauflösung berücksichtigt. Die permanente Lifo-Methode ist somit auch in den vorstehend genannten Fällen anwendbar.[2] Findet innerhalb der Periode regelmäßig kein Lagerabbau statt, werden die Lifo-Methoden für zulässig gehalten. Unter diesen Bedingungen entsprechen sich im wesentlichen beide Lifo-Bewertungsmethoden hinsichtlich der Darstellung der Vermögens- und Ertragslage. Insofern bestehen gegen die Heranziehung der periodenbezogenen Lifo-Bewertungsmethode keine Bedenken, obwohl ihre Verbrauchsannahmen realitätsfern sind. Für diese Auslegung spricht der Vereinfachungszweck der Bewertungsmethoden; er läßt sich bei der periodenbezogenen Methode in erheblich größerem Umfang realisieren, weil permanente Bewertungsmethoden fortlaufende Aufzeichnungen in Form einer Lagerbuchführung erfordern.[3]

Auf Ablehnung stößt auch die Lifo-Bewertung verderblicher Vorräte, weil die unterstellte Verbrauchsfolge unter keinen Umständen herstellbar ist. Am Periodenende kann nicht von der physikalischen Existenz der zum Periodenbeginn bereits gelagerten Vorräte ausgegangen werden, so daß die Lifo-Methode als sinnvolle Unterstellung aus kaufmännischer Sicht hier ausscheidet.[4]

Abschließend bleibt zu prüfen, ob sich die Bewertungsmethoden des § 155 Abs. 1 Satz 3 AktG und das vorstehende

---

1) Vgl. S. 263 der Arbeit.
2) In der Literatur wird nicht zwischen der periodenbezogenen und der permanenten Lifo-Bewertungsmethode unterschieden; die ablehnende Haltung dürfte sich hier jedoch nur auf die periodenbezogene Lifo-Methode beziehen.
3) Vgl. S. 169 der Arbeit.
4) Vgl. S. 263 der Arbeit.

Resultat mit den Zwecken des Gläubiger- und Aktionärsschutzes vereinbaren lassen. Aus den Gläubiger- und Aktionärsschutzprinzipien resultieren die besonderen aktienrechtlichen Bilanzzwecke, insbesondere die unter dem Gesichtspunkt des Gläubigerschutzes wichtige Ausschüttungssperrfunktion der aktienrechtlichen Jahresbilanz und die unter dem Gesichtspunkt des Aktionärsschutzes wichtige Informationsfunktion des aktienrechtlichen Jahresabschlusses, die sich aus § 149 Abs. 1 Satz 2 AktG unmittelbar ergibt.[1] Beeinträchtigungen des Gläubiger- und Aktionärsschutzgedankens lägen insbesondere vor, falls die Anwendung der Bewertungsmethoden die Vermögens- und Ertragslage des Unternehmens unzutreffend wiedergibt oder das Anschaffungswertprinzip durch Über- oder Unterbewertung gleichartiger Vorratsgegenstände nicht gewahrt wird. Die Unterstellungen der Lifo- oder Fifo-Bewertungsmethode bewirken, wie bereits ausgeführt, durchaus eine im Sinne des Aktiengesetzes zutreffende Darstellung der Vermögens- und Ertragslage, und zwar auf der Grundlage des Anschaffungswertprinzips. Überbewertungen der Vorratsbestände liegen nicht vor, weil in den Bewertungsprozeß nur Anschaffungswerte und keine gestiegenen Wiederbeschaffungskosten eingehen. Auch von Unterbewertungen kann nicht gesprochen werden, denn die Endbestandsbewertung mittels der Sammelbewertungsmethoden stellt nur die 1. Bewertungsstufe dar. Von diesen Anschaffungswerten ausgehend sind auf der 2. bzw. 3. Bewertungsstufe ggf. Abwertungen vorzunehmen.[2] Führen diese nachfolgenden Stufen nicht zur Abwertung der Anschaffungs- oder Herstellungskosten, so hat die Unternehmung die vollen Anschaffungswerte im Jahresabschluß auszuweisen, denn mit der Natur des Jahresabschlusses ist die Legung stiller Reserven durch Unterbewertung von Vermögensgegenständen nicht zu vereinbaren.

---

1) Vgl. Gliederungsabschnitt 2.2.
2) Vgl. S. 207 - 217 der Arbeit.

Ferner liegen Unterbewertungen nicht vor, wenn die nach der Lifo-Bewertungsmethode ermittelten Anschaffungs- oder Herstellungskosten erheblich unter denen der anderen Bewertungsmethoden liegen. Diese Auswirkungen hat der Gesetzgeber in Kauf genommen. Ebensowenig führt die Fifo-Bewertungsmethode bei steigenden Preisen zur Überbewertung gleichartiger Vorratsgegenstände, nur weil ihre Endbestandswerte über den Anschaffungs- oder Herstellungskosten der Lifo- oder der Durchschnittsbewertungsmethode liegen.[1] Eine andere Betrachtungsweise käme nur in Frage, sofern eine bestimmte Bewertungsmethode vorgeschrieben wäre. Das ist jedoch nicht der Fall, denn die Unternehmung kann sich grundsätzlich innerhalb der rechtlichen Grenzen für bestimmte Bewertungsmethoden entscheiden.[2]

Die Aktionärs- und Gläubigerschutzzwecke des aktienrechtlichen Jahresabschlusses sollen hinsichtlich der Bewertungskonzeption durch die Bestimmtheit des Wertansatzes, die Einschränkung stiller Ermessensreserven und die Vergleichbarkeit der Jahresabschlüsse erreicht werden. Die Vergleichbarkeit ist aktienrechtlich nur durch grundsätzlich stetige Anwendung der Bewertungsmethoden möglich. Vergleichbarkeitsstörungen, die auch bei stetiger Anwendung

---

[1] Insofern ist auch der Einwand von MELLEROWICZ nicht begründet, daß die Endbestandswerte der Fifo-Methode bei steigenden Preisen nicht die durchschnittlichen Anschaffungs- oder Herstellungskosten übersteigen dürfen (vgl. MELLEROWICZ, K.: in Großkommentar AktG, 3. Aufl., § 155 Anm. 51). Andernfalls entspricht die Bewertung nach Ansicht von MELLEROWICZ nicht mehr den GoB, da unrealisierte Gewinne ausgewiesen werden (vgl. ebenda). In Wirklichkeit liegt bei den höheren Endbestandswerten der Fifo-Methode weder ein Ausweis unrealisierter Gewinne, noch eine Überbewertung der Vorratsgegenstände vor, denn die Durchschnittsbewertung stellt nicht die allein maßgebende Bewertungsmethode dar.
[2] Vgl. Gliederungspunkt 2.2.3.2.2.

der Lifo-Methode nicht auszuschließen sind, hielten den
Gesetzgeber nicht von einer Kodifizierung der Methode ab.
Um dem Informationszweck der Rechnungslegung auch hier gerecht zu werden, hat die Unternehmung Beeinträchtigungen
der Vergleichbarkeit im Geschäftsbericht zu erörtern
(§ 160 Abs. 2 Satz 4 AktG). Die Anwendung der in § 155
Abs. 1 Satz 3 AktG geregelten Bewertungsmethoden steht
diesen Zielsetzungen des Gesetzgebers nicht im Wege. Auch
finanzielle Interessen der Gläubiger und Aktionäre sind
durch eine Bewertung gleichartiger Vorratsgegenstände mit
den Methoden des § 155 Abs. 1 Satz 3 AktG hinreichend
gesichert. Einerseits werden überhöhte Dividendenausschüt-
tungen und damit einhergehende Minderungen des Haftungspotentials unterbunden, und andererseits wird das Recht
der Aktionäre auf ihren Gewinnanteil in angemessener
Form berücksichtigt.

4.2. Die Zulässigkeit der Durchschnittsbewertungsmethode nach den Grundsätzen ordnungsmäßiger Buchführung und den aktienrechtlichen Bilanzzwecken

4.2.1. Aktiengesetz, Handelsgesetzbuch oder Gewohnheitsrecht als Rechtsquelle der Durchschnittsbewertungsmethode?

Die Durchschnittsbewertungsmethode kann nicht, wie bereits erwähnt, als Bewertungsmethode im Sinne des § 155
Abs. 1 Satz 3 AktG angesehen werden.[1] Nach Wortlaut und

---

1) Vgl. S. 242 f. der Arbeit.

Entstehungsgeschichte geht diese Vorschrift von einer zeitlichen Zugangsfolge und einer zeitbestimmten oder sonstigen Abgangsfolge aus.[1] Hingegen liegen den Durchschnittsbewertungsmethoden andere Verbrauchsannahmen zugrunde, denn als verbraucht gelten nach der periodenbezogenen Methode entsprechend dem mengenmäßigen Verhältnis des Periodenverbrauchs zum Anfangsbestand und den Zugängen der Periode jeweils gleichmäßige Anteilsmengen aus dem Anfangsbestand und den einzelnen Zugängen der Periode.[2] Die verbleibenden Teile des Anfangsbestands und der einzelnen Zugänge bilden den Endbestand. Somit entsprechen die Verbrauchsannahmen der periodenbezogenen oder permanenten Durchschnittsbewertungsmethode nicht dem Wortlaut des § 155 Abs. 1 Satz 3 AktG. Allenfalls eine im Verlauf der Ausschußberatungen vom Wirtschaftsausschuß vorgeschlagene Fassung der Vorschrift hätte formell auch die Durchschnittsbewertung einbezogen.[3] Diese Fassung wurde vom Rechtsausschuß abgelehnt, der sich insbesondere mit der Fifo- und Lifo-Bewertungsmethode befaßte.[4] Von einer Kodifizierung der Durchschnittsbewertung wurde offensichtlich abgesehen, denn bereits vor der Aktienrechtsreform von 1965 galt sie als eine den GoB entsprechende Bewertungsmethode, an deren Zulässigkeit nicht gezweifelt wurde.

Als mögliche Rechtsquelle der Durchschnittsbewertung könnte § 155 Abs. 1 Satz 1 AktG angesehen werden, der für Gegenstände des Umlaufvermögens, also auch für gleichartige Vorratsgegenstände, das Anschaffungswertprinzip bindend festlegt. Diese Vorschrift regelt jedoch lediglich das Bewertungsprinzip und trifft über die anzuwendenden Bewer-

---

1) Vgl. S. 236 - 238 der Arbeit.
2) Vgl. S. 173 der Arbeit. Für die permanente Durchschnittsbewertungsmethode vgl. S. 176 der Arbeit.
3) Vgl. S. 241 der Arbeit.
4) Vgl. S. 241 der Arbeit.

tungsmethoden selbst keine Aussage. Bewertungsprinzipien und -methoden sind jedoch grundsätzlich zu trennen, denn mit den Bewertungsmethoden wird der planmäßige Weg zur Verwirklichung der Bewertungsprinzipien des Jahresabschlusses beschritten.[1] Auch die logisch-systematische Auslegung des § 155 Abs. 1 AktG verdeutlicht diese Notwendigkeit, indem Satz 1 das Prinzip und Satz 3 einzelne Methoden der Bewertung erfaßt. Keine andere Beurteilung erfordert die periodenbezogene oder permanente Durchschnittsbewertung, denn auch hier handelt es sich um Methoden, die auf dem gesetzlichen Anschaffungswertprinzip beruhen.

Vereinzelt wird die Durchschnittsbewertungsmethode aus der handelsrechtlichen Gruppenbewertungsmethode i.e.S. (§ 40 Abs. 4 Nr. 1 HGB) abgeleitet,[2] deren Anwendung auch aktienrechtlich über § 149 Abs. 2 AktG ohne Zweifel möglich ist. Ausgangspunkt für diese Auslegung bildet der Gesetzeswortlaut, welcher eine gruppenweise Zusammenfassung gleichartiger Vermögensgegenstände ermöglicht, "bei denen nach der Art des Bestandes oder auf Grund sonstiger Umstände ein D u r c h s c h n i t t s w e r t bekannt ist" (§ 40 Abs. 4 Nr. 1 HGB; Hervorhebung vom Verf.). Gegen eine Ableitung der Durchschnittsbewertungsmethode aus dieser Norm spricht, daß es sich bei der periodenbezogenen oder permanenten Durchschnittsbewertungsmethode um Methoden der Einzelbewertung handelt (Sammelbewertungsmethoden), während die Gruppenbewertung sich von der Bewertung einzelner Vermögensgegenstände löst und die gebildete Gruppe von Vermögensgegenständen als einheitlichen Bewertungs-

---

1) Vgl. S. 150 f. der Arbeit.
2) Vgl. BUSSE VON COLBE, W./ORDELHEIDE, D.: Konzernabschlüsse, S. 144; NETH, M.: Die Berechnung, S. 46, 117; MELLEROWICZ, K.: in Großkommentar AktG, 3. Aufl., § 155 Anm. 45; kritisch hierzu WEBER, H.K.: Betriebswirtschaftliches Rechnungswesen, S. 103.

komplex betrachtet.[1] Dabei beruht der Gruppenwert auch
auf geschätzten durchschnittlichen Anschaffungs- oder Herstellungskosten, die aufgrund sonstiger Umstände bekannt
sind, d.h. sich ohne weiteres feststellen lassen, von vornherein auf der Hand liegen oder auf Branchenkenntnissen
basieren.[2] In der Regel handelt es sich bei der Gruppenbewertung i.e.S. um durchschnittliche Schätzwerte der Anschaffungs- oder Herstellungskosten. Hingegen werden die
Anschaffungswerte der Durchschnittsbewertungsmethode aus
den Aufzeichnungen der Buchhaltung exakt errechnet, und
erst nach Ermittlung des Durchschnittspreises erfolgt die
Bewertung der inventarisierten Endbestandsmengen mit den
ermittelten durchschnittlichen Anschaffungs- oder Herstellungskosten.[3] Die unterschiedlichen Wertermittlungsprozesse der Gruppen- oder Durchschnittsbewertungsmethode
können im Einzelfall zu annähernd gleichen Endbestandswerten führen, dennoch gilt es wegen der methodischen Unterschiede zwischen beiden klar zu trennen.

Weder im Aktiengesetz noch im Handelsgesetzbuch findet
die Durchschnittsbewertungsmethode also unmittelbar ihren
gesetzlichen Niederschlag. Sie könnte zur Bewertung gleichartiger Vorratsgüter jedoch herangezogen werden, sofern
es sich um eine den GoB entsprechende Methode handelt. Als
mögliche Rechtsquelle der GoB i.w.S. kommt neben den bereits erwähnten Vorschriften des HGB auch das Gewohnheitsrecht aller Kaufleute in Betracht. Bestände eine dauernde
Übung der Kaufmannschaft in Verbindung mit dem Willen, der
Durchschnittsbewertungsmethode die Rechtsgeltung zu verschaffen, so läge ein den ungeschriebenen Rechtsquellen zu
entnehmender GoB vor. Voraussetzung für eine gewohnheits-

---

1) Vgl. Gliederungspunkt 3.1.3.2.
2) Vgl. S. 170 der Arbeit.
3) Vgl. Gliederungspunkt 3.1.2.1.1.

rechtliche Handhabung ist, daß sich für das Anschaffungswertprinzip zuvor ein von allen Kaufleuten getragenes Gewohnheitsrecht gebildet hat, weil die Durchschnittsbewertungsmethode auf dem Anschaffungswertprinzip beruht.

Seit der Aktienrechtsnovelle von 1884 dürfen Vermögensgegenstände von Aktiengesellschaften "höchstens" mit ihren Anschaffungs- oder Herstellungskosten angesetzt werden.[1] Eine Kodifizierung dieses Prinzips für alle Kaufleute wurde bei der Neufassung des HGB von 1897 abgelehnt; nach heute noch gültigem Wortlaut des § 40 Abs. 2 HGB sind die Vermögensgegenstände mit dem sog. beizulegenden Wert des Bilanzstichtages in der Handelsbilanz anzusetzen. Wie der Denkschrift[2] zum Entwurf entnommen werden kann, sah der Gesetzgeber keine Veranlassung, für die Einzelkaufleute und Personengesellschaften die Bewertungsregeln des Aktienrechts, insbesondere die Anwendung des Anschaffungswertprinzips vorzuschreiben, weil diese Bestimmungen lediglich den Zweck haben, "eine Verminderung des statutenmäßigen Grundkapitals der Aktiengesellschaft und die Vertheilung eines thatsächlich noch nicht realisirten Gewinnes zu verhindern". Wegen der freien Verfügung über das Geschäftskapital ist dieser Gesichtspunkt für Einzel- und Personenunternehmen, hebt die Denkschrift[3] hervor, praktisch bedeutungslos. Nicht zuletzt aufgrund der vorstehenden Ausführungen wurde es nach damaliger Auffassung für zulässig gehalten, in der Handelsbilanz Werte anzusetzen, welche die Anschaffungs- oder Herstellungskosten überstie-

---

1) Vgl. BARTH, K.: Die Entwicklung, S. 71 - 79, 287; SAAGE, G.: GoB, S. 3.
2) Denkschrift zu dem Entwurf eines Handelsgesetzbuchs, S. 45.
3) Vgl. ebenda.

gen.[1] Jedoch bildete sich innerhalb der Kaufmannschaft der Grundsatz heraus, die Vermögensgegenstände höchstens mit den Anschaffungs- oder Herstellungskosten zu bewerten. Bereits 1929 weist LEITNER[2] auf eine entsprechende "kaufmännische Auffassung" hin, und zehn Jahre später wird in SCHLEGELBERGERs[3] Kommentar ausgeführt, daß die Anschaffungswerte nach "alter kaufmännischer Anschauung" als Höchstwerte angesehen werden. Folgt man der amtlichen Begründung zum EStG vom 16.10.1934,[4] so lag zu dieser Zeit bereits eine "kaufmännische Übung" vor, grundsätzlich die Anschaffungs- oder Herstellungskosten als Bewertungsmaßstab anzuerkennen. Heute bestehen kaum Zweifel daran, daß sich die dauernde Übung, welche von der Rechtsüberzeugung der Kaufmannschaft getragen wird, zu einem Satz des Gewohnheitsrechts verdichtet hat.[5]

Ob sich für die Anwendung der Durchschnittsbewertungsmethode ebenfalls eine gewohnheitsrechtliche Handhabung entwickelt hat, läßt sich nicht so eindeutig beantworten. 1914 sah REHM[6] keinen Grund, für Gegenstände derselben Gattung und Güte, die zu verschiedenen Preisen angeschafft waren, einen Durchschnittspreis in die Bilanz einzusetzen.

---

1) Vgl. RGZ vom 5.11.1912, Bd. 80, S. 333 - 335; DÜRINGER-HACHENBURG: Das HGB, 2. Aufl., § 40 Anm. 13; ebenda, 3. Aufl., § 40 Anm. 7a; STAUB: Kommentar zum HGB, 11. Aufl., § 40 Anm. 3; Reichsgerichtskommentar zum HGB, § 40 Anm. 3.

   Auch neuere Kommentierungen halten hieran fest: Vgl. WÜRDINGER, H.: in Reichsgerichtskommentar zum HGB, 2. Aufl., § 40 Anm. 3; BRÜGGEMANN, D.: in Großkommentar zum HGB, § 40 Anm. 3.

2) LEITNER, F.: Bilanztechnik, S. 84.

3) SCHLEGELBERGER: Kommentar zum HGB, § 40 Anm. 5; ferner ebenda, 2. Aufl., § 40 Anm. 5.

4) Amtliche Begründung zu § 6 des Einkommensteuergesetzes vom 16.10.1934 zit. nach SCHLEGELBERGER: Kommentar zum HGB, § 40 Anm. 10.

5) Vgl. S. 35 der Arbeit.

6) Vgl. REHM, H.: Die Bilanzen, S. 371.

Demgegenüber kommentieren ADLER/DÜRING/SCHMALTZ[1] in ihrer ersten Auflage 1938, daß sich der Anschaffungspreis für Roh-, Hilfs- und Betriebsstoffe "gewöhnlich als Durchschnitt aus mehreren Einkäufen ergibt". Auch andere Kommentare zum AktG 1937 hielten es für zulässig, gleichartige Vorräte mit durchschnittlichen Anschaffungs- oder Herstellungskosten der Periode zu bewerten.[2] Seit Bestehen des Aktienrechts 1965 werden keinerlei Einwendungen gegen die Zulässigkeit der periodenbezogenen oder permanenten Durchschnittsbewertungsmethoden erhoben, die in der Praxis am häufigsten angewendet werden.[3]

Ihre weite Verbreitung verdankt die Durchschnittsbewertungsmethode der steuerlichen Anerkennung (Abschn. 36 Abs. 2 EStR),[4] so daß viele Unternehmen sie der Einfachheit halber auch in ihrer Handelsbilanz anwenden. Ferner erstellen Einzelkaufleute und Personengesellschaften meist keine gesonderte Handelsbilanz, sondern ausschließlich eine Handelsbilanz als Steuerbilanz, in der regelmäßig die Durchschnittsbewertung zum Zweck einer vereinfachten Anschaffungswertermittlung herangezogen werden darf. Die Einkommensteuerrichtlinien verweisen auf das OFH-Gutachten vom 3. Juni 1949,[5] welches "bei unklaren Tatbeständen, insbesondere bei der Vermischung vertretbarer Güter des

---

1) ADS: Rechnungslegung, § 133 Tz. 76.
2) Vgl. GODIN-WILHELMI: Aktiengesetz, 2. Aufl., § 133 Anm. 12; MELLEROWICZ, K.: in Großkommentar AktG, 2. Aufl., § 133 Anm. 11.
3) Vgl. KÜBLER, B.M.: Grenzen, S. 151; ADS: Rechnungslegung, 4. Aufl., § 155 Tz. 86; MELLEROWICZ, K.: in Großkommentar AktG., 3. Aufl., § 155 Anm. 45; CLAUSSEN, C.P.: in Kölner Kommentar, § 155 Anm. 5; KROPFF, B.: in Aktiengesetz, Kommentar, § 155 Anm. 25.

Nach Angaben von BUCHER (vgl. BUCHER, J.H.: Zur globalen Berechnung, S. 1513) und KLEIN (vgl. KLEIN, W.: Die Eliminierung, S. 2171) soll die permanente Durchschnittsbewertungsmethode gegenüber der periodenbezogenen vorherrschend sein.

4) Vgl. S. 216 der Arbeit.
5) Gutachten des OFH vom 3. Juni 1949, Sp. 108.

Vorratsvermögens" die Durchschnittsbewertungsmethode anerkennt. Abgelehnt wird die Durchschnittsbewertung in den Fällen, "wo die Anschaffungskosten einwandfrei feststehen"[1] oder sich mit Sicherheit feststellen lassen, wie die im Gutachten zitierte Entscheidung des RFH vom 30.3. 1927[2] ausführt. Offenbar sollen Durchschnittswerte nur zur Bewertung herangezogen werden, sofern die individuellen Anschaffungs- oder Herstellungskosten wegen des fehlenden Identitätsnachweises nicht vorliegen. Hierbei ist i.d.R. an gleichartige Gegenstände des Vorratsvermögens zu denken, deren Identität infolge von Vermischungen während der Lager- und Produktionsprozesse verloren geht. Somit kann die Durchschnittsbewertung dort zur Anschaffungswertermittlung herangezogen werden, wo eine Vereinfachung der Bewertung angestrebt wird.[3]

Die vorstehenden Ausführungen zeigen, daß die Bewertung mit durchschnittlichen Anschaffungs- oder Herstellungskosten auf einer langjährigen kaufmännischen Übung beruht. Vieles spricht für die Existenz eines Gewohnheitsrechtes, denn es liegt nach Jahrzehnten geübter Praxis offensichtlich eine - vom Rechtsgeltungswillen der Kaufmannschaft getragene - dauernde Übung vor. Schließt man sich dieser Ansicht an, so wäre die Durchschnittsbewertungsmethode den ungeschriebenen GoB i.w.S. mit Rechtsnormqualität zuzuordnen. Wird die gewohnheitsrechtliche Verankerung der Methoden als nicht erwiesen angesehen, müßte die Durchschnittsbewertung den GoB i.e.S. entsprechen.

---

1) Gutachten des OFH vom 3. Juni 1949, Sp. 108.
2) Vgl. RFH vom 30.3.1927, Bd. 21, S. 67.
3) Vgl. Gliederungspunkt 4.1.2.2.3.1.

4.2.2. Die Durchschnittsbewertungsmethode als eine dem Handelsbrauch, der Verkehrsauffassung und den Bilanzzwecken entsprechende Methode

Würden die Durchschnittsbewertungsmethoden den GoB i.e.S. entsprechen, so wären sie über die rechtsergänzende GoB-Generalklausel des § 149 Abs. 1 Satz 1 AktG auch im aktienrechtlichen Jahresabschluß anwendbar, sofern sie sich mit den aktienrechtlichen Bilanzzwecken vereinbaren lassen. Anhaltspunkte für eine Übereinstimmung mit den GoB i.e.S. bieten hier die tatsächlich vorliegende Übung und Zustimmung der Kaufmannschaft, die zur Bildung eines Handelsbrauchs vorausgesetzt werden müssen. Auch besteht eine diesbezügliche Verkehrsauffassung, da nach einhelliger Meinung der beteiligten Kreise die periodenbezogene oder permanente Durchschnittsbewertungsmethode zur Anschaffungswertermittlung bei gleichartigen Gegenständen des Vorratsvermögens herangezogen werden dürfen. Handelsbrauch und Verkehrsauffassung haben sich gebildet, obwohl die Verbrauchsannahmen der periodenbezogenen Methode nicht der Realität des betrieblichen Güterflusses entsprechen.[1] Diese annähernde Übereinstimmung ist allenfalls bei der permanenten Methode gegeben, wenn sich beliebig teilbare Vorratsgegenstände nach jedem Zugang vollständig miteinander vermischen, wie beispielsweise gleichschwere Gase und Flüssigkeiten in Tanks und sonstigen Behältern.[2] In seiner Stellungnahme zum Gutachten des OFH vom 3. Juni 1949 weist BINDER[3] bereits 1952 darauf hin, daß die Durchschnittsbewertung von einem Tatbestand ausgeht, "der wohl kaum der Wirklichkeit entspricht". Deshalb ist zu prüfen, ob der Handelsbrauch und die Verkehrsauffassung

---

1) Vgl. S. 175 f. der Arbeit.
2) Vgl. S. 177 der Arbeit.
3) BINDER, O.: Schätzungsverfahren, S. 153.

sich mit den Zwecken des handelsrechtlichen Jahresabschlusses vereinbaren lassen, denn nur unter dieser Bedingung finden sie Anerkennung als GoB i.e.S. Die Anwendung der Durchschnittsbewertungsmethoden muß also zu einer zutreffenden Darstellung der Vermögens- und Ertragslage führen.

Von einer zutreffenden Vermögens- und Ertragsdarstellung mittels der Durchschnittsbewertungsmethoden kann grundsätzlich ausgegangen werden. Im wesentlichen entsprechen sich die Bewertungsergebnisse der permanenten Durchschnittsbewertungsmethode und der direkten Einzelbewertungsmethode, sofern bei der letzteren der Verbrauch nicht in bestimmter Weise abläuft oder gesteuert wird. Ähnlich wie bei dieser direkten Einzelbewertung erhalten aufgrund der permanenten Durchschnittsbewertung alle Vorratsgegenstände im Zwischenbestand die gleiche Chance des Verbrauchs,[1] denn es gelten jeweils gleichmäßige relative Anteile aus den im Zwischenbestand enthaltenen Vorratsgegenständen als entnommen.

Nach der periodenbezogenen Durchschnittsbewertungsmethode setzt sich der Verbrauch aus gleichmäßigen Anteilen des Anfangsbestands und den einzelnen Zugängen der Periode zusammen, wobei für die Aufwands- und Endbestandsbewertung ein einheitlicher Durchschnittspreis ermittelt wird. Hingegen erfordert die permanente Durchschnittsbewertungsmethode nach jedem Zugang eine Neuberechnung des Durchschnittspreises, mit dem jeweils der Verbrauch bis zum nächsten Zugang bewertet wird. Mit dem zuletzt ermittelten Durchschnittspreis wird gleichzeitig der Endbestand

---

1) Vgl. BUSSE VON COLBE, W./ORDELHEIDE, D.: Konzernabschlüsse, S. 132; NETH, M.: Die Berechnung, S. 117.

bewertet. Somit berücksichtigen die Durchschnittsbewertungsmethoden weder einseitig die zuerst noch die zuletzt angeschafften oder hergestellten Vorratsgegenstände zur Bewertung des Aufwands oder des Endbestands, wie dies bei der Fifo- oder Lifo-Bewertungsmethode der Fall ist. Nach Ansicht von MOXTER[1] wird mit der Durchschnittsbewertung ein "periodennaher" Aufwandsansatz erreicht, der auch zu einer sinnvollen Erfolgsermittlung führt. Denn es werden den durchschnittlichen Anschaffungswerten der verbrauchten Vorratsgegenstände einer Periode entsprechende Erträge gegenübergestellt, die ebenfalls als Durchschnitt von Periodenpreisen anzusehen sind.[2]

Im Rahmen der Vorratsbewertung haben insbesondere stetig steigende Preistendenzen ihre Bedeutung, weil in diesen Fällen die Bewertungsmethoden bilanzwirksam werden.[3] Steigen die Anschaffungs- oder Herstellungskosten stetig über mehrere Perioden an, werden mit der Durchschnittsmethode, sofern keine Bestandsminderungen vorliegen, Bewertungsergebnisse erzielt, die im Wertebereich der Fifo- oder Lifo-Methode liegen.[4] Dabei vermittelt nach Ansicht einiger Autoren die Fifo-Bewertungsmethode einen "besseren" Einblick in die Vermögenslage als in die Ertragslage, während die Lifo-Bewertungsmethode das umgekehrte Ergebnis bewirkt.[5] Welcher Bewertungsmethode der Vorrang eingeräumt wird, hängt von der Entscheidung des Bilanzierenden ab, weil im HGB und im AktG keine Priorität für die Darstellung der Vermögens- oder Ertragslage normiert ist. Hier stellt die Durchschnittsbewertungsmethode einen sinn-

---

1) MOXTER, A.: Bilanzlehre, S. 279.
2) Vgl. ebenda.
3) Vgl. S. 228 - 230 der Arbeit.
4) Vgl. S. 183 f., 186 f. der Arbeit.
5) Vgl. S. 273 f. der Arbeit.

vollen Kompromiß zwischen den Vertretern beider Richtungen dar, denn sie betont weder die Vermögensdarstellung zu Lasten der Ertragsdarstellung noch umgekehrt. Die Durchschnittsbewertungsmethode wird dem im § 149 Abs. 1 Satz 2 AktG kodifizierten Zweck des Jahresabschlusses, nämlich einen möglichst sicheren Einblick in die Vermögens- u n d Ertragslage des Unternehmens zu geben, in besonderer Weise gerecht.

Auch beeinträchtigt die Durchschnittsbewertungsmethode, anders als die Lifo-Bewertungsmethode, bei sinkenden Lagerbeständen in der Preissteigerungssituation nicht die Vergleichbarkeit der Jahresabschlüsse. Während die Lifo-Bewertungsmethode hier im Fall der vollständigen Bestandsauflösung die geringsten Aufwendungen verrechnet, da Preise aus u.U. weit zurückliegenden Vorperioden in den Aufwand eingehen, führt die Fifo-Bewertungsmethode zur höchsten Aufwandsbemessung.[1] Demgegenüber bewirkt die Durchschnittsbewertung unter Vermeidung von Ausschlägen eine Nivellierung der Aufwendungen im Verlauf mehrerer Perioden, so daß die Vergleichbarkeit der Jahresabschlüsse erhöht wird. Sicherung und Verbesserung der Vergleichbarkeit von Jahresabschlüssen entspricht den Grundzügen aktienrechtlicher Rechnungslegung und den GoB.[2] Hierbei leistet die Durchschnittsbewertungsmethode ferner einen wichtigen Beitrag auf überbetrieblicher Ebene, weil sie in der Praxis überwiegend zur Bewertung gleichartiger Vorratsgegenstände herangezogen wird. Aufgrund der weiten Verbreitung kann der Bilanzleser den Vermögens- und Ertragsvergleich dieser zahlreichen Unternehmen ohne weiteres durchführen, denn unterschiedliche Bewertungsmethoden stören in diesen Fällen nicht den Vergleich.

---

1) Vgl. Gliederungspunkt 3.3.1.2.2.2.
2) Vgl. S. 129, 136 - 142 der Arbeit.

Die Vereinbarkeit der Durchschnittsbewertungsmethoden
mit den aktienrechtlichen Bilanzzwecken liegt vor, weil
der Aktionärs- und Gläubigerschutz in sinnvoller Weise
verwirklicht wird. Einen möglichst sicheren Einblick in
die Vermögens- und Ertragslage vermittelt gerade die
Durchschnittsbewertung, die außerdem den drei wesentlichen Grundzügen aktienrechtlicher Rechnungslegung entspricht. Sie verhindert die Bildung stiller Ermessensreserven, geht von der Bestimmtheit des Wertansatzes aus
und erhöht in verstärktem Umfang die Vergleichbarkeit der
Jahresabschlüsse. Auch die im Interesse des Aktionärs-
und Gläubigerschutzes kodifizierte Ausschüttungsregel
wird eindeutig ausgestaltet, indem eine Mindestausschüttung an die Aktionäre und eine Ausschüttungssperre im Interesse der Gläubiger aufrecht erhalten bleibt. Zusammenfassend kann festgestellt werden, daß die Durchschnittsmethoden den GoB und den aktienrechtlichen Bilanzzwecken
entsprechen und damit auch aktienrechtlich zulässig sind.

4.3. Die Nichtzulässigkeit der Hifo- oder Lofo-Bewertungsmethoden nach den Grundsätzen ordnungsmäßiger Buchführung und den aktienrechtlichen Bilanzzwecken

Wortlaut und Entstehungsgeschichte des § 155 Abs. 1
Satz 3 AktG bieten ebensowenig einen Anhaltspunkt für die
preisbestimmten Bewertungsmethoden,[1] wie die logisch-systematische Auslegung des § 155 Abs. 1 AktG.[2] Dennoch
könnten die Hifo- oder Lofo-Bewertungsmethoden zur Bewer-

---

1) Vgl. S. 237 - 242 der Arbeit.
2) Vgl. hierzu die Ausführungen im Rahmen der Durchschnittsbewertung auf S. 295 f. der Arbeit, die sinngemäß auch hier gelten.

tung gleichartiger Gegenstände des Vorratsvermögens herangezogen werden, sofern sie den GoB und den aktienrechtlichen Bilanzzwecken entsprechen würden. Handelsgesetzbuch und Gewohnheitsrecht bieten keine Rechtsgrundlage für diese Bewertungsmethoden, und es verbleiben einzig die GoB i.e.S. mit ihrer rechtsergänzenden Funktion. Entsprechende Grundsätze haben sich bis heute jedoch weder in Form eines Handelsbrauches[1] noch einer Verkehrsauffassung durchgesetzt, weil die Vereinbarkeit der Hifo- oder Lofo-Bewertungsmethoden mit den Zwecken der Rechnungslegung bezweifelt wird.

Die Verbrauchsannahmen der periodenbezogenen Lofo- oder Hifo-Bewertungsmethoden stimmen mit dem Ablauf des betrieblichen Güterflusses nicht überein;[2] hingegen könnte der tatsächliche Verbrauch zumindest vorübergehend nach den Annahmen der permanenten Lofo- oder Hifo-Bewertungsmethoden gestaltet werden.[3] Wegen des fehlenden Realitätsbezuges der preisbestimmten Verbrauchsannahmen beruht ihre Heranziehung zur Bewertung gleichartiger Vorratsgegenstände überwiegend auf Verbrauchsfiktionen. Grundsätzlich bestehen gegen unterstellte Verbrauchsfolgen keine Bedenken, denn auch die Lifo-, Fifo- oder Durchschnittsbewertungsmethoden beruhen auf Unterstellungen. Um als GoB jedoch

---

1) Vereinzelt wird auf die geringfügige praktische Bedeutung der Hifo-Bewertungsmethode hingewiesen, während die Lofo-Bewertungsmethode offensichtlich überhaupt nicht angewendet wird (vgl. STEINBACH, A.: Die Rechnungslegungsvorschriften, S. 108; MELLEROWICZ, K.: in Großkommentar AktG, 3. Aufl., § 155 Anm. 52). Auch eine empirische Untersuchung der Geschäftsberichterstattung deutscher Aktiengesellschaften enthält keine Angaben über die vorstehend genannten Bewertungsmethoden und bestätigt die fehlende Verbreitung in der Praxis (vgl. WYSOCKI, von, K. u.a.: Die Berichterstattung, S. 324 - 327; ferner S. 287, Fußnote Nr.1 der Arbeit).
2) Vgl. S. 173, 175 f. der Arbeit.
3) Vgl. S. 176, 179 der Arbeit.

Anerkennung zu finden, müssen sich die Verbrauchsfiktionen aus der Natur der Sache ergeben.

Nach Ansicht von Befürwortern der Hifo-Bewertungsmethode entspricht es u.a. vernünftigen kaufmännischen Prinzipien[1] bzw. Grundsätzen,[2] jeweils die teuersten Bestandsmengen zuerst zu verbrauchen. Worin diese guten kaufmännischen Grundsätze gesehen werden, verdeutlichen die Auswirkungen auf die Vermögens- und Ertragslage. Hier führt die Hifo-Bewertungsmethode bei allen Preistendenzen zu den niedrigsten Anschaffungs- oder Herstellungskosten des Endbestands.[3] Diese niedrige Bewertung trägt nach zum Teil vertretener Ansicht dem Vorsichtsprinzip am besten Rechnung,[4] entspricht dem Prinzip kaufmännischer Vorsicht,[5] oder wird als besonders vorsichtige Bewertung[6] angesehen. Insbesondere vor dem Aktienrecht von 1965 wurde die vorsichtige Bewertung mit einem möglichst niedrigen Wertansatz der Aktiva gleichgesetzt.[7] Dem lag die Vorstellung eines vorsichtigen Kaufmanns zugrunde, der sein Vermögen

---

1) Vgl. FORSTER, K.-H./WEIRICH, S.: Lifo, S. 491; KÜBLER, B.M.: Grenzen, S. 150; ADS: Rechnungslegung, 4. Aufl., § 155 Tz. 129.

2) Vgl. FORSTER, K.-H./WEIRICH, S.: Lifo, S. 493; ADS: Rechnungslegung, 4. Aufl., § 155 Tz. 132.

3) Vgl. S. 183 - 189 der Arbeit.

4) Vgl. Betriebswirtschaftlicher Ausschuß des Verbandes der Chemischen Industrie e.V.: Die Bewertungsvorschriften, S. 55; WENZEL, K.: Geldentwertung, S. 184.

5) Vgl. WÖHE, G.: Bilanzierung, S. 356.

6) Vgl. FORSTER, K.-H.: Neue Pflichten, S. 593; KÜBLER, B.M.: Grenzen, S. 148.

7) Vgl. LEFFSON, U.: Die GoB, S. 335 - 337.
   Zum Vorsichtsprinzip vgl. ferner GESSLER, E.: Der Bedeutungswandel, S. 156 - 158; KROPFF, B.: Grundsätze, S. 60.

durch Unterbewertung und Legung stiller Reserven eher zu niedrig als zu hoch ausweist.[1] Ein wesentliches Motiv zur Reform des Aktienrechts von 1965 sah der Gesetzgeber darin, diesem weit verbreiteten Brauch einer möglichst "vorsichtigen" Bewertung entgegenzuwirken, welche sich nicht mit den Interessen der Gläubiger und Aktionäre an einer zutreffenden Information über die Lage der Gesellschaft vereinbaren ließ.[2] Den Reformbestrebungen stehen die Bewertungsresultate der Hifo-Bewertungsmethode entgegen, die gegenüber den anderen Bewertungsmethoden ausschließlich auf niedrige Bilanzwerte abzielen und zu erheblichen bilanzpolitischen stillen Reserven[3] führen können. Soweit die Zulässigkeit der Hifo-Bewertungsmethode mit ihren niedrigen bzw. vorsichtigen Wertansätzen begründet wird, steht sie im Widerspruch zu den gesetzgeberischen Reformbestrebungen.[4] Darüber hinaus trägt diese vorsichtige Bewertung nicht zu einer wirksameren Ausgestaltung des Gläubigerschutzes bei, da dem Gläubigerschutzprinzip durch die strenge Niederstwertvorschrift bereits ausreichend Rechnung getragen wird.[5]

---

1) Vgl. LEFFSON, U.: Die GoB, S. 335 f.
2) Vgl. Gliederungspunkt 2.2.1.
3) Vgl. CHRISTOFFERS, R.: Die aktienrechtlichen, S. 180.
4) ADS halten in ihrer Kommentierung zum AktG von 1937 die Hifo-Bewertungsmethode für zulässig, weil sie zu niedrigeren Wertansätzen führt als es dem Höchstwertprinzip entspricht (vgl. ADS: Rechnungslegung, 3. Aufl., § 133 Tz. 113). Mit dem Bewertungssystem des Aktienrechts 1965 sollte gerade eine Abkehr von den Höchstwertvorschriften und der üblichen Unterbewertung hin zu einem System bestimmter Wertansätze erreicht werden. Insofern ist es zutreffend, wenn der neue Kommentar diese Argumente nicht mehr enthält (vgl. ebenda, 4. Aufl., § 155 Tz. 129 - 132). Nunmehr wird die Vereinbarkeit mit den GoB ausschließlich in den "vernünftigen kaufmännischen Grundsätzen" gesehen, die nach der Kommentierung für das Auswahlkriterium der Hifo-Bewertungsmethode sprechen (vgl. ebenda, § 155 Tz. 132).
5) Vgl. KARIG, K.-P.: Können im Vorratsvermögen, S. 593.

Vom System her stellen die Durchschnitts-, Lifo- oder Fifo-Bewertungsmethoden bewertungsneutrale Methoden dar,[1] denn sie führen zu keiner bestimmten Tendenz bei der Bewertung des Endbestands und der Aufwendungen. Die zukünftige Preisentwicklung ist im Zeitpunkt der Methodenwahl nicht sicher vorhersehbar, und die den vorstehend genannten Methoden zugrunde liegenden Verbrauchsannahmen sind nicht mit bestimmten Preisfolgen verknüpft. Dagegen zielt die Hifo-Bewertungsmethode wegen des von der Preisfolge bestimmten Auswahlkriteriums ausschließlich auf niedrige Bilanzwerte ab, so daß ihr die Bewertungsneutralität fehlt.[2] Die Zwecksetzung der Hifo-Methode beruht weniger auf einer Vereinfachung des Bewertungsprozesses, sondern läßt sich in erster Linie auf die Substanzerhaltung zurückführen,[3] welche mit der hohen Aufwandsbemessung dieser Methode bereits im Rahmen der Gewinnermittlung angestrebt wird. Die fehlende Bewertungsneutralität und der Substanzerhaltungszweck der Methode läßt sich mit den Grundsätzen aktienrechtlicher Rechnungslegung nicht vereinbaren.

Gegenüber der Hifo-Bewertungsmethode zeigt die Lofo-Methode völlig entgegengesetzte Auswirkungen auf die Darstellung der Vermögens- und Ertragslage im Jahresabschluß. Es gelten jeweils die Vorratsgegenstände mit den niedrigsten Anschaffungs- oder Herstellungskosten als zuerst verbraucht, und der Endbestand wird mit den höchsten Preisen bewertet.[4] Die relativ hohen Endbestandswerte

---

1) Vgl. KROPFF, B.: in Aktiengesetz, Kommentar, § 155 Anm. 32.
2) Vgl. ebenda.
3) Vgl. ADS: Rechnungslegung, 3. Aufl., § 133 Tz. 113; MELLEROWICZ, K.: in Großkommentar AktG, 3. Aufl., § 155 Anm. 52.
4) Vgl. S. 183 - 189 der Arbeit.

sind nach WÖHEs[1] Ansicht wenig zweckmäßig, da sie dem Prinzip kaufmännischer Vorsicht widersprechen. Sieht man im Vorsichtsprinzip eine Richtschnur für die Wertansätze, "daß nämlich beim Wertansatz von Gegenständen nicht die obere, sondern die untere Schätzungsgrenze maßgebend sein sollte",[2] dann widerspricht die Lofo-Bewertungsmethode diesem Grundgedanken des Vorsichtsprinzips.

Schwerwiegende Bedenken bestehen also gegen die Lofo-Bewertungsmethode, weil deren Endbestandswerte an der oberen Bandbreite aller zur Verfügung stehenden Bewertungsmethoden liegen. Wegen dieser Tendenz zu Wertansätzen an der oberen Grenze widerspricht die Lofo-Methode den GoB.[3] Von Bedeutung ist auch, daß der Methode die Bewertungsneutralität fehlt, denn es werden stets die Vorratsgegenstände mit den höchsten Anschaffungs- oder Herstellungskosten zur Bewertung des Endbestands herangezogen. Als Folge der erläuterten Bewertungstendenz lassen sich allzu positive Einschätzungen der Vermögens- und Ertragsverhältnisse von seiten der Gläubiger und Aktionäre nicht vermeiden. Ebenso folgenschwer wie eine zu positive Lagebeurteilung wirken sich hiermit einhergehende, unvertretbare Gewinnausschüttungen an die Aktionäre aus. Aufgrund der Bewertungstendenz der Lofo-Methode sind ungerechtfertigte Dividendenzahlungen nicht mit Sicherheit auszuschließen, so daß die im Interesse des Gläubigerschutzes vorgesehene Ausschüttungssperre der Bilanz ausgehöhlt wird.[4]

---

1) Vgl. WÖHE, G.: Bilanzierung, S. 368.
2) GESSLER, E.: Der Bedeutungswandel, S. 157.
3) Vgl. KROPFF, B.: in Aktiengesetz, Kommentar, § 155 Anm. 33.
4) Zweifel an der Zulässigkeit der Lofo-Bewertungsmethode äußern auch FORSTER/WEIRICH (vgl. FORSTER, K.-H./WEIRICH, S.: Lifo, S. 493) und ADS (vgl. ADS: Rechnungslegung, 4. Aufl., § 155 Tz. 133), die einen Widerspruch zwischen der Methode einerseits und den Rechnungslegungszielen bzw. vernünftigen kaufmännischen Überlegungen andererseits nicht ausschließen.

Die willkürfreie Gestaltung der Hifo- oder Lofo-Bewertungsmethode führt zwar zu eindeutigen Wertansätzen und trägt grundsätzlich der Bestimmtheit des Wertansatzes im Jahresabschluß Rechnung. Jedoch reichen diese Voraussetzungen nicht aus, um ihre aktienrechtliche Zulässigkeit zu begründen, weil die Methoden unvereinbar mit den GoB sind und in Widerspruch zu den Zwecken aktienrechtlicher Rechnungslegung stehen.

Literaturverzeichnis

(Den Quellenangaben ist ggf. in Klammern die im Text verwendete Zitierweise vorangestellt.)

A. K o m m e n t a r e

ADLER/DÜRING/SCHMALTZ: (Rechnungslegung) Rechnungslegung und Prüfung der Aktiengesellschaft, Handkommentar für die Bilanzierungs- und Prüfungspraxis nach dem Aktiengesetz unter Berücksichtigung der sonstigen handelsrechtlichen Vorschriften, bearbeitet von Hans ADLER, Walther DÜRING, Kurt SCHMALTZ, Stuttgart 1938.

Dieselben: (Rechnungslegung, 3. Aufl.) Rechnungslegung und Prüfung der Aktiengesellschaft, Handkommentar für die Bilanzierungs- und Prüfungspraxis nach dem Aktiengesetz unter Berücksichtigung der sonstigen handelsrechtlichen Vorschriften, bearbeitet von Hans ADLER, Walther DÜRING, Kurt SCHMALTZ, 3. Aufl., Stuttgart 1957.

Dieselben: (Rechnungslegung, 4. Aufl.) Rechnungslegung und Prüfung der Aktiengesellschaft, Handkommentar, bearbeitet von Kurt SCHMALTZ, Karl-Heinz FORSTER, Reinhard GOERDELER, Hans HAVERMANN, Band 1, Rechnungslegung, §§ 148 - 160, 311 - 313 AktG, § 14 EG, 4. Aufl., Stuttgart 1968.

Aktiengesetz, Kommentar, (Aktiengesetz, Kommentar) von Ernst GESSLER, Wolfgang HEFERMEHL, Ulrich ECKHARDT, Bruno KROPFF, Band 3, §§ 148 - 178, bearbeitet von Bruno KROPFF, München 1973.

BANDASCH: (Kommentar zum HGB) Kommentar zum Handelsgesetzbuch mit ausführlichen Erläuterungen der Nebengesetze ohne Seerecht, bearbeitet von Georg BANDASCH, 2. Aufl., Neuwied/Berlin 1973.

BAUMBACH-DUDEN: (Handelsgesetzbuch, 19. Aufl.) Beck'sche Kurz-Kommentare, Band 9, Handelsgesetzbuch mit Nebengesetzen ohne Seerecht, begründet von Adolf BAUMBACH, fortgeführt von Konrad DUDEN, 19. Aufl., München 1971.

Dieselben: (Handelsgesetzbuch, 21. Aufl.) Beck'sche Kurz-Kommentare, Band 9, Handelsgesetzbuch mit Nebengesetzen ohne Seerecht, begründet von Adolf BAUMBACH, fortgeführt von Konrad DUDEN, 21. Aufl., München 1974.

BAUMBACH-HUECK: (Aktiengesetz) Beck'sche Kurz-Kommentare, Band 23, Aktiengesetz, begründet von Adolf BAUMBACH, fortgeführt von Alfred HUECK, Götz HUECK unter Mitwirkung von Joachim SCHULZE, 13. Aufl., München 1968.

BAUMBACH-HUECK: (GmbH-Gesetz) Beck'sche Kurz-Kommentare, Band 20, GmbH-Gesetz, Gesetz betr. die Gesellschaften mit beschränkter Haftung, begründet von Adolf BAUMBACH, fortgeführt von Alfred HUECK, 13. Aufl., München 1970.

DÜRINGER-HACHENBURG: (Das HGB, 2. Aufl.) Das Handelsgesetzbuch vom 10. Mai 1897 (mit Ausschluß des Seerechts) auf der Grundlage des Bürgerlichen Gesetzbuchs, 1. Bd., Handelsstand, erläutert von U. DÜRINGER, M. HACHENBURG unter Mitwirkung von K. GEILER, V. HOENIGER, 2. Aufl., Mannheim 1908.

Dieselben: (Das HGB, 3. Aufl.) Das Handelsgesetzbuch vom 10. Mai 1897 (unter Ausschluß des Seerechts) auf der Grundlage des Bürgerlichen Gesetzbuchs, 1. Bd., Allgemeine Einleitung und §§ 1 - 104, erläutert von Karl GEILER, Viktor HOENIGER, Julius LEHMANN, 3. Aufl., Mannheim/Berlin/Leipzig 1930.

GODIN-WILHELMI: (Aktiengesetz, 2. Aufl.) Gesetz über Aktiengesellschaften und Kommanditgesellschaften auf Aktien (Aktiengesetz) vom 30. Januar 1937 (RGBl. I S. 107 ff.), erläutert von Reinhard Freiherr von GODIN und Hans WILHELMI, besorgt von Reinhard Freiherr von GODIN, 2. Aufl., Berlin 1950.

Dieselben: (Aktiengesetz, 4. Aufl.) Aktiengesetz vom 6.9. 1965, Kommentar, begründet von Freiherr von GODIN und Hans WILHELMI, Bd. 1, §§ 1 - 178, neubearbeitet von Sylvester WILHELMI, 4. Aufl., Berlin/New York 1971.

Großkommentar Aktiengesetz, (Großkommentar AktG, 2. Aufl.) 1. Bd., §§ 1 - 144, bearbeitet von Robert FISCHER (§§ 16 - 69), Konrad MELLEROWICZ (§§ 125 - 144), Wolfgang SCHILLING (§§ 84, 99), Walter SCHMIDT (§§ 1 - 15, 70 - 83, 85 - 98, 100 - 124), 2. Aufl., Berlin 1961.

Derselbe, (Großkommentar AktG, 3. Aufl.) 2. Bd., §§ 148 bis 178, bearbeitet von Konrad MELLEROWICZ (§§ 148 - 160), Herbert BRÖNNER (§§ 161 - 178), 3. Aufl., Berlin 1970.

Großkommentar Handelsgesetzbuch, (Großkommentar zum HGB) begründet von Hermann STAUB, weitergeführt von Mitgliedern des Reichsgerichts, 1. Band, §§ 1 - 104, bearbeitet von Hans WÜRDINGER (§§ 8 - 37, 48 - 83), Dieter BRÜGGEMANN (Allgem. Einleitung, §§ 1 - 7, 38 - 47a, 84 - 104), 3. Aufl., Berlin 1967.

HEYMANN-KÖTTER: (HGB) Handelsgesetzbuch (ohne Seerecht) mit Erläuterungen. Nach dem Stande vom 1. Juli 1970 neu bearbeitet von Hans-Wilhelm KÖTTER, 4. Aufl. (21. Gesamtauflage), Berlin/New York 1971.

JAEGER: (Konkursordnung) Konkursordnung mit Einführungsgesetzen, Kommentar, begründet von Ernst JAEGER, 2. Bd., 2. Halbband, §§ 208 - 244, Einführungsgesetze, Vergütungsverordnung, Sachregister, bearbeitet von Friedrich WEBER (§§ 208 - 236c), Günther JAHR (§§ 237, 238), Ulrich KLUG (§§ 239 - 244), 8. Aufl., Berlin/New York 1973.

KAMNITZER-BOHNENBERG: (Das HGB) Das Handelsgesetzbuch (ohne Seerecht), erläutert von Bernhard KAMNITZER unter Mitwirkung von Heinrich BOHNENBERG, 4. Aufl., Köln/Berlin 1956.

Kölner Kommentar zum Aktiengesetz, (Kölner Kommentar) herausgegeben von Wolfgang ZÖLLNER, Band 2, 1. Lieferung, §§ 148 - 178, bearbeitet von Carsten P. CLAUSSEN, Köln/Berlin/Bonn/München 1971.

LEHMANN-RING: (Das HGB) Das Handelsgesetzbuch für das Deutsche Reich, erläutert von K. LEHMANN, D. RING, 1. Bd., Berlin 1902.

LITTMANN, Eberhard: (Das Einkommensteuerrecht) Das Einkommensteuerrecht, Kommentar zum Einkommensteuergesetz mit Erläuterungen zum Einkommensteuergesetz 1975, 11. Aufl., Stuttgart 1974.

Reichsgerichtskommentar zum Handelsgesetzbuch, (Reichsgerichtskommentar zum HGB) herausgegeben von Mitgliedern des Reichsgerichts, 1. Band, §§ 1 - 104 HGB, bearbeitet von Friedrich FLAD (§§ 48 - 58, 84 - 104), Wilhelm GADOW (Einleitung, §§ 1 - 37), Eduard HEINICHEN (§§ 38 - 47, 59 - 83), Berlin 1940.

Derselbe, (Reichsgerichtskommentar zum HGB, 2. Aufl.) früher herausgegeben von Mitgliedern des Reichsgerichts, 1. Band, §§ 1 - 104 HGB und Gesetz über die Kaufmannseigenschaft von Handwerkern, bearbeitet von Hans WÜRDINGER, 2. Aufl., Berlin 1953.

SCHLEGELBERGER: (Kommentar zum HGB) Handelsgesetzbuch in der ab 1. Oktober 1937 geltenden Fassung (ohne Seerecht), herausgegeben von Franz SCHLEGELBERGER, 1. Bd., bearbeitet von Wolfgang HILDEBRANDT (§§ 1 - 58), Georg SCHRÖDER (§§ 59 - 104), Ernst GESSLER (§§ 105 - 177, 335 - 342), Berlin 1939.

Derselbe: (Kommentar zum HGB, 2. Aufl.) Handelsgesetzbuch in der ab 1. Oktober 1937 geltenden Fassung (ohne Seerecht), Kommentar von Ernst GESSLER, Wolfgang HEFERMEHL, Wolfgang HILDEBRANDT, Georg SCHRÖDER, 1. Bd., bearbeitet von Wolfgang HILDEBRANDT (§§ 1 - 58), Georg SCHRÖDER (§§ 59 - 104), Ernst GESSLER (§§ 105 - 177, 335 - 342), 2. Aufl., Berlin/Frankfurt a.M. 1950.

SCHLEGELBERGER: (Kommentar zum HGB, 4. Aufl.) Handelsgesetzbuch in der seit dem 1. Oktober 1937 geltenden Fassung (ohne Seerecht), Kommentar von Ernst GESSLER, Wolfgang HEFERMEHL, Wolfgang HILDEBRANDT, Georg SCHRÖDER, 3. Bd., §§ 343 - 382, bearbeitet von Wolfgang HEFERMEHL, 4. Aufl., Berlin/Frankfurt a.M. 1965.

Derselbe: (Kommentar zum HGB, 5. Aufl.) Handelsgesetzbuch, Kommentar von Ernst GESSLER, Wolfgang HEFERMEHL, Wolfgang HILDEBRANDT, Georg SCHRÖDER, 1. Bd., §§ 1 - 47a, bearbeitet von Wolfgang HILDEBRANDT unter Mitarbeit von Hans-Werner STECKHAHN, 5. Aufl., München 1973.

STAUB: (Kommentar zum ADHGB) Kommentar zum Allgemeinen Deutschen Handelsgesetzbuch (ohne Seerecht), bearbeitet von Hermann STAUB, Berlin 1893.

Derselbe: (Kommentar zum ADHGB, 2. Aufl.) Kommentar zum Allgemeinen Deutschen Handelsgesetzbuch (ohne Seerecht), bearbeitet von Hermann STAUB, 2. Aufl., Berlin 1894.

Derselbe: (Kommentar zum ADHGB, 3. und 4. Aufl.) Kommentar zum Allgemeinen Deutschen Handelsgesetzbuch (ohne Seerecht), bearbeitet von Hermann STAUB, 3. und 4. Aufl., Berlin 1896.

Derselbe: (Kommentar zum HGB, 8. Aufl.) Staub's Kommentar zum Handelsgesetzbuch, 1. Bd., §§ 104 - 342, bearbeitet von Josef STRANZ (§§ 1 - 104), Albert PINNER (§§ 105 bis 342), 8. Aufl., Berlin 1906.

Derselbe: (Kommentar zum HGB, 11. Aufl.) Staub's Kommentar zum Handelsgesetzbuch, 1. Bd., 1. Halbband (§§ 1 - 177), bearbeitet von Felix BONDI (§§ 1 - 104), Albert PINNER (§§ 105 - 177), 11. Aufl. (unveränderter Abdruck der 10. Aufl.), Berlin/Leipzig 1921.

Derselbe: (Kommentar zum HGB, 12. und 13. Aufl.) Staub's Kommentar zum Handelsgesetzbuch, 1. Bd., §§ 1 - 177, bearbeitet von Felix BONDI (Einleitung, §§ 1 - 104), Albert PINNER (§§ 105 - 177), 12. und 13. Aufl., Berlin/Frankfurt 1926.

B. Monographien, Dissertationen, Aufsätze u. a.

ACCOUNTANTS' HANDBOOK, (Accountants' Handbook) Rufus WIXON, Walter G. KELL, Norton M. BEDFORD, 5. Edition, New York 1970.

ALBACH, Horst: (Bewertungsprobleme) Bewertungsprobleme des Jahresabschlusses nach dem Aktiengesetz 1965, in: BB, Jg. 21 (1966), S. 377 - 382.

ALBACH, Horst: (Rechnungslegung) Rechnungslegung im neuen
Aktienrecht, in: NB, Jg. 19 (1966), S. 178 - 192, 207 f.

ALLEN, R.G.D.: (Mathematik) Mathematik für Volks- und Betriebswirte. Eine Einführung in die mathematische Behandlung der Wirtschaftstheorie. Aus dem Englischen übersetzt von Erich KOSIOL, 3. Aufl., Berlin 1967.

American Institute of Certified Public Accountants (Hrsg.): (ARB No. 43) Accounting Research Bulletin No. 43, Chapter 4, Committee on Accounting Procedure of the AICPA, abgedruckt bei HOFFMAN, R.A./ GUNDERS, H.: Inventories, S. 359 - 367.

ANDERSON, Viktor: (Grundsätze) Grundsätze ordnungsgemäßer Bilanzierung in der Rechtsprechung der Finanzgerichte, in: Schriftenreihe "Steuerrecht und Steuerpolitik", Heft 3, Heidelberg 1965.

Arbeitskreis LUDEWIG der Schmalenbach-Gesellschaft: (Die Vorratsinventur) Die Vorratsinventur. Herkömmliche und moderne Systeme und Verfahren, Köln/Opladen 1967.

BAETGE, Jörg: (Möglichkeiten) Möglichkeiten der Objektivierung des Jahreserfolges, in: Schriftenreihe des Instituts für Revisionswesen der Westfälischen Wilhelms-Universität Münster, herausgegeben von Ulrich LEFFSON, Bd. 2, Düsseldorf 1970.

BARTH, Kuno: (Die Entwicklung) Die Entwicklung des deutschen Bilanzrechts und der auf ihm beruhenden Bilanzauffassungen, handelsrechtlich und steuerrechtlich. Zugleich mit einem wichtigen Buchführungs- und Bilanzbestimmungen enthaltenden Anhang, 1. Bd., Handelsrechtlich, Stuttgart 1953.

BARTHOLOMEYCZIK, Horst: (Die Kunst) Die Kunst der Gesetzesauslegung. Eine wissenschaftliche Hilfe zur praktischen Rechtsanwendung, 2. Aufl., Frankfurt a.M. 1960.

BARTKE, Günther: (Vermögensbegriffe) Vermögensbegriffe in der Betriebswirtschaftslehre. Eine Untersuchung der Vermögensbegriffe in der betriebswirtschaftlichen Literatur, in: BFuP, Jg. 10 (1958), S. 262 - 278, 327 - 341.

Derselbe: (Das neue Bewertungsrecht) Das neue Bewertungsrecht für Aktiengesellschaften unter bilanzpolitischem Aspekt, in: Gegenwartsfragen der Unternehmensführung, Festschrift zum 65. Geburtstag von Wilhelm HASENACK, herausgegeben von Hans-Joachim ENGELEITER, Herne/Berlin 1966, S. 301 - 320.

Derselbe: (Rechnungslegung) Rechnungslegung und Prüfung der Aktiengesellschaft, Vorlesung, Universität Göttingen, Sommersemester 1975, herausgegeben von der Studentischen Selbsthilfe, Fachbereich Wirtschaftswissenschaften, Göttingen 1975.

BENDER, Heinz: (Fragen) Fragen der Inventurbewertung, Gutachten, in: BB, Jg. 8 (1953), S. 23 - 26.

Betriebswirtschaftlicher Ausschuß des Verbandes der Chemischen Industrie e.V.: (Die Bewertungsvorschriften) Die Bewertungsvorschriften im Aktiengesetz 1965, in: ZfB, Jg. 36 (1966), 2. Ergänzungsheft, S. 29 - 63.

BIERICH, Marcus: (Substanzerhaltungsrechnungen) Substanzerhaltungsrechnungen in der Praxis, in: BFuP, Jg. 25 (1973), S. 521 - 530.

BINDER, Odilo: (Schätzungsverfahren) Schätzungsverfahren bei der Vorratsbewertung, in: BB, Jg. 7 (1952), S. 152 - 154.

BOCHEŃSKI, J.M.: (Die zeitgenössischen Denkmethoden) Die zeitgenössischen Denkmethoden, 6. Aufl., München 1973.

BOELKE, Wilfried: (Die Bewertungsvorschriften) Die Bewertungsvorschriften des Aktiengesetzes 1965 und ihre Geltung für die Unternehmen in anderer Rechtsform. Eine Untersuchung zur Frage der Übereinstimmung der aktienrechtlichen Bewertungsvorschriften und der Grundsätze ordnungsmäßiger Buchführung, Berlin 1970.

BROCKHAUS ENZYKLOPÄDIE, (Brockhaus Enzyklopädie) in zwanzig Bänden, 17. Aufl., 12. Bd., Wiesbaden 1971;

17. Aufl., 18. Bd., Wiesbaden 1973.

BRUNNER, Josef: (Geldwertschwankungen) Geldwertschwankungen in Erfolgsrechnung und Bilanz. Neue amerikanische Praxis und Lehre, Zürich 1962.

BUCHER, Jürgen H.: (Zur globalen Berechnung) Zur globalen Berechnung von Scheingewinn und inflationsbedingter Kapitalbindung beim Vorratsvermögen, in: DB, Jg. 26 (1973), S. 1513 - 1518.

BUCHNER, Robert unter Mitwirkung von Elmar ADAM: (Zur Bewertung) Zur Bewertung gleichartiger Vorratsgüter mit Hilfe der Fiktion beschaffungspreisbestimmter Verbrauchsfolgen (Hifo- bzw. Lofo-Methode) im Rahmen des aktienrechtlichen Jahresabschlusses, in: ZfB, Jg. 42 (1972), S. 179 - 200.

BUCHNER, Robert unter Mitwirkung von E. ADAM und H.-G. BRUNS: (Zur Bedeutung) Zur Bedeutung des Anschaffungswertprinzips für die Ermittlung der aktienrechtlichen Herstellungskosten, in: ZfB, Jg. 44 (1974), S. 71 - 87.

BUSSE VON COLBE, Walther / ORDELHEIDE, Dieter: (Konzernabschlüsse) Konzernabschlüsse, Rechnungslegung für Konzerne nach betriebswirtschaftlichen und aktienrechtlichen Grundsätzen, Wiesbaden 1969.

BUSSE VON COLBE, Walther / ORDELHEIDE, Dieter: (Vorratsbewertung) Vorratsbewertung und Ermittlung konzerninterner Erfolge mit Hilfe des Kifo-Verfahrens, in: ZfB, Jg. 39 (1969), S. 221 - 238.

BUSSERT, Rudolf: (Handels- und Gesellschaftsrecht) Handels- und Gesellschaftsrecht für Betriebswirte, Wiesbaden 1972.

CHRISTOFFERS, Rudolf: (Die aktienrechtlichen) Die aktienrechtlichen Bilanzierungsvorschriften als Grundsätze ordnungsgemäßer Bilanzierung? Dissertation, Göttingen 1969.

COENENBERG, Adolf Gerhard unter Mitarbeit von Ernst BRANDI, Günter EIFLER, Franz SCHMIDT: (Jahresabschluß) Jahresabschluß und Jahresabschlußanalyse. Betriebswirtschaftliche, handels- und steuerrechtliche Grundlagen, München 1974.

COING, Helmut: (Die juristischen Auslegungsmethoden) Die juristischen Auslegungsmethoden und die Lehren der allgemeinen Hermeneutik, Köln/Opladen 1959.

Deutscher Industrie- und Handelstag (Hrsg.): (Merkblatt) Merkblatt für die Feststellung von Handelsbräuchen, abgedruckt bei SCHLEGELBERGER: Kommentar zum HGB, 4. Aufl., § 346 Anm. 18.

Deutsches Wörterbuch, (Deutsches Wörterbuch, Bd. 15) von Jacob GRIMM und Wilhelm GRIMM, 15. Bd., bearbeitet von Moritz HEYNE, Henry SEEDORF, Hermann TEUCHERT, Leipzig 1956.

Dasselbe, (Deutsches Wörterbuch, Bd. 16) von Jacob GRIMM und Wilhelm GRIMM, 16. Bd., bearbeitet von Gustav ROSENHAGEN und der Arbeitsstelle des Deutschen Wörterbuches zu Berlin, Leipzig 1954.

DIEDERICH, Helmut: (Allgemeine Betriebswirtschaftslehre I) Schaeffers Grundriß des Rechts und der Wirtschaft, Abteilung III: Wirtschaftswissenschaften, herausgegeben von H.G. SCHACHTSCHABEL, Bd. 83/1, Allgemeine Betriebswirtschaftslehre, 4. Aufl., Stuttgart/Düsseldorf 1974.

DÖLLERER, Georg: (Grundsätze) Grundsätze ordnungsmäßiger Bilanzierung, deren Entstehung und Ermittlung, in: BB, Jg. 14 (1959), S. 1217 - 1221.

Derselbe: (Rechnungslegung) Rechnungslegung nach dem neuen Aktiengesetz und ihre Auswirkungen auf das Steuerrecht, in: BB, Jg. 20 (1965), S. 1405 - 1417.

DÖLLERER, Georg: (Anschaffungskosten) Anschaffungskosten und Herstellungskosten nach neuem Aktienrecht unter Berücksichtigung des Steuerrechts, in: BB, Jg. 21 (1966), S. 1405 - 1409.

Derselbe: (Gläubigerschutz) Gläubigerschutz und Aktionärsschutz im neuen Aktienrecht - ein Scheingegensatz. Zugleich Besprechung der Festschrift "75 Jahre Deutsche Treuhand-Gesellschaft 1890 bis 1965", in: BB, Jg. 21 (1966), S. 629 - 633.

Der Große Duden, (Der Große Duden, Bd. 2) Stilwörterbuch der deutschen Sprache. Das Wort in seiner Verwendung, Bd. 2, 5. Aufl., Mannheim 1963.

Derselbe, (Der Große Duden, Bd. 7) Etymologie, Herkunftswörterbuch der deutschen Sprache, Bd. 7, Mannheim 1963.

Derselbe, (Der Große Duden, Bd. 8) Vergleichendes Synonymwörterbuch. Sinnverwandte Wörter und Wendungen, Bd. 8, Mannheim 1964.

ECKARDT, Horst: (Die Substanzerhaltung) Die Substanzerhaltung industrieller Betriebe (untersucht am Beispiel der niedersächsischen Industrie), Köln/Opladen 1963.

EGNER, Henning: (Bilanzen) Bilanzen. Ein Lehrbuch zur Bilanztheorie, München 1974.

EIGENDORF, Jörg: (Zur Errechnung) Zur Errechnung von Gängigkeitsabschlägen bei der Bewertung der Vorräte, in: DB, Jg. 27 (1974), S. 688 - 690.

ENGELMANN, Konrad: (Methoden) Methoden zur Neutralisierung von Preis- und Wertschwankungen im betrieblichen Abrechnungswesen, in: BFuP, Jg. 4 (1952), S. 1 - 30.

ENGISCH, Karl: (Einführung) Einführung in das juristische Denken, 5. Aufl., Stuttgart/Berlin/Köln/Mainz 1971.

ENNECCERUS-NIPPERDEY: (Allgemeiner Teil des Bürgerlichen Rechts) Allgemeiner Teil des Bürgerlichen Rechts. Ein Lehrbuch von Ludwig ENNECCERUS, bearbeitet von Hans Carl NIPPERDEY, 1. Bd., 1. Halbband: Allgemeine Lehren, Personen, Rechtsobjekte, 15. Aufl., Tübingen 1959.

ESCHRICH, Alfred: (Bilanzierung) Bilanzierung als Instrument zum Schutze von Gläubigern. Ein Beitrag zu einer funktionsanalytischen Bilanztheorie, Dissertation, Saarbrücken 1969.

ESSER, J.: (Gliederungsvorschriften) Gliederungsvorschriften, Bewertung, Gewinnverwendung und Pflichtangaben nach dem Aktiengesetz 1965, in: Die Aktiengesellschaft, Jg. 10 (1965), S. 310 - 319.

FASOLD, Rudolf W.: (Zur Anerkennung) Zur Anerkennung des Lifo-Verfahrens nach dem AktG 1965 für das Bilanzsteuerrecht, in: DB, Jg. 19 (1966), S. 1286 - 1288.

FLUME, Werner: (Richterrecht) Richterrecht im Steuerrecht, in: Steuerberater-Jahrbuch 1964/65, herausgegeben vom Fachinstitut der Steuerberater, Köln 1965, S. 55 - 80.

FORSTER, Karl-Heinz: (Vom Gläubigerschutz) Vom Gläubigerschutz zum Aktionärsschutz - der Wandel in den Bewertungsbestimmungen des Aktienrechts, in: WPg, Jg. 17 (1964), S. 422 - 429.

Derselbe: (Neue Pflichten) Neue Pflichten des Abschlußprüfers nach dem Aktiengesetz von 1965, in: WPg, Jg. 18 (1965), S. 585 - 606.

Derselbe: (Bewertungsstetigkeit) Bewertungsstetigkeit und Rechnungslegung nach dem AktG 1965, in: WPg, Jg. 19 (1966), S. 555 - 559.

FORSTER, Karl-Heinz / WEIRICH, Siegfried: (Lifo) Lifo-, Fifo- und ähnliche Verfahren nach § 155 Abs. 1 Satz 3 AktG 1965, in: WPg, Jg. 19 (1966), S. 481 - 494.

FORSTER, Karl-Heinz: (Möglichkeiten) Möglichkeiten und Grenzen einer vorsichtigen Bewertung, in: Wirtschaftsprüfung im neuen Aktienrecht. Bericht über die Fachtagung des IdW vom 29. und 30.9.1966 in Frankfurt/M. (12. Tagung seit 1945), Düsseldorf 1966, S. 21 - 34.

Derselbe: (Ausgewählte Fragen) Ausgewählte Fragen zur Rechnungslegung nach dem Publizitätsgesetz, in: WPg, Jg. 25 (1972), S. 469 - 475.

FRANK, Gundolf: (Die Bewertung) Die Bewertung von Ersatzteillagern, in: DB, Jg. 14 (1961), S. 73 - 76.

FUCHS, Hermann: (Grundsätze) Grundsätze für die Bewertung von Wertpapieren bei unterschiedlichen Anschaffungspreisen und ihre Anwendung auf die Bewertung von Warenvorräten, in: ZfhF, NF, Jg. 1 (1949), S. 206 - 224.

Geänderter Vorschlag einer vierten Richtlinie des Rates zur Koordinierung der nationalen Gesetzgebungen hinsichtlich des Jahresabschlusses der Kapitalgesellschaften, (Geänderter Vorschlag einer vierten Richtlinie der EG) in: Bulletin der Europäischen Gemeinschaften, Beilage 6/1974.

GESSLER, Ernst: (Der Bedeutungswandel) Der Bedeutungswandel der Rechnungslegung im Aktienrecht, in: 75 Jahre Deutsche Treuhand-Gesellschaft 1890 - 1965, herausgegeben von Volkmar MUTHESIUS, Frankfurt am Main o.J., S. 129 - 166.

GESSLER, Ernst: (Rechnungslegung) Rechnungslegung im neuen Aktienrecht, in: NB, Jg. 19 (1966), S. 193 - 197.

GIERKE, von, Julius: (Handelsrecht) Handelsrecht und Schiffahrtsrecht, 8. Aufl., Berlin 1958.

GLADE, Anton: (Strapazierte) Strapazierte Grundsätze ordnungsmäßiger Buchführung, in: Steuerberater-Jahrbuch 1971/72, herausgegeben im Auftrag des Fachinstituts der Steuerberater von Gerhard THOMA, O.H. ZACHARIAS, Ursula NIEMANN, Köln 1972, S. 313 - 359.

GNAM, Arnulf: (Die handelsrechtlichen Grundlagen) Die handelsrechtlichen Grundlagen der ordnungsmäßigen Buchführung, in: DB, Jg. 7 (1954), S. 581 - 584.

GÖRRES, Peter: (Zur Anwendbarkeit) Zur Anwendbarkeit des Lifo-Verfahrens nach dem neuen Aktiengesetz, in: BB, Jg. 21 (1966), S. 264 f.

GREIFFENHAGEN, Hermann: (Zur Bedeutung) Zur Bedeutung aktienrechtlicher Rechnungslegungsvorschriften als Grundsätze ordnungsmäßiger Buchführung für Unternehmen außerhalb der Aktiengesellschaft, in: WPg, Jg. 19 (1966), S.141 - 148.

GUENTHER, Joachim: (Die Anwendung) Die Anwendung des Last-in-first-out-Prinzips während des Geschäftsjahres bedeutet trotz gesunkener Preise beim Jahresabschluß keinen Verstoß gegen das Niederstwertprinzip, in: WPg, Jg. 3 (1950), S. 548 - 551.

GUTENBERG, Erich: (Die Finanzen) Grundlagen der Betriebswirtschaftslehre, 3. Bd., Die Finanzen. Mit 19 Abbildungen, 6. Aufl., Berlin/Heidelberg/New York 1973.

HAAS, Hans-Lüder: (Bewertung) Bewertung gleichartiger Vorräte im Jahresabschluß, in: WISU, Jg. 1 (1972), S. 405 - 408, 455 - 458.

Handwörterbuch des Rechnungswesens,(HWR) herausgegeben von Erich KOSIOL, Stuttgart 1970.

HARRMANN, Alfred: (Betriebswirtschaftliche Probleme) Betriebswirtschaftliche Probleme beim Einsatz von Ein- und Mehrwegverpackungen, in: DB, Jg. 25 (1972), S. 637 - 641.

HAVERMANN, Hans: (Zur Berücksichtigung) Zur Berücksichtigung von Preissteigerungen in der Rechnungslegung der Unternehmen, in: WPg, Jg. 27 (1974), S. 423 - 433, 445 - 456.

HAX, Karl: (Die Substanzerhaltung) Die Substanzerhaltung der Betriebe, Köln/Opladen 1957.

HAX, Karl: (Gruppenbewertung) Gruppenbewertung und Rechnen mit eisernen Beständen beim Vorratsvermögen, in: BB, Jg. 10 (1955), S. 793 - 798.

HEINEN, Edmund: (Handelsbilanzen) Handelsbilanzen, 7. Aufl., Wiesbaden 1974.

HILD, Dieter: (Zur Errechnung) Zur Errechnung von Gängigkeitsabschlägen bei der Bewertung der Roh-, Hilfs- und Betriebsstoffe, in: DB, Jg. 25 (1972), S. 881 - 883.

HÖFER, Reinhold / KEMPER, Kurt: (Einzelfragen) Einzelfragen zur Anpassung betrieblicher Versorgungsleistungen. Zugleich Anmerkungen zu einem Urteil des Arbeitsgerichtes Hannover vom 15.1.1974, DB 1974, 1116, in: DB, Jg. 27 (1974), S. 1573 - 1576.

HOFFMAN, Raymond A. / GUNDERS, Henry: (Inventories) Inventories. Control, costing, and effect upon income and taxes, 2. Edition, New York 1970.

HOFMANN, Rolf: (Bilanzkennzahlen) Bilanzkennzahlen. Industrielle Bilanzanalyse und Bilanzkritik, 3. Aufl., Opladen 1973.

Derselbe: (Bilanzkennzahlen, Möglichkeiten und Grenzen) Bilanzkennzahlen, Möglichkeiten und Grenzen ihrer Anwendung, in: DB, Jg. 26 (1973), S. 534 - 540, 581 - 588.

HUECK, Alfred: (Gesellschaftsrecht) Gesellschaftsrecht. Ein Studienbuch, 16. Aufl., München 1972.

Institut der Wirtschaftsprüfer in Deutschland e.V. (Hrsg.): (Stellungnahme NA 5/1966) Hauptfachausschuß, Sonderausschuß Neues Aktienrecht, Stellungnahme NA 5/1966: Zur Bewertung der Vorräte, in: WPg, Jg. 19 (1966), S.677 - 679.

Dasselbe: (Stellungnahme HFA 2/75) Hauptfachausschuß, Stellungnahme HFA 2/75: Zur Berücksichtigung der Substanzerhaltung bei der Ermittlung des Jahresergebnisses, in: WPg, Jg. 28 (1975), S. 614 - 616.

Dasselbe: (Stellungnahme FAMA 1/75) Stellungnahme FAMA 1/75: Zur Auslegung der Grundsätze ordnungsmäßiger Buchführung beim Einsatz von EDV-Anlagen im Rechnungswesen, in: WPg, Jg. 28 (1975), S. 555 - 559.

Dasselbe: (FAMA, Zur Auslegung) Arbeitsergebnisse des FAMA. Zur Auslegung der Grundsätze ordnungsmäßiger Buchführung beim Einsatz elektronischer Datenverarbeitungsanlagen im Rechnungswesen (Stand Anfang 1971), in: WPg, Jg. 24 (1971), S. 441 - 448.

Institut der Wirtschaftsprüfer in Deutschland e.V. (Hrsg.): (HFA, Ist das Bilanzierungswahlrecht) Hauptfachausschuß. Ist das Bilanzierungswahlrecht für Pensionsverpflichtungen vertretbar? In: WPg, Jg. 29 (1976), S. 86 - 88.

International Accounting Standards Committee (Hrsg.): (Erläuterungen) Erläuterungen zu den Stellungnahmen zu internationalen Rechnungslegungsgrundsätzen, Düsseldorf 1974.

Dasselbe: (Diskussionsentwurf 1) Diskussionsentwurf 1. Internationale Rechnungslegungsgrundsätze, Vorschlag einer Stellungnahme zur Offenlegung von angewandten Methoden der Rechnungslegung, Düsseldorf 1974.

KAMPRAD, Balduin: (Das Lifo-Verfahren) Das Lifo-Verfahren in steuerrechtlicher Sicht, in: BB, Jg. 22 (1967), S. 875 - 878.

KARIG, Klaus-Peter: (Können im Vorratsvermögen) Können im Vorratsvermögen stille Reserven gebildet werden? Eine Erörterung der für das Vorratsvermögen bestehenden aktienrechtlichen Bewertungswahlrechte, in: DB, Jg. 29 (1976), S. 589 - 595.

KHD, Klöckner-Humboldt-Deutz AG, Bericht über das Geschäftsjahr 1974.

KLEIN, Walter: (Das Aktiengesetz) Das Aktiengesetz und die Grundsätze ordnungsmäßiger Buchführung. Gedanken über die Reichweite der aktienrechtlichen Bewertungsbestimmungen, in: BB Jg. 22 (1967), S. 89 - 91.

KLEIN, Werner: (Die Eliminierung) Die Eliminierung von Scheingewinnen im Bereich des Vorratsvermögens, vornehmlich bei Massengütern, in: DB, Jg. 25 (1972), S. 2169 bis 2175, 2217 - 2222.

KNAPP, Lotte: (Was darf der Kaufmann) Was darf der Kaufmann als seine Vermögensgegenstände bilanzieren? In: DB, Jg. 24 (1971), S. 1121 - 1129.

KNOCHE, Martin: (Die Berichterstattung) Die Berichterstattung über Bewertungsänderungen im Geschäftsbericht nach neuem Aktienrecht, Düsseldorf 1967.

KOCH, Helmut: (Die Problematik) Die Problematik des Niederstwertprinzips, in: WPg, Jg. 10 (1957), S. 1 - 6, 31 - 35, 60 - 63.

KÖNIG, Wolfgang: (Die Anwendung) Die Anwendung der Last-in-first-out-Methode bei der Bewertung des Vorratsvermögens, in: WPg, Jg. 19 (1966), S. 397 - 400.

KÖRNER, Werner: (Wesen und Funktion) Wesen und Funktion der Grundsätze ordnungsmäßiger Buchführung, in: WPg, Jg. 26 (1973), S. 309 - 318.

KOLBE, Hans: (Die Bewertung) Die Bewertung nach dem früheren Anschaffungspreis (last in - first out), Gutachten, in: BB, Jg. 4 (1949), S. 205 f.

KORMANN, Berthold: (Die Bewertungsprobleme) Die Bewertungsprobleme des neuen Aktienrechtes. Konvergenz von Handelsbilanz und Steuerbilanz? In: BB, Jg. 21 (1966), S. 1277 - 1284.

Derselbe: (Bilanzrechtliche Thesen) Bilanzrechtliche Thesen zur Aktienrechtsreform 1965, in: DB, Jg. 19 (1966), S. 1777 - 1780.

KROPFF, Bruno: (Leitgedanken) Leitgedanken der Bewertungsvorschriften des künftigen Aktienrechts, in: WPg, Jg. 17 (1964), S. 565 - 575.

Derselbe: (Bilanzwahrheit) Bilanzwahrheit und Ermessensspielraum in den Rechnungslegungsvorschriften des Aktiengesetzes 1965, in: WPg, Jg. 19 (1966), S. 369 - 380.

Derselbe: (Grundsätze) Grundsätze der Rechnungslegung nach dem Aktiengesetz 1965, in: NB, Jg. 19 (1966), S. 58 - 62.

KRUSE, Heinrich Wilhelm: (GoB) Grundsätze ordnungsmäßiger Buchführung, Rechtsnatur und Bestimmung, Köln 1970.

KÜBLER, Bruno M.: (Grenzen) Grenzen der Beeinflussung des Gewinnausweises nach den Bewertungsvorschriften des AktG 1965, Dissertation, Köln 1969.

KÜHNL, Werner: (Bilanzierungs- und Bewertungsvorschriften) Bilanzierungs- und Bewertungsvorschriften des Aktiengesetzes vom 6. September 1965 und ihre Auswirkung auf die steuerliche Gewinnermittlung, Dissertation, Würzburg 1967.

KÜMMEL, Rolf: (Probleme) Probleme des Scheingewinns und der Scheingewinnbesteuerung, Dissertation, Nürnberg 1956.

LANGEN, Heinz: (Unterstellung) Unterstellung von Verbrauchsfolgen für Gegenstände des Vorratsvermögens und Grundsätze ordnungsmäßiger Buchführung, in: BB, Jg. 21 (1966), S. 551 f.

LARENZ, Karl: (Über die Unentbehrlichkeit) Über die Unentbehrlichkeit der Jurisprudenz als Wissenschaft, Berlin 1966.

Derselbe: (Methodenlehre) Methodenlehre der Rechtswissenschaft, 3. Aufl., Berlin/Heidelberg/New York 1975.

LEFFSON, Ulrich: (Die GoB) Die Grundsätze ordnungsmäßiger Buchführung, 3. Aufl., Düsseldorf 1972.

Derselbe: (Zur Gemeinsamkeit) Zur Gemeinsamkeit juristischer und ökonomischer Ermittlung der Grundsätze ordnungsmäßiger Buchführung, in: WPg, Jg. 26 (1973), S. 582 - 585.

Derselbe: (Erkenntniswert) Erkenntniswert des Jahresabschlusses und Aussagewert des Bestätigungsvermerks, in: WPg, Jg. 29 (1976), S. 4 - 9.

LEITNER, Friedrich: (Bilanztechnik) Bilanztechnik und Bilanzkritik, 8. und 9. Aufl., Berlin/Leipzig 1929.

LION, Max: (Geschichtliche Betrachtungen) Geschichtliche Betrachtungen zur Bilanztheorie bis zum Allgemeinen Deutschen Handelsgesetzbuch, in: Vierteljahresschrift für Steuer- und Finanzrecht, herausgegeben von Max LION u.a., Jg. 2 (1928), Berlin, S. 4o1 - 441.

LITFIN, Peter Martin: (Bewertungs- und Abschreibungsmethoden) Bewertungs- und Abschreibungsmethoden nach dem Aktiengesetz, Wiesbaden 1974.

LOHNERT, Fritz: (Der Zeitwert) Der Zeitwert bzw. Teilwert bei Vorräten, Hinweise und Vorschläge zur Vorrätebewertung im Jahresabschluß, in: DB, Jg. 12 (1959), S. 120 - 123.

LOY, Arno: (Grundsätze) Grundsätze und Regeln ordnungsmäßiger Buchführung - ihre Rechtsnatur, in: BB, Jg. 25 (1970), S. 1210 - 1213.

LUDEWIG, Rainer: (Zur Frage) Zur Frage der Teilwertbewertung des Vorratsvermögens, Probleme der Gängigkeitsabschreibung, in: DB, Jg. 12 (1959), S. 549 - 551.

LÜCK, Wolfgang: (Zur Praxis) Zur Praxis der amerikanischen Rechnungslegung - Accounting Trends and Techniques -, in: WPg, Jg. 25 (1972), S. 261 - 268.

LÜCKE, Wolfgang: (Probleme) Probleme zur Ermittlung des substantiellen Gewinns, in: The Annals of the School of Business Administration, Kobe University 1970, No. 14, S. 1 - 31.

MAASSEN, Kurt: (Weiterentwicklung) Weiterentwicklung der Grundsätze ordnungsmäßiger Buchführung (§ 1 Abs. 2, 3 StAnpG), in: DB, Jg. 23 (1970), S. 847 - 854.

MAUL, Karl-Heinz: (Immaterielle Anlagewerte) Immaterielle Anlagewerte im Jahresabschluß der Aktiengesellschaften - Ein Beitrag zur Interpretation des § 153 Abs. 3 AktG, in: ZfbF, NF, Jg. 25 (1973), S. 16 - 28.

MAUL, Karl-Heinz: (Offene Probleme) Offene Probleme der Ermittlung von Grundsätzen ordnungsmäßiger Buchführung, in: ZfbF, NF, Jg. 26 (1974), S. 726 - 745.

Derselbe: (Bilanzlehre) Bilanzlehre als Gesetzesinterpretation, in: ZfbF, NF, Jg. 27 (1975), S. 150 - 170.

MERZ, Hans: (Auslegung) Auslegung, Lückenfüllung und Normberichtigung. Dargestellt an den Beispielen der unzulässigen Berufung auf Formungültigkeit und des Mißbrauchs der Verjährungseinrede, in: Archiv für die civilistische Praxis, herausgegeben von Hellmut Georg ISELE u.a., 163. Band, Tübingen 1964, S. 305 - 345.

MOXTER, Adolf: (Bilanzlehre) Bilanzlehre, Wiesbaden 1974.

Derselbe: (Die Grundsätze) Die Grundsätze ordnungsmäßiger Bilanzierung und der Stand der Bilanztheorie, in: ZfbF, NF, Jg. 18 (1966), S. 28 - 59.

MÜNCH, Bernd: (Diskrepanzen) Diskrepanzen zwischen dem Aktiengesetz 1965 und dem Steuerrecht, in: DB, Jg. 19 (1966), S. 1579 f.

MUTZE, Otto: (Die Wandlung) Die Wandlung der Grundsätze ordnungsmäßiger Buchführung durch die Weiterentwicklung des Buchführungs- und Bilanzwesens, in: BB, Jg. 24 (1969), S. 56 - 63.

NETH, Manfred: (Die Berechnung) Die Berechnung der Herstellungskosten als bilanzpolitisches Mittel, Düsseldorf 1971.

NIEHUS, Rudolf J.: (Zur Berücksichtigung) Zur Berücksichtigung der Substanzerhaltung bei der Ermittlung des Jahresergebnisses, Veröffentlichung der endgültigen Stellungnahme des HFA, in: WPg, Jg. 28 (1975), S. 593 - 595.

Derselbe: (Materiality) Materiality in Accounting. Current practices in Canada, the United Kingdom and the United Staates. A study by the Accountants' International Study Group, Januar 1974, 15 S., in: WPg, Jg. 28 (1975), S. 305 f.

OELLRICH, Claus: (Der Beitrag) Der Beitrag des Bundesarbeitsgerichts zur Methode der Gesetzesauslegung, Dissertation, Bonn 1966.

Ohne Verfasser: (Degussa) Degussa: Die reale Kapitalerhaltung ist uns voll gelungen. Trotz der Dividendenerhöhung ist auch eine beträchtliche Stärkung der Reserven möglich, in: FAZ vom 27. März 1975, Nr. 73, S. 15.

OTTEN, Wilhelm: (Das "Last-in-, first-out"-Prinzip) Das "Last-in-, first-out"-Prinzip. Eine steuerlich-betriebswirtschaftliche Streitfrage und ein Beitrag zu ihrer Lösung, in: WPg, Jg. 2 (1949), S. 213 - 219.

PASSOW, Richard: (Die Bilanzen) Die Bilanzen der privaten und öffentlichen Unternehmungen, Bd. 1, Allgemeiner Teil, 3. Aufl., Leipzig/Berlin 1921.

PENNDORF, B.: (Die historische Entwicklung) Die historische Entwicklung der Bilanz, in: Die Bilanzen der Unternehmungen, Bd. 1. Grundlegung, Aufbau und Problemkreise der Bilanzen, Festgabe für Julius ZIEGLER, herausgegeben von Karl MEITHNER, Berlin/Wien 1933, S. 123 - 147.

PETER, Karl / BORNHAUPT, von, Joachim: (Ordnungsmäßigkeit) Ordnungsmäßigkeit der Buchführung. Ein Handbuch. Grundsätze, Praxis, Rechtsprechung, 6. Aufl., Herne/Berlin 1972.

RADBRUCH, Gustav: (Rechtsphilosophie) Rechtsphilosophie, herausgegeben von Erik WOLF, Hans-Peter SCHNEIDER, 8. Aufl., Stuttgart 1973.

RAISCH, Peter: (Zu den grundsätzlichen Aufgaben) Zu den grundsätzlichen Aufgaben der Rechtswissenschaft gegenüber dem neuen Aktiengesetz. Zugleich ein Beitrag zur Auslegung des § 155 I S. 3 Aktiengesetz und zum Begriff des Unternehmens im Konzernrecht, in: JZ, Jg. 21 (1966), S. 501 - 506, 549 - 556.

RAPPAPORT, Louis H.: (SEC) SEC Accounting Practice and Procedure, 3. Edition, New York 1972.

REHM, Hermann: (Die Bilanzen) Die Bilanzen der Aktiengesellschaften und Gesellschaften m.b.H., Kommanditgesellschaften auf Aktien, eingetragenen Genossenschaften, Versicherungsvereine auf Gegenseitigkeit, Hypotheken- und Notenbanken und Handelsgesellschaften überhaupt nach deutschem und österreichischem Handels-, Steuer-, Verwaltungs- und Strafrecht, 2. Aufl., München/Berlin/Leipzig 1914.

RÖVER, Maria: (Sind die aktienrechtlichen Vorschriften) Sind die aktienrechtlichen Vorschriften Grundsätze ordnungsmäßiger Bilanzierung? In: Wirtschaftsprüfung im neuen Aktienrecht, Bericht über die Fachtagung des IdW vom 29. und 30.9.1966 in Frankfurt/M. (12.Tagung seit 1945), Düsseldorf 1966, S. 93 - 104.

SAAGE, Gustav: (Die Reservepolitik) Die Reservepolitik im neuen Aktienrecht, in: NB, Jg. 19 (1966), S. 71 - 83.

SAAGE, Gustav: (GoB) Grundsätze ordnungsmäßiger Buchführung aus der Sicht des neuen Aktienrechts, in: NB, Jg. 20 (1967), S. 1 - 20.

Derselbe: (Die Bedeutung) Die Bedeutung der aktienrechtlichen Bilanzierungsvorschriften für die steuerliche Gewinnermittlung, in: DB, Jg. 21 (1968), S. 361 - 368, 407 - 412.

SAUER, Otto: (Die Bewertung) Die Bewertung der Vorräte nach dem lifo-Verfahren und mit den Herstellungskosten, in: StBp, Jg. 9 (1969), S. 73 - 78.

SCHÄFER, Erich: (Der Industriebetrieb) Der Industriebetrieb, Betriebswirtschaftslehre der Industrie auf typologischer Grundlage, Band 1, Köln/Opladen 1969.

SCHILDBACH, Thomas: (Ist der traditionelle Jahresabschluß) Ist der traditionelle Jahresabschluß überholt? In: WPg, Jg. 27 (1974), S. 606 - 611.

SCHMALENBACH, Eugen: (Grundsätze) Grundsätze ordnungsmäßiger Bilanzierung, in: ZfhF, Jg. 27 (1933), S. 225 - 233.

SCHNEIDER, Dieter: (Abschreibungsverfahren) Abschreibungsverfahren und Grundsätze ordnungsmäßiger Buchführung, in: WPg, Jg. 27 (1974), S. 365 - 376, 402 - 405.

Derselbe: (Die vernachlässigten Begründer, I) Die vernachlässigten Begründer der klassischen Bilanzdiskussion (I): Hermann Veit Simon und Staub's Kommentar zum HGB, in: WiSt, Jg. 3 (1974), S. 288 - 292.

SCHNIER, Karl-Heinrich: (Zur Bewertung) Zur Bewertung des Vorratsvermögens in der Bilanz (Lifo-Methode), Dissertation, Göttingen 1969.

SCHÖNFELD, Hanns-Martin / HOLZER, H. Peter: (Bilanzen) Bilanzen der amerikanischen Industrie. Grundlagen der Bilanzierung, Gliederung und Bewertung, in: ZfB, Jg. 35 (1965), S. 472 - 506.

SCHULTE-GROSS, Horst: (Rohstoffbewertung) Rohstoffbewertung und Substanzerhaltung in Handels- und Steuerbilanz, Düsseldorf 1973.

SEICHT, Gerhard: (Die kapitaltheoretische Bilanz) Die kapitaltheoretische Bilanz und die Entwicklung der Bilanztheorien, Berlin 1970.

Derselbe: (Ausschüttbarer Gewinn) Ausschüttbarer Gewinn, stille Reserven und Vorsichtsprinzip, in: Der Österreichische Betriebswirt, Jg. 23 (1973), S. 48 - 72.

SEIFFERT, Helmut: (Einführung) Einführung in die Wissenschaftstheorie. 1. Bd. Sprachanalyse, Deduktion, Induktion in Natur- und Sozialwissenschaften, München 1969.

SELCHERT, F.W.: (Bindung) Bindung der Steuerbilanz an Teilwert- und Sonderabschreibungen in der Handelsbilanz gem. § 154 Abs. 2 Satz 1 Ziff. 2 AktG? In: DB, Jg. 27 (1974), S. 2313 - 2316.

SIEBEN, Günter/ HAASE, Klaus Dittmar: (Die Jahresabschlußrechnung) Die Jahresabschlußrechnung als Informations- und Entscheidungsrechnung, in: WPg, Jg. 24 (1971), S. 53 - 57, 79 - 84.

SIEBERT, Wolfgang: (Die Methode) Die Methode der Gesetzesauslegung. Erläutert an § 34 des Niedersächsischen Arbeitsschutzgesetzes für Jugendliche. Zugleich ein Beitrag zur Abgrenzung von regelmäßiger Arbeitszeit und Mehrarbeit, Heidelberg 1958.

SIMON, Hermann Veit: (Die Bilanzen) Die Bilanzen der Aktiengesellschaften und der Kommanditgesellschaften auf Aktien, 2. Aufl., Berlin 1898.

SÖFFING, Günter: (GoB) Grundsätze ordnungsmäßiger Buchführung, in: DStZ, Jg. 58 (1970), S. 289 - 295.

SPANNHORST, Burkhardt: (Die GoB) Die Grundsätze ordnungsmäßiger Buchführung. Rechtsnatur, Entstehung und Ermittlung, Dissertation, Münster 1973 (veröffentlicht 1974).

SPITALER, Armin: (Die Bedeutung) Die Bedeutung der Grundsätze ordnungsmäßiger Buchführung für die Besteuerung, in: StuW, Jg. 36 (1959), Sp. 633 - 644.

STEINBACH, Adalbert: (Die Rechnungslegungsvorschriften) Die Rechnungslegungsvorschriften des Aktiengesetzes 1965 aus der Perspektive eines neuen Systems der "Grundsätze ordnungsmäßiger Bilanzierung" (GoB), Wiesbaden 1973.

Derselbe: (Gedanken) Gedanken zum gegenwärtigen Stand der Diskussion über Wesen, Rechtsnatur und Ermittlungsmethoden der GoB, in: ZfbF, NF, Jg. 25 (1973), S. 1 - 15.

Derselbe: (Entscheidungstheoretische Aspekte) Entscheidungstheoretische Aspekte der Bilanzierung und aktienrechtliche Niederstwertvorschrift (§ 155 AktG), in: BFuP, Jg. 26 (1974), S. 53 - 79.

STÜTZEL, Wolfgang: (Bemerkungen) Bemerkungen zur Bilanztheorie, in: ZfB, Jg. 37 (1967), S. 314 - 340.

TALLAU, Hermann: (Betriebswirtschaftliche Grundfragen) Betriebswirtschaftliche Grundfragen der Gewinnverwendungs-Bestimmungen des Aktiengesetzes von 1965, Dissertation, Göttingen 1968.

TIEFENBACHER, Erhard: (Der BGH) Der Bundesgerichtshof und die Rechtsnatur der Grundsätze ordnungsmäßiger Buchführung, Teil B, in: BB, Jg. 16 (1961), S.1111 - 1112.

ULLSTEIN, (Lexikon des Rechts) Lexikon des Rechts, herausgegeben von Otto GRITSCHNEDER, Frankfurt a.M./ Berlin/ Wien 1971.

United States Internal Revenue Code, (United States Internal Revenue Code) abgedruckt bei HOFFMAN, R.A./GUNDERS, H.: Inventories, S. 382 - 423.

VELDE, van der, Kurt: (Zur Kritik) Zur Kritik an den Grundsätzen ordnungsmäßiger Bilanzierung, in: DB, Jg. 9 (1956), S. 804 f.

VOIGT, Lieselotte: (Entscheidungen) Entscheidungen gegen den klaren Wortlaut des Gesetzes, Dissertation, Göttingen 1967.

WACKER, (Steuerlexikon) Steuerlexikon, herausgegeben von Wilhelm H. WACKER unter Mitarbeit von Winfried FRANKE u.a., München 1975.

WALDNER, Wolfgang: (Der BGH) Der Bundesgerichtshof und die Rechtsnatur der Grundsätze ordnungsmäßiger Buchführung, Teil A, in: BB, Jg. 16 (1961), S. 1108 - 1111.

WANIK, Otto: (Darstellung) Darstellung der Bewertungs- und Abschreibungsmethoden im Geschäftsbericht, in: Wirtschaftsprüfung im neuen Aktienrecht, Bericht über die Fachtagung des IdW vom 29. und 30.9.1966 in Frankfurt/M. (12. Tagung seit 1945), Düsseldorf 1966, S. 45 - 52.

WEBER, Helmut Kurt: (Betriebswirtschaftliches Rechnungswesen) Betriebswirtschaftliches Rechnungswesen, München 1974.

Derselbe: (Form und Inhalt) Form und Inhalt der aktienrechtlichen Gewinn- und Verlustrechnung, in: DB, Jg. 25 (1972), S. 2313 - 2318, 2361 - 2365.

Derselbe: (Der aktienrechtliche Jahresabschluß) Der aktienrechtliche Jahresabschluß von 1965 als Vorlage für den neuen Industriekontenrahmen? In: DB, Jg. 25 (1972), S. 1397 - 1401.

WEINSHEIMER, Willi: (Die Zulässigkeit) Die Zulässigkeit des bewußten Entscheidens gegen den klaren Wortlaut des Gesetzes im Steuerrecht, in: Festschrift für Armin SPITALER, herausgegeben von Günther FELIX, Stuttgart 1958, S. 294 bis 302.

WENZEL, Konrad: (Geldentwertung) Geldentwertung und Erhaltung des Unternehmens. Dargestellt am Beispiel des Vorratsvermögens, Dissertation, Erlangen/Nürnberg 1969.

WERNER, Fritz: (Zum Verhältnis) Zum Verhältnis von gesetzlichen Generalklauseln und Richterrecht, in: Rechtsphilosophische Abhandlungen verschiedener Autoren, Sammelband 7, Karlsruhe 1966.

WILLEMS, Rudolf: (Die Bewertung) Die Bewertung des Vorratsvermögens im Eisenhandel. Zugleich ein Beitrag zur Vorratsbewertung bei steigenden Preisen, Bochum 1956.

Wirtschaftsprüfer-Handbuch 1973, (WP-Handbuch 1973) bearbeitet von Wilhelm DIETERICH u.a., herausgegeben vom Institut der Wirtschaftsprüfer in Deutschland e.V., Düsseldorf 1973.

WÖHE, Günter: (Bilanzierung) Bilanzierung und Bilanzpolitik. Betriebswirtschaftlich, handelsrechtlich, steuerrechtlich. Mit einer Einführung in die verrechnungstechnischen Grundlagen, München 1971.

Derselbe: (Einführung) Einführung in die Allgemeine Betriebswirtschaftslehre, 11. Aufl., München 1973.

WÖHE, Günter / KAISER, Hans / DÖRING, Ulrich: (Übungsbuch) Übungsbuch zu "Wöhe, Einführung in die Allgemeine Betriebswirtschaftslehre, 11. Auflage", München 1975.

WOLFF, Hans J. / BACHOF, Otto: (Verwaltungsrecht I) Verwaltungsrecht I. Ein Studienbuch, 9. Aufl., München 1974.

WOLTMANN, Albrecht / RIESTERER, Dieter: (Zur Bilanzierung) Zur Bilanzierung unter Inflationsbedingungen, Bericht über das Ergebnis einer Umfrage der Industrie- und Handelskammer Nürnberg, in: DB, Jg. 29 (1976), S. 541 - 546.

WOLTMANN, ohne Vorn.: (Das Gesetz) Das Gesetz zur Verbesserung der betrieblichen Altersversorgung und die Passivierung von Pensionszusagen, in: DB, Jg. 28 (1975), S. 797 - 808.

WÜRDINGER, Hans: (Aktien- und Konzernrecht) Aktien- und Konzernrecht. Eine systematische Darstellung, 3. Aufl., Karlsruhe 1973.

WYSOCKI, von, Klaus u.a.: (Die Berichterstattung) Die Berichterstattung Deutscher Aktiengesellschaften über die Bewertungs- und Abschreibungsmethoden gem. § 160 Abs. 2 AktG, in: ZfbF, NF, Jg. 23 (1971), S. 308 - 334.

ZWEIGERT, Konrad: (Juristische Interpretation) Juristische Interpretation, in: Studium Generale, Jg. 7 (1954), S. 380 - 385.

C. Gesetzesmaterialien

Aktiengesetz, Textausgabe des Aktiengesetzes vom 6.9.1965 und des Einführungsgesetzes zum Aktiengesetz vom 6.9. 1965 mit Begründung des Regierungsentwurfs, Bericht des Rechtsausschusses des Deutschen Bundestags, Verweisungen und Sachverzeichnis, (Aktiengesetz, Textausgabe) zusammengestellt von Bruno KROPFF, Düsseldorf 1965.

Begründung zum Gesetz über Aktiengesellschaften und Kommanditgesellschaften auf Aktien vom 30. Januar 1937, (Begr. zum AktG 1937) in: Deutscher Reichsanzeiger und Preußischer Staatsanzeiger, 1937, Nr. 28, S. 1 - 4; Erste Beilage zu Nr. 28, S. 1 - 4; Zweite Beilage zu Nr. 28, S. 1 - 4.

Denkschrift zu dem Entwurf eines Handelsgesetzbuchs und eines Einführungsgesetzes, (Denkschrift zu dem Entwurf eines Handelsgesetzbuchs) zu Reichstagsvorlage Nr. 632, 9. Legislaturperiode, IV. Session 1895/97.

Entwurf eines Aktiengesetzes und eines Einführungsgesetzes zum Aktiengesetz mit je einer Begründung, (Entwurf eines Aktiengesetzes) Deutscher Bundestag, 4. Wahlperiode, Drucksache IV/171.

Entwurf eines Dritten Steuerreformgesetzes mit Begründung, (Entwurf eines Dritten Steuerreformgesetzes) Deutscher Bundestag, 7. Wahlperiode, Drucksache 7/1470.

Entwurf eines Einführungsgesetzes zur Abgabenordnung - EGAO 1974 - mit Begründung, (Entwurf eines Einführungsgesetzes zur Abgabenordnung) Deutscher Bundestag, 7. Wahlperiode, Drucksache 7/261.

Entwurf eines Ersten Gesetzes zur Bekämpfung der Wirtschaftskriminalität - 1. WiKG - mit Begründung, (Entwurf eines Ersten Gesetzes zur Bekämpfung der Wirtschaftskriminalität) Deutscher Bundestag, 7. Wahlperiode, Drucksache 7/3441.

Entwurf eines Gesetzes über die Kapitalerhöhung aus Gesellschaftsmitteln und über die Gewinn- und Verlustrechnung nebst Begründung, (Entwurf eines Gesetzes über die Kapitalerhöhung aus Gesellschaftsmitteln und über die Gewinn- und Verlustrechnung) Deutscher Bundestag, 3. Wahlperiode, Drucksache 416.

Entwurf eines Gesetzes zur Abkürzung handelsrechtlicher und
steuerrechtlicher Aufbewahrungsfristen nebst Begründung,
(Entwurf eines Gesetzes zur Abkürzung handelsrechtlicher
und steuerrechtlicher Aufbewahrungsfristen) Deutscher
Bundestag, 3. Wahlperiode, Drucksache 372.

Entwurf eines Gesetzes zur Änderung des Handelsgesetzbuches
und der Reichsabgabenordnung mit Begründung, (Entwurf
eines Gesetzes zur Änderung des Handelsgesetzbuches und
der Reichsabgabenordnung) Deutscher Bundestag, 4. Wahlperiode, Drucksache IV/2865.

Entwurf eines Handelsgesetzbuchs, (Entwurf eines Handelsgesetzbuchs) Reichstagsvorlage Nr. 632, 9. Legislaturperiode, IV. Session 1895/97.

Referentenentwurf eines Aktiengesetzes, (Referentenentwurf
eines Aktiengesetzes) veröffentlicht durch das Bundesjustizministerium, Köln 1958.

Schriftlicher Bericht des Rechtsausschusses - 12. Ausschuß -
über den von der Bundesregierung eingebrachten Entwurf
eines Gesetzes zur Abkürzung handelsrechtlicher und
steuerrechtlicher Aufbewahrungsfristen - Drucksache 372 -,
(Ausschußbericht zum Entwurf eines Gesetzes zur Abkürzung handelsrechtlicher und steuerrechtlicher Aufbewahrungsfristen) Deutscher Bundestag, 3. Wahlperiode, Drucksache 722.

Schriftlicher Bericht des Wirtschaftsausschusses - 16. Ausschuß - über den von der Bundesregierung eingebrachten
Entwurf eines Gesetzes zur Änderung des Handelsgesetzbuches und der Reichsabgabenordnung - Drucksache IV/2865 -,
(Ausschußbericht zum Entwurf eines Gesetzes zur Änderung
des Handelsgesetzbuches und der Reichsabgabenordnung)
Deutscher Bundestag, 4. Wahlperiode, Drucksache IV/3258.

Stenographische Berichte über die 17. Sitzung des Deutschen
Bundestages, Bd. 50, (Stenographische Berichte über die
17. Sitzung des Deutschen Bundestages, Bd. 50) Sitzung
vom 23.2.1962, 4. Wahlperiode, Bonn 1962.

Stenographische Berichte über die 187. Sitzung des Deutschen
Bundestages, Bd. 59, (Stenographische Berichte über die
187. Sitzung des Deutschen Bundestages, Bd. 59) Sitzung
vom 25.5.1965, 4. Wahlperiode, Bonn 1965.

D. Urteile und Gutachten der Gerichte

BAG vom 30.3.1973, 3 AZR 26/72, in: DB, Jg. 26 (1973), S. 773.

BFH vom 15.11.1960, I 189/60 U,   BStBl 1961 III, S. 48.
BFH vom 24. 1.1963, II 195/58 U,   BStBl 1963 III, S. 213.
BFH vom 18. 2.1966, VI 326/65,   BStBl 1966 III, S. 496.
BFH vom 5. 5.1966, IV 252/60,   BStBl 1966 III, S. 370.
BFH vom 12. 5.1966, IV 472/60,   BStBl 1966 III, S. 371.
BFH vom 31. 5.1967, I 208/63,   BStBl 1967 III, S. 607.
BFH vom 26. 3.1968, IV 63/63,   BStBl 1968 II, S. 527.
BFH vom 22. 8.1968, IV R 234/67,   BStBl 1968 II, S. 801.
BFH vom 3. 2.1969, Gr.S. 2/68,   BStBl 1969 II, S. 291.
BFH vom 29. 8.1969, VI R 189/66,   BStBl 1970 II, S. 40.
BFH vom 26. 1.1970, IV R 144/66,   BStBl 1970 II, S. 264.
BFH vom 12.12.1972, VIII R 112/69, BStBl 1973 II, S. 555.

BGH vom 27.2.1961, II ZR 292/59, Bd. 34, S. 324.

BVerfG vom 10.10.1961, 2 BvL 1/59, BStBl 1961 I, S. 716.

RFH vom 30.3.1927, VI A 108/27, Bd. 21, S. 62.
RFH vom 3.7.1933, VI A 1756/32, RStBl 1933, S. 763.

RGZ vom 29.5.1908, VII 185/07, Bd. 69, S. 150.
RGZ vom 5.11.1912, II 262/12, Bd. 80, S. 330.
RGZ vom 11.2.1927, II 94/26, Bd. 116, S. 119.

ROHG vom 3.12.1873, Rep. 934/73, Bd. 12, S. 15.

Gutachten des OFH vom 3. Juni 1949, I D 2/49 S., in: StuW, Jg. 26 (1949), Teil II, Rechtsprechung, Sp. 105 - 111.

Stichwortverzeichnis

Abschreibung 111
-, Gängigkeitsabschrei-
   bung 210 ff
-, Methodenstetigkeit 136 ff
-, Methodenwahl 124 ff, 129 ff
-, Teilwertabschreibung 211,
   215

Abwertungswahlrecht
- und Auswirkungen im Jahresabschluß 217 ff
- aufgrund niedrigerer
  Steuerbilanzwerte 112,
  213 ff, 228 ff
- bei zukünftigen Wert-
  schwankungen 111 f,
  212 f, 228 ff

Allgemeines Deutsches
Handelsgesetzbuch
50 f, 69 f, 72

Aktionärsschutz
-, AktG 1965 88 ff, 101 f
-, Gewinnverwendung 94 f
-, Wahl der Bewertungs-
   methode 292 ff, 306, 309 ff

Aktivierungswahlrecht 108 f

Anfechtungsrecht 90, 93, 95

Anlagewerte, immateriel-
le 108

Anschaffungswert, Ermitt-
lung 200 f
-, AktG 111 f, 236, 285 f, 295 f
-, Ausschüttungssperre 100 f,
   118
- bei langfristiger Fertigung 118
-, GoB 35, 298 f
- als Höchstwertvorschrift
  85 f, 114, 129, 298 f
-, Steuerbilanz 214 f, 300 f

Anzahlungen 2 f

Aufwandsstruktur best.
Industriezweige 11 f

Aufwertungswahlrecht 112,
222 ff

Ausschüttungssperre 99 ff
-, Wahl der Bewertungsmethode
   292 ff, 306, 311

Bestandsbewertungsmethoden
165

Betriebsstoffe 4 f

Beweiszweck der Handels-
bücher 50 f, 55, 73, 79 ff

Bewertungsmethoden, Begriff
150 ff
-, indirekte Aufwandsermittlung 181
-, Aufwands- und Endbestandsbewertung 181 ff, 191 ff, 228 ff
-, Bestandsbewertungsmethoden 165
-, Bewertungsneutralität 310
-, Bewertungsstetigkeit 136 ff
-, statistische Erhebung über
   Verbreitung 242, 287 f
-, Erzeugnisbewertung 200 ff
-, Kombination 161 ff, 224 ff
-, Methodenwechsel 195 ff
-, Niederstwertprinzip 277, 283 f
-, periodenbezogene 154, 169 f,
   172 ff, 181 ff, 191 ff
-, permanente 154, 169, 176 ff, 191 ff
- in den USA 241 f, 257 f, 277,
   279, 285
-, Verbrauchsbewertungsmethoden
165
-, Wahl im allgemeinen 124 ff,
   129 ff

Bewertungsprinzipien 150, 296

Bewertungsverfahren 151 f,
260 f

Bewertungsstetigkeit
-, AktG 129 f, 136 ff
-, Auswirkungen bei Bewertungs-
   methodenwechsel 195 ff
-, GoB 142 ff
-, Lifo- und Fifo-Bewertungs-
   methode 278 ff

Bilanz, siehe auch Jahres-
abschluß
-, Arten 67 f
-, Aufstellungspflicht 66 f, 287
-, Bewertung 110 ff
-, Bilanzierung 105 ff
-, historische Entwicklung 68 ff
-, statistische Erhebung über
   Bilanzaufstellung und Bewer-
   tungsmethoden 287 f

-, Frist zur Aufstellung 71
-theorie 123
-, Unterzeichnung 71
-, Vermögensdarstellung 105 ff
-wahrheit 106, 110
-, Wortursprung 66

Bilanzgewinn
-, Ermittlung 91 f, 100, 116
-, Verwendung 91 ff, 100

Bilanzierungshilfen 108 f, 128

Bilanzziele und -zwecke
-, Ableitung von GoB 58 f, 62 ff
-, aktienrechtliche 89 ff, 129 ff
-, Ermittlung 81 f
-, handelsrechtliche 66 ff
-, Wortursprung 65 f

Deduktion, Denkmethode 64
-, Ermittlung von GoB 64

Dividende
-, Mindestdividende 92, 95, 102
-, Recht d. Aktionärs 90 ff, 294, 306

Dokumentationszweck der Handelsbücher 79 ff, 98, 289
-, Wahl der Bewertungsmethode 288 f

Dollar-Value-Methode 153, 242

Durchschnittsbewertungsmethode, Darstellung 154 ff, 161
-, Abgrenzung zur Gruppenbewertung i.e.S. 296 f
- und § 155 Abs.1 Satz 3 AktG 242 f, 294 f
-, Aufwands- und Endbestandsbewertung 181 ff, 191 ff, 228 ff
-, Erzeugnisbewertung 200 ff
-, betrieblicher Güterfluß 172 ff, 302
-, Methodenwechsel 195 ff, 279 f
-, Steuerbilanz 216, 259 f, 300 f
-, Vergleichbarkeit 305
-, Zulässigkeit 294 ff
-, Zweck 168 ff, 301

Eigentümer, wirtschaftlicher 86 f, 106

Einzelbewertung
-, Abgrenzung Gruppenbewertung 125 f, 166 f, 296 f
-, direkt und indirekt 124 ff, 164 f, 168 ff, 266 ff, 285 f

Elastizität, Begriff 17
- der Vorratsbewertung 13 ff

Entstehungsgeschichte
-, § 155 Abs.1 Satz 3 AktG 240 ff, 257
-, AktG 1965 85 ff
-, Handelsgesetzbuch 50 ff

Erfolgsbeiträge 118

Ertragslage, Darstellung 115 ff

Erzeugnisse
-, fertige 5 ff
-, Gleichartigkeit 253 ff, 285
-, unfertige 5 ff

Fertigung, langfristige
-, Gewinnrealisation 118
-, Herstellungskosten 134

Festbewertung
-, Einführung in das HGB 53 f
-, Geschäftsberichterstattung 276
-, Gruppenbewertung 125 f, 166 f
-, Zweck 272

Fifo-Bewertungsmethode, Darstellung 158 ff
-, Aufwands- und Endbestandsbewertung 181 ff, 191 ff, 228 ff
-, Erzeugnisbewertung 200 ff
-, betrieblicher Güterfluß 172 ff, 264 f, 290
-, Methodenwechsel 195 ff, 278 ff
-, Steuerbilanz 216, 287 f
-, Vergleichbarkeit 278 ff
-, aktienrechtliche Zulässigkeit 236 ff
-, Zweck 168 ff, 266 ff

Firmenwert 109

Folgewirkungen der Vorratsbewertung 15 f
-, bei Bewertungsmethodenwechsel 198 f

Gängigkeit der Vorräte
-, Gängigkeitsabschreibung 210 ff
-, verminderte 174 ff, 265

Generalklausel
-, Abgrenzung unbest. Rechtsbegriff 31 f
-, Bedeutung 26, 135
-, Begriff 25 f
-, Funktion 27,30,36 f,127, 134,302
-, Gesetzeslücke 40 ff
-, GoB 25,27 ff,40 ff,302

Generalnorm
-, Begriff 28
-, Bewertungsstetigkeit 139 ff
-, Bewertungs- und Abschreibungsmethodenwahl 124 ff
-, Durchschnittsbewertungsmethode 303 ff
- als Generalklausel 28 f
-, Grundsatz der Klarheit 102 ff, 115 f
-, Grundsatz der Wahrheit 105 ff, 110 ff
-, Hifo- und Lofo-Bewertungsmethode 308 ff
-, Informationszweck d. Jahresabschlusses 83, 96, 101
-, Lifo- und Fifo-Bewertungsmethode 256 ff

Gesetz, Begriff 23
-, GoB 32 f
-, Lücken im Gesetz 40 ff
-, Rechtsquelle 22 f, 38

Gesetzesauslegung, Begriff 41
-, GoB 40 ff
-, Handelsbrauch 49 ff
-, Methoden 46 ff
-, Natur der Sache 65
-, Redaktionsirrtum 240
-, Verkehrsauffassung 61
-, Ziele und Theorien 42 ff, 135

Geschäftsbericht
-, Berichterstattung über Bewertungsmethoden 130 f, 276 f, 287
-, Erstellung 98
-, Vergleichbarkeit 137 ff,282 f

Gewinnermittlung
-, Abwertungsaufwand 217 ff
-, indirekte Aufwandsermittlung 181
-, Gesamtkostenverfahren 10

-, nominelle 116, 120 ff, 271 f
-, Periodisierung 118
-, Prinzipien 117 ff
-, Totalerfolg 116 f
-, Verbrauchsaufwand 217 ff

Gewinn- und Verlustrechnung, siehe Jahresabschluß

Gewinnverteilung /-verwendung
-, Abgrenzung zur Gewinnermittlung 116
- im Aktienrecht 91 ff
-, Bilanzzweck 73 ff, 102
-, Unternehmenserhaltung 120 ff, 271

Gewohnheitsrecht
-, derogierendes 23, 35
-, Entstehung 23
-, GoB 23, 33 ff, 57, 61, 299 ff
-, örtlich begrenztes 23
-, Rechtsquelle 22 f

Gläubigerschutz
- im Aktienrecht 85 ff, 89 ff, 97 ff
-, handelsrechtlicher Bilanzzweck 70 ff
-, Wahl der Bewertungsmethode 292 ff, 306, 309 ff

Gleichartigkeit der Vorratsgegenstände 243 ff, 284
-, Erzeugnisse 253 ff
-, Funktionsgleichheit 246 f,250
-, Gattungsgleichheit 245 f,250
-, Preisgleichheit 247 ff,250 ff

Grundsätze ordnungsmäßiger Buchführung, Begriff 18 ff
-, Auslegung o.Rechtsfortbildung 40 ff
-, Bewertungsstetigkeit 142 ff
-, Bilanzzwecke 58 f, 62 ff, 286 ff, 302 ff, 307 ff
-, Durchschnittsbewertungsmethode 296 ff, 302 ff
-, Einzel- und Obergrundsatz 19 f
-, deduktive Ermittlung 64
-, induktive Ermittlung 62
-, Generalklausel 25, 27 ff, 40 ff, 302
-, Gesetzesbereich 32 ff
-, Gesetzeslücke 40 ff
-, Gewohnheitsrecht 23, 33 ff, 57 61, 299 ff
-, Handelsbrauch 49 ff, 61 ff, 64 f, 286 ff, 302 f, 307

-, Hifo- und Lofo-Bewertungsmethode 306 ff
-, Lifo- und Fifo-Bewertungsmethode 256 ff
-, Natur der Sache 65
-, Observanzen 37
-, unbestimmter Rechtsbegriff 24, 30 ff, 40 ff
-, Rechtsnorm, Rechtsquelle 32 ff
-, Rechtsverordnung 37
-, autonome Satzung 37 f
- im engeren (eigentlichen) Sinne 32 ff, 40 ff
-, Verkehrsauffassung 60 ff, 64 f, 286 ff, 302 f, 307

Gruppenbewertung
-, Abgrenzung, Einzelbewertung 125 f, 166 f, 296 f
-, Abgrenzung zur Durchschnittsbewertungsmethode 296 f
-, Einführung in das HGB 53 f, 247 ff
-, Gleichartigkeit i.S.d. §40 Abs.4 Nr.1 HGB 247 ff, 252
-, Methoden 125, 166 f
-, Zweck 170

Handelsbrauch
-, Begriff 56 f
-, GoB 49 ff, 61 ff, 64 f, 286 ff, 302 f, 307
-, stille Reserven 52, 59, 86, 308 f

Handelsbücher
-, Aufbewahrung 54 f, 60, 70 f
-, Leserlichkeit 34, 36
-, Pflicht zur Führung 67, 71 ff, 97 f

Herstellungskosten
-, Ermittlung durch Bewertungsmethoden 200 ff, 255 f
-, langfristige Fertigung 118, 134
-, Methodenstetigkeit 136 ff
-, Methodenwahl 124 ff, 129 ff, 134
-, mehrstufige Produktionsprozesse 203 ff
-, Steuerbilanz 215

Hifo-Bewertungsmethode, Darstellung 160 f
- und § 155 Abs.1 Satz 3 AktG 236 ff, 306
-, Aufwands- und Endbestandsbewertung 181 ff, 191 ff, 228 ff
-, Erzeugnisbewertung 200 ff
-, betrieblicher Güterfluß 172 ff, 307
-, Methodenwechsel 195 ff
-, Substanzerhaltung 171 f, 310
-, Zulässigkeit 306 ff
-, Zweck 168 ff, 171 f, 310

Hilfsstoffe 3 f

Identitätsnachweis, siehe Nämlichkeitsnachweis

Imparitätsprinzip, Inhalt 119
-, Abgrenzung Niederstwertprinzip 119
-, Gängigkeitsabschreibung 210
-, GoB 119

Importwarenabschlag 216 f, 229 ff

Induktion, Denkmethode 62
-, Ermittlung von GoB 62

Inventur, permanente 36, 53

Informationszweck der Bilanz 69 ff, 89 ff, 101, 110 ff, 128 ff
-, Wahl der Bewertungsmethode 256 ff, 303 ff, 308 ff

Jahresabschluß, siehe auch Bilanz
-, Adressatengruppen 89
-, Aufstellungspflicht 97 f
-, Gliederung 1 ff, 103 f
-, Publizität 89

Kapitalerhaltung, siehe Unternehmenserhaltung

Kifo-Verfahren 153

Klarheit des Jahresabschlusses 102 ff, 115 f

Konkurs
-, Anfechtungsrechte 84
-, Einsichtnahme i.d. Handelsbücher 89, 98

-, Gründe 72, 80, 98
-, Strafvorschriften 72 f, 79
-, gläubigerschädigendes Verhalten 84
-, Vermeidung 71

Kreditwürdigkeit 98 f

Lagerbuchführung, ordnungsmäßige 157
-, Bewertungsmethoden 157 f, 160, 169

Layer-Bildung 163 f

Lifo-Bewertungsmethode, Darstellung 158 ff
-, Aufwands- und Endbestandsbewertung 181 ff, 191 ff, 228 ff
-, Bestandsveränderungen 161 ff, 281 f
-, Erzeugnisbewertung 200 ff
-, betrieblicher Güterfluß 172 ff, 265 f, 290 f
-, Information über Zeitwerte 276 ff
-, Methodenwechsel 195 ff, 278 ff
-, Steuerbilanz 216, 259 f, 287 f
-, Substanzerhaltung 171 f, 269 ff
-, Vergleichbarkeit 278 ff, 293 f
-, aktienrechtliche Zulässigkeit 236 ff
-, Zweck 168 ff, 171 f, 266 ff, 269 ff, 291

Lofo-Bewertungsmethode, Darstellung 160 f
- und § 155 Abs.1 Satz 3 AktG 236 ff, 306
-, Aufwands- und Endbestandsbewertung 181 ff, 191 ff, 228 ff
-, Erzeugnisbewertung 200 ff
-, betrieblicher Güterfluß 172 ff, 307
-, Methodenwechsel 195 ff
-, Zulässigkeit 306 ff
-, Zweck 168 ff

Lose-Blatt-Buchführung 34 f

Materialintensität
-, Begriff 12
-, best. Industriezweige 12

Mitgliedschaftsrechte 89 ff

Nämlichkeitsnachweis, allgemein 125, 165, 168 ff
- und § 155 Abs.1 Satz 3 AktG 266 ff, 285 f
- beim Aufwertungswahlrecht 223 f
-, Durchschnittsbewertungsmethode 300 f
- in den USA 257 f

Natur der Sache
-, Ermittlung von GoB 58 f, 62 ff, 286 ff, 302 ff, 307 ff

Nichtigkeit des Jahresabschlusses 94, 101

Niederstwertprinzip
-, Abgrenzung zum Imparitätsprinzip 119
-, Abwertungsaufwand im Jahresabschluß 218 ff
-, AktG 111, 208 ff
- bei Anwendung von Bewertungsmethoden 277, 283 f, 309
-, Gängigkeitsabschreibung 210 ff
-, GoB 35
-, Vergleichswert bei Bewertungsmethoden 161 f, 224 ff

Observanzen, Begriff 23
-, GoB 37
-, Rechtsquelle 22 f

Offene-Posten-Buchführung 54 f

Ordonnance de Commerce 68, 79

Passivierungswahlrecht 107 f

Realisationsprinzip, Begriff 117 ff
- und Anschaffungswertprinzip 100 f, 118
-, Zeitpunkt der Gewinnrealisierung 100 f, 118

Rechenschaftslegung
- der Verwaltung einer AG 87 f
-, Zweck der Bilanz 74, 80

Rechtsbegriff, unbestimmter, Definition 25
-, Abgrenzung Generalklausel 31 f
-, Gesetzeslücke 40 ff
-, GoB 24, 30 ff, 40 ff

Rechtsfortbildung, Begriff 41
-, GoB 40 ff

Rechtsnorm 24
-, abgeleitete 38 f
-, GoB 32 ff

Rechtsquellen, Begriff 22 f
-, abgeleitete 38 f
-, GoB 32 ff

Rechtssätze 24

Rechtsverordnung, Begriff 23
-, GoB 37
-, Rechtsquelle 22 f, 38 f

Reserven, stille, Begriff 113
- im Aktienrecht vor 1965 86 ff, 93, 103, 113 f, 308 f
- im Aktienrecht 1965 114 f, 129, 309
-, Handelsbrauch 52, 59, 86
-, Hifo-Bewertungsmethode 308 f
-, Lifo-Bewertungsmethode 260, 281

Retail-Lifo-Methode 153

Richtigkeit des Jahresabschlusses 106, 110

Rohstoffe 3, 7

Rücklagen, offene
-, Bildung 91 ff, 100, 116, 122
-, Substanzerhaltungsrücklage 120 ff, 271

Sammelbewertungsmethoden
-, Abgrenzung Gruppenbewertung 125 f, 166 f, 296 f
-, Anwendungsbereich 244, 266 ff, 300 f
-, Einzelbewertungsmethoden 124 ff, 164 ff
-, Zweck 168 ff, 171 f, 266 ff, 269 ff, 301, 310

Satzung, autonome, Begriff 23
-, GoB 37 f
-, Rechtsquelle 22 f, 38 f

Schätzungsmethoden der Bewertung 152 f

Scheingewinne, allgemein 120 ff
-, siehe Unternehmenserhaltung

Schuldendeckungspotential 81 ff, 98

Selbstinformationszweck der Bilanz 81 ff, 89, 98

Steuerbilanz
-, Bewertung 214 ff, 259 f, 268, 287 f, 300 f
-, statistische Erhebung über Aufstellung und Bewertungsmethoden 287 f
-, Maßgeblichkeit der Handelsbilanz 214

Steuervorteilswahrung 112, 213 ff

Stimmrecht 90, 96 f

Substanzerhaltung, siehe Unternehmenserhaltung

Teilwertabschreibung 211, 215

Totalerfolg 116 f

Überbewertung, Begriff 101
-, Rechtsfolgen 101
-, Wahl der Bewertungsmethode 292 f

Überschuldung 98

Unterbewertung 93 f
-, Rechtsfolgen 94
-, Wahl der Bewertungsmethode 292 f, 308 f

Unternehmenserhaltung, Formen 121
-, Gewinnermittlung 116, 120 ff, 271 f
-, Wahl der Bewertungsmethoden 171 f, 269 ff, 310

Verbrauchsbewertungsmethoden 165

Verbrauchsfolgen
- gem. § 155 Abs.1 Satz 3 AktG 236 ff, 259 f, 294 f, 306
- im betrieblichen Güterfluß 172 ff
-, Möglichkeiten der Unterstellung 256 ff, 260 ff, 284 ff, 302, 307 f
-, preisbestimmte 160 f, 184
-, Unterstellung in den USA 257 f
-, zeitbestimmte 158 ff, 184

Verbuchung, fortlaufende 34

Vergleichbarkeit
-, Anforderungen 115 f, 129, 136 ff
-, Durchschnittsbewertungsmethode 279, 305
-, Lifo- und Fifo-Bewertungsmethode 278 ff, 293 f
-, zeitraumgleicher Maßstab 138, 280

Verkehrsauffassung
-, Begriff 60 f
-, GoB 60 ff, 64 f, 286 ff, 302 f, 307

Vermögen, Begriff 105, 109
Nominalgüter- 2
Realgüter- 2

Vermögensbindung 85 f, 99 ff

Vermögensgegenstand, Begriff 106
-, immaterielle Anlagewerte 108
-, Bilanzierungshilfen 108 f
-, Einzelbewertung 125 f

Vermögenslage, Begriff 105 ff
-, mengenmäßige Komponente 105
-, wertmäßige Komponente 110 ff

Vermögensrechte 90 ff

Vermögensstruktur best. Industriezweige 8 ff

Vermögens- und Ertragsdarstellung/-lage
-, Bilanzzweck 69 ff, 101
-, gegenwartsnahe bzw. gegenwartsferne 273 ff
-, Verhältnis zueinander 122 f
-, Wahl der Bewertungs- und Abschreibungsmethoden 129 ff, 256 ff, 303 ff, 308 ff
-, Wesentlichkeit von Einflüssen 251 f
-, Zeitwertvermerk 276 ff

Verwaltungsrechte 90

Vollständigkeit des Jahresabschlusses 106 ff, 110

Vorratsbewertung, Bedeutung 13 ff
-, Elastizität 13 ff

Vorratsintensität, Begriff 9
- einzelner Industriezweige 9 f, 12

Vorratsvermögen, Begriff 1 ff
-, Gleichartigkeit der Gegenstände 243 ff
-, Umschlagshäufigkeit 12
-, Vertretbarkeit der Gegenstände 216, 244 f, 285

Vorsichtsprinzip 308 f, 310 f

Waren 6 f

Wert, beizulegender, 52, 144, 209 f, 298 f

Wertansatz
-, Bestimmtheit 129 ff
-, Vorschriften 110 ff

Wesentlichkeit von Jahresabschlußfaktoren 251 f

Willkürfreiheit 106, 117

Zielvorstellungen, finanzielle 97